HEYNE BÜCHER

D1855031

TEDDY KOLLEK UND AMOS KOLLEK

EIN LEBEN FÜR JERUSALEM

Aus dem Englischen
von Werner Peterich und Jizchak Barsam

Aktualisierte Ausgabe:
Mit einem Nachwort 1985

Eva Weber
1990

WILHELM HEYNE VERLAG
MÜNCHEN

HEYNE ALLGEMEINE REIHE
Nr. 01/6665

Titel der englischen Originalausgabe
FOR JERUSALEM.
A Life by Teddy Kollek with his son, Amo Kollek
erschienen bei Weidenfeld und Nicolson, London

5. Auflage

Printed in Germany 1989
Umschlagfoto: Süddeutscher Verlag, Bilderdienst/Gerd Pfeiffer, München
Umschlaggestaltung: Atelier Ingrid Schütz, München
Gesamtherstellung: Ebner Ulm

ISBN 3-453-02274-2

Inhalt

Btecha
Golan-Höhen
See
Genezareth
Tiberias
Ein Gev
Hatzer
Kineret
Zemach
0
6 km
LIBANON
SYRIEN
Golan-Höhen
Safed
Haifa
Tiberias
Nazareth
Afula
Naharayim
Caesarea
Hadera
Netanya
Nablus
Jordan
Tel Aviv
Mittelländisches
Meer
Lod
Rehovot
Jericho
Motza
Jerusalem
Gaza
Hebron
Totes Meer
Gaza-Streifen
Beersheba
ISRAEL
JORDANIEN
Sdeh Boker
Negev
Sinai
ÄGYPTEN
Waffenstillstandslinie 1949-1967
0
50
100 km
Eilat
carta, JERUSALEM

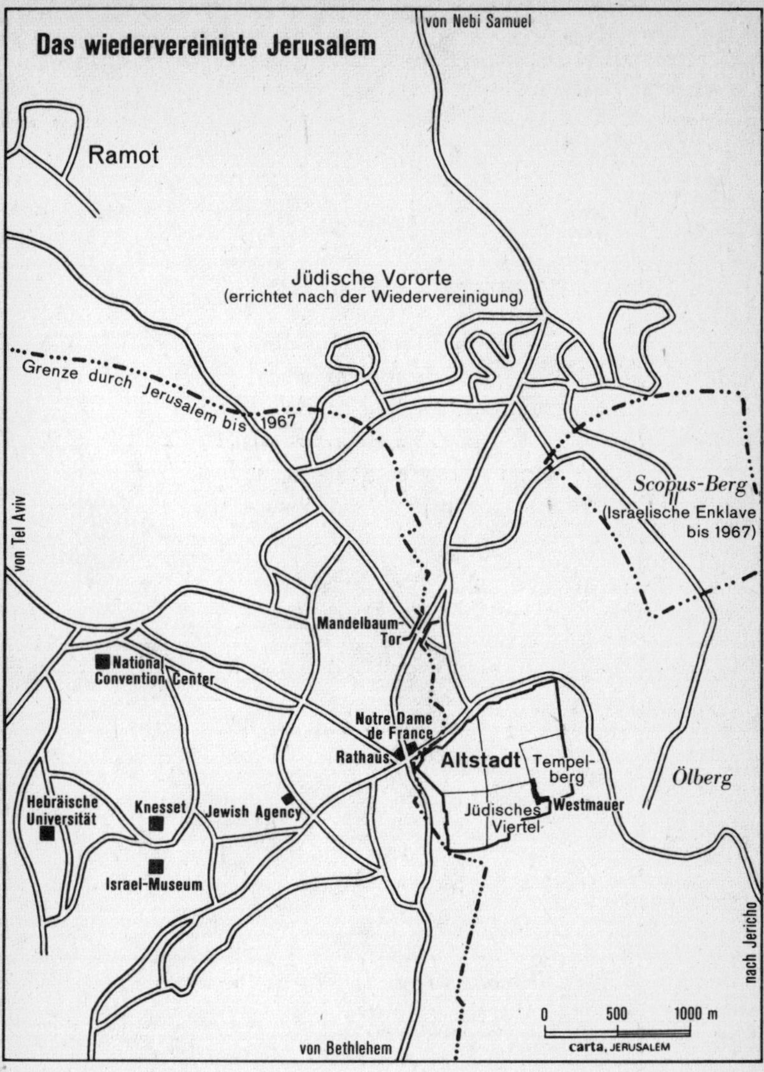
Das wiedervereinigte Jerusalem
von Nebi Samuel
Ramot
Jüdische Vororte
(errichtet nach der Wiedervereinigung)
Grenze durch Jerusalem bis 1967
Scopus-Berg
(Israelische Enklave bis 1967)
von Tel Aviv
Mandelbaum-Tor
National Convention Center
Notre Dame de France
Rathaus
Altstadt
Tempelberg
Ölberg
Hebräische Universität
Knesset
Jewish Agency
Jüdisches Viertel
Westmauer
Israel-Museum
nach Jericho
0
500
1000 m
carta, JERUSALEM
von Bethlehem

Für Tamar und alle,
die Jerusalem lieben
und ihr Herzblut gegeben haben,
um es zu einer besseren
und schöneren Stadt zu machen.

Vorwort

Nach der Veröffentlichung von zwei illustrierten Büchern, die ich gemeinsam mit Moshe Pearlman geschrieben habe – *Jerusalem* und *Pilgrims to the Holy Land* –, trat mein Verleger George Weidenfeld 1970 mit dem Vorschlag an mich heran, meine Autobiographie zu schreiben. Ich willigte nach langem Zögern ein. Zunächst einmal bin ich nie ein richtiger Schriftsteller gewesen. Meine Tätigkeit bestand seit vielen Jahren vornehmlich darin, den Anstoß zu Projekten zu geben und dann dafür zu sorgen, daß sie verwirklicht wurden, was bedeutet, daß ich immer mit einer Gruppe von Menschen zusammen gearbeitet habe. Die Geschichte seines Lebens aufzuschreiben ist aber zwangsläufig eher die Arbeit eines einzelnen. Hinzu kommt noch, daß ich für gewöhnlich sechzehn bis achtzehn Stunden am Tag arbeite, um das Amt auszufüllen, in das man mich gewählt hat – woher sollte ich die Zeit zum Schreiben nehmen?

Außerdem litt ich unter dem Gefühl der Unsicherheit, das unweigerlich jeden befällt, der sich hinsetzt, um die Geschichte seines Lebens zu erzählen. Ist sie wirklich so interessant? Reicht sie für ein Buch? Dieser Zweifel war in gewisser Hinsicht am leichtesten zu überwinden; denn so sehr ich auch in bezug auf meine eigene Lebensgeschichte von Bedenken geplagt war – Jerusalem interessiert viele Menschen brennend und geht die ganze Welt etwas an. Das habe ich im Laufe der letzten zehn Jahre tagtäglich erfahren. Jerusalem steht im Mittelpunkt vieler weitreichender politischer Konflikte. Die jüngere Geschichte der Stadt mußte einfach erzählt werden. Folglich faßte ich den Entschluß, das Buch zu schreiben, schloß einen Vertrag mit meinem Verleger – und tat keinen Strich daran. Ein Ereignis jagte

das andere, die Belastung durch mein Amt war übermächtig. Sich von alledem freizumachen, sich zu erinnern und die Erinnerungen dann aufzuzeichnen, schien geradezu ein unrealistisches Unterfangen.
Im Sommer 1971 veröffentlichte mein damals vierundzwanzigjähriger Sohn Amos seinen ersten Roman, *Don't Ask Me If I Love* – (deutsch »Nach Liebe fragt ihr nicht«), eine halb autobiographische Geschichte, die unter anderem eine ganze Menge Kritik an seiner Heimat und seinen Eltern, insbesondere an seinem Vater, enthielt. Das Buch wurde in verschiedene Sprachen übersetzt und im allgemeinen recht wohlwollend aufgenommen. Mir ging beim Lesen seines Romans auf, daß wir beide in all den Jahren hektischen öffentlichen Lebens eigentlich nie recht Gelegenheit gehabt hatten, einander kennenzulernen.
Ich fand, es sei an der Zeit, daran etwas zu ändern. Deshalb fragte ich meinen Sohn, ob er mir nicht in seiner Eigenschaft als Schriftsteller helfen wolle; daraus ergab sich für uns die Gelegenheit, viele Stunden lebhaft miteinander zu diskutieren. Aus diesen Unterhaltungen erwuchs das vorliegende Buch. Amos hat einen entscheidenden Anteil daran; er hat mir provokative Fragen gestellt und mir geholfen, das Material zu sichten und zu ordnen. Ohne seine Hartnäckigkeit wäre es nie geschrieben worden.
Aber es dauerte dennoch lange, ehe ich mich tatsächlich hinsetzte, um zu schreiben; es kamen unerwartet immer wieder schwerwiegende Ereignisse dazwischen, unter anderem der Yom-Kippur-Krieg. Ich hoffe, daß das Buch neben meinen persönlichen Erfahrungen etwas von der Geschichte Israels vermittelt, ganz besonders aber etwas von der problematischen und unvergleichlich erregenden Geschichte Jerusalems. Nach Abschluß des Manuskripts kam es durch die Parlamentswahlen in Israel zum erstenmal seit der Staatsgründung im Jahre 1948 zu einem grundlegenden Wechsel in der Regierung. Noch ist es zu früh, um zu sagen, wie dieser Wechsel sich auf die Zukunft Jerusalems auswirken wird. Die Grundauffassungen der neuen Regierung weichen ganz gewiß von denen ab, die wir uns ursprünglich zu eigen gemacht hatten. Trotzdem hoffen wir, daß Jerusalem weiterhin blühen wird und wir die inneren und äußeren Schwierigkeiten meistern werden, die auf uns zukommen.

Von denen, die Amos und mich bei unserer Arbeit unterstützten, möchte ich vor allem meine Frau Tamar nennen, die mir half, mich an manche Ereignisse zu erinnern; immerhin hat sie in vielen eine aktive Rolle gespielt; sodann meine Assistentin Shula Eisner, die es – mit viel Humor – schon mit mir ausgehalten hat, als ich noch nicht Bürgermeister war; und unsere englische Lektorin, Ina Friedman, die bei der Entstehung des Buches unschätzbare Hilfe geleistet hat. Außerdem bin ich vielen anderen Menschen zu Dank verpflichtet, die ich leider hier nicht alle aufzählen kann; doch sind viele von ihnen im Buch selbst erwähnt worden.

Jerusalem, Oktober 1977 — Teddy Kollek

1

Stoische Indianer und unerschütterliche Gentlemen

Ich kam zur Welt, als ein Zeitalter zu Ende ging. Meine Eltern heirateten 1910 in Wien, damals Hauptstadt der k. u. k. Donaumonarchie, und zogen bald darauf für kurze Zeit nach Ungarn, wo mein Vater Angestellter einer ungarischen Holzfirma war, die den Wiener Rothschilds gehörte. Da er in einer ungarischen Kleinstadt aufgewachsen war, in der mein Großvater an der Oberschule jüdische Religion unterrichtet hatte, sprach er fließend Ungarisch. Von meinen vier Großeltern stammten drei aus der Umgebung von Brünn, damals eine deutschsprachige Stadt in Mähren. Brünn war von Dutzenden kleiner Städte umgeben, von denen jede eine stattliche und aktive jüdische Gemeinde aufwies. (Die jüdischen Friedhöfe in diesen Städten waren Hunderte von Jahren alt.) Diese Gegend hat Franz Kafka, Arthur Schnitzler, Sigmund Freud und andere große jüdische Geister hervorgebracht. – Nur meine Großmutter väterlicherseits stammte aus der Slowakei. Die Landbevölkerung in Mähren sprach tschechisch, die Juden dagegen wuchsen deutschsprachig auf; die Landbevölkerung in der Slowakei sprach slowakisch, und die Juden wurden mit Ungarisch groß. Wien jedoch war die Hauptstadt für sie alle.
Ich wurde am 27. Mai 1911 in Nagyvaszony geboren, einem kleinen Dorf in der Nähe von Budapest. Meine frühesten Erinnerungen gehen auf die Zeit zurück, als ich etwa zweieinhalb Jahre alt war. Wir lebten in einer Wohnung, die auf die Donau hinausging, und ich erinnere mich an die Lichter der vorüberfahrenden Schiffe. Kurze Zeit darauf, als ich drei war, brach der Erste Weltkrieg aus. Da mein Vater Reserveoffizier war (jeder Akademiker wurde nach seiner Ausbil-

dung Reserveoffizier), wurde er zur österreichischen Armee einberufen. Meine Mutter und ich fuhren nach Berlin, wo ihre Eltern damals lebten. Meine einzige Erinnerung an diesen Besuch besteht darin, daß ich zum erstenmal in meinem Leben Bananen aß; später verhinderte ja die Blockade der Alliierten, daß tropische Früchte nach Deutschland oder Österreich gelangten.

Als mein Vater nicht mehr an der Ostfront eingesetzt war, lebten meine Mutter und ich dann die ganzen Kriegsjahre hindurch stets dort, wohin er abkommandiert wurde. Ich erinnere mich noch an einige dieser Dörfer und Provinzstädte, insbesondere an Herzogenburg, ein Städtchen in Niederösterreich, einen kleinen, um ein Kloster herumgebauten Ort, in dem ich mein erstes Schuljahr verbrachte. Freilich war es mit meiner schulischen Ausbildung nicht weit her, da ich eine Krankheit nach der anderen durchmachte und unter anderem an einer schweren Ruhr litt. Man schrieb das Jahr 1917, und der Mangel an Grundnahrungsmitteln machte sich überall bemerkbar. Meine Mutter glaubte, Schokolade oder Kakao müßte mir helfen, und legte sich große Entbehrungen auf, um von dem einen oder dem anderen etwas zu ergattern.

Ich habe nur zwei Erinnerungen an das k. u. k. Österreich. Die eine hängt mit einem Besuch an der Gruft jenes Mannes zusammen, dessen Ermordung den Ersten Weltkrieg auslöste – Erzherzog Franz Ferdinand. Das Grab lag in der Nähe von Herzogenburg, und so wurde ich ein- oder zweimal zu den jährlichen Gedenkfeiern mitgenommen, an denen mein Vater in seiner Eigenschaft als Offizier teilnehmen mußte. Bei einem zweiten Ereignis war ich auch dabei, weil mein Vater Offizier war: der Beerdigung von Kaiser Franz Josef im Jahre 1916. Es war ein großes Staatsbegräbnis, vermutlich die letzte Prachtentfaltung des sterbenden k. u. k. Österreich-Ungarn. Lebhaft erinnere ich mich an den Trauerzug: Uniformen, Pferde und Fahnen vor dem Hintergrund der traurigen Gesichter des Volkes. Wenn ich heute darüber nachdenke, meine ich, sie müssen geahnt haben, daß eine große Zeit zu Ende ging. Viele Jahre später, als ich Allen Dulles, den Direktor des CIA, kennenlernte, erwähnte er, auch er habe an diesem Staatsbegräbnis teilgenommen. Es fand kurz vor Eintritt der Vereinigten Staaten in den Krieg statt, und Dulles war damals einer der jüngeren Beamten der amerikanischen Gesandtschaft in Wien. Auch er erinnerte sich vieler Einzelheiten dieses Staatsbegräbnisses. Wir verglichen unsere Erinnerungen – die Eindrücke eines jungen Mannes und eines fünfjährigen Kindes –, und diese Unterhaltung war der Beginn einer engen Freundschaft.

Nach dem Krieg, im Jahre 1918, kehrten meine Eltern nach Wien zurück, und ich kam in die zweite Grundschulklasse. Aus dem mächtigen Kaiserreich Österreich war plötzlich eine kleine Republik geworden, doch in meinem Alter machte sich dieser Unterschied noch nicht bemerkbar. Im großen und ganzen war in jenen Tagen bei den europäischen Juden das jüdische Bewußtsein ausgeprägter als das Gefühl der Zugehörigkeit zu einem bestimmten Nationalstaat, weshalb sie wohl in Österreich auch weniger darunter litten, in diesem Krieg zu den Verlierern zu gehören.

Die erste Stellung, die mein Vater nach der Entlassung aus der Armee 1919 antrat, führte ihn wieder nach Ungarn, und zwar unter das kurzlebige Regime des jüdischen Kommunistenführers Béla Kun. Österreich richtete in seiner Budapester Gesandtschaft eine Abteilung für die Kontrolle österreichischen Eigentums unter diesem Revolutionsregime ein. Wegen seiner kaufmännischen Erfahrungen, seiner Kenntnisse der ungarischen Sprache sowie seiner Vertrautheit mit den Rothschildschen Interessen in Ungarn wurde mein Vater zum Leiter dieser Abteilung ernannt. Er verbrachte viel Zeit mit Reisen zwischen Budapest und Wien, so daß meine Mutter und ich in Wien genauso wenig von ihm zu sehen bekamen wie im Krieg. Doch als dieser Auftrag zu Ende ging, kehrte er an die private Rothschild-Bank in Wien zurück, wo er die Oberaufsicht über eine ganze Reihe von Rothschild-Unternehmen in ganz Österreich führte.

Mein Vater war bei meiner Geburt siebenunddreißig. Er war ein gutaussehender, elegant wirkender Mann, der stolz darauf war, der beste Turner seiner Klasse gewesen zu sein. Was seine Weltanschauung und seine Ansichten über Politik, sein Auftreten und seine Kleidung betraf, war Vater ein Konservativer. Mit seiner Garderobe nahm er es sogar ausgesprochen genau, und wenn er auch sehr darauf achtete, nicht zuviel Geld auszugeben, ließ er sich doch jedes Jahr von den besten Schneidern Wiens ein oder zwei neue Anzüge machen. Auch was seine persönlichen Habseligkeiten und das tägliche Leben betraf, war er recht pedantisch. Sein Steckenpferd war das Sammeln von Gläsern, kleinen Dosen und Miniaturen, vornehmlich aus der Biedermeierzeit, einer Periode, deren Kunst in Österreich zu besonderer Blüte gelangte.

Vater war, wie nicht anders zu erwarten, althergebrachten Wertvorstellungen verhaftet: Familientradition, Redlichkeit, harter Arbeit, guten Schulzeugnissen, Treue seiner Familie und seinem Judentum gegenüber. Da er selbst der Sohn eines Lehrers war, konnte er sich nur schwer damit abfinden, daß ich ein schlechter Schüler war. Er litt buchstäblich darunter, ja bisweilen brachte ihn das richtig in Rage. Ein- oder zweimal weckte er mich sogar mitten in der Nacht, um mit mir über meine schlechten Zeugnisse und mein schlechtes Betragen zu sprechen, das mir die Drohung eingetragen hatte, von der Schule zu fliegen. Es endete damit, daß er mir eine Tracht Prügel verabreichte. Gleichzeitig war er aber auch ein sehr großzügiger Mann, der bereit war, mir fast alle meine Wünsche zu erfüllen. Außerdem war er etwas ängstlich (ein Wesenszug, den ich von ihm übernommen habe, als ich selbst Vater wurde, wenngleich ich versuche, mir das nicht anmerken zu lassen). So durfte ich zum Beispiel nicht Fahrrad fahren, weil das bei dem Verkehr in Wien zwischen all den Bussen, Straßenbahnen und Droschken zu gefährlich gewesen wäre. Meine Beziehung zu meinem Vater war zwar sehr förmlich, doch ich glaube, letztlich viele von seinen Wertvorstellungen übernommen zu haben – so zum Beispiel die Überzeugung, daß man hart arbeiten müsse und daß einem nichts geschenkt wird; ferner seine Liebe zum Detail sowie seine Treue Menschen und Idealen gegenüber.

Zu meiner Mutter hatte ich ein viel herzlicheres und offeneres Verhältnis als zu meinem Vater. Sie war dreizehn Jahre jünger als er und bei meiner Geburt dreiundzwanzig. Sie stammte aus ähnlichen Verhältnissen wie er, nur war ihr Elternhaus ein wenig wohlhabender gewesen als das meines Vaters. Mein Großvater mütterlicherseits war Kaufmann, und etliche Mitglieder der Familie besaßen in der Umgebung von Brünn kleine Güter. Doch war meine Mutter in den gleichen Wertvorstellungen erzogen worden wie mein Vater: einer engen Bindung an die jüdische Tradition, einer gewissen Frömmigkeit und der Vorstellung von der Familie als Mittelpunkt allen Denkens und Trachtens. Meine Mutter nähte, strickte und backte gern Kuchen. Sie und mein Vater waren begeisterte Leser. Zwar gingen sie nur selten ins Theater oder in die Oper, besuchten aber dafür regelmäßig die nachmittäglichen Tee-Gesellschaften für das jüdische Krankenhaus und ähnliche Veranstaltungen. Sparsamkeit wurde ganz groß geschrieben. Anzüge und Schuhe trugen wir so viele Jahre, wie es irgend ging, statt sie fortzuwerfen, wenn sie abgetragen waren. Alles in allem führten meine Eltern keine sonderlich aufregende Existenz. Aber so lebten damals die meisten Leute, die wir kannten.

Jeden Sonntagnachmittag kam die Familie zusammen – entweder in unserem Haus oder bei Onkel Emil, dem Bruder meines Vaters. Viele Jahre hindurch präsidierte meine Großmutter, eine sehr schöne Frau, bei diesen sonntäglichen Familientreffen. Ich erinnere mich, daß sie wesentlich größer war als mein Großvater. Sie trug das schlohweiße Haar in der Mitte gescheitelt und im Nacken zu einem Knoten zusammengenommen. Großmutter war das eigentliche Oberhaupt der Familie. Einmal jedes Jahr, zum Passah-Fest, bestieg die gesamte Familie den Zug und fuhr nach Velka Bytca, einer kleinen Stadt in der Slowakei, wo der ältere Bruder meiner Großmutter, Ignatz, lebte. Dieser Großonkel besaß dort eine kleine Sägemühle und einen wunderschönen Obstgarten. Die Fahrt dauerte rund fünf oder sechs Stunden und führte uns durch ein malerisches Tal mit vielen Burgruinen. Die kleine Stadt hatte eine große jüdische Gemeinde, die sich am Samstagmorgen geschlossen in der Synagoge versammelte.

Mein Elternhaus war in religiöser Hinsicht gemäßigt traditionell. Wir zündeten jeden Freitagabend Kerzen an und gingen an Feiertagen in die Synagoge, es machte uns jedoch nie etwas aus, etwa am Samstag mit der Straßenbahn zu fahren. Was den Zionismus betrifft, so unterstützte mein Vater zwar grundsätzlich den Gedanken, aber er war nicht wirklich aktiv in der Bewegung. Er war Mitglied derselben jüdischen Verbindung an der Wiener Universität gewesen wie Theodor Herzl, nur etliche Jahre später als dieser. Als ich geboren wurde, nannte er mich nach Herzl. Allerdings kann ich mich nicht erinnern, zu Hause jemals Theodor gerufen worden zu sein. Meine Eltern

nannten mich Teddy, und unter diesem Namen bin ich auch bekannt geworden. Jahre später, als in Israel alle Welt anfing, sich hebräische Namen zuzulegen, entdeckte ich, daß der Name Teddy tatsächlich in der alten jüdischen Geschichte verwurzelt ist. Nach dem Talmud hieß eines der Tempeltore das ›Teddy-Tor‹. So habe ich den Namen, an den ich von klein auf gewöhnt war, mit gutem Gewissen beibehalten.
Meine Schule war eine halbe Stunde Fußweg von unserer Wohnung entfernt – nur hatte ich für die Schule ohnehin nicht viel übrig, was bald peinlich deutlich wurde. Wie viele andere jüdische Knaben lernte ich Geigespielen und nahm Privatunterricht in Französisch und Englisch, fand das jedoch nicht sonderlich aufregend. Aber auch den Jugendidolen, die damals in der österreichischen Gesellschaft Mode waren, konnte ich nicht viel abgewinnen: dem leichtlebigen, charmanten Wiener Playboy oder dem pedantischen, ernsten Gelehrtentyp. Allerdings bin ich von jeher ein begeisterter Leser gewesen, und das Idol meiner Kindheit war Winnetou, der stoische Apachenhäuptling aus den Karl May-Romanen. Später waren meine Helden unerschütterliche englische Gentlemen, die ihre Pflicht zun, von allem möglichst wenig Aufhebens machen und niemals irgendwelche Gefühle zeigen. Diese Stunden, in denen ich selbstvergessen in ein Buch vergraben war, haben mich bis zu einem gewissen Grade geprägt. So bin ich es bis auf den heutigen Tag gewohnt, meine Gefühle nicht sehr zu zeigen, und der Weg, den ich im Leben einschlagen sollte, wurde bereits frühzeitig weitgehend von den Faktoren geprägt, die das Leben eines Juden in Österreich bestimmten.
Wien erlebte damals große Veränderungen. Die berühmte kosmopolitische Weltstadt wurde die Hauptstadt eines sehr kleinen armen Landes. Trotzdem hatte Wien noch zwei Millionen Einwohner, und das zu einer Zeit, da nur sehr wenige Städte auf der Welt auch nur die Millionengrenze erreichten. Außerdem konnte Wien sich einer glorreichen kaiserlichen Geschichte, gewaltiger Reichtümer, gewonnener und verlorener Kriege sowie der grandiosen Tradition der Habsburger rühmen, die über Spanien und Österreich geherrscht und ihre Hausmacht vornehmlich durch eine kluge Heiratspolitik vergrößert hatten – andere führten Kriege, aber ›*Tu, felix Austria, nube!*‹ (Du,

glückliches Österreich, heirate!). Nachdem dieses Österreich plötzlich ein kleiner, armer Staat geworden war, setzte eine allgemeine Malaise ein. Das war lange vor Hitler und seiner Idee von einem Großdeutschen Reich; aber schon damals waren eine ganze Reihe von Menschen der Meinung, daß die einzige Rettung für Österreich darin läge, ein Teil Deutschlands zu werden (was jedoch durch die Friedensverträge von 1919 verboten war).
Diese Vorstellungen beschränkten sich nicht unbedingt nur auf nationalistische Kreise, sondern wurden auch von den *Sozialdemokraten* getragen, einer sehr mächtigen Partei, die in Österreich noch eine besondere Ideologie vertrat. Die Sozialdemokraten gehörten weder der Zweiten Sozialistischen noch der Dritten Kommunistischen Internationale an, sondern standen irgendwie dazwischen und wurden spöttisch die ›Zweieinhalbte Internationale‹ genannt. Das Gedankengut der Sozialdemokraten stammte von bedeutenden politischen Denkern wie Karl Kautsky, Otto Bauer, Karl Renner, Victor Adler und anderen, darunter einer ganzen Reihe Juden. Besonders die Juden unter ihnen waren überzeugt, daß die Zeit jeder Art von Nationalismus vorüber sei. Ganz gewiß waren sie gegen jeden jüdischen Nationalismus.
Die *Christlich-Soziale Partei* konnte ein Jude in Österreich nicht wählen, da sie im wesentlichen die Partei der katholischen Landbevölkerung war. Daher stellte in Wien die Sozialdemokratische Partei die vielversprechendste Alternative dar. Die Sozialdemokraten in Wien gehörten zu den ersten, die versuchten, die Probleme der Städte zu lösen, und die eine fortschrittliche Stadtverwaltung propagierten. Sie waren vermutlich die ersten in der Welt, die in großem Umfang den Wohnungsbau für Arbeiter förderten *(Wohnhausbauten)* und die Bedeutung der Freizeitgestaltung und damit von Sportplätzen, Schwimmbädern und Parks erkannten. Heute würde all dies unter den Begriff ›Lebensqualität‹ oder vielleicht auch Ökologie fallen, denn die Sozialdemokraten legten auch besonderen Wert auf Sauberkeit der Städte sowie der Wälder und Flüsse der Umgebung. Vielleicht war es damals leichter, mit diesen Problemen fertig zu werden, als heute. Aber wie dem auch sei, es ist unbestritten, daß die Mehrheit der jüdischen Bourgeoisie sie wählte. Ich nehme an, daß sogar

die reichen jüdischen Bankiers – die Rothschilds, die Guttenbergs und die Springers – sozialdemokratisch und nicht christlich-sozial wählten.
Selbstverständlich gab es für einen Juden auch noch andere politische Möglichkeiten. In Österreich bestand bereits eine kleine, aber straff organisierte kommunistische und daneben die gleichfalls kleine, aber zunehmend mächtiger werdende nationalistische Bewegung. (Diese war gespalten: Der größere Teil war pro-österreichisch, ein kleinerer Teil zunehmend pro-deutsch eingestellt; aus diesem entwickelte sich schließlich der Kern der späteren nationalsozialistischen Bewegung. Während jedoch die *Nationalisten* für Juden nicht relevant waren, wurden einige von ihnen *Kommunisten*.) Juden konnten auch nach Kanada, in die Vereinigten Staaten, England oder sogar nach Berlin auswandern, was manche auch taten. Oder aber sie wurden *Zionisten.* Nur einfach in Wien zu bleiben und die Tradition der jüdischen Bourgeoisie weiterzuführen, die in der vorangegangenen Generation so gewaltige Denker und große Begabungen hervorgebracht hatte wie Freud, Adler, Schnitzler, Hofmannsthal, Karl Kraus, Arnold und Stefan Zweig, Gustav Mahler und Arnold Schönberg, um nur einige zu nennen, war nicht mehr attraktiv. Die Atmosphäre hatte sich geändert.
Ein Teil meiner Altersgenossen schloß sich dem Zionismus an. Die zionistischen Jugendbewegungen entwickelten sich nach dem Muster der bereits existierenden deutschen Jugendbewegungen wie etwa des Wandervogels; hinzu kam noch der Einfluß der englischen Boy-Scouts. Ihr Programm zog uns vor allem deshalb an, weil es Jugendlichen Möglichkeiten zu gesunden Aktivitäten bot, wiewohl nicht verhehlt werden kann, daß wir uns auch wegen des in Wien latent stets vorhandenen Antisemitismus gerade zur jüdischen Jugendbewegung hingezogen fühlten. Es war aus vielerlei historischen Gründen nur natürlich, daß die Juden zusammenhielten. Ich hatte damals in gar keiner Weise das Gefühl oder auch nur eine Ahnung, daß so etwas wie eine Katastrophe für die Juden unmittelbar bevorstand. Immerhin war ich mir der schmachvollen Behandlung bewußt, die Juden erdulden mußten, und mir schien, das Leben müßte in einem Land, das uns selbst gehörte – in Palästina –, viel lebenswerter und interessan-

ter sein. Meine Großeltern waren noch in einer ausschließlich jüdischen Atmosphäre groß geworden. Ich konnte mir vorstellen, daß die Juden in der Generation nach mir assimiliert oder dem Judentum gegenüber gleichgültig sein würden. Für mich jedoch war das Gefühl, Jude und Teil des jüdischen Volkes und seiner Geschichte zu sein, etwas ganz Natürliches – nichts Aggressives, sondern etwas tief Verwurzeltes.

Heute sehe ich, daß mein Eintritt in eine zionistische Jugendbewegung im Alter von elf Jahren alles andere als ein willkürlicher Schritt war. Damals jedoch trat ich ihr nicht auf Grund irgendwelcher tieferen ideologischen Erkenntnisse bei, sondern fast zufällig. Zum ersten Treffen ging ich deshalb, weil der Sohn unseres Hausarztes, der uns gegenüber wohnte, mich mitnahm und sich die Sache als sehr unterhaltsam erwies. Unsere Gruppe traf sich zwei- oder dreimal die Woche, unternahm aber auch gemeinsame Wochenendausflüge. Wir sangen hebräische Lieder und lauschten Berichten über Palästina. Wann ich wirklich ein überzeugter Zionist wurde, weiß ich nicht. Ich glaube, ich identifizierte mich deshalb so sehr mit der Bewegung, weil mir die Dinge, die wir dort trieben, besser gefielen als die Schule. Schließlich verbrachte ich immer mehr Zeit in der Bewegung, und je mehr Zeit man der Bewegung widmete, desto wichtiger wurde die Rolle, die man dort spielte. Folglich wurde ich wichtig, und ich nehme an, das war der Augenblick, in dem ich wirklich zum Zionisten wurde. Nachdem ich jedoch einmal ein wahrer Zionist geworden war, stellte ich der Bewegung meine ganze Zeit und Energie zur Verfügung. Etwas anderes wäre mir gar nicht möglich gewesen; das hätte nicht meinem Wesen entsprochen.

Solange wir noch keine zwanzig waren, bestanden unsere Hauptunternehmungen in den sonntäglichen Ausflügen, bei denen wir zelteten, schwammen und Bootsfahrten unternahmen. Der Wunschtraum meiner Gruppe, die aus vierzehn oder fünfzehn Jungen bestand, war ein eigenes Faltboot. Ich erinnere mich noch, wie ich meinen Eltern bei meiner Bar-Mizwa-Feier (jüdische Einsegnung) einen Schock versetzte. Die eigentliche Bar-Mizwa-Zeremonie war in der angesehensten Wiener Synagoge in der Seitenstettengasse gefeiert worden, und vollzogen hatte sie Professor Zwi Peretz Chajes, Oberrabbiner von Wien und bedeutender Zionistenführer. An seine Predigt erinnere ich mich nicht mehr; ich weiß nur, daß ich tief bewegt war. Am Nachmittag kamen sechzig oder siebzig Gäste zu uns, und es war Sitte, daß der Bar-Mizwa-Junge eine (von einem besonderen Lehrer für ihn geschriebene) wohlgesetzte Rede hielt, in welcher er die Bedeutung der Feier darlegte und seinen Eltern dankte. Ich hielt meine Rede, doch nachdem ich fertig war, fügte ich noch hinzu, ich sei Mitglied einer Jugendgruppe, die unbedingt ein Faltboot brauche, weshalb ich den Gästen sehr verbunden wäre, wenn sie außer ihren Geschenken auch eine kleine Geldspende dalassen würden. Das war mein erster Versuch, Geld aufzutreiben, was meine Eltern in nicht geringe Verlegenheit brachte; doch eine Woche später feierte ein anderer Junge aus unserer Gruppe gleichfalls seine Bar-Mizwa und folgte meinem Beispiel. Ich erinnere mich an all dies so genau, weil wir das Boot, als wir es endlich bekamen, den ganzen Weg von der Straßenbahnhaltestelle bis zur Donau auf dem Rücken tragen mußten, und das war eine ziemlich lange Strecke.

Einige der Aktivitäten, die wir innerhalb der Bewegung trieben, waren, zumindest in unseren Augen, ernsthafterer Natur. Damals, Mitte der zwanziger Jahre, kamen viele, vor allem polnische Juden auf dem Weg nach Palästina durch Wien, da sie die letzte Etappe ihrer Reise von Triest aus mit dem Schiff zurücklegen sollten. Zehntausende von jungen Leuten kamen durch die Stadt; untergebracht wurden sie während ihres Aufenthaltes unmittelbar vor der Stadtgrenze von Wien in einem großen Gebäude, das der zionistischen Organisation gehörte. Hier versuchten wir nun zu helfen. Ich glaube zwar nicht, daß wir diesen ernsten ›Erwachsenen‹ viel zu bieten hatten, doch wurden wir von ihnen stets herzlich empfangen.

Die jüdische Gemeinde Wiens zählte über zweihunderttausend Mitglieder, betrug also rund ein Zehntel der gesamten Bevölkerung. Die meisten von ihnen waren Juden, die, wie meine Eltern und Großeltern, aus den verschiedenen Teilen der k. u. k. Monarchie – Ungarn, Polen, Mähren, Jugoslawien, Serbien und Kroatien – stammten und sich zu einer blühenden Gemeinde zusammengefunden hatten. Trotzdem bildeten hier, in der Heimatstadt Theodor Herzls, die Zionisten im jüdischen Gemeinderat eine Minderheit! Es gab stets hitzige Wahlkämpfe um die Sitze in diesem Rat, und die zionistischen Jugendlichen nahmen aktiv daran teil. Unsere Rivalen waren die Assimilanten und orthodoxe Gruppen, die dem Zionismus ablehnend gegenüberstanden. Wir nahmen an jeder Versammlung der Wahlkomitees teil, bearbeiteten die Familien, um ihre Stimmen zu bekommen, und transportierten Wähler in die Wahllokale. Da die Wahlen immer sonntags stattfanden, wenn keine Schule war, pflegten wir uns nur wenige Schritte von den Wahlkabinen entfernt aufzustellen (die Entfernung war gesetzlich genau vorgeschrieben) und verteilten Flugblätter. Endlich wurde der Führer der Zionisten zum Vorsitzenden des Gemeinderats gewählt – damals ein gewaltiger Sieg für uns.

Höhepunkt eines jeden Jahres war die Wiederkehr von Herzls Todestag, an dem alle zionistischen Gruppen sich trafen und zu dem Friedhof hinauszogen, auf dem er begraben war. Weitere Höhepunkte in unserem Leben bildeten die Zionistenkongresse, an denen ich von 1923 an als Helfer teilnahm, der zwischen den Delegierten Botschaften hin- und hertrug, sowie die Besuche angesehener Zionisten aus dem Ausland.

All dies bedeutet nicht, daß ich neben der zionistischen Bewegung keine anderen Interessen gekannt hätte. Ich trieb gern Sport und lief gut Schlittschuh und ganz passabel Ski. Außerdem war ich immer noch eine Leseratte. Manchmal schwänzte ich die Schule, saß statt dessen tagelang in einer der öffentlichen Bibliotheken und las alles und jedes. Insbesondere erinnere ich mich an die Lektüre von Mark Twain und Edgar Allan Poe sowie an Werke der großen österreichischen Sozialisten wie Kautsky, Otto Bauer und Friedrich Adler, die unsere Idole waren. Was den nachhaltigsten Eindruck auf mich machte, war die Verteidigungsrede von Friedrich Adler, der im Mai 1917 wegen der Ermordung von Ministerpräsident Graf Karl Stürkgh vor Gericht gestellt wurde. Er war der erste, der nach dem Ausbruch des Ersten Weltkriegs eines politischen Verbrechens wegen öffentlich vor Gericht gestellt wurde. Friedrich Adler war ein verhältnismäßig junger Mann, ein sozialistischer Aktivist und Sohn des wohlbekannten Sozialistenführers Victor Adler. Er beschloß, sich von seinem Anwalt loszusagen und seine Verteidigung selbst zu übernehmen.

Das Verdikt ›Unzurechnungsfähigkeit‹ lehnte er ab, übernahm die volle Verantwortung für die Ermordung und machte aus dem Prozeß einen Angriff auf die Ungerechtigkeit des politischen Systems und der Regierung. Ich war von tiefer Bewunderung für Adler erfüllt, nicht weil er einen Menschen getötet hatte, den er als Symbol für Tyrannei und für die Bedrohung seines Vaterlandes ansah, sondern wegen seiner rückhaltlosen Identifizierung mit seiner Sache, seiner Fähigkeit, sie in Worte zu fassen und dafür einzutreten.
Ich ging auch oft ins Theater. In Wien stellten sich junge Leute meines Alters und gesellschaftlicher Herkunft – Studenten und sogar Angehörige ziemlich wohlhabender Familien – manchmal ein bis zwei Stunden vor dem Theater an, um einen Stehplatz zu ergattern, von dem aus man recht gut sehen konnte. Das war damals Mode, und ein oder vielleicht auch zwei Jahre hindurch ging ich zweimal die Woche entweder ins Burgtheater oder in die Oper. Manchmal lernte ich junge Leute auf den Eislaufbahnen oder an den Segelbootanlegeplätzen kennen. Aber Wien ist eine große Stadt, und ich sah sie nie wieder, besonders dann nicht, wenn sie keine Juden waren. Alle meine Freunde waren Juden. Freiwillig und instinktiv sonderten wir uns irgendwie ab, und meine gesellschaftlichen Erfahrungen außerhalb der Bewegung waren sehr beschränkt.
Als ich einmal Schwierigkeiten mit meiner Lunge hatte (das Penicillin war noch nicht erfunden), brachte meine Mutter mich für ein paar Monate in einen Kurort in den Alpen, wo man damals Tbc auskurierte, und der vor allem von Nichtjuden besucht wurde. Dort lernte ich den österreichischen Schriftsteller Anton Wildgans kennen, der damals berühmt war und, wie ich glaube, auch heute noch recht angesehen ist. Es fiel mir nicht schwer, mich dazuzusetzen und mich mit ihm und den anderen Nichtjuden aus seinem Kreis zu unterhalten. Freilich handelte es sich um eine Beziehung ohne Tiefgang, weil wir Juden meinten, daß eine solche Freundschaft keine Zukunft habe. Es gab dort auch viele nichtjüdische Mädchen, und so hatte ich eine oder zwei Romanzen, die ich jedoch nicht weiter verfolgte. Es hätte mich zuviel Mühe und Zeit gekostet, mich anderen Interessen zuzuwenden und das Ruder vollkommen herumzuwerfen – und das wollte ich nicht. Es fiel mir von jeher leicht, mit Nichtjuden auszukommen – ich

glaube nicht, daß ich in der Beziehung irgendwelche – jüdische oder andere – Komplexe gehabt habe. Aber ich fand blonde Mädchen nicht besonders attraktiv. Mädchen beanspruchten überhaupt im großen und ganzen nicht allzuviel von meiner Zeit. Selbstverständlich hatte ich meine Freundinnen in der Bewegung, und ich versuchte sogar, Gedichte für sie zu schreiben, aber das kam nicht oft vor und war nie wirklich ernst. Vermutlich hatte ich Angst, es könnte sich etwas daraus entwickeln. Ich war ganz entschieden ein Spätentwickler.
Die zwanziger Jahre vergingen, und aus dem Elfjährigen wurde ein junger Mann von achtzehn Jahren. Die Bewegung spaltete sich, vereinigte sich wieder, machte Krisen durch. Es gab viele zionistische Jugendgruppen in Wien, doch unsere Unterschiede waren nicht sonderlich wichtig, und als wir älter wurden, begriffen wir, worauf es wirklich ankam. Mehr und mehr waren wir auf ein Leben in Palästina versessen. In den vorhergehenden Jahren hatten wir dieses Ziel nicht wirklich energisch verfolgt, doch nach und nach ging uns auf, daß wir auch der Ideologie entsprechend leben mußten, der wir das Wort redeten. Wer nicht wirklich nach Palästina auswandern wollte, schied aus. Der Rest wurde auf den Beruf des Landwirts und auf ein Leben in der Kommune vorbereitet. Wir wollten im neuen Land nicht als Kaufleute oder in freien Berufen, sondern als Arbeiter tätig sein. Der zionistische Sozialismus ging davon aus, daß ein Grundstock von jüdischen Bauern und Arbeitern gebildet werden müsse, um einen jüdischen Nationalstaat aufzubauen. Unser Ziel war die Landwirtschaft, und alles war darauf ausgerichtet: die Lieder, die wir sangen, die Geschichten, die wir erzählten, die Kontakte, die wir mit palästinensischen Abgesandten der verschiedenen Kibbuz-Bewegungen pflegten.
Im Jahre 1929 kam es zur Weltwirtschaftskrise, von der auch Palästina in Mitleidenschaft gezogen wurde. Gleichzeitig kam es in Palästina zu arabischen Ausschreitungen, und wir alle unterschrieben Petitionen und meldeten uns freiwillig, um dorthin zu gehen. Die Briten jedoch, denen vom Völkerbund das Mandat über Palästina übertragen worden war, stellten diesem Vorhaben größte Hindernisse entgegen, und so wurden an die jüdischen Organisationen nur wenige Einwanderungserlaubnisse ausgegeben. Es war mein leiden-

schaftlicher Wunsch, nach Palästina auszuwandern, aber ich mußte mich in Geduld fassen. 1930 ging ich von der Oberschule ab und trat in einen von unserer Bewegung betriebenen landwirtschaftlichen Ausbildungsbetrieb ein. Der kleine Bauernhof, welcher der Stadt Wien gehörte, bestand hauptsächlich aus Weinbergen und einem Kuhstall. Eine Gruppe von uns lebte und arbeitete dort. Ein paarmal mußten wir unter anderem die Weinfässer im Keller neu füllen – wobei wir ziemlich viel tranken. Trinkt man in einem Keller, spürt man die Wirkung nicht, aber in dem Augenblick, wo man an die frische Luft kommt, ist man stockbetrunken. Auch das war eine neue Erfahrung für mich.

Ich erinnere mich an lange Auseinandersetzungen mit meinen Eltern in diesem Sommer. Zuletzt beschworen sie mich, heimzukommen und zumindest die Oberschule abzuschließen. Ich weiß nicht, ob sie wirklich damit einverstanden waren, daß ich nach Palästina ging, oder ob sie nur widerstrebend nachgaben. Ich erinnere mich jedoch sehr genau an ihren Wunsch, daß ich wenigstens in irgendein Geschäft und nicht in einen Kibbuz eintreten sollte. Nachdem ich mit der Oberschule fertig war, überredete mein Vater mich dann auch, eine Zeitlang in einem der Rothschildschen Unternehmen zu arbeiten, bei Witkowitz, einem der größten Stahlwerke in Europa.

Um die Witkowitzer Stahlwerke ging es später zum Teil bei der Auseinandersetzung zwischen Hitler und dem Oberhaupt der Wiener Rothschilds. Dabei gingen bekanntlich den Nazis Millionen Dollar Lösegeld durch die Lappen, weil sie zu spät erfuhren, daß das Werk kurz zuvor verkauft worden war. Witkowitz war ein gewaltiges, über ausgedehnten Kohlebergwerken erbautes Werk, in dem aus Schweden und anderen Ländern importierter Stahl verarbeitet wurde. Ich arbeitete dort ein oder zwei Wochen, dann langweilte mich das Ganze, und ich fand Kontakt zur Bewegung der *Hehalutz*-Pioniere. Das Stahlwerk befand sich in einem Vorort von Mährisch-Ostrau, dem Zentrum des Zionismus in der Tschechoslowakei. Die führende Persönlichkeit in der Bewegung war hier Dr. Franz Kahn, der später im Konzentrationslager Theresienstadt umkam. Dr. Kahn war lange Hauptorganisator und Präsident sämtlicher Zionistenkongresse gewesen, und von solchen Gelegenheiten kannte ich ihn recht gut, da

ich als Helfer für ihn gearbeitet hatte. Er hatte im Ersten Weltkrieg einen Arm verloren, was seiner Aktivität jedoch keinen Abbruch tat. Ich hatte allergrößte Hochachtung für ihn, und so war es von dem Augenblick an, da ich das zionistische Büro betrat und ihn wiedertraf, mit meiner Arbeit im Walzwerk vorbei.
Wie gewöhnlich fanden meine Eltern sich schließlich mit meinem Entschluß ab. Sie mieteten mir im Haus des örtlichen Kantors ein kleines Zimmer und schickten mir monatlich etwas Geld, denn die Bewegung konnte es sich nicht leisten, Gehälter zu zahlen. Ein paar Monate später trat ich einer Kommune bei und blieb dort den Rest des Jahres. In dieser Kommune lebten Leute, die auf eine Einreisebewilligung nach Palästina warteten. Bis dahin wohnten sie zusammen, arbeiteten in Fabriken und lernten abends Hebräisch. Sie mieteten bescheiden eingerichtete kleine Häuser, in denen sechs oder acht Personen in einem Zimmer lebten. Diese Kommunen nahmen sich jedoch auch anderer an, die wie ich für die Bewegung arbeiteten, so daß ich praktisch keine Ausgaben hatte. Ich schlief und frühstückte in der Kommune; danach ging ich meiner Arbeit nach, die in der Herausgabe einer zionistischen Zeitung sowie der Vorbereitung von Winter- und Sommerlagern und -seminaren bestand. Nachmittags traf ich mich mit meiner Jugendgruppe – deren Leiter ich mittlerweile geworden war – und brachte ihnen hebräische Lieder und Tänze bei. Die Abende verbrachten wir mit den Erwachsenen, und manchmal hielten wir ideologische Diskussionen ab. Ich kam im Herbst 1931 nach Mährisch-Ostrau und blieb dort etwa ein Jahr lang.
Mährisch-Ostrau war auch die Stadt, in der ich mich zum erstenmal ernsthaft verliebte. Das Mädchen gehörte zur dortigen Jugendbewegung, entstammte einer guten polnisch-jüdischen Familie und hatte eine ältere Schwester, die bereits nach Palästina ausgewandert war. Sie war hübsch, hatte dunkles Haar und dunkle Augen und einen beißenden, sarkastischen Witz. Doch obwohl ich alles daransetzte, ihre Liebe zu gewinnen, hatte ich kein Glück. Sie war einfach nicht interessiert. Später kam sie nach Israel, aber wir blieben nicht in Verbindung, und ich habe sie seither nicht mehr gesehen.
1931 nahm ich wiederum an einem Zionistenkongreß teil, und zwar diesmal in Zürich als Helfer von Chaim Arlosoroff, einem der großen

Zionistenführer der Arbeiterbewegung. Mittlerweile hatte ich etwas besser Englisch gelernt, und ich half ihm beim Übersetzen vom Deutschen ins Englische und umgekehrt. Am besten erinnere ich mich jedoch an die langen Heimwege, auf denen ich ihn begleitete. Das Leben eines Zionistenführers war damals höchst spartanisch, und nur sehr wenige Menschen stiegen in Hotels ab. Arlosoroff hatte ein kleines Zimmer bei einer Familie in einem entfernten Vorort gemietet, leistete sich jedoch niemals ein Taxi. Wenn die Sitzungen des Kongresses um zehn oder elf Uhr abends zu Ende waren und keine Straßenbahn mehr fuhr, pflegten wir gemeinsam heimzugehen. Ich nutzte diese Abende, um Fragen über Palästina und die Hauptprobleme des Kongresses zu stellen. Lebhaft erinnere ich mich an seine Bereitwilligkeit, einem jungen Mann zu antworten und ihm alles geduldig bis ins einzelne auseinanderzusetzen. Einmal, als es ganz besonders spät geworden war, schlug er noch ein zweites Bett in seinem Zimmer auf, weil er mich nicht zu dieser späten Stunde zurückgehen lassen wollte.

Arlosoroff wurde zwei Jahre später am Strand von Tel Aviv ermordet. Seine Mörder wurden nie gefaßt. Wie das Schicksal es wollte, erreichte mich eine Woche nach seinem Tod eine Nachricht von ihm. Diesen Brief hatte er auf dem Schiff geschrieben, das ihn nach seinem Europabesuch zurückbrachte nach Palästina; die Post brauchte damals sehr lange. Sein Tod stellte einen unersetzlichen Verlust für die zionistische Bewegung dar.

Da ich kein Gehalt bezog, lebte ich frugal von den Zuwendungen meiner Familie. Meine Eltern waren nicht nur großzügig, sondern überdies auch noch sehr taktvoll in ihren Bemühungen, meinem Leben eine andere Richtung zu geben. So wiesen sie mich zum Beispiel darauf hin, welche Vorteile es habe, als Kaufmann in Palästina zu leben und europäische Unternehmungen dort zu vertreten. Sie bestanden darauf, daß ich zumindest ein Handwerk erlerne. Schließlich erklärte ich mich einverstanden und ging nach Dortmund, wo einer meiner Onkel eine Autoreparaturwerkstätte und ein Ersatzteillager betrieb. Das Experiment endete wie zuvor. Ich arbeitete ein paar Stunden am Tag, doch mein eigentlicher Wirkungskreis war die dortige zionistische Jugendorganisation.

Der Nazismus war im Kommen, und Dortmund war immer eine ›rote‹ Stadt gewesen. Auf Sozialisten und Kommunisten hatten es die Nazis natürlich besonders abgesehen, wenn auch noch nicht in dem Maße wie ein paar Jahre später. Um die Weihnachtszeit gerieten wir auf dem Heimweg von einer unserer Versammlungen mit den Nazis zusammen. Wir landeten zuerst auf einem Polizeirevier und dann in einem Lager. Nun war dieses Lager noch nicht so schlimm wie jene, welche in der Welt in den vierziger Jahren Entsetzen erregten, aber ich empfand es selbst für diese wenigen Tage als sehr unangenehm. Nachdem mein Onkel dafür gesorgt hatte, daß ich wieder herauskam, wurde ich in andere Zusammenstöße verwickelt. Da ich jedoch kein deutscher Staatsbürger war, bekam ich nur eine Verwarnung. Mir wurde bedeutet, daß meine Anwesenheit in Dortmund unerwünscht sei, und so fuhr ich, kaum daß Hitler Kanzler geworden war, wieder in die Tschechoslowakei. Auf dem Weg dorthin machte ich einen Tag in Berlin Station, und was ich dort zu sehen bekam, beseitigte meine letzten Zweifel daran, ob es wirklich notwendig sei, Deutschland schnellstens zu verlassen. Dort liefen noch mehr SA- und SS-Leute auf der Straße herum, und die Atmosphäre war gespannt. Die Berliner Zionisten befürchteten Schlimmes. Vielleicht war damals bereits alles vorauszusehen.

Wieder in der Tschechoslowakei, landete ich in Karlsbad, dem weltbekannten Badeort nahe der deutschen Grenze, und baute dort die zionistische Jugendgruppe im Sudetenland auf. Ich blieb ein paar Monate dort, arbeitete als Gruppenführer, lehrte hebräische Lieder, zionistische Geschichte und so weiter. Unsere Geldmittel waren äußerst knapp, und wir Gruppenleiter lebten praktisch von nichts. Ganz besonders war es uns darum zu tun, engen Kontakt mit deutschen Juden zu halten, und eine Möglichkeit dazu bestand darin, auf Skiern über die Grenze zu gehen, die jungen Leute mit Untergrundliteratur zu versorgen und dann per Ski wieder zurückzukehren. Die Grenze zu überschreiten war damals noch keine allzu schwierige Angelegenheit. Und so reiste ich zwischen 1931 und 1933 viel zwischen der Tschechoslowakei, Rumänien und Deutschland hin und her und besuchte die verschiedenen Jugendgruppen.

Weihnachten 1933 verbrachte ich mit dem Makkabi-Ski-Klub auf dem Keilberg in der Tschechoslowakei, einem wunderschönen Ort in den Bergen unmittelbar an der Grenze. Eine größere jüdische Jugendgruppe aus Deutschland kam öfters herüber, um dort Ski zu laufen. Sie waren auf einem Bauernhof ein paar Kilometer von uns entfernt untergebracht, und ich besuchte sie jeden Abend. Einer von ihren Anführern war Xiel Federman, ein sehr gut aussehender Neunzehnjähriger mit einer großen, dunkelhaarigen und dunkeläugigen Freundin namens Bella. Sechs Wochen, nachdem ihre Gruppe nach Deutschland zurückgekehrt war, wurde ich daheim in Karlsbad zu dem dortigen Zionistenführer bestellt. In seinem Büro saß ein Ehepaar in mittleren Jahren aus Chemnitz. Ihre Aussprache verriet sie deutlich als Ausländer, und wie es sich herausstellte, handelte es sich um persische Juden, die sich vor einigen Jahren in Deutschland niedergelassen hatten, ein paar Textilfabriken gründeten und dabei wohlhabend geworden waren. An diesem Morgen waren sie auf dem Weg ins Geschäft gewarnt worden, die Gestapo sei hinter ihnen her.

Im Jahre 1934 war die Gestapo noch nicht so teuflisch, wie sie es später wurde. Trotzdem war die Bedrohung wohl sehr ernst zu nehmen. Schon wurden Menschen in Konzentrationslager gebracht, monatelang ohne Gerichtsverhandlung ins Gefängnis gesteckt und geschlagen. Es hatte bereits Fälle gegeben, in denen Männer und Frauen erschossen worden waren – beim ›Fluchtversuch‹, wie es hieß. Es war daher nur allzu verständlich, daß das persische Ehepaar beschloß, auf der Stelle zu fliehen, ohne noch einmal nach Hause zurückzukehren. Noch herrschte im Grenzverkehr im Gebirge einige Freiheit, zumal die Hänge zum Skifahren benutzt wurden. Die beiden fanden ihren Weg im Schnee zum Makkabi-Ski-Klub auf dem Keilberg und fuhren dann weiter nach Karlsbad. Sie waren verzweifelt und brauchten dringend Hilfe, da sie ihren zweijährigen Sohn zurückgelassen hatten, der vorübergehend bei Verwandten untergebracht worden war. Außerdem hatten sie eine große Summe Bargeld sowie die Schlüssel zu verschiedenen Schließfächern in anderen Ländern zurückgelassen. Jetzt boten sie der zionistischen Bewegung einen großen Betrag, wenn jemand nach Chemnitz fahren und das Kind, das Geld und die Schlüssel holen würde.

Ich hatte einen österreichischen Paß, der bei den deutschen Behörden immer noch einiges galt. Was jedoch noch wichtiger war: Vor einigen Jahren hatte ich meinen elf Jahre jüngeren Bruder Paul auf eine Reise in die Tschechoslowakei mitgenommen, und er war in meinem Paß als ›Bruder, geboren 1922‹ aufgeführt. Ich brauchte also nichts weiter zu tun, als aus der 22 eine 32 zu machen, und ich war im Besitz eines Dokuments, das es mir gestattete, das Kind mit herauszubringen. Wegen der Straßenschlägereien und meiner Verhaftung im Jahr zuvor hatte ich zwar Bedenken, nach Deutschland zurückzukehren; nicht, daß ich ein gesuchter Verbrecher gewesen wäre, aber es war immerhin ein gewisses Risiko. Trotzdem beschloß ich, es zu wagen, denn die Situation war tragisch, und es stand niemand sonst zur Verfügung. Außerdem hatte ich noch einen anderen Grund. Einen Monat zuvor hatten wir besorgniserregende Nachrichten über eine lokale jüdische Jugendgruppe in Transsylvanien bekommen, dem westlichen, ungarischsprechenden Teil Rumäniens, deren Mitglieder ideologisch unseren Konkurrenten zuzufallen schienen. Es erschien mir ›lebenswichtig‹, dorthin zu fahren und ihnen den Kopf zurechtzusetzen. Wir hatten jedoch nur noch so wenig Geld, daß wir die zwanzig Pfund Sterling – damals eine Menge Geld – für die Hin- und Rückfahrkarte nicht aufbringen konnten. Folglich verlangte ich noch zwanzig Pfund Sterling mehr, als das Ehepaar zu zahlen vorgeschlagen hatte. Sie erklärten sich selbstredend sofort dazu bereit, und so überschritt ich noch am selben Abend die Grenze.
Meine Kontakte in Chemnitz waren Xiel und Bella, die an diesem Tag bis spät in die Nacht zusammen mit mir aufblieben und einen Plan schmiedeten. Bella erbot sich sofort, mit mir zurückzufahren und sich um das Kind zu kümmern. Aber die Gestapo und Grenzwachen zwischen Chemnitz und Karlsbad, einem oft benutzten Fluchtweg, waren sehr wachsam. Xiel und ich wußten, daß eine junge Jüdin mit deutschem Paß, die innerhalb weniger Tage zweimal die Grenze passierte, sich verdächtig machte und unter Umständen sogar festgenommen werden konnte. Daher beschlossen wir, daß ich allein fahren und mein Glück mit dem Kind versuchen sollte.
Am nächsten Morgen nahmen wir drei uns ein Taxi und inspizierten das Haus in den Außenbezirken der Stadt. Es handelte sich um eine

wunderschöne Villa, die von einem großen Garten umgeben war. Das Haus selbst war abgesperrt, und an jeder Tür klebte das rote Siegel der Gestapo. Dann machten wir das Kind bei seinen Verwandten ausfindig. Sein Kindermädchen, eine Deutsche, der man vertrauen konnte, war bei ihm geblieben. Ich fragte sie, ob sie zusammen mit uns über die Grenze gehen würde, und sie erklärte sich einverstanden. Dann kamen wir überein, daß das Kind, die Kinderschwester und ich unabhängig voneinander auf dem Bahnhof eintreffen wollten. Bella würde den kleinen Jungen abholen und zum Bahnhof bringen, während das Kindermädchen mit dem Gepäck nachkommen wollte. Alle sollten erst fünf Minuten vor Abfahrt des Zuges dort erscheinen.

Ich verbrachte die Nacht im Haus eines Mitgliedes der Jugendbewegung, der auch die Fahrkarten für mich kaufte. Bei Tagesanbruch kehrten Xiel und ich zu der Villa zurück und arbeiteten uns vorsichtig durch den Garten bis zu einer Seitentür vor, die gleichfalls das Gestaposiegel aufwies. Ich besaß jedoch den Schlüssel zu dieser Tür, und so brachen wir das Siegel auf und gingen hinein. Wir fanden die Schlüssel für die Schließfächer und Zehntausende von Mark, weit mehr als die zweihundert Mark, die man aus Deutschland hinausnehmen durfte. Glücklicherweise handelte es sich um große Scheine, so daß meine Brieftasche nicht allzu dick wurde. Wir erreichten den Bahnhof, und mich befiel mehr als nur leises Unbehagen, als das Kind ausgerechnet in dem Augenblick zu weinen anfing, da die Schwester es in das Dritte-Klasse-Abteil hineinbrachte. Aber der Zug fuhr gleich danach ab, und Xiel und Bella blieben winkend auf dem Bahnsteig in Chemnitz zurück.

Für die Rückfahrt hatte ich mich für eine andere Strecke entschieden als für die Hinfahrt; denn ich wollte nicht, daß die Grenzbeamten mich mit einem Kind zurückkommen sähen. An der Grenze mußten wir umsteigen und sowohl durch den deutschen als auch durch den tschechoslowakischen Zoll. Dann hatte ich das größte Glück, das mir jemals widerfahren ist. Die ganze Fahrt über, die etwa eine Stunde dauerte, zerbrach ich mir verzweifelt den Kopf, was ich mit all dem Geld in meiner Brieftasche machen sollte; denn hätte man mich damit erwischt, hätte das weit mehr bedeutet als nur den Verlust des Geldes. Natürlich hätte ich es wegwerfen können, aber ich war jung, und die Herausforderung reizte mich. Ich erinnerte mich an eine Geschichte von Edgar Allan Poe *Der entwendete Brief,* in der die Polizei nach einem wichtigen Dokument in einer Wohnung sucht. Die Polizisten durchsuchen die gesamte Wohnung, ohne sich um den Umschlag zu kümmern, der vor ihren Augen auf dem Tisch liegt. Mir fiel ein, daß ich mir Poes Idee zunutze machen könnte, ohne einen Gesetzesverstoß zu riskieren.

Als wir durch den deutschen Zoll gingen, weinte das Kind wieder. Ich glaube, das half uns, weil das Gegreine den Zollbeamten nicht weniger auf die Nerven ging als uns. Nachdem wir die Paßkontrolle problemlos hinter uns gebracht hatten, gerieten wir an einen weiteren Beamten, der hinter einer Holzschranke stand. »Führen Sie irgendwelches Geld mit?« fragte er. Ich tat, als hätte ich nichts zu verheimlichen, hielt ihm einfach meine Brieftasche hin und sagte: »Es ist alles hier drin.« Innerlich zitterte ich jedoch wie Espenlaub. Ich wurde untersucht, und sie durchwühlten systematisch alle unsere Taschen und Kleider. Selbst der Teddybär des Kindes wurde mit einer Nadel durchstochen. Das einzige, was man nicht anrührte, war die Brieftasche, die der Beamte auf dem Tisch einfach beiseite gelegt hatte. Als sie fertig waren, nahm ich sie wie beiläufig an mich, steckte sie wieder ein, ging hinüber auf die tschechische Seite und bestieg den Zug nach Karlsbad. Ich lieferte den Jungen, das Geld und die Schlüssel ab, und wir erhielten den versprochenen Betrag nebst den verlangten zwanzig Pfund Sterling. Das persische Ehepaar sah ich zwar nie wieder, wohl aber Xiel und Bella (die schließlich heirateten), als sie 1938 nach England flohen. Außerdem verfolgte ich Xiel Federmans Werdegang von dem Zeitpunkt an, wo er nach Palästina kam. Er fing als Kellner in Haifa an und arbeitete sich zu dem Großindustriellen und Hotelbesitzer empor, der er heute ist.

Ich benutzte die zwanzig Pfund Sterling, um die Fahrt nach Transsylvanien zu machen. Auf der Reise durch den Ostteil der Tschechoslowakei sah ich zum erstenmal in meinem Leben primitive jüdische *Schtetl.* Sie sahen haargenau aus, wie die berühmten jiddischen Schriftsteller sie beschrieben haben: voll von stämmigen Bauern, Fuhrleuten, Gastwirten, Handwerkern, Schmieden, Pferdehändlern, Milchmännern und Holzfällern. Diese Menschen waren so ganz anders als die Angehörigen des Mittelstands, die ich kannte. Besonders gefallen hatten mir die Ostjuden nicht, die aus Polen und Galizien nach Wien gekommen waren. Vermutlich hat auch mich der Snobismus beeinflußt, mit dem die etablierten Juden diesen Neuankömmlingen begegneten, von denen viele auf der Flucht vor der russischen Armee 1915 und 1916 nach Wien gekommen waren. Die Neuankömmlinge sprachen kein Deutsch, sondern Jiddisch, und waren in Wien nicht mehr in ihrer gewohnten Umgebung. Sie paßten einfach nicht dorthin. Jetzt erlebte ich dieselben Juden in ihrer eigenen Welt, und hier kamen sie mir nicht elend, geduckt und ängstlich vor wie ihre Brüder in Wien. Das waren handfeste Leute, die sichtlich selbstsicher und behaglich in ihrer Umgebung lebten und imstande schienen, es mit jedermann aufzunehmen. Unglücklicherweise stellte es sich dann heraus, daß sie es mit den Deutschen nicht aufnehmen konnten; keiner von ihnen hat überlebt.

Schließlich nahm ich Kontakt mit der Jugendgruppe in Transsylvanien auf. Es handelte sich um eine wichtige Gruppe mit rund tausend Mitgliedern, die freilich über ganz Transsylvanien verstreut waren, ich war gekommen, sie vor dem ›schlimmsten Schicksal‹ zu bewahren: unseren Rivalen in die Hände zu fallen. Tatsächlich waren bereits einige Abgesandte unserer Konkurrenten vor mir angekommen. Sie waren weit erfahrener als ich, doch erwies sich das für mich als ein Vorteil. Sie hatten es nicht eilig und meinten, man müsse langsam vorgehen. Außerdem waren sie träge und neigten dazu, die angenehmen Seiten des Lagerlebens zu genießen, sich aber vor der eigentlichen harten Arbeit zu drücken. Da ich nur wenige Tage Zeit hatte, schloß ich mich den Gruppen auf ihren landwirtschaftlichen Ausbildungsbetrieben an, lebte bei ihnen, arbeitete mit ihnen auf dem Feld und kämpfte während der kurzen Pausen und an den Abenden für unsere Sache. Die Mühe zahlte sich aus: Ich bewog sie, unserer Linie zu folgen, und noch in demselben Jahr schlossen sie sich unserer Weltorganisation an. Ich brauche wohl kaum zu sagen, daß ich diesen Besuch als einen Triumph unserer Bewegung betrachtete.

Das war im Winter 1934. Ein paar Monate später kehrte ich noch einmal dorthin zurück, half dieser Gruppe, ein Sommerlager einzurichten, und im Herbst war ich wieder in Wien und arbeitete dort für

die Bewegung. Während dieser Zeit lebte ich daheim bei meinen Eltern und las in meiner Freizeit sehr viel. Damals lernte ich Tamar kennen, die sich uns erst vor kurzem angeschlossen hatte. Sie war siebzehn und besuchte gerade die letzte Oberschulklasse. Neben ihrer Vorbereitung auf das Abschlußexamen lernte sie noch Gärtnerei, um sich auf das Leben in Palästina vorzubereiten. Sie brachte mehr Zeit bei der Gartenarbeit und in der Bewegung zu als in der Schule, machte ihr Examen aber trotzdem mit vorzüglichen Noten, was mir großen Eindruck machte. Meine Mutter behauptete später, es hätte mich verlegen gemacht, daß meine Freundin im Gegensatz zu mir eine so ausgezeichnete Schülerin war. Tamar hatte kurzes braunes Haar, braune Augen, ein reizvolles Gesicht und besaß einen ausgeprägten Sinn für Humor. Sie entstammte einer orthodoxen Familie, hatte selbst aber nicht sonderlich viel für Religion übrig. Ich war sechs Jahre älter als sie und einer der Gruppenführer in Wien, also für Tamar und ihre Freunde ein ›großes Tier‹. Ich nahm an einigen ihrer Zusammenkünfte teil, lehrte sie Lieder und leitete ihre Aktivitäten. Meine Hauptaufgabe bestand jedoch darin, Geld für die Miete und Instandhaltung des Kellerraums, in dem wir unsere Versammlungen abhielten, und die Zeitung, die wir herausbrachten, aufzutreiben. (Notfalls bat ich meine Eltern um das Geld.)
Meiner Erinnerung nach kam ich zum erstenmal mit Tamar ins Gespräch, als wir Anfang 1935 außerhalb Wiens ein Winterlager abhielten. Aber damals gingen wir nicht allein aus, sondern waren immer mit anderen zusammen. Wieder zurück in Wien, hatte ich mehr Gelegenheit, die Beziehung zu pflegen. Tamar kam in den Klub, um den Boden aufzuwischen, und das gab mir Gelegenheit, privat mit ihr ins Gespräch zu kommen. Die Romanze wurde dadurch kompliziert, daß sie damals gerade in einen anderen Gruppenführer verliebt war. Nach und nach lenkte sie jedoch ein. Nach einiger Zeit holte ich sie um ein Uhr von der Schule ab und ging mit ihr nach Haus. Abends brachte ich sie dann auch von unseren Versammlungen heim. Wir pflegten vor ihrem Haus zu stehen und zu reden, bis längst keine Straßenbahnen mehr fuhren, woraufhin ich Nacht für Nacht anderthalb Stunden zu Fuß nach Hause gehen mußte. In dieser Zeit ging ich sehr viel zu Fuß. Einige Nachbarn beschwerten sich bei Tamars Mutter, es

schicke sich nicht für die Tochter eines ehrwürdigen Rabbiners, nachts mit einem *goyish* (nichtjüdisch) aussehenden jungen Mann unter der Laterne auf der Straße zu stehen. (Ich war damals blond; seitdem ist mein Haar nachgedunkelt.) Ihre Mutter sagte nur, solange wir unter der Straßenlaterne stünden, habe sie keinen Grund zur Besorgnis.

Unsere Familien kamen erst nach unserer Abreise nach Palästina miteinander in Kontakt. Ich glaube, meine Eltern haben nicht viel von Tamar und mir gewußt. Bei allem Verständnis waren sie genau wie ich sehr zurückhaltend, und so kam es, daß wir nur höchst selten über persönliche Dinge miteinander redeten. Schließlich war ich jahrelang von zu Hause fort gewesen. Doch selbst als ich noch jünger war, hatten die Familientreffen stets am Sonntag und an den Feiertagen stattgefunden, an denen ich ohnehin mit unserer Jugendgruppe Ausflüge machte. Ich glaube, mit meinem jüngeren Bruder Paul, der immer mehr an der Familie gehangen hat als ich, waren meine Eltern glücklicher dran. Etwa um die Zeit, als ich Tamar kennenlernte, fing der Antisemitismus in Wien an, sich auf verschiedene Weise zu manifestieren. So gab zum Beispiel eines der großen Warenhäuser bekannt, es verkaufe nicht an Juden. Das erboste mich dermaßen, daß ich in den Laden hineinging und eine geschlagene Stunde lang Anzüge, Hemden, Hüte und andere Kleidungsstücke anprobierte. Schließlich kam ich mit einem ganzen Haufen Einkäufe an den Packtisch, wo jedes Paket mit großer Sorgfalt verpackt wurde und der Kassierer mir dann die Rechnung reichte. »Ach, tut mir leid«, sagte ich, »ich habe ganz vergessen, daß Sie Juden hier nicht bedienen.« Woraufhin ich äußerst höflich grüßte, ging und ihn mit seinen vielen Paketen stehenließ. Bei einer anderen Gelegenheit spielten einige unserer jüngeren Mitglieder draußen im Domgraben Ball; der Domgraben war ein schöner Fleck in den Bergen außerhalb der Stadt, der sämtlichen Jugendgruppen in Wien als Treffpunkt diente, ob es sich um jüdische oder christliche handelte. Plötzlich tauchten ein paar Nazi-Jungen auf und nahmen uns den Ball fort. Ich war der älteste der Anwesenden, ging daher zu dem Jungen hinüber, der den Ball hielt, ohrfeigte ihn und nahm ihm den Ball wieder ab. Er starrte mich fassungslos an und sagte: »Was machst du denn mit diesen Juden?« Ich schlug ihn noch einmal. Das genügte, ihn und seine Freunde zu vertreiben, doch ein paar Wochen später erwischten sie mich an einem Samstagnachmittag vor einem Kino im Zentrum der Stadt und schlugen mich gründlich zusammen.

Die Lage in Österreich wurde ständig schlechter. Selbst ohne die Bedrohung durch die Nazis war ich erpicht darauf gewesen, nach Palästina zu gehen. Die Schwierigkeit bestand nicht darin, aus Österreich herauszukommen, denn die Auswanderungsbeschränkungen waren noch nicht in Kraft getreten. Nach Palästina hineinzukommen war jedoch etwas ganz anderes. Nach den Richtlinien der britischen Mandatsbehörden mußte man eine Einreiseerlaubnis haben, bevor man das Herkunftsland verließ. Diese Bescheinigungen, von denen die Engländer nur sehr wenige ausgaben, wurden von den zionistischen Organisationen verteilt, was bedeutete, daß es letzten Endes die Bewegung war, die entschied, wann wer reisen durfte. Wenn die Reihe an mir war, entschied die Bewegung jedesmal, daß ich in Wien noch gebraucht würde und immer jemand anders statt meiner sofort abreisen mußte. Doch endlich, im Frühjahr 1935, wurde mir die Einreiseerlaubnis für Palästina ausgehändigt, obgleich ich nicht direkt dorthin fahren wollte. Zunächst fuhren Tamar und ich zusammen in die Schweiz, um gemeinsam am Zionistenkongreß in Luzern teilzunehmen, und von dort reiste ich dann im Auftrag der Bewegung allein weiter nach London.

Es war das erstemal, daß ich nach England kam, und ich war voll großer Erwartungen. Dank intensiver Lektüre hatte ich eine besondere Hochachtung und Zuneigung zu den Briten entwickelt und war ungeheuer neugierig auf sie. England war genauso, wie ich es erwartet hatte – von der Seekrankheit, die ich auf der Überfahrt über den Kanal bekam, bis zur Ankunft auf der Victoria Station; von meinen ersten *fish 'n chips* bis zum Gang durch die Baker Street des Sherlock Holmes, eines weiteren Helden meiner Kindheit. Die berühmte Hausnummer stellte sich als reine Erfindung heraus, aber die Atmosphäre war da. Ich mietete ein Zimmer bei einer nichtjüdischen Arbeiterfamilie in Hackney und war völlig hingerissen von London. Man stelle sich einmal vor, da kommt man aus dem von Antisemitismus schwärenden Kontinent und stellt fest, daß die Gebrauchsanweisungen für die Feuerlöscher in Whitechapel auch auf Jiddisch angegeben waren – den Juden zuliebe, die vor Jahrzehnten aus Rußland und Polen herübergekommen waren. Ich weiß nicht, ob England weniger tolerant geworden ist, als es damals war. Aber wenn ich vergleiche, wie man diese seltsamen Gestalten, die Juden aus Rußland, um die Jahrhundertwende aufgenommen hat und wie schwer es heute für Menschen aus Teilen des ehemaligen britischen Empire ist – etwa von den Westindischen Inseln, aus Kenia, Pakistan, ja selbst aus Zypern –, aufgenommen und assimiliert zu werden, und wie die Spannung sich manchmal entlädt, dann kommt es mir vor, als seien die Engländer wesentlich unduldsamer geworden.

Ich blieb in England und arbeitete ein paar Monate im britischen Zweig unserer Bewegung unter der Leitung eines Palästinensers (worunter man 1935 einen aus Palästina stammenden Juden verstand), Lassia Galili, einer der gebildetsten Menschen, denen ich jemals begegnet bin. Dort lernte ich auch Moshe und Ruth Dayan kennen, die gerade ihre Flitterwochen verbrachten. Moshe studierte damals Englisch. Er war der erste *Sabra,* d.h. in Palästina geborene Jude, den ich mit Bewußtsein kennengelernt habe, und dazu noch der Sohn eines berühmten Pioniersiedlers – eines der Gründer des ersten Kibbuz und des ersten Moschaw. Moshe steckte voller Leben, voller Fragen und voller Neugier. Ruth war gleichfalls eine *Sabra* und obendrein auch noch bildhübsch, doch sie sprach bereits sehr gut Englisch, da sie ihre Kindheit in England verbracht hatte. Es war für mich eine Überraschung, ein solches Paar kennenzulernen. Aber bei Moshe muß man ja, wie die Jahre gezeigt haben, immer auf Überraschungen dieser oder jener Art gefaßt sein.

Ich blieb drei Monate in England. Dann machte ich kurz Zwischenstation in Berlin und Mährisch-Ostrau und verbrachte ein paar Tage mit Tamar in Brünn. Wie viele gute Sozialisten damals hielten wir nicht viel von der Ehe, doch als wir wieder in Wien waren, trafen wir alle Vorbereitungen, damit Tamar mir sobald wie möglich nach Palästina folgen konnte. Ende Dezember 1935 sagte ich allen Lebewohl, nahm den Zug nach Triest und bestieg schließlich das Schiff, das mich nach Haifa bringen sollte.

2
»Jetzt gehören wir dem Emir Abdullah«

Im Jahre 1935 flogen noch keine Flugzeuge nach Palästina, ja, die gesamte Luftfahrt steckte überhaupt noch in den Kinderschuhen. Kurze Zeit bevor ich Österreich verlassen hatte, waren eine ganze Menge von uns zum Wiener Flugplatz hinausgezogen, um die beiden Flieger zu begrüßen, die kurz nach Lindbergh als zweite den Atlantik überquert und Lindbergh noch insofern übertroffen hatten, als sie gleich bis nach Wien durchgeflogen waren. Fliegen war noch etwas recht Ungewöhnliches, und so fuhr ich denn auch per Schiff nach Palästina, auf der *Gerusalemme.* Meine Mitpassagiere waren Hunderte von Pionieren auf ihrer ersten Reise nach Palästina sowie einige führende Zionisten, die nach Hause fuhren. Es herrschte jene Atmosphäre, von der ich bisher immer nur gehört und seit Jahren gelesen hatte. Abends saßen wir an Deck und sangen zur Begleitung einer Harmonika. Ich war jung, unbeschwert und sorgenfrei. Nach Palästina zu fahren und mich dort in einem Kibbuz niederzulassen war die Erfüllung eines Traums, und ich befand mich in Hochstimmung.
Als ich mit fünf Pfund Sterling in der Tasche – damals einer beträchtlichen Summe – in Haifa landete, wurde ich dort von eben jenem Mann in Empfang genommen, der mich ursprünglich zum Zionismus gebracht hatte: dem Sohn unseres Hausarztes, Efra Schallinger. Efra brachte mich in den Kibbuz Givat Chaim in der Nähe von Hadera, und am nächsten Morgen fing ich bereits mit der Arbeit an. Einige von den Mitgliedern des Kibbuz verdienten damals ihr Geld als Bauarbeiter, die von den Ortschaften und Siedlungen in der Umgebung angestellt wurden. An meinem zweiten Tag in Palästina gingen

wir in einen jemenitischen *Moschaw* (›Siedlung‹) und ließen uns in das Geheimnis einweihen, wie man ein Dach gießt. Diese Arbeit mußte an einem Tag geschehen und vertrug keine Unterbrechung. Wir arbeiteten also bis tief in die Nacht und feierten die Fertigstellung mit einem Glas Wein und einem Stück Kuchen. Alles um mich herum war genauso, wie ich es mir vorgestellt hatte – die Landschaft, die Arbeit und der Pioniergeist. Ich war zu Hause.

An einem Abend der wenigen Tage, die ich in Givat Chaim blieb, traf ich einen alten Freund aus Wien wieder, Chaim Sheba. Chaim war Mitglied unserer Jugendorganisation gewesen, einer der wenigen, welche die Universität besuchten. Er hatte sein Medizinstudium abgeschlossen und war dann nach Palästina gegangen, hatte sich einem benachbarten Kibbuz angeschlossen und arbeitete für die *Kupat Holim,* den Gesundheitsdienst der *Histadrut* (Gewerkschaftsverband). Chaim betreute das ganze Gebiet um Hadera herum und zog zu Pferde von einer Siedlung zur anderen. Als er kam, um seine Patienten in Givat Chaim zu besuchen, setzten wir uns zusammen und tauschten Erinnerungen aus. Chaim war es bestimmt, nicht nur als Arzt, sondern auch als Sozialphilosoph eine hervorragende und bewunderte Persönlichkeit zu werden, man könnte sagen ein israelischer Albert Schweitzer.

Nach wenigen Tagen verließ ich Givat Chaim und schloß mich einer Gruppe an, die erst im Entstehen begriffen war und sich hauptsächlich aus Leuten aus Österreich und der Tschechoslowakei zusammensetzte. Vorübergehend waren die Mitglieder über ganz Palästina verstreut, doch nach und nach kamen sie alle zusammen und gründeten am Ostufer des Sees Genezareth, wo es seit ältester Zeit keine jüdische Siedlung mehr gegeben hatte, einen neuen Kibbuz. Zuerst blieb jeder von uns dort, wo er oder sie Arbeit und einen Platz zum Schlafen finden konnte. Nach und nach kamen wir dann alle nach Hatzer Kinneret, einem alten türkischen Bauernhaus am Südwestufer des Sees. Dieses Gehöft war schon die Wiege mehrerer Kibbuzim vor uns gewesen, und hier blieben wir, bis wir uns schließlich in Ein Gev am Ostufer niederließen. Während wir in Hatzer Kinneret lebten, arbeiteten wir, wo immer wir in der Umgebung Arbeit fanden: für das Elektrizitätswerk in Naharayim am Jordan, für das Straßenbauamt bauten wir eine Mole in Zemach und pflasterten Straßen. Ich fungierte zeitweilig als Schatzmeister der Gruppe, was ohne Geld nicht so ganz einfach war. Da wir alle wie eine große Familie zusammen lebten, wurden wir auch oft mit genau den gleichen Problemen konfrontiert, mit denen junge Familien sich herumschlagen müssen. Eines der schwierigsten war zum Beispiel die Frage, ob man Kinder kriegen, und wenn ja, was man mit ihnen anfangen sollte. Ich war gegen Kinder und legte in der Kibbuz-Versammlung dar, daß Kinder eine wirtschaftliche Belastung darstellten. Damit sollten wir warten, bis bessere Zeiten kämen. Ein anderes Problem war, wo die Mitglieder des Kibbuz ihren jährlichen Sommerurlaub verbringen sollten. Hatzer Kinneret lag in einer wunderschönen hügeligen Landschaft mit malerischen Dörfern wie Yavne'el und Sejera, was mich zu dem Vorschlag veranlaßte, jeder solle in seinem Urlaub zu einem dieser Dörfer wandern. Natürlich hatten einige unserer Genossen den Ehrgeiz, nach dem weit entfernten Tel Aviv oder gar Jerusalem zu fahren. Über dieses Problem gab es lange Auseinandersetzungen, die allerdings zum größten Teil rein theoretisch geführt wurden; denn wer konnte sich in diesem ersten Jahr schon einen Urlaub leisten?

Das heiße Klima des Jordantals und die primitiven Lebensverhältnisse machten uns die Eingewöhnung sehr schwer. Im ersten Jahr waren wir fast immer krank. Ich hatte Typhus und Paratyphus, etliche Malaria-Anfälle und Pappatacifieber. Insgesamt erwischten mich fünfmal auf verschiedenen Typhuserregern basierende, mit Fieber verbundene Krankheiten. Sie wurden im britischen Regierungshospital mit sehr primitiven Methoden bekämpft, im wesentlichen durch Hungerkuren. Nach meinem dritten Anfall wurden ein Freund und ich zusammen aus dem britischen Krankenhaus in Safed entlassen. Zwar hatte man uns für gesund erklärt, doch waren wir noch sehr schwach, zum Skelett abgemagert und hungrig wie noch nie. Die Straßen waren menschenleer, denn zufällig war es der zweite Tag der Araberausschreitungen des Jahres 1936 in Palästina, und die Einwohner von Safed hatten sich eingedenk der Massaker von 1929, bei denen viele Juden umgekommen waren, in ihren Häusern eingeschlossen. Da befanden wir uns in einer Stadt, die sich in Erwartung eines arabischen Überfalls völlig verbarrikadiert hatte, konnten kaum auf den Beinen stehen und hatten keinen Groschen in der Tasche; so wankten wir umher und klopften an die Türen, bis es uns endlich gelang, ein paar Piaster zu leihen und einen Postwagen aufzutreiben, der uns sicher nach Hause brachte.

Als ich das nächste Mal Paratyphus hatte, ging ich wieder in ein britisches Krankenhaus, diesmal nach Haifa. Allerdings verschlechterte mein Zustand sich dermaßen, daß der Arzt befürchtete, ich würde einen fünften Anfall in einem Regierungshospital nicht überleben; daher wurde ich in ein jüdisches Krankenhaus nach Afula gebracht, obwohl man dort nicht die Erlaubnis hatte, ansteckende Krankheiten zu behandeln. Von dort schickte man mich zur Erholung nach Motza in den Außenbezirken von Jerusalem, und so kam es, daß ich zum erstenmal die Straßen dieser Stadt betrat. Jerusalem war damals ein verschlafenes kleines Nest in den Bergen. Ich erinnere mich, daß es auf mich zwar reizvoll und hübsch wirkte, mir aber auch etwas langweilig vorkam.

Ende 1936 waren wir alle dabei, Pläne für die Besiedelung von Ein Gev zu schmieden. Das war nicht ganz einfach. Eine Gruppe deutscher Juden hatte das Land gekauft, um dort Wintergemüse für Europa zu ziehen. Aus diesem Projekt war nie etwas geworden. Das Land lag nahe der Grenze zwischen dem französischregierten Syrien und dem britischen Palästina und war daher jedem Zugriff preisgegeben, so daß es nur von einer Gruppe besiedelt werden konnte, die ein Wagnis auf sich zu nehmen gewillt war. Einzelne landwirtschaftliche Betriebe würden arabischen Überfällen ein ideales Ziel bieten; die Angreifer konnten sich dann über die Grenze in relative Sicherheit zurückziehen. Unsere Gruppe war jedoch bereit, das Risiko auf sich zu nehmen, und das Land wurde auf uns übertragen.

Tamar kam zu Beginn des Jahres 1937 nach Palästina, und ich holte sie in Haifa ab. Sie kam als Touristin und mußte bei den britischen Behörden hundert Pfund Sterling hinterlegen, womit gewährleistet werden sollte, daß sie bis zum Ablauf des Visums in einigen Monaten das Land wieder verließ. Inzwischen arbeiteten wir und bereiteten uns auf die Besiedelung von Ein Gev vor. Wir lebten immer noch in Hatzer Kinneret, als Tamars Visum auszulaufen drohte. Da ich palästinensischer Staatsbürger war, konnte sie die Staatsbürgerschaft ebenfalls erwerben, indem sie mich heiratete. Auf diese Weise ließ sich nicht nur ihr juristisches Problem lösen, sondern wir würden auch die hundert Pfund wiederbekommen. Das bewog uns schließlich, alle unsere sozialistischen Ideale hintanzustellen und die bürgerliche Institution der Ehe auf uns zu nehmen. Sonst hätten wir vielleicht noch jahrelang nicht geheiratet. Heiratsurkunden waren in einem Kibbuz erst dann wichtig, wenn Kinder unterwegs waren. In der nahegelegenen Siedlung Kinneret lebte ein rotbärtiger Postmeister namens Korn, der gleichzeitig als Schächter arbeitete. Jeden Morgen fuhr er auf seinem Fahrrad nach Zemach am südlichen Ende des Sees, um dort zu schächten, und gegen Mittag radelte er nach Kinneret zurück, wobei er seinen Schirm über den Kopf hielt, um sich vor der Sonne zu schützen. Neben seinen anderen Beschäftigungen schloß Korn auch Ehen. Seine Dienste kosteten ein halbes Pfund, eine Flasche Wein und ein Honigkuchen waren inbegriffen, einen Ehering konnte man sich leihen. Einige von uns arbeiteten oben auf dem Hügel in Hatzer Kinneret, wo wir eine kleine Schmiede betrieben. Kam also ein Paar zu Korn, um zu heiraten – häufig war die Braut hochschwanger –, stellte er sich auf die Straße, steckte zwei Finger in den Mund und pfiff kräftig, worauf wir gelaufen kamen, um den nötigen *minyan* (für den Gottesdienst erforderliche Mindestanzahl von zehn Gläubigen) zu stellen. Ich kann mich nicht erinnern, warum Tamar und ich so snobistisch waren, uns in Tiberias trauen zu lassen und den armen Postmeister Korn einfach zu übergehen. Noch heute denke ich voller Rührung an den pfeifenden Schächter und Postmeister.

Zufällig war unser Schatzmeister, Benno, gleichfalls in Tiberias, und so wählten wir ihn zum Trauzeugen. Aus irgendeinem Grunde war er nicht rechtzeitig zur Stelle, und es blieb uns keine andere Wahl, als herumzusitzen und auf ihn zu warten. Man mußte nämlich einen Zeugen beibringen, den man kannte, und wir kannten sonst keine Menschenseele in Tiberias. Als Benno schließlich kam, dauerte es nur fünf Minuten, und wir waren verheiratet. Damals beschloß ich, niemals mehr Zeit bei der Hochzeit irgendeines Menschen zu verbringen als auf meiner eigenen. Tamar schickte ihren Eltern in Wien eine Postkarte, um ihnen mitzuteilen, daß wir geheiratet hätten und daß es amüsant gewesen sei. Die Eltern waren darüber etwas gekränkt.

Die hinterlegten hundert Pfund bekamen wir übrigens leider nie wieder zurück.

Die Gründung von Ein Gev kam dann ganz plötzlich und war sehr aufregend. Den letzten Anstoß zu unserem Entschluß gab Anfang 1937 die Ankunft der *British Royal Commission* unter Lord Peel in Palästina. Im Juni 1937 sagte man uns, daß die britische Regierung sich nach den Empfehlungen dieser Kommission richten werde, um Palästina zwischen Juden und Arabern aufzuteilen.

So wie es im Juni 1937 aussah, würde die Grenze mitten durch den See Genezareth hindurchgehen und die östliche Hälfte zum arabischen Teil von Palästina kommen; was bedeutete, daß die Wasserversorgung des Landes nicht unter jüdischer Kontrolle stehen würde. Die Wasserversorgung war immer eines der Hauptprobleme dieses Landes gewesen, und der See Genezareth war das Hauptwasserreservoir. Daher nahmen wir alle Kraft zusammen und führten blitzartig im Juni 1937 eine Pionierbesiedelung des Ostufers durch, die von einem Tag auf den anderen abgeschlossen wurde. Hunderte von Leuten kamen in Dutzenden von Lastwagen und richteten innerhalb von wenigen Stunden einen Palisadenzaun auf, bauten ein paar Baracken und errichteten einen Wachtturm mit einem Scheinwerfer darauf. Gegen Abend war alles erledigt, und ein paar Stunden später, als der Bericht der ›Peel-Kommission‹ übers Radio verbreitet wurde, fing einer von uns an zu singen: »Jetzt gehören wir zu Emir Abdullah« (dem König von Transjordanien). Wir alle lachten und tanzten und waren bester Laune. Wir hatten es geschafft, saßen direkt am Seeufer und waren bereit, dafür zu kämpfen. So entstand Ein Gev. Ich hatte das feste Gefühl, endgültig meine Bleibe gefunden und damit den Zweck meines Lebens erfüllt zu haben. Nie wäre ich auf den Gedanken gekommen, noch einmal woanders hinzugehen oder gar ein öffentliches Amt zu übernehmen. Der Kibbuz entsprach meinen Bedürfnissen und Erwartungen mehr als irgendeine andere Lebensform, die ich mir vorstellen konnte.

Es hat in der jüngeren Geschichte viele utopische Gesellschaften gegeben, ganz besonders in England und in den Vereinigten Staaten, und einige von diesen waren der Kibbuzbewegung sehr ähnlich. Keine besaß jedoch die Lebenskraft, und von keiner gingen so viele

Impulse aus wie von der Kibbuzbewegung. Keine hatte auch so viele Anhänger innerhalb der Gesamtbevölkerung. Die Kibbuzbewegung hatte nicht nur deshalb Erfolg, weil sie auf bestimmten sozialistischen Ideen beruhte, welche die Mitglieder aus der Blütezeit des europäischen Sozialismus in den zwanziger Jahren mitgebracht hatten, sondern weil sie darüber hinaus auch noch ganz bestimmte nationale Aufgaben übernahm: die Sicherung und Bewachung der Grenzen, die Erschließung des Bodens und die Umschulung von Städtern zu Bauern (eines der grundlegenden Ideale des Zionismus). Diese Gesellschaftsform war attraktiver als jede andere, die ich anderswo kennengelernt hatte. Außerdem war es eine Gesellschaft, in der wir uns niemals langweilten, denn es gab immer genügend Aufgaben, die zu bewältigen waren.
Das unmittelbar an den Kibbuz angrenzende Gebiet war Wüste, doch in nicht allzu großer Entfernung befanden sich einige arabische Siedlungen. Wir besaßen anfangs nur sehr wenig Land, aber im Laufe der Jahre erwarben wir von unseren Nachbarn noch etwas dazu. (Wirklich gelöst wurde das Problem erst 1967 nach dem Sechstagekrieg; danach konnte Ein Gev sich auf ein Gebiet ausdehnen, das bis dahin Niemandsland gewesen war.) Ein paar Monate nach der offiziellen Gründung von Ein Gev beschlossen wir, die Siedlung etwa eine Meile weiter nach Norden zu verlegen, wo mehr Land zur Verfügung stand. Wir bauten einen neuen Wachtturm, errichteten einen neuen Zaun und fingen sofort an, Unterkünfte für den Rest unserer Gruppe zu bauen, der bald danach zu uns stieß.
Im ersten Jahr lebten rund fünfunddreißig von uns in Ein Gev, darunter vier Frauen. Die übrigen hundertundachtzig Mitglieder blieben in Hatzer Kinneret und an anderen Orten, wo sie Geld verdienen konnten. Unsere Siedlung bestand nur aus vier Wohn- und einer Eßbaracke und hatte lange Zeit auch keine gepflasterte Zufahrtsstraße. Bei gutem Wetter war der Kibbuz mit dem Auto erreichbar, bei Regen dagegen war der Schlamm knietief. Das einzig verläßliche Transportmittel war das Boot, und selbst damit war es nicht immer leicht, weil plötzlich auftretende Stürme das Überqueren des Sees Genezareth schwierig, wenn nicht gar unmöglich machten. Es dauerte eine Weile, bis uns die Überfahrt auch bei rauhem Wetter gelang, und

selbst dann wurden viele von uns seekrank, darunter auch ich. Tamar blieb in Hatzer Kinneret zurück, und wir waren die meiste Zeit über getrennt. Ich fuhr oft abends oder am Wochenende in einem kleinen Faltboot zu ihr, um schon nach wenigen Stunden wieder die Heimfahrt anzutreten, weil stets die Gefahr eines Angriffes auf Ein Gev bestand.

Nachdem der Rest der Gruppe in Ein Gev zu uns gestoßen war, hatten wir einige Zeit lang nicht genügend Unterkünfte für jeden. Dieses Problem lösten wir nach einer Methode, die wir ›Primus‹ nannten, und zwar nach dem einfachen, damals weithin bekannten dreibeinigen Spirituskocher gleichen Namens. Entsprechend dieser Methode schloß sich jedem Paar eine dritte, ›ledige‹ Person an. Das brachte selbstverständlich einige Unbequemlichkeiten mit sich und führte bisweilen sogar zu Spannungen unter den Paaren und dem ›dritten Bein‹. Tamar und mir schloß sich ein Mädchen aus Wien namens Ziva an, eine äußerst energische und begeisterungsfähige kleine rothaarige Person, mit der wir immer noch eng befreundet sind. Unser ›Primus-Zustand‹ dauerte jedoch nicht sehr lange. Bei einem meiner Besuche in Haifa kaufte ich von Neueinwanderern aus Deutschland für fünf Pfund Sterling eine riesige Umzugskiste. Diese Kiste brachte ich nach Ein Gev, ließ eine Tür einbauen und zimmerte selbst eine Trennwand aus Holz, so daß zwei winzige Räume entstanden. Dann zogen Tamar und ich in unser ›Heim‹ ein, und zwar allein.

Die wichtigste Einrichtung im Kibbuz, der Mittelpunkt unseres gesellschaftlichen Lebens, war die Gemeinschaftsdusche (die einzelnen Unterkünfte waren nicht mit Duschen ausgestattet). Jeden Nachmittag nach der Arbeit trafen wir uns alle, marschierten mit Holzsandalen und sauberen Kleidern unterm Arm zur Dusche, diskutierten Probleme und suchten gemeinsam Lösungen. Die Gemeinschaftsdusche war in einer relativ großen Baracke untergebracht, die durch eine dünne Trennwand in eine Männer- und Frauenabteilung unterteilt war. Durch die Wand konnten wir hören, was die Mädchen auf der anderen Seite redeten, was bisweilen höchst aufschlußreich war.

Die schwerste körperliche Arbeit war das Aufladen von Kies und Sand in Btecha am Nordostufer des Sees und dessen Transport nach Tiberias, wo er verkauft wurde. Für gewöhnlich fuhren wir mit unserem

Boot um drei Uhr morgens los und schleppten einen Frachtponton hinter uns her. In Btecha füllten wir unsere Säcke mit einer *Sifsif* genannten Mischung aus Kies und Sand und beluden damit den Ponton; dabei mußten wir die Zweizentnersäcke auf dem Rücken über zwei schmale Bretter bis zum Boot hinuntertragen. Sobald der Ponton voll war, fuhren wir über den See Genezareth nach Tiberias; eine solche Fahrt dauerte wegen des Gewichts des *Sifsif* fünf Stunden. Dort angekommen, trugen wir die Säcke wieder über einen Brettersteg an Land, wo wir den *Sifsif* zu einem hohen Haufen aufschütteten.

Ein paar Monate lang arbeiteten wir auch für die Elektrizitätsgesellschaft und besserten die gemauerte Wasserleitung in Naharayim aus. Dabei mußten wir bis zu einen Meter tief graben und Eisenstangen in den Betonboden der Träger einbauen. Diese Aufgabe verschaffte Leuten aus der gesamten Gegend – Juden wie Arabern – Arbeit, und manchmal arbeiteten wir pausenlos rund um die Uhr. Damals lernte ich, im Stehen zu schlafen, was sich später als recht nützlich erweisen sollte.

Jedes palästinensische Dorf – ob jüdisch oder arabisch, Kibbuz oder nicht – hatte damals seinen *Muchtar* (arabisch für ›Dorfoberhaupt‹). Diesen Titel hatte von Anfang an ich inne und erhielt von der britischen Regierung monatlich zwei Pfund Sterling für meine Bemühungen. Zu meinen Aufgaben gehörte auch die Beschaffung von Geburts- und Sterbeurkunden sowie die Aufrechterhaltung des offiziellen Kontakts mit der Polizei. Dadurch wurde ich der Verbindungsmann des Kibbuz zu den Briten. Gewählt wurde ich auf diesen Posten wohl deshalb, weil ich besser Englisch konnte als die anderen und einige Erfahrungen im Umgang mit Engländern besaß. Hinzu kam die Tatsache, daß ich keinerlei Komplexe Nichtjuden gegenüber kannte. Ich hatte eine nichtjüdische Schule besucht und direkt neben einem Kloster gewohnt, wo ich jeden Morgen einen katholischen Prälaten – den österreichischen Ministerpräsidenten Ignaz Seipel – in seinen Wagen steigen und zu seinem Amtssitz hatte fahren sehen. Ich hatte weder besonderen Respekt noch Scheu vor Nichtjuden. Selbst heute noch haben viele Leute in Israel, insbesondere solche, die aus Osteuropa stammen, Hemmungen gegenüber Nichtjuden und begegnen ihnen mit großem Mißtrauen. Ich hingegen empfand mich ihnen gegenüber als ebenbürtig und hielt sie weder für überlegen noch für bedrohlich. Für die Briten hatte ich besonders viel übrig. Ich hielt sie für grundsätzlich anständige Menschen, und dieses Gefühl verstärkte sich einige Jahre später noch, als ich im Zweiten Weltkrieg einige Monate in London verbrachte und die Zeit der Bombenangriffe miterlebte. Wer noch nie in England gewesen und nur in Palästina mit den Briten in Berührung gekommen war, beurteilte sie weit negativer.

In Zemach befand sich eine britische Polizeistation, die unter dem Kommando eines wenig umgänglichen Mannes namens Townsend stand, mit dem wir jedoch nicht viel zu tun hatten. Er war der Vorgesetzte von Archibald Pitt, mit dem wir auf besonders gutem Fuß standen und dem die Jüdische Siedlungspolizei unterstand. Pitt half uns enorm und hielt die Araber ständig davon ab, uns zu belästigen, als die Situation später brenzlig wurde. Einige Araber griffen sogar Pitts Auto an, als er sich auf der Fahrt nach Ein Gev befand, doch kam er ungeschoren davon. Später wurde er versetzt, zum Major befördert und trank sich schließlich zu Tode. Außerdem unterhielten wir gute Beziehungen zur Marinepolizei. Die Briten halfen uns überhaupt inoffiziell nicht wenig, und gelegentlich kauften wir einzelnen Polizeibeamten sogar Waffen ab – eine Pistole oder Munition, von der sie später behaupteten, sie hätten sie verloren.

Muchtar zu spielen war aber nicht gerade eine tagesfüllende Aufgabe, und so machte ich mich oft auf unserem Boot als Seemann und als Fischer nützlich. Die Fischereirechte des Sees Genezareth gehörten noch aus der Zeit vor dem britischen Mandat einer arabischen Familie namens Khouri und ihrem Partner, einem Juden namens Mino (Zalman) Goldzweig, der noch bis vor kurzem in Tiberias lebte. Mino war ein großer und liebenswerter Bursche, der gerne aß und trank. Seine Interessen liefen den unseren jedoch zuwider, weil er glaubte, daß wir seine Fische fingen. Wiewohl er Jude war und grundsätzlich bereit, uns zu helfen, gerieten wir doch immer wieder in Streit mit ihm. Als wir anfingen, in der Nähe von Btecha zu fischen, das in seinem und seiner arabischen Partner Territorium lag, kam es anläßlich dieser Zusammenstöße bisweilen sogar zu Schießereien. Nach und nach freundete ich mich jedoch mit Mino an, und so saßen wir oft am

Ufer des Sees im Restaurant von Muhammed Akawi, in dem es vorzügliches Essen gab. Mino half mir, mit den Arabern der Nachbarschaft wegen Landankäufen zu verhandeln. In späteren Jahren, als ich häufiger nach Tel Aviv und Jerusalem fuhr und anständig angezogen sein mußte, hatte ich in seinem Haus immer ein oder zwei Anzüge zum Umziehen hängen, um gleich weiterfahren zu können, nachdem ich geholfen hatte, unseren *Sifsif* abzuladen.

Eine Zeitlang war ich auch Verteidigungskommandant von Ein Gev – das war während einer besonders ruhigen Periode, in der es zu keinen ernsthaften Angriffen auf die Siedlung kam. Allerdings verschaffte mir meine Stellung Gelegenheit, den ganzen Tag zu Pferd in den Bergen herumzureiten, was ich weidlich genoß. Eine der Methoden zur Gewährleistung unserer Sicherheit war die Pflege guter Beziehungen zu unseren Nachbarn, den Beduinen und Tscherkessen. Diese besuchten uns regelmäßig, und auch wir wurden zu ihren Hochzeiten und Festen eingeladen. Wenn wir auf teppichbelegten Matratzen im Kreis um eine große Schale Reis hockten, pflegte der Gastgeber Stücke Fleisch abzureißen und jedem Gast davon zu reichen; der formte dann zusammen mit Reis eine Kugel daraus und steckte sie in den Mund. Als erste wurden die Dorfnotabeln und die wichtigen Gäste bedient, dann die einfachen Leute und zuletzt die Frauen. Wurde eine Hochzeit gefeiert, tanzten die Männer *Debka,* einen ausgelassenen Tanz, an dem manchmal auch wir teilnahmen.

Außerdem freundeten wir uns mit der reichen und mächtigen Kurdenfamilie an, der Btecha gehörte, wo der Jordan in den See Genezareth mündet – rund 10000 Morgen des fruchtbarsten Landes, das in Jahrtausenden vom Regen zu Tal geschwemmt worden war. Unter den Hasmonäern, besonders zur Zeit Herodes, hatten in diesem Tal große Städte geblüht. Ein Vorfahre der Familie, welcher Btecha gehörte, Yousef Bek, war am Hof des Sultans Wesir gewesen und zum ›Emir el-Hadj‹ ernannt worden, dem Mann, der die *Hadj* (jährliche Pilgerfahrt nach Mekka) organisierte und die Geschenke des Sultans überbrachte. Ein solcher Pilgerzug ging von Damaskus aus, machte in Kuneitra auf den Golan-Höhen Station und ging dann weiter nach Mekka. (Das war in der Zeit vor der Jahrhundertwende, also ehe die Deutschen die Hedschas-Bahn bauten.) Im späten 19. Jahrhundert nutzte der ›Emir el-Hadj‹ diese Pilgerfahrten dazu aus, große Ländereien von Btecha am See Genezareth bis zu den Golan-Höhen hinauf zu erwerben. Das ging sehr einfach. Die türkischen Behörden hatten angefangen, den Landbesitz zu registrieren, was den Scheichs und *Muchtars* Angst einjagte, denn eine Registrierung konnte nur eines von zwei Dingen bedeuten: Entweder mußte man Steuern zahlen oder in die Armee eintreten. Wer in der ottomanischen Zeit in die Armee einrückte, blieb darin offiziell sieben oder acht Jahre, doch die meisten kehrten überhaupt nie zurück. Die Türkei war auf dem Balkan oder sonstwo ständig in irgendwelche Kriege verwickelt, und nur sehr wenige Soldaten kamen mit dem Leben davon. Als der ›Emir el-Hadj‹ daher diesen Landbesitzern anbot, ihr Land auf seinen Namen registrieren zu lassen, gingen sie nur allzu gern darauf ein. Er wurde zum Besitzer und sie zu seinen Pächtern.

In den späten dreißiger Jahren entwickelte sich zwischen uns und den Nachfahren des Yousef Bek eine enge Freundschaft. (Bek ist ein Adelstitel und bedeutet ›der Ehrenwerte‹.) Der älteste, Mohammed, war noch Page am Hofe des Sultans gewesen und hatte dann in Wien die Schule besucht. Er sprach ausgezeichnet Deutsch mit Wiener Akzent, was uns zusammenführte. Meine Freundschaft mit dem jüngsten Sohn der Beks, Fuad, entwickelte sich erst viel später, während des Zweiten Weltkriegs, als ich Untergrundarbeit in Istanbul leistete und auf dem Weg dorthin durch Beirut kam. Der Familie gehörte nicht nur in Palästina, sondern auch im Libanon und in Syrien Land. Fuad lud mich in einen Beiruter Nachtklub ein und brachte mich damit zum Erstaunen, daß er die Zigaretten einer Tänzerin mit Tausend-Franc-Scheinen anzündete.

Die Nachkommen der Beks leben heute nach ihrer Vertreibung durch die nationalistisch-sozialistische Ba'ath-Partei, die für Kapitalisten – insbesondere kurdische Kapitalisten – nicht viel übrig hat, in Genf. Ich stehe noch immer brieflich mit Fuad in Verbindung. Heute ist er nicht mehr jung, schreibt mir und anderen israelitischen Freunden traurige Briefe und hofft, daß wir ihn für das Land entschädigen, das die Syrer konfisziert haben und von dem wir seit dem Sechstagekrieg einiges besetzt haben.

Das Haus der Beks in Btecha lag einen Zwei- oder Dreistundenritt von

Ein Gev entfernt, und wir statteten ihnen dort von Zeit zu Zeit einen Besuch ab. Ein Gev kam mit den Beks in Btecha überein, gemeinsam Reis anzubauen, und da die Entfernung immerhin beträchtlich war, zogen einige von uns in das geräumige Beksche Haus ein. Verglichen mit den Baracken, in denen wir hausten, oder mit irgendwelchen Unterkünften, die wir uns jemals würden leisten können, war es ein Palast. Das zweistöckige, aus schwarzen Vulkansteinen erbaute Haus lag dicht am Seeufer und wies ein Ziegeldach sowie eine hölzerne Außentreppe zum oberen Stockwerk auf. Küche, Dienstbotenquartiere und Lagerräume befanden sich unten, wohingegen das obere Stockwerk in der Mitte einen großen Hauptraum aufwies, von dem die Türen zu den verschiedenen Schlafräumen abgingen. Angesichts dieser Pracht begriff ich, warum unsere Genossen das gemeinsame Reis-Anbau-Projekt so begeistert befürwortet hatten. Ich war zufällig Gast im Hause, als die Gegend zum erstenmal einen Streik erlebte. Man war seit unvordenklichen Zeiten übereingekommen, daß die Pächter Saatgut und Zugtiere von den Beks bekamen und dafür einen bestimmten Prozentsatz ihrer Ernte ablieferten. Offenbar war jetzt ein Streit über die Höhe dieser Abgaben ausgebrochen, und die Bauern weigerten sich zu pflügen, ehe der Streit nicht beigelegt wäre. Als wir ankamen, erzählte Fuad uns, daß die Bauern streikten und es vielleicht zu Unannehmlichkeiten kommen könne. Doch das Mittagessen werde zubereitet, und wir sollten nur bleiben. Ehe man das Mahl servierte, wurden die Oberhäupter der zwölf oder fünfzehn streikenden Dörfer hereingebracht und mußten auf der einen Seite des Tisches Platz nehmen. Ihnen gegenüber saß eine Gruppe uniformierter Gendarmen aus Kuneitra, der nächstgelegenen größeren Polizeistation. Der befehlshabende Polizeioffizier ließ seine Peitsche ein paarmal auf die Tischplatte knallen, der Streik war vorbei, und alle außer uns verließen den Raum. Die Beks hatten einen wunderbaren tscherkessischen Koch, und das Essen war köstlich.

Alles in allem waren die vierzehn Monate vom Juni 1937 bis zum September 1938 in Ein Gev ein erhebendes Erlebnis für mich. Ich führte genau das Leben, das ich mir immer gewünscht hatte und um dessentwillen ich nach Palästina gekommen war, und wenn es auch harte Arbeit war, brachte sie doch große Befriedigung. Freilich gab es auch persönliche Schwierigkeiten. Tamar und ich waren dieses erste Jahr über meistens getrennt. Sie blieb bei unserer Gruppe in Hatzer Kinneret, und die Zeit, die wir gemeinsam verbrachten, beschränkte sich zum größten Teil auf ›Besuche‹. Als sich die politische Situation in Europa immer mehr verschlechterte, vergrößerte sich die Kluft zwischen uns, und aus einem kleinen See wurde ein ganzer Kontinent, denn ich ging auf ein Jahr nach England. Tamar fiel es sehr schwer, sich an die Trennung zu gewöhnen. Sie litt unter der Einsamkeit, und die ersten Jahre unserer Ehe hindurch suchten wir beide oft anderswo Geborgenheit. Diese ersten Jahre waren nicht ganz leicht, doch gab sich das später, und wir haben ein glückliches Leben zusammen gelebt. Aber als mich damals dieser Ruf erreichte, verließ ich sowohl meine Frau als auch meinen Kibbuz, um im Ausland eine Mission zu übernehmen – die erste, der noch viele folgen sollten.

3
Zweimal nach London

Nach dem ›Anschluß‹ im März 1938, als Österreich von den Nazis überrollt wurde, hatte ich keine Ahnung, wie es um meine Familie stand. Die Zeitungen in Palästina und auf der ganzen Welt brachten Berichte über Bataillone von SS-Leuten, die durch die Straßen Wiens marschierten. Wir alle machten uns große Sorgen um unsere Familien, lasen deshalb ständig Zeitung und hörten Nachrichten. Persönliche Mitteilungen erhielten wir nicht, da die Post aus Österreich nicht durchkam. Es war eine Zeit, die uns alle sehr mitnahm. Die zunehmende Macht der Nazis erweckte bei den Menschen das Gefühl, daß das Ende der Welt unmittelbar bevorstehe. Als ich daher endlich einen Brief von meiner Familie erhielt, der in Prag abgestempelt war, fiel mir ein Stein vom Herzen.

Im September 1938 wurde ich mit dem Auftrag nach England geschickt, für die dortige *Habonim*-Jugendbewegung zu arbeiten. Auf der Reise beschloß ich, in Prag Zwischenstation zu machen und einen Tag bei meinen Eltern und meinem Bruder zu verbringen. Sie waren derartig überstürzt aus Wien geflohen, daß sie fast alles hatten zurücklassen müssen – das Haus, Möbel und Sparkonten. Mein Vater hatte von seiner schönen Sammlung antiker Gläser kaum mehr als ein Dutzend und genug Geld retten können, um die Familie fürs erste über Wasser zu halten. Er versicherte mir, daß die Familie nicht lange in Prag bleiben werde. Das Sudetenland war von Hitler besetzt worden, und wenn auch der Rest der Tschechoslowakei noch frei war, konnte man das Ende schon absehen. Deshalb beschloß mein Vater, gleichfalls nach Palästina zu kommen.

Als erster kam mein Bruder Paul, und zwar mit der *Jugend-Aliyah,* einer damals neu ins Leben gerufenen Organisation, die Halbwüchsige nach Palästina brachte und die ersten zwei Jahre für ihre Ausbildung sorgte. Auf diese Weise rettete sie häufig Kinder, deren Eltern es nicht gelang, Europa rechtzeitig zu verlassen. Paul und seine Gruppe wurden, was reiner Zufall war, im Kibbuz Givat Chaim untergebracht, wo auch ich meine ersten Tage in Palästina verbracht hatte. Meine Eltern konnten die Tschechoslowakei schließlich noch vor Ende 1938 verlassen. Zu Fuß überquerten sie die Berge an der tschechischen Grenze; mein vierundsechzigjähriger Vater schleppte die ganze Zeit über seine kostbaren Gläser; aber schließlich kamen sie alle heil in Haifa an.
Ich war inzwischen nach England weitergereist, um dort meine Aufgabe zu übernehmen. Zuerst bildete ich auf der ›David Eder-Farm‹ in Kent junge Leute für das Kibbuz-Leben in Palästina aus. Die Farm war nach einem der frühen englischen Zionisten benannt, der zufällig auch Sigmund Freuds erster Schüler in England gewesen war. Seine Frau, Edith Eder, eine echte Lady von unaufdringlicher Klugheit, gehörte zu den Gründerinnen der ›Internationalen Zionistischen Frauenorganisation‹ (WIZO). Bald jedoch waren wir mehr und mehr damit beschäftigt, jüdische Jugendliche aus Deutschland, Österreich und der Tschechoslowakei nach England herüberzubringen. Im November 1938 spitzte sich die Lage in Deutschland zu. Es begann mit der berüchtigten Kristallnacht, einem eher schönfärberischen Ausdruck für etwas, was de facto ein Pogrom war. Tausende von jungen Leuten in unseren landwirtschaftlichen Ausbildungsbetrieben auf Nazi-Territorium wurden verhaftet und in Konzentrationslager gesteckt. Zu ähnlichen Verfolgungen kam es bald auch in Österreich und später in der Tschechoslowakei. Wir waren fieberhaft tätig und setzten alle – politischen und privaten – Hebel in Bewegung, um diese gefährdeten jungen Leute nach England, Holland und Dänemark zu schaffen.
Zwar war es Juden immer noch gestattet, die von den Deutschen besetzten Länder zu verlassen, doch mußten wir Visen und Unterbringungsmöglichkeiten für sie besorgen. Die eigentliche Schwierigkeit bestand in der Beschaffung dieser Visen. Es halfen uns dabei vor al-

lem Frauenkomitees, unter dem Vorsitz der inzwischen verstorbenen Rebecca Sieff und Blanche (›Biffy‹) Dugdale, Lord Balfours Nichte – und andere englische Freunde, wie zum Beispiel der Labour-Führer Michael Foot und einer der bedeutendsten Journalisten der damaligen Zeit, Frank Owen. Wir mußten uns an das Innenministerium, das für Einreisegenehmigungen zuständig war, sowie an die verschiedenen Gewerkschaften wenden. Das Ansteigen der Arbeitslosigkeit hatte in England zu einer kritischen Situation geführt. Wir durften niemand ins Land bringen, der einem Engländer einen Arbeitsplatz weggenommen oder dem Staat in irgendeiner Weise auf der Tasche gelegen hätte. In der Landwirtschaft wurden jedoch Arbeitskräfte gesucht; wir verhandelten daher mit den beiden Landarbeitergewerkschaften, die es damals gab, und erhielten schließlich die Erlaubnis, Juden nach England zu bringen, wenn wir ihnen Arbeit auf den Bauernhöfen garantieren konnten.

Das führte zu einem zusätzlichen Problem. Wenn es uns nur gelang, Arbeit für Jungen zu finden, würden die Mädchen in Deutschland zurückbleiben müssen. Glücklicherweise hatten die meisten von diesen jungen Leuten sich, ganz im zionistischen Geist, hebräische Namen zugelegt. Da die britischen Behörden keine Ahnung von modernem Hebräisch hatten, gelang es uns, ebensoviele Mädchen wie Jungen herüberzubringen. Wenn man uns das Einreisevisum auch in dem Glauben gegeben hatte, es handele sich um einen Jungen, schickte man ein Mädchen doch nicht zurück, wenn es schon einmal da war. So fanden wir Arbeit für etwa dreitausend junge Leute. Eine erfreuliche Erfahrung machte ich in den Cotwolds in der Nähe von Bristol, wo ich auf den Bauernhöfen nach Arbeitsplätzen suchte. Dort besuchte ich ein Kloster deutscher Mönche, die Deutschland verlassen und sich in England eine Farm gekauft hatten, weil sie als gläubige Christen von den Nazis größte Schwierigkeiten gewärtigen mußten. Ich hatte ihnen vorher geschrieben, ich sei ein Jude aus dem Heiligen Land und wünsche, ihnen einen Besuch abzustatten. Bei meiner Ankunft fragte der Mönch, der mich einließ: »Bruder, kommst du aus Nazareth?« Selbstverständlich hatten sie nie von Ein Gev gehört und überhaupt nur eine höchst verschwommene Vorstellung von Galiläa. Nazareth jedoch, wo Jesus seine Kindheit verbracht hatte, war ihnen ein Begriff, und als sie erfuhren, daß ich ganz in der Nähe wohnte, öffneten sie mir als wahre Christen ihr Herz. Dutzende von unseren jungen Männern und Frauen fanden Arbeit auf ihrer Farm.

Im Frühjahr 1939 verließ ich London, um eine doppelte Aufgabe zu erfüllen. Zunächst fuhr ich in die Tschechoslowakei, wo ich Quittungen im Wert von einigen hunderttausend Pfund, die von der tschechischen Regierung ausgestellt worden waren, erhalten sollte. Dies gehörte zu einem komplizierten Abkommen zwischen unseren Organisationen und einer Reihe von westlichen Ländern. Der Plan sollte tschechischen Juden, die aus dem mitteleuropäischen Hexenkessel emigrieren wollten, finanzielle Transaktionen erleichtern. Wer aus politischen Gründen aus der Tschechoslowakei auswandern wollte – dies galt zwar für alle tschechischen Staatsbürger, traf aber de facto vor allem auf die Juden zu –, mußte Geld auf einem bestimmten tschechischen Konto deponieren und erhielt dafür eine Quittung. In England angekommen, bekam er dann gegen Vorlage dieser Quittung englisches Geld. Meine Aufgabe bestand nun darin, nicht nur diese Einzelquittungen, sondern auch Quittungen für allgemeine zionistische Fonds aus der Tschechoslowakei herauszubringen, das einige Tage vorher von der deutschen Armee besetzt worden war. Von Prag aus sollte ich weiterfahren nach Wien. Zwar war dieser Reiseweg mit einigen Gefahren verbunden, doch hatte ich Glück. Außerdem besaß ich ja einen palästinensischen Paß, hinter dem die Macht des britischen Empire stand.

Nachdem ich meinen Auftrag in der Tschechoslowakei reibungslos abgewickelt hatte, fuhr ich in aller Ruhe weiter nach Wien, wo ich eine Verabredung mit Adolf Eichmann hatte. Eichmann war für das Judenproblem in Deutschland ›zuständig‹. Unmittelbar nach dem Anschluß fielen nun auch die Juden in Österreich in seinen Kompetenzbereich. Ich sollte ihn in Wien aufsuchen und erreichen, daß der Gültigkeitsbereich des Ausreiseabkommens für deutsche Juden auch auf Österreich ausgedehnt werde. In England war es meine Aufgabe gewesen, Visen zu beschaffen und sie nach Deutschland hinüberzuschicken, wo sie für unsere jungen Leute Freiheit bedeuteten. Jetzt kam ich mit einer großen Menge britischer Einreiseerlaubnisse nach Wien, die auf österreichische Juden ausgestellt worden waren. Ich

sollte sie Adolf Eichmann vorlegen und ihn bewegen, die Betreffenden hinauszulassen.
In Wien angekommen, nahm ich ein Taxi, mit dem ich ins Zionistische Büro fuhr. Auf dem Weg dorthin kam ich an dem Haus vorüber, in dem ich von 1918 bis 1935 gewohnt hatte. Von unserem kleinen Balkon oben hing eine riesige Hakenkreuzflagge herunter. Von der Zionistischen Zentrale aus war es nicht schwierig, einen Termin für ein Treffen mit Eichmann zu bekommen. Die jüdischen Behörden hatten regelmäßig mit ihm zu tun; er hielt selbst in den Konzentrationslagern noch Kontakt mit den jüdischen Repräsentanten. Ich wurde angewiesen, mich ins Palais Rothschild zu begeben, ein wunderschönes Haus in der Prinz-Eugen-Straße, in dem die Rothschilds schon vor den napoleonischen Kriegen gelebt hatten. Die Geschichte der Rothschilds während der Nazizeit ist wohlbekannt. Alle von ihnen hatten Wien verlassen, bis auf Louis, der im Hotel Metropol festgehalten wurde, bis ein großes Lösegeld für ihn bezahlt wurde. Louis verlor jedoch nie die Contenance und brachte es immer wieder fertig, die Nazis auf ihren Platz zu verweisen. Als die Gestapo kam, um Baron Louis de Rothschild ins Metropol zu bringen, soll er den Gestapoleuten befohlen haben zu warten, bis er zu Ende gespeist habe. Etliche Monate später, als sie spät in der Nacht kamen, um ihn freizulassen, hatte er eine Nachricht hinterlassen, auf der stand: »Bis zum Morgen nicht stören.«
Zu meiner Verabredung mit Eichmann betrat ich zum erstenmal das Privathaus der Rothschilds. In einem großen, holzgetäfelten Raum saß er an seinem Schreibtisch – ein adrett gekleideter, glattrasierter junger Mann in schwarzer Uniform mit einer Hakenkreuzbinde am Arm. Er machte den Eindruck eines kleinen Angestellten und war weder aggressiv noch laut oder unhöflich. Allerdings ließ er mich die ganze Unterredung über stehen. Nach meinem Begehr gefragt, erklärte ich, ich hätte Einreisevisen für jüdische Jugendliche, die auf landwirtschaftlichen Ausbildungsstätten in Österreich lebten, um sie nach England und später nach Palästina zu bringen. Er war sehr sachlich und stellte mir einige technische Fragen. Wie viele Einreisevisen für England ich noch besorgen könne? Wie bald die Leute ausreisen könnten? Ob die Visen für Jungen und Mädchen bestimmt seien?

Nach einer zehn- bis fünfzehnminütigen Unterredung erklärte er sich mit dem Plan einverstanden, und ich ging. Eichmann hatte in keiner Weise einen besonderen Eindruck auf mich gemacht. 1943 hörte ich mehr über ihn, als ich von Istanbul aus Rettungsaktionen leitete. Damals um 1939 war er für mich aber nur irgendein Nazi-Beamter, der für die jüdischen Angelegenheiten zuständig war. Das nächstemal sah ich Eichmann im Jahre 1961 in Israel wieder, als ich für die technische Vorbereitung seines Prozesses verantwortlich war.

Ich fuhr nach England zurück und blieb dort bis zum Sommer 1939. Dann kehrte ich heim nach Ein Gev. Wenige Wochen nach meiner Rückkehr brach der Zweite Weltkrieg aus. Der Kibbuz sah sich einem Dilemma gegenüber. Wir lebten unmittelbar an der syrischen Grenze, einem Gebiet, in dem während des Krieges sehr viel Schmuggel getrieben wurde. Die Schmuggelroute ging von Jaffa hinauf durch Palästina und Syrien und in die Türkei und von dort weiter nach Deutschland. Alle arabischen Dörfer im Umkreis waren in diese Operation verwickelt, und man trat mit dem Anerbieten an uns heran, uns an dem Geschäft zu beteiligen. Unser eigentliches Interesse bestand aber nicht darin, Waren zu schmuggeln und daraus Profit zu schlagen, sondern Waffen und Juden von Syrien hereinzuschmuggeln. Nun hing aber eines mit dem anderen eng zusammen: Dieselbe illegale Bande handelte mit allem und jedem – seien es Menschen oder Waren –, und wir waren sehr darauf angewiesen, gute Beziehungen mit unseren arabischen Nachbarn zu unterhalten. Ich trat für eine Beteiligung an dem Geschäft ein, weil wir auf diese Weise an Waffen kommen und unser Verteidigungspotential stärken konnten. Doch die Mehrheit der Mitglieder von Ein Gev und Angehörige nahegelegener Kibbuzim, mit denen wir uns berieten, waren aus moralischen Gründen dagegen. Wenn ich heute zurückschaue, glaube ich, daß die Mehrheit recht hatte: Dem Prinzip des Eigennutzes müssen klare Grenzen gesetzt werden. Statt uns also mit den Arabern zusammenzutun, einigten wir uns mit ihnen auf einen Modus vivendi. Wir drückten bei allen ihren Unternehmungen beide Augen zu, und die Araber sahen dafür darüber hinweg, daß wir illegal jüdische Einwanderer aus Syrien ins Land brachten und Waffen von dorther bezogen.

Die britischen Behörden erfuhren weder von der einen noch von der anderen Seite etwas über diese Vorgänge an der Grenze.
Im Dezember 1940 war ich wieder unterwegs. Ich wurde aufgefordert, noch einmal nach England zurückzukehren, und zwar diesmal, um Gelder für den *Keren Hayesod* (Zentralfonds der Zionistischen Bewegung) aufzutreiben. Uns ging es darum zu beweisen, daß selbst während der Zeit der Bombenangriffe in England die Juden sich für Palästina interessierten und bereit waren, durch Spenden zu der Aufbauarbeit dort beizutragen. Wie sich herausstellte, wurden unsere Veranstaltungen in England gut besucht, auch während die Bomben um uns herum fielen. Diesmal kam Tamar mit mir nach England. Unsere Reise begann in Tiberias, wo Wasserflugzeuge vom See Genezareth aufsteigen konnten. Nach der Landung auf dem Nil verbrachten wir eine Nacht in Kairo, flogen dann weiter über Luxor, Khartum und den Victoriasee und erreichten schließlich Durban. (Einfach den kürzeren Weg übers Mittelmeer zu nehmen war wegen Feindpräsenz nicht möglich; deshalb mußten wir über Südafrika fliegen.) Die Wasserflugzeuge starteten immer sehr früh am Morgen, wenn es noch stockfinstere Nacht war; dafür waren die Tagesreisen immer gegen Mittag bereits zu Ende. Die Maschine war plump und langsam, hatte aber eine komfortable Passagierkabine für zwanzig Reisende, die wie die Kabine eines Luxusdampfers ausgestattet war. Elegante Stewards in weißen Jacken reichten Getränke und Mahlzeiten, und der Pilot flog für uns eine Schleife tief über dem Nil, um uns die wilden Tiere zu zeigen. Nach einer fünftägigen Flugreise bestiegen wir in Kapstadt ein Schiff und fuhren weiter nach Freetown, wo wir uns einem aus vierzig Schiffen bestehenden Geleitzug anschlossen. Als wir schließlich in Glasgow landeten, hatten wir eine Reise von fast fünfzig Tagen hinter uns.
Tamar und ich blieben ein ganzes Jahr in England, länger als wir ursprünglich vorgehabt hatten. In diese Zeit fiel meine erste enge Zusammenarbeit mit David Ben-Gurion, der sich bis Ende 1941 in England aufhielt und erst danach in die Vereinigten Staaten ging. Viel Zeit verbrachte ich auch zusammen mit Chaim Weizmann. An Ben-Gurion erinnerte ich mich noch aus meiner Jugendzeit, als ich ihn bei den Zionistenkongressen erlebt hatte. Jetzt war er in England,

um die Briten zu bewegen, eine jüdische Kampfbrigade aufzustellen. Später sollte er, was die britische Politik im Mittleren Osten betrifft, eine große Enttäuschung erleben; doch seine Bewunderung für die Ausdauer und den Mut, den die Briten während des Krieges bewiesen, ließen niemals nach. Nichtsdestoweniger war er schon damals davon überzeugt, daß die einzige Macht, die uns letzten Endes helfen könne, die Vereinigten Staaten seien. Es gelang ihm auch schließlich, nach New York zu kommen, wo er eine lange Zeit blieb und die berühmte ›Biltmore Resolution‹ des Jahres 1942 vorbereitete, in der sechshundert führende Juden verlangten, sofort einen jüdischen Nationalstaat in Palästina zu gründen. 1940 waren wir jedoch beide noch in England, und Ben-Gurion hatte Zeit. Er fing damals sogar an, Latein und Griechisch zu lernen, und brachte es darin zu einigen Kenntnissen. Ein paarmal nahm ich ihn zu einem Besuch auf den landwirtschaftlichen Ausbildungsfarmen mit, auf denen die jungen Leute arbeiteten, die wir 1938 aus Deutschland herausgeholt hatten. Auf diesen Fahrten unterhielten wir uns ausgiebig, und ich lernte ihn recht gut kennen.

Meine Bewunderung für Ben-Gurion wurde im Lauf der Jahre immer größer; aber zu Anfang konnte davon noch nicht die Rede sein. Meine ersten Eindrücke von ihm waren weder besonders nachhaltig noch besonders vorteilhaft. Auf den verschiedenen zionistischen Kongressen und während meines ersten Englandaufenthalts galt meine Neigung den kultivierten und gebildeten Juden, die in Mitteleuropa aufgewachsen waren und auftraten wie Westeuropäer – so vor allem Weizmann. Ben-Gurions flammender Rhetorik konnte ich wenig Geschmack abgewinnen. Selbst unsere recht revolutionären Vollblutpolitiker in Österreich hatten sich einer gemäßigteren Redeweise befleißigt als er. Meine Achtung vor Ben-Gurion wuchs jedoch, als ich die Schärfe seiner politischen Analyse, seine Weitsicht und sein Gespür für historische Kräfte kennenlernte.

Deutlich erinnere ich mich an ein Ereignis in England, das diese Seite seines Charakters klarmacht. Dazu kam es an einem Sonntagmorgen bei einer Versammlung im anglo-jüdischen Klub, wo Ben-Gurion, der seine Ansprache auf jiddisch hielt, mit einer Heftigkeit loslegte, wie ich sie selbst bei ihm noch nie erlebt hatte. Tamar war schockiert.

Sie erlebte ihn das erstemal und war unglücklich über das, was sie hörte und sah. Die Briten nannte er ›pigs‹. Auch ich war entsetzt, und zwar nicht nur über seine Ausdrucksweise, sondern auch über den Standpunkt, den er sich zu eigen gemacht hatte und mit dem ich durchaus nicht einverstanden war. Damals setzten von Weizmann abwärts alle ihre Hoffnungen auf Churchill und, wenn auch in geringerem Maße, auf Roosevelt. Die allgemein anerkannte zionistische Strategie war vor allem darauf gerichtet, Churchill dahingehend zu beeinflussen, daß er sich für die Teilung Palästinas und die Errichtung eines jüdischen Staates einsetzte. In Amerika bestand das Ziel darin, einflußreiche amerikanische Juden wie Morgenthau, Brandeis und Frankfurter für diese Lösung zu gewinnen, damit diese wiederum Roosevelt überzeugten. Beeinflussung und Überzeugung – was blieb uns sonst? Wir waren alle fest davon überzeugt, daß in England und in den Vereinigten Staaten die Politik von hochstehenden Einzelpersönlichkeiten entschieden wurde. Und nun erklärte Ben-Gurion plötzlich, nur Macht werde unser Schicksal entscheiden – die militärische Macht der jüdischen Bevölkerung in Palästina und das Potential der großen jüdischen Gemeinde in den Vereinigten Staaten. Damals übten die amerikanischen Juden noch keineswegs einen so großen Einfluß aus wie später, weder innerhalb der Demokratischen oder Republikanischen Partei noch in der Wirtschaft. Kein Mensch sah voraus, daß die amerikanischen Juden eine organisierte, nachhaltige Wirkung auf die amerikanische Politik haben würden; daß man sie aufrütteln, einigen und dazu bewegen könnte, Opfer für die Schaffung eines jüdischen Staates zu bringen. Kein Mensch – außer Ben-Gurion, der das bereits 1941 voraussah und es von da an immer und immer wiederholte, obwohl die meisten wie ich meinten, er schlage einen visionären Weg ein, der uns in ein Chaos führen werde. Ben-Gurion sollte recht behalten. Keiner der anderen – weder Weizmann, Stephen Wise, Nahum Goldmann noch Abba Hillel Silver – ahnte auch nur im geringsten etwas von der historischen Entwicklung, die Ben-Gurion bereits 1941 und 1942 so klar voraussah.
Im Laufe der Zeit lernte ich Ben-Gurions politische Einsichten immer mehr schätzen, obgleich alle um ihn herum von einer ganz anderen Politik überzeugt waren, darüberhinaus auch seine Zielstrebigkeit

und seine Fähigkeit, sich einzig und allein auf eine Sache zu konzentrieren. Das traf bei Ben-Gurion sogar in kleineren Dingen zu; er hielt sich strikt an seinen persönlichen Terminplan und weigerte sich, Menschen kennenzulernen, die uns wichtig erschienen, oder an Versammlungen teilzunehmen, die wir für wesentlich hielten; für ihn war es eben wichtiger, sich auf das Kernproblem zu konzentrieren und sich nicht von Belanglosigkeiten ablenken zu lassen.

Ben-Gurion war nur einer von den Zionistenführern, die ich während dieser Zeit in England kennenlernte. Im Büro der *Jewish Agency* in der Great Russell Street lernte ich bei meiner Ankunft eine Anzahl außergewöhnlicher Menschen kennen, darunter Lewis Namier, den wahrscheinlich bedeutendsten britischen Historiker unserer Zeit. Als Autorität auf dem Gebiet des georgianischen Zeitalters lehrte er an der Universität Manchester, wo er Weizmann kennengelernt und angefangen hatte, sich brennend für den Zionismus zu interessieren. Die britische Regierung zog ihn laufend bei der Klärung und Lösung außenpolitischer Probleme zu Rate. Namier war ein sonderbarer Kauz. Er stammte aus Polen (ursprünglich hatte er Namierovski geheißen) und war insofern ein Snob, als er sich vorzüglich in der Geschichte des britischen Adels auskannte, mit Adeligen befreundet war und ihren Lebensstil liebte. Wo es jedoch um Palästina und den Zionismus ging, war er alles andere als snobistisch. Seine Freundin, Blanche Dugdale, die ich schon früher erwähnt habe, war eine Cecil, gehörte also einer der großen politischen Familien Englands an, die bis auf den Earl of Salisbury, den Staatssekretär und Lordschatzkanzler von Elizabeth I., zurückging. Des weiteren gehörte zu dieser Gruppe Harry Sacher, ursprünglich Jurist und nach dem Ersten Weltkrieg führender Kolumnist des *Manchester Guardian,* der damals besten Zeitung Englands; und Leonard Stein, ein brillanter englischer Anwalt, der seinen Beruf aufgab, um sich Anfang der zwanziger Jahre Weizmann anzuschließen und ganz für die *Jewish Agency* zu arbeiten.

Ich glaube, von einem rein intellektuellen Standpunkt aus gesehen hatte der zionistischen Bewegung noch nie eine solche Elite zur Verfügung gestanden. Da war Leon Simon, ein außerordentlich gebildeter Mann und bedeutender Hebraist, Leiter der Postal Savings Bank

in England, der später nach Israel kam, um dort ein Postsparkassenwesen aufzubauen, und schließlich Selig Brodetski, einer der hervorragendsten Mathematiker der Universität Leeds, der seine akademische Laufbahn aufgab, um hauptamtlich für die zionistische Bewegung zu arbeiten. Danach kam eine etwas jüngere Mannschaft, darunter der Weltmann Israel Sieff, ein großer Wein-, Frauen- und Kunstkenner (der jahrzehntelang einer der dynamischsten Zionisten war und selbst nach dem Sechstagekrieg noch die britische Judenheit mit seiner Eloquenz anfeuerte), und Simon Marks, der Kopf hinter der phantasievollsten Warenhauskette, der ›Marks and Spencer‹; nicht zu vergessen eine Sekretärin, die mit ihnen allen, vor allem aber mit Weizmann zusammengearbeitet hat (den sie ›Charlie‹ nannte). Sie hieß Doris May, war Katholikin mit einer erstklassigen Universitätsausbildung und ein außerordentlich tüchtiges Mitglied dieses Teams. Sie war es, die Ben-Gurion Latein und Griechisch beibrachte. Sie wollte unbedingt einmal die altjüdische Bergfeste Massada besteigen, was sie Jahre später dann auch wirklich tat.
Interessant ist, daß mit Ausnahme von Weizmanns Söhnen – einer stürzte mit seinem Kampfflugzeug bei der Schlacht um England über dem Kanal ab, und der andere sagte sich von seiner Familie los – die Kinder all dieser Menschen Zionisten blieben und heute zu den führenden Persönlichkeiten des englischen Judentums zählen. Nicht weniger bemerkenswert ist übrigens, wie viele Nichtjuden zu dieser Gruppe gehörten.
Während dieses einjährigen Englandaufenthalts freundete ich mich mit den Wingates an, obwohl ich Orde Wingate bereits während meines ersten Jahres in Ein Gev kennengelernt hatte. An einem frühen Samstagnachmittag fuhr ein Zivilauto in den Kibbuz, und ihm entstieg ein salopp gekleideter Offizier. Wir hatten bereits viel über Orde Wingate gehört, einen sonderbaren britischen Offizier, der Freiwillige dazu ausbildete, arabische Terroristen mit ihren eigenen Taktiken zu bekämpfen, und wir kannten einige Leute, die sich Wingates ›Nachtkampfeinheiten‹ angeschlossen hatten. Wingate wollte gern Ein Gev kennenlernen, und so begleitete ich ihn auf einer ›Besichtigungsfahrt‹ durch die Siedlung und fuhr ihn nachher in einen Kibbuz im Jordantal zurück, wo er einige ›Rekruten‹ angeworben hat-

te. Er war ziemlich wortkarg. Was mich mehr als alles andere beeindruckte, waren seine glühenden Augen. Nicht wenig eingenommen war ich auch von seiner Lebensgefährtin Lorna, der schönsten Frau, die ich jemals gesehen hatte.
Zwei Jahre nachdem er von den Briten aus Palästina hinausgeworfen worden war und gleich nach seinem großen Erfolg in Äthiopien auch von dort zurückbeordert worden war, sahen wir uns in London wieder. Er hielt sich dort eine Zeitlang auf, ehe er nach Burma versetzt wurde, wo sein überwältigender Erfolg in der Partisanenkriegführung zu einem Wendepunkt auf dem fernöstlichen Kriegsschauplatz führte. Während dieser Zeit traf ich ihn oft, und wir aßen häufig in einem Restaurant in der Jermin Street zu Mittag, das er besonders liebte. Er fühlte sich sehr verloren und deprimiert. Sein militärisches Konzept, das im Felde erprobt war und später eine Wende in der Kriegsgeschichte herbeiführte, wurde von seinen Vorgesetzten konsequent abgelehnt. Er versuchte sogar, sich das Leben zu nehmen.
Tamar und ich besuchten die Wingates öfters in ihrer kleinen Wohnung in der Hill Street Nr. 49, wo Orde uns phantastische Geschichten darüber erzählte, wie er die Italiener in Äthiopien bekämpft hatte. Er hatte ein sehr interessantes Gesicht – nicht schön, aber ausdrucksvoll. Lorna erzählte uns, wie sie einander kennengelernt hatten. Sie reiste zusammen mit ihrer Mutter mit dem Schiff von Australien nach Europa; Wingate, damals dreißig, gehörte gleichfalls zu den Passagieren. Lorna war erst sechzehn; ihre Mutter war selbst noch sehr jung und außerordentlich attraktiv. Die beiden Frauen bemühten sich beide um Orde, und Lorna machte das Rennen. Ein Jahr darauf heirateten sie. Lorna war eine wunderbare Frau – idealistisch gesonnen, begeisterungsfähig und aufrichtig. Wenn Wingate fort war, schrieb er nur selten, schickte ihr aber von Zeit zu Zeit ein Telegramm. Sie vergötterte ihn, wie ein Kind ein Idol vergöttert, obgleich er ein schwieriger Mann war. Bei einer der Geschichten, die Lorna erzählte, ging es um seine erste Stellung in Palästina. Er gehörte zum Stab des Hochkommissars und wurde in dieser Eigenschaft zu den verschiedensten offiziellen Angelegenheiten eingeladen. Bei einer dieser Partys ging plötzlich die Tür auf, und der deutsche Konsul kam herein. Das war 1937, also noch vor dem Krieg, aber zu einer Zeit, in

der Hitlers Macht sich ihrem Zenit näherte. Obgleich Wingate als Offizier der britischen Armee eingeladen worden war, sagte er: »Lorna, hier ist kein Platz für uns.« Und so verließen sie die Party in dem Augenblick, als der Deutsche hereinkam. Ein solches Verhalten galt in der offiziellen Gesellschaft als im höchsten Maße ungehörig, doch Wingate war ein Mann, der aus seinem Herzen keine Mördergrube machte und stets für seine Überzeugungen eintrat. Ich erinnere mich noch deutlich daran, wie gut er Palästina kannte und wie sehr er es sich wünschte, dorthin zurückzukehren und für unsere Sache zu kämpfen.

Wingate war tief religiös und gehörte den Plymouth Brothers, einer fanatisch bibelgläubigen Sekte, an. Als ich ihn das letztemal traf, fuhr er mit mir in das Dorf in Kent hinaus, in dem er geboren und aufgewachsen war. Dort gingen wir in eine Kneipe, und ich hörte ihm zu, wie er aus der Bibel zitierte. Das war nichts Ungewöhnliches für ihn, doch kam er mir an diesem Tag vor wie ein Prophet aus dem Alten Testament. Kurz danach ging er nach Burma, wo er bei einem Flugzeugunglück den Tod fand.

Während dieses Jahres in London war ich hauptsächlich damit beschäftigt, Gelder für den *Keren Hayesod* aufzutreiben und Leute für unsere Sache zu gewinnen. Die Briten im Alltagsleben kennenzulernen war schon eine beeindruckende Erfahrung. Ich kann mir kein Volk vorstellen, das sich unter Druck besser verhalten hätte als die Engländer während des Bombenkrieges. Sie verloren nie die Nerven, obwohl es ziemlich entnervend war, die Bombennächte zu durchwachen und am nächsten Morgen die Glasscherben von den Bürgersteigen zu kehren. Noch heute habe ich das Klirren zerspringender Fenster im Ohr. Doch die Engländer ließen sich nichts anmerken, trugen Abend für Abend ihre Wolldecken und Kissen hinab in die U-Bahn-Schächte und blieben dort bis zum Morgen, ohne zu murren oder irgendwelches Aufheben zu machen.

Nach einem Jahr gelang es Tamar und mir schließlich, unsere Heimkehr zu bewerkstelligen. Ich muß eine Vorahnung gehabt haben, daß meine Reise nach England länger dauern würde als vorgesehen, und es war wichtig für mich, daß Tamar während dieser Zeit bei mir war. Es war ein überwältigendes Jahr gewesen. Ich hatte eine Vielfalt überragender Persönlichkeiten kennengelernt, von Ben-Gurion bis zu Wingate, und ich hatte Kontakt zu einer der britischen Geheimdienststellen aufgenommen, was meine Tätigkeit während der folgenden Jahre stark beeinflussen sollte.

Unsere Reisegefährtin auf der Rückfahrt war typisch für die Fülle faszinierender Gestalten, welche diese Zeit hervorbrachte. Manya Shochat war in Rußland Anarchistin gewesen und hatte sich dann der jüdischen Schutztruppe *Haschomer* in Palästina angeschlossen. Zu Beginn des Krieges wurde sie mit einem Auftrag in die Vereinigten Staaten geschickt, der ihr zu zahm war. Als die Bombenangriffe auf England begannen, kam sie daher sofort herüber; Manya wollte dort sein, wo die Gefahr war. Niemand wußte so recht etwas mit ihr anzufangen, zumal sie ziemlich schlecht Englisch sprach. Deshalb fuhr sie jetzt zusammen mit Tamar und mir zurück. Wir bestiegen das Schiff in Liverpool, wo wir in der letzten Nacht in England noch einen besonders schweren Luftangriff mitmachten. Ende 1941, nur wenige Tage vor Pearl Harbor, begannen wir unsere fünfundvierzig Tage lange Rückfahrt über Südafrika. Von Durban aus flogen wir mit etlichen Zwischenlandungen nach Hause. Es war die schwierigste Zeit des Krieges.

Kurz vor unserer Abfahrt in Liverpool erfuhr ich, daß Manya eine große Summe Geld bekommen hatte, die sie jemandem in Palästina überbringen sollte. Dieses Geld wollte sie in ihren Strümpfen verstecken, um es aus England hinauszuschmuggeln, was einen Verstoß gegen die Devisengesetze bedeutete. Nur mit größter Mühe konnten Tamar und ich sie davon überzeugen, daß sie sich auch als Gast an die Gesetze des Gastlandes halten müsse. Nach zehn Tagen auf offener See wies man uns an, in den Schwimmwesten zu schlafen, da ein feindliches U-Boot gesichtet worden war. Manyas erste Reaktion war, welch ein Glück es sei, daß sie das Geld zurückgelassen habe. Es wäre doch verlorengegangen, wenn das Schiff unterginge!

4
Zwischenspiel in Istanbul

Wieder in Palästina, hatte ich zunehmend mit geheimdienstlicher Tätigkeit zu tun, zum Teil infolge meiner Londoner Beziehungen zu einer ›Subversive Operation Executive‹ (SOE) genannten britischen Dienststelle. Moshe Shertok (Sharett), der Leiter der politischen Abteilung der *Jewish Agency* (einer Art Übergangsregierung bis zur Erlangung der Unabhängigkeit), und Reuven Shiloach, Leiter der Abteilung für Kontakte mit ausländischen Geheimdiensten, insbesondere dem britischen, baten darum, mich ihnen anzuschließen. Ich wurde zu Shiloachs Assistenten ernannt, und damit begann eigentlich meine Laufbahn im öffentlichen Dienst.

Das war im Sommer 1942, drei Monate nach meiner Rückkehr nach Ein Gev. Mein Büro befand sich im Gebäude der *Jewish Agency* in Jerusalem, und nachdem ich auf der Suche nach einer Wohnung die ganze Stadt durchstreift hatte, mietete ich mich schließlich bei der Familie Rumenik ein, deren Haus genau gegenüber dem Gebäude der *Jewish Agency* lag. Rumeniks Frau beschloß kurz darauf, in das Britische Frauenhilfskorps einzutreten, und so hausten er und ich eine Zeitlang ganz allein in der Wohnung. Dieses Junggesellendasein war zwar nicht besonders geregelt, entsprach aber ganz meinen damaligen Bedürfnissen.

Da Tamar im Kibbuz zurückblieb, fuhr ich jedes Wochenende und an Feiertagen in einem alten Oldsmobile der *Jewish Agency* hinaus nach Ein Gev. Autos waren damals noch eine Seltenheit in Palästina – wenn man unterwegs war und in der Ferne eines kommen sah, erkannte man es fast immer und wußte genau, wem es gehörte. In Palä-

stina wurden keine Automobile gebaut, und es war fast unmöglich, eine Einfuhrbewilligung zu bekommen. Autos zu verschiffen war wegen der Blockade des Mittelmeers, von der nur militärische Konvois ausgenommen waren, ausgeschlossen. Um also ein Auto (selbst einen Gebrauchtwagen) kaufen zu können, mußte man die Briten von der Bedeutung seiner beruflichen Tätigkeit für die Kriegführung überzeugen. Da ich in täglichem Kontakt mit dem britischen Geheimdienst stand, bereitete es mir keine Schwierigkeiten, mir eine solche Bewilligung zu beschaffen. So fuhr ich ausgiebig im Lande umher, besuchte unsere verschiedenen Einheiten und warb Leute für neue Aufgaben an.
Mein Chef, Reuven Shiloach, der, wie gesagt, mit Geheimdienstaufgaben für die politische Abteilung der *Jewish Agency* betraut war, unterhielt Kontakt mit der Geheimdienstabteilung der Britischen Polizei (dem CID), den verschiedenen Zweigen des britischen Militärischen Geheimdienstes und bis zu einem gewissen Grade auch mit dem amerikanischen und französischen Geheimdienst. Mit all diesen zurechtzukommen, fiel mir offenbar leichter als ihm, besonders auf gesellschaftlicher Ebene. Gerade weil Jerusalem damals noch eine kleine Stadt war, war es äußerst wichtig, gesellschaftliche Kontakte zu pflegen. So bildeten zum Beispiel die Freitagabendtreffen im Haus von Gershon Agron, dem Herausgeber der *Palestine Post* (der ein paar Jahre später Bürgermeister von Jerusalem wurde), den Höhepunkt der Woche. Bei Agron kamen immer zwischen hundert und hundertfünfzig Menschen zusammen, überwiegend Juden, doch auch eine ganze Menge Briten, etliche Auslandskorrespondenten und Angehörige des Presseamts der Regierung. Manchmal kamen auch Offiziere hinzu, die dem stumpfsinnigen Kartendreschen und Trinken eine intelligente Unterhaltung vorzogen. Darüber hinaus traf ich die Engländer auch fast täglich beim Essen in Hesse's Restaurant. ›Hesse's‹ war damals eine Art Offiziersklub für Angehörige der Armee und der Polizei, doch konnte sich jeder hinsetzen und ein Glas Whisky oder eine Tasse Kaffee mit ihnen trinken. Genauso wie diese Offiziere wohnte ich allein in der Stadt und aß ständig in Restaurants. Und wo immer ich auch aß, traf ich Engländer und unterhielt mich mit ihnen. Die Briten in Palästina langweilten sich. Nur im Ausnahmefall hatten

sie ihre Familien mitgebracht und wußten daher nicht, was sie mit sich anfangen sollten. Sie hin und wieder einzuladen war nicht nur ein Gebot der Nächstenliebe, sondern darüber hinaus auch noch gute Politik. Wenn wir sie zu einem Drink einluden, geschah das aus Nettigkeit und Gastfreundschaft. Unsere ›Politik‹ bestand darin, uns schlicht und menschlich zu zeigen; es war ja auch wirklich kein Grund vorhanden, ausgerechnet die Briten auszuspionieren. Auch wollten wir nicht, daß sie uns gegenüber Mißtrauen hegten; uns ging es darum, mit ihnen zusammenzuarbeiten, selbst wenn wir im Grunde verschiedene Ziele verfolgten. Ihnen ging es darum, die Deutschen zu besiegen, wir wollten vor allem Juden retten. Einfach war es nicht, diese Beziehung zu pflegen.

Ich hatte während des Krieges eine ganze Reihe englischer Freunde in Jerusalem. Einer von ihnen leitete die Fahndungsabteilung der Kriminalpolizei, die sich mehr mit jüdischen und arabischen Untergrundbewegungen beschäftigte als mit gewöhnlichen Kriminellen. Er hieß Giles und war ein überschlanker Mann mit eingezogenen Wangen, spärlichem Haar und Brille. Er stammte aus einer seit langem im Mittleren Osten ansässigen englischen Kolonialfamilie, und er sowie sein Bruder waren beide im Lande geboren und hatten im Polizeidienst Karriere gemacht. Der eine Bruder war in Ägypten im Abwehrdienst in leitender Stellung tätig, der andere in Palästina. Ich kannte sie beide, da ich häufig zwischen Jerusalem und Kairo hin- und herpendelte. Beide waren überwiegend proarabisch eingestellt, was vor allem daran lag, daß sie die Araber besser kannten als uns – eine traditionelle britische Haltung in den Kolonien. Dabei waren die beiden Giles-Brüder keineswegs Antisemiten. Sobald es die Kriegslage erforderte, war ihnen jede Hilfe von uns willkommen. Grundsätzlich ging es ihnen darum, die Macht der Briten in dieser Region zu erhalten. Dieser streng objektiven Haltung begegnete ich erneut, als ich Giles Anfang der fünfziger Jahre in England wiedertraf. Wir saßen in seinem Londoner Klub zusammen und tauschten Erinnerungen aus; ich war beeindruckt von seiner Aufrichtigkeit, mit der er seine politische Haltung vertrat, die der meinen entgegengesetzt war, mir jedoch persönlich seine Freundschaft bekundete.

Ein weiterer Freund war Rymer Jones, Giles' Vorgesetzter, der Generalinspekteur der Polizei. Rymer war ein hochgebildeter Mann und hegte ein wenig mehr Sympathie für uns. Er blieb fast bis zum Ende der britischen Mandatszeit 1948 in Palästina, kehrte dann nach London zurück und wurde schließlich einer der ›großen Fünf‹ bei Scotland Yard.

Am sympathischsten von den Engländern war mir Colonel Henry Hunloke, Chef des Militärischen Geheimdienstes. Als Sohn eines Captain bei der *Royal Yacht Squadron* hatte Henry die Tochter des Duke of Devonshire geheiratet und wurde Parlamentsmitglied. Er verzichtete jedoch auf das Mandat, um in die Armee einzutreten. Er war eine sehr gewinnende Persönlichkeit und ein großartiger Erzähler. Bei seiner schönsten Geschichte ging es um die Krönung von George VI. Man hatte festgestellt, daß Hunloke die gleiche Körpergröße hatte wie der König; deshalb wurde er zu den ›Kostümproben‹ für die Krönungsfeierlichkeiten abkommandiert und in vollem Ornat mehrere Male in der Westminster Abbey ›gekrönt‹.

Hunloke hatte wie alle Engländer keine allzu großen Sympathien für die jüdische Bevölkerung Palästinas, denn de facto war Palästina ja eine britische Kolonie. Zwar übten die Briten in der Theorie nur ein Mandat aus, und theoretisch besaß der Völkerbund auch einige Autorität. In Genf fanden sogar jährlich Zusammenkünfte der Mandatskommission statt, bei denen die britische Mandatsbehörde Bericht erstatten mußte. Aber all das war nur Theorie. In Wirklichkeit war die Situation sehr verwickelt: auf der einen Seite die Araberaufstände, auf der anderen das Drängen der Juden – insbesondere nach Hitlers Machtergreifung –, mehr und mehr Juden die Einreise zu gestatten. In dieser Atmosphäre britischer Kolonialherrschaft versuchten wir, die Grundlagen für eine unabhängige jüdische Existenz zu schaffen; manche waren für ein unabhängiges Dominion, das Teil des Britischen Commonwealth bildete, von dem man damals annahm, es würde bis in alle Ewigkeit fortdauern. Mir war es damals ziemlich gleichgültig, ob wir nun Teil des Britischen Empire blieben oder nicht, solange nur Juden ungehindert einwandern durften.

Damals war die Zeit für einen ernsthaften Kampf gegen die Engländer noch nicht gekommen. Als der Krieg begann, entwickelte sich sogar eine enge Beziehung zwischen uns. Immerhin führten wir gemeinsam Krieg gegen Hitler. Manchmal stellten sich die Engländer in Palästina gemeinsam mit uns gegen politische Entscheidungen aus London. Die verschiedenen Geheimdienste, mit denen wir zusammenarbeiteten, waren hin- und hergerissen. Einerseits wollten sie unser Kriegspotential nutzen, und in bestimmten kritischen Phasen des Krieges wurden unser Wissen und unsere Arbeitskraft sehr hoch veranschlagt. Andererseits erhielten die Engländer aus London ständig Anweisung, uns nicht allzusehr in Anspruch zu nehmen, damit sie uns am Ende des Krieges nichts schuldig wären. Doch trotz der Zurückhaltung Londons kam es zu einer nutzbringenden und sinnvollen Beziehung. Wenn man beispielsweise zusammen mit einem britischen Offizier an der Grenze von Galiläa entlangfuhr, um festzulegen, welche Brücke gesprengt werden müsse, falls es zu einem feindlichen Einmarsch käme, entstand eine gewisse natürliche Kameraderie, und die Differenzen wurden abgebaut. Ein Projekt, bei dem wir direkt zusammenarbeiteten, war das Erstellen von Plänen für den Fall, daß der Feind jemals nach Palästina hereinkam. (Damals schien die deutsche Wehrmacht noch unüberwindlich.) Für eine solche Aufgabe war zum Beispiel Moshe Dayan zuständig. Es handelte sich um den Aufbau eines Netzes von Funkstationen, um einerseits den deutschen Funkverkehr zu stören und andererseits zu berichten, was sich hinter den feindlichen Linien abspielte. Dayan ließ etwa fünfzig Funktechniker ausbilden und getarnt überall im Lande unterbringen, darunter seine Frau Ruth.

Als dieses Projekt nach dem britischen Sieg bei El Alamein Ende 1942 überflüssig wurde, entwickelten wir neue Ideen. Die *Hagana* hatte z. B. einen Plan, mit dem Fallschirm junge Juden aus Palästina in den besetzten Ländern Europas abspringen zu lassen. Bei diesen jungen Freiwilligen handelte es sich um Einwanderer, die erst vor vergleichsweise kurzer Zeit aus von den Deutschen besetzten Ländern gekommen waren und die wir für ihren gefahrvollen Einsatz ausbildeten. Damals hatte die erbarmungslose Verfolgung der Juden in Ländern wie Ungarn, Rumänien und Bulgarien noch nicht begonnen, und ein junger Jude konnte immer noch relativ leicht in seiner alten Umgebung untertauchen. War er erst einmal wieder integriert, konnte er den Engländern unschätzbare Informationen liefern und uns gleichzeitig darüber auf dem laufenden halten, was mit den Juden geschah. Die Schwierigkeit bestand darin, diese Hunderte von jungen Leuten im Fallschirmspringen auszubilden und sie dann hinter den feindlichen Linien abzusetzen; dabei waren wir auf die Engländer angewiesen.

Bei dem Versuch, an die zuständige Stelle zu gelangen, stießen wir schließlich auf Lieutenant-Colonel Tony Simonds vom britischen Militärgeheimdienst in Kairo (MI 11), der die Aufgabe hatte, britische Piloten und andere Kriegsgefangene aus den besetzten Ländern herauszuholen und sie wieder in den aktiven Dienst einzugliedern. Tony war etwa so alt wie ich, schlank, blond und ob in Uniform oder nicht, jeder Zoll ein britischer Offizier. Wir wurden enge Freunde, und diese Freundschaft hat sich bis auf den heutigen Tag gehalten. Nach dem Krieg nahm Tony seinen Abschied von der Armee, kaufte sich auf Zypern ein malerisches Landgut an der Straße von Nikosia nach Kyrenia, ganz in der Nähe der schönen Kreuzfahrerabtei Belapaese, und genoß die Rolle des pensionierten britischen Gentleman, der sich mit Blumenzüchten etwas Geld hinzuverdiente. Das Unglück wollte es, daß Belapaese unmittelbar an der Grenze zwischen dem türkischen und dem griechischen Teil Zyperns lag und bei den Kämpfen 1974 das Anwesen bis auf die Grundmauern niederbrannte.

Bei MI 11 war man begeistert von unserem Plan, Fallschirmspringer nach Osteuropa einzuschleusen. In Aktion traten dann aber am Ende nicht Hunderte von Fallschirmspringern, sondern nur sechsunddreißig, von denen einige nicht wiederkamen. Daß es nur so wenige waren, lag an den antizionistischen Pressionen aus London. Wir hatten 1944 zweihundertundfünfzig Fallschirmspringer bereitstehen, die über Ungarn abgesetzt werden sollten. Sie waren vollständig ausgebildet und warteten voller Ungeduld auf ihren Einsatz. Zufällig flog Reuven Shiloach nach Bari, dem italienischen Hafen, wo sich damals das vorgeschobene Britische Hauptquartier befand. Dort erreichte ihn die Nachricht, daß der ganze, in allen Einzelheiten mit so viel Sorgfalt ausgearbeitete Plan gestrichen worden sei. Als er dem britischen Offizier gegenübersaß, der ihn von dieser Entscheidung unterrichtete, konnte er zufällig das auf dem Kopf stehende Telegramm lesen – eine Kunst, die er in seinen langen Jahren beim Geheimdienst gelernt hatte. Darin hieß es unmißverständlich, daß die politischen Nachteile eines solchen Unternehmens, durch das man sich den Juden in Palästina gegenüber verpflichtete, bei weitem die taktischen Vorteile überwögen. Aus diesem Grunde hatte man sich in London an höchster Stelle gegen den ganzen Plan ausgesprochen und beschlossen, ihn fallenzulassen. Trotzdem übten die wenigen Fallschirmspringer, die durchkamen, eine wichtige psychologische Wirkung auf viele Juden aus und erfüllten sie mit neuer Hoffnung, denn die Nachricht von ihrer Aktion verbreitete sich mit Windeseile. Sie hob aber auch die Moral der Juden in Palästina, die frustriert waren, weil sie den Juden in Europa nicht helfen konnten.

Einen weiteren wichtigen Beitrag zur Kriegführung leistete ein Büro in Haifa, das wir zu dem Zweck einrichteten, um jeden Neuankömmling auszufragen und festzuhalten, was er von seinem Herkunftsland zu berichten hatte. Die Engländer interessierten sich selbst für die trivialsten Tatsachen. Wenn zum Beispiel den Bäckern in einer bestimmten Stadt in Bulgarien befohlen wurde, mehr Brot zu backen, so konnte das bedeuten, daß die deutschen Streitkräfte Verstärkung bekamen.

Im Dezember 1942 kehrte Eliahu Epstein (Elath), der im Auftrag der Politischen Abteilung mit Arabienkennern und Nahostexperten zu tun hatte, von einer Reise nach Istanbul und Teheran zurück, wo er sich mit vielen britischen und amerikanischen Fachleuten unterhalten hatte. Eliahu kam auf den Gedanken, daß sich durch eine Zusammenarbeit mit Amerikanern und Engländern außerhalb Palästinas bei unseren verzweifelten Versuchen, Juden in Europa zu retten, auf verschiedene Weise politische Vorteile für uns ergeben könnten. Nach einer Reihe von Unterredungen mit Moshe Sharett beschloß man, daß ich nach Istanbul gehen und dort den Kontakt zu den britischen und amerikanischen Geheimdiensten aufbauen sollte. Ähnliches war bislang noch nie versucht worden. Ob ich mit diesem Auftrag einverstanden sei, wurde nicht gefragt. Das setzte man damals als selbstverständlich voraus; es wurde einem einfach gesagt, was man zu tun habe. Aber wie dem auch sei: Dieser Auftrag in Istanbul klang ziemlich aufregend, und so reiste ich gleich darauf ab und traf zu Beginn des Jahres 1943 dort ein. Ich fuhr mit dem Auto von Haifa über Beirut

nach Tripolis und von dort nach Aleppo, wo ich den Taurus-Expreß bestieg. Die ganze Reise dauerte nicht länger als zwei Tage.
Bei meiner Ankunft holte mich Danny Shind vom Bahnhof ab. Ich kannte Danny seit vielen Jahren. Er war aus Ayelet Haschachar, einem nicht weit von Ein Gev gelegenen Kibbuz, und wir hatten uns öfter gesehen. Shind hatte in einer der Gruppen mitgearbeitet, die vor Kriegsbeginn die ›illegale‹ Einwanderung von Lettland und Litauen nach Palästina betrieben hatten. Als geheimer Vertreter der *Jewish Agency* in Istanbul war er der einfallsreichste Kopf unseres kleinen Teams. Wenn wir gereizt oder deprimiert waren, heiterte er uns mit Anekdoten wieder auf.
Vom Bahnhof Haidar Pascha auf der asiatischen Seite des Bosporus fuhren wir mit der Fähre nach Europa hinüber. Das war ein eigentümliches und heute selten gewordenes Erlebnis, da seither eine Brücke gebaut wurde, welche die beiden Erdteile miteinander verbindet. Damals jedoch war es ein Abenteuer, von Asien nach Europa zu kommen, zumindest dann, wenn man zum erstenmal über den Hellespont fuhr, den Leander vergeblich versucht hatte, schwimmend zu überqueren. Die Fahrt weckte in mir den Wunsch, die Stadt weitaus besser kennenzulernen, als wir damals Gelegenheit hatten. Bald jedoch verdarben uns Berichte über Hitlers Todeslager den Appetit auf Sehenswürdigkeiten. Ich schloß mich einer Gruppe von drei Männern an, die eng zusammenarbeiteten. Neben Shind gehörte noch Venya Pomerantz dazu, der sich um die ›illegale‹ Einwanderung, die *Aliyah Bet,* bemühte, und Menachem Bader, der Älteste und in finanziellen Dingen Erfahrenste von uns. Ihm brachte ich schon seit meiner kurzen Stippvisite in Prag im Jahre 1939 große Hochachtung entgegen, als er mit dem Transfer jüdischen Eigentums nach Palästina zu tun gehabt hatte. Meine Aufgabe in Istanbul bestand darin, die Verbindung zu den amerikanischen und britischen Geheimdiensten sowie bis zu einem gewissen Grade auch zur Presse aufrechtzuerhalten, durch die wir der Welt wichtige Tatsachen zur Kenntnis bringen konnten. Ich wurde für diese Aufgabe ausersehen, weil ich gut Englisch sprach und Erfahrung im Umgang mit Vertretern der westlichen Welt hatte. Venya hatte den Auftrag, Briefe in die Lager und Ghettos in Osteuropa zu schreiben und die Antworten zu entzif-

fern. Außerdem fragte er die wenigen Juden aus, die wir aus Europa hinaus und in die Türkei schmuggeln konnten. Shind war damit beschäftigt, die Schiffe zu kaufen, die nach Rumänien und Griechenland geschickt wurden und die Flüchtlinge abholten. Bader kümmerte sich um die finanzielle Seite der ganzen Operation. Es gab auch andere, die manchmal länger, manchmal auch nur für kürzere Zeit herüberkamen. Alle arbeiteten wir unter irgendeinem Deckmantel. Ich zum Beispiel kam als Journalist für den *Ein Gev Diary* nach Istanbul. Venya, der in seinem Kibbuz als Zimmermann gearbeitet hatte, trat als Holzkaufmann auf.
Daß wir in Istanbul bleiben und arbeiten konnten, hing weitgehend von den Briten und zu einem geringen Teil auch von den Amerikanern ab. Da die Türkei neutral war, wimmelte es in Istanbul von Agenten und Spionen aus aller Herren Ländern. Ohne den Schutz entweder der Achsenmächte oder der Alliierten war es unmöglich, irgend etwas zu erreichen. Beide Seiten hatten ihre Agenten, und alle wurden von den Türken und von der jeweiligen Gegenseite ohne Unterlaß beobachtet. Stieg man in einem Hotel ab, gab man seinen Paß ab und bekam ihn erst am folgenden Tag zurück, nachdem der Empfangschef ihn den Russen, den Amerikanern, den Deutschen, den Engländern, den Italienern, den Türken und vermutlich auch noch dem Barkeeper in seinem Stammcafé gezeigt hatte. Sämtliche Portiers und Empfangschefs standen auf der Lohnliste sämtlicher Botschaften und Konsulate. In jedem Apartmenthaus unterrichtete der Hausverwalter augenblicklich die türkische Polizei vom Einzug eines neuen Mieters, und die Nachricht verbreitete sich weiter, weil auch jeder Polizist wiederum in irgend jemandes Dienst stand.
Man hatte die ganze Zeit über das Gefühl, von Feinden umgeben zu sein. Und da wir uns auch nicht vollkommen auf unsere Verbündeten, die Engländer, verlassen konnten, war das kein angenehmes Gefühl. Obgleich wir nur selten ausgingen, mußten wir doch bisweilen eine Kontaktperson treffen oder jemanden in ein Restaurant ausführen. Das beste dieser Restaurants war ›Abdullah‹ mit seiner vorzüglichen türkischen Küche. Wenn wir dorthin gingen, hörten wir deutsch, ungarisch oder rumänisch sprechen. Hier gingen die Botschaftsangestellten ebenso ein und aus wie zwielichtige Gestalten,

und es roch förmlich nach Feinden. Ich erinnere mich, dort den deutschen Botschafter von Papen gesehen zu haben, der einige Gäste bei ›Abdullah‹ bewirtete. Ein anderes Mal trat in der Hotel-Lobby ein deutscher Agent an mich heran. Irgend jemand mußte ihm erzählt haben, ich sei gerade eben aus Deutschland gekommen. Jedenfalls kam er an meinen Tisch, um mit mir zu reden, zog sich dann jedoch rasch mit puterrotem Gesicht zurück. Ich konnte mir diesen Zwischenfall nur so erklären, daß jemand in meinem Paß oder auf meiner Fahrkarte gelesen hatte, daß ich aus Beirut kam, oder daß ich es jemandem erzählt hatte. Der Betreffende mußte Beirut mit Bayreuth verwechselt haben.

Angesichts der Tatsache, daß so viele Feindagenten in dieser Stadt zusammenkamen, war es erstaunlich, daß es nicht mehr zu Gewalttätigkeiten kam. Aber Istanbul war in gewisser Weise genauso sicher wie die Schweiz. Die kriegführenden Länder brauchten einen gemeinsamen neutralen Boden, um Arrangements zu treffen und Informationen auszutauschen, und wir waren unweigerlich in einige dieser Angelegenheiten verwickelt. Jedenfalls glaube ich nicht, daß unser Aufenthalt in Istanbul wirklich mit Gefahren verbunden war. Schließlich hatten wir es mit etwas zu tun, was im Verhältnis zu den eigentlichen Kriegsvorgängen nur eine Nebensächlichkeit war: den Juden in Europa. Uns zu beseitigen, lohnte sich einfach nicht.

Der levantinischen Verhältnisse wegen kam es in Istanbul manchmal zu absurden Situationen. Einmal sprach ein Mann einen Freund und mich auf der Straße an: »Ich hörte Sie Hebräisch sprechen. Ich sitze in der Tinte. Können Sie mir helfen?« Dann berichtete er, er sei in Istanbul, um für eine Firma in Palästina Trockenobst zu kaufen. Wie das Gesetz es vorschrieb, habe er sich nach Ablauf von vierzehn Tagen bei der Polizei gemeldet, damit seine Aufenthaltsgenehmigung verlängert werde. Dort habe der Beamte ihn gefragt: »Für wen arbeiten Sie?« – »Für eine Trockenobstfirma«, sagte der Mann, worauf der Beamte ihn anherrschte: »Das können Sie Ihrer Großmutter erzählen! Ich möchte wissen, für wen Sie wirklich arbeiten.« – Vermutlich war er der einzige Mensch in Istanbul, der sich tatsächlich für Trockenobst interessierte. Doch der Polizeihauptmann war über seine Verstocktheit dermaßen erbost, daß er sich weigerte, die Aufenthaltsgenehmigung des Mannes zu erneuern, und nun sollte der Ärmste das Land mit dem nächsten Zug verlassen. Ich brachte unseren braven Landsmann zu einem meiner britischen Kontaktleute, der den Polizeihauptmann anrief und ihm sagte, der Mann sei ein britischer Agent. Daraufhin durfte er so lange bleiben, wie er wollte, und konnte nach Herzenslust Trockenobst einkaufen.

Obwohl die meisten von uns unter irgendeinem Decknamen im Lande waren, gab es doch zwei offizielle Vertreter der *Jewish Agency* aus Palästina, Chaim Barlas und Yosef Goldin. Unsere Beziehung zu Barlas war sehr gespannt. Zugegebenermaßen befand er sich in einer zwiespältigen und wenig angenehmen Lage, da er offiziell nichts Illegales tun durfte. Wir hielten ihn jedoch sogar dann für hoffnungslos unflexibel, wenn es um die trivialsten Einzelheiten ging. So trafen zum Beispiel einen Tag vor Passah 1943 drei illegale Schiffsladungen mit jüdischen Flüchtlingen in Istanbul ein, und wir wollten uns nicht in unseren Zimmern aufhalten, falls es zu irgendwelchen Nachforschungen kommen sollte. Wir brauchten darum für nur wenige Stunden einen Aufenthaltsraum, doch als wir in seinem Hotel vorsprachen, wies er uns ab, um die *Jewish Agency* nicht zu kompromittieren. Er hatte eine sehr heikle Aufgabe zu bewältigen, und wir haben sie ihm bestimmt nicht leichter gemacht.

In den ersten Tagen meines Aufenthalts in Istanbul überzeugte ich Shind davon, wie vorteilhaft es sei, aus dem Pera-Palace-Hotel auszuziehen und uns eine eigene Wohnung zu mieten. Das ›Pera Palace‹ war ein sehr luxuriöses Hotel gewesen. Herzl war 1901 hier abgestiegen, als er dem Sultan seine Aufwartung machte und ihn zu bewegen suchte, den Juden die Erschließung von Palästina anzuvertrauen. Seither war das Hotel heruntergekommen; nur die hohen Decken und die großen Räume zeugten von der einstigen Pracht.

Bald zogen wir in zentral gelegene Wohnungen um: Menachem Bader und Venya wohnten an einer der Hauptstraßen genau gegenüber der Deutschen Botschaft. Shind und ich nahmen eine Wohnung gleich um die Ecke. Es handelte sich um ein Fünf-Zimmer-Apartment: zwei Schlafzimmer, ein Eßzimmer, ein Wohnzimmer und noch ein Raum, in dem wir Leute unterbrachten, die aus Palästina kamen und nur kurz bleiben wollten. Frau Hornstein, unsere ältere,

türkisch-jüdische Haushälterin, kümmerte sich um beide Haushalte und kochte für uns. In Restaurants aßen wir nur sehr selten, weil wir nicht zu oft gesehen werden wollten.
Unser Kontakt zur Istanbuler jüdischen Gemeinde beschränkte sich auf vier oder fünf führende Gemeindemitglieder. Damals machte die *Varlik* (eine türkische Sondersteuer für jüdische, griechische und armenische Kaufleute) den Minderheiten und insbesondere den Juden das Leben sauer. Aber die jüdische Gemeinde verfügte über einige einflußreiche Verbindungen und war uns dadurch eine große Hilfe. Wenn Flüchtlingsschiffe aus Griechenland oder Bulgarien eintrafen, halfen uns die türkischen Juden mit Lebensmitteln und Wasser. Außerdem verhandelten sie für uns mit den türkischen Behörden und verstanden sich notfalls auch auf Bestechungen. Die führenden Persönlichkeiten waren ein österreichischer und ein deutscher Jude, Brod und Goldenberg.
Simon Brod war ein herzensguter, liebenswerter Mann mit sommersprossigem Gesicht und einem ausgeprägten Sinn für Humor, dem ständig eine Zigarette aus dem Mundwinkel herabhing. Sein Vater war zur Zeit der österreichisch-ungarischen Monarchie als Schneider in die Türkei gekommen. Brod selbst war Textilhändler geworden und hatte sich offenbar ein beträchtliches Vermögen erarbeitet (obwohl ein Teil ihm durch die *Varlik* verlorenging, schien er immer noch recht wohlhabend). Brod war etwa fünfundfünfzig und nicht bei bester Gesundheit, gab jedoch sein Geschäft auf, um sich ausschließlich und mit ganzem Herzen der Rettungsarbeit zu widmen. Schon morgens um drei pflegte er auf irgendwelchen Bahnhöfen am Stadtrand zu stehen, wenn damit zu rechnen war, daß jemand von Bulgarien, Griechenland oder Rumänien kommend die Grenze passieren sollte; oder aber man fand ihn auf einem der abgelegeneren Kais des Istanbuler Hafens, wenn ein Schiff erwartet wurde. Er kannte sämtliche türkischen und britischen Beamten und wohnte zufälligerweise in demselben eleganten Haus wie der britische Paßkontrollbeauftragte. Sie kannten sich seit Jahren und standen auf gutem Fuß miteinander, was unserem eigenen Kontakt zu diesem britischen Beamten nur zustatten kam. Wenn wir in finanziellen Schwierigkeiten waren, schoß Brod uns Geld vor. Er wußte, wo man Dollars oder Gold-Sovereigns

kaufen konnte (damals eine besonders begehrte Währung). Kurz, Brod war eine unschätzbare Hilfe, und ich kann mir nicht vorstellen, daß wir ohne ihn irgend etwas hätten ausrichten können. Noch viele Jahre später fuhr ich hauptsächlich deshalb nach Istanbul, um ihn wiederzusehen. Er seinerseits besuchte uns vor seinem Tode ein- oder zweimal in Jerusalem.

Goldenberg war bis zur Machtergreifung durch die Nazis Leiter der Deutschen Bank in Istanbul gewesen. Zwar war er nicht so aktiv wie Brod, besaß aber einige sehr wichtige Beziehungen – deren wir uns zwar nur selten, dann aber mit größtem Erfolg bedienten. Seine bildschöne, gleichfalls jüdische Frau sollte, wie es gerüchteweise hieß, einmal die Geliebte Kemal Atatürks gewesen sein.

In Istanbul hörten wir zum erstenmal von den Massenvernichtungen der Juden. Es wird mir wohl kaum gelingen, die niederschmetternde Wirkung zu schildern, die diese Nachrichten damals auf mich und die anderen Mitglieder unserer Gruppe hatten. Im Laufe der Zeit wurde das Bild immer schlimmer. Tag für Tag liefen bei uns neue Nachrichten über die Ausrottungskampagne der Nazis ein. Es fiel uns schwer, sie zu glauben und das ganze Ausmaß dessen zu begreifen, was sie bedeuteten. Oft waren wir die ersten und auch eine Zeitlang die einzigen Menschen außerhalb der von den Nazis besetzten Welt, die Bescheid wußten. Das war eine unerträgliche Bürde und die schockierendste Erfahrung meines Lebens. Ich glaube, sie hat meine ganze Weltsicht vollständig verändert. Wir lebten mit dem Wissen, daß eine unglaubliche Katastrophe über unser Volk hereinbrach, und konnten nicht das geringste dagegen unternehmen: Die Welt blieb gleichgültig. Dann sickerten gleichsam tropfenweise Juden in Istanbul ein – manchmal nur zwei oder drei, denen es irgendwie gelungen war, dem KZ zu entkommen, und die wir aus Rumänien, Bulgarien oder Griechenland herausschafften. Nie werde ich vergessen, wie sie aussahen und welche grauenhaften Dinge sie berichteten. Damals gingen mir erst richtig die Augen dafür auf, wie lebensnotwendig unsere historische Mission war, in Palästina einen jüdischen Staat zu schaffen.

Besonders lebhaft erinnere ich mich an einen jungen Mann, den ich zum Übernachten mit in unsere Wohnung nahm. (Am nächsten Tag arrangierten wir, daß er nach Palästina weiterreisen konnte.) Welchem Lager er entflohen war, weiß ich heute nicht mehr, aber sein Gesicht, seine ausgemergelte Gestalt und seine abgerissene Kleidung werden mir für immer im Gedächtnis bleiben. Er war um die zwanzig, nur noch Haut und Knochen, hatte einen glattrasierten Schädel und tiefliegende dunkle Augen. Er blieb in sich gekehrt, wortkarg und wollte nichts essen, was ich ihm anbot. Das einzige, was er zu sich nahm, waren ein paar Löffel Suppe. Während ich ihn betrachtete, mußte ich darüber nachdenken, was für ein herrlich bequemes, angenehmes Leben ich in seinem Alter in Wien geführt hatte. Über das Lager selbst erzählte er mir nur sehr wenig. Vor und nach dieser Nacht habe ich viele ins einzelne gehende Berichte über das entsetzliche Geschehen in diesen Lagern gehört, aber nichts von dem, was ich seither gehört und gelesen habe, hat einen tieferen Eindruck auf mich gemacht als diese eine kurze Begegnung.

Die Nachrichten über die Vernichtungsaktionen versetzten uns in einen Zustand, der an Wahnsinn grenzte. Wir schrieben Briefe an Gott und die Welt – Tausende von Briefen, die in aller Herren Länder hinausgingen –, in der Hoffnung, Menschen aus den Gefahrenzonen und den Todeslagern herauszuholen und der Welt die Augen darüber zu öffnen, was in Deutschland geschah. Letzten Endes retteten wir nur eine Handvoll Menschen, unendlich wenige im Verhältnis zu denen, die umgebracht wurden. Aber wir taten mit unseren beschränkten Mitteln alles, was wir konnten, und trösteten uns damit, unsere Bemühungen müßten den Juden in Europa zumindest das Gefühl geben, daß irgendwer irgendwo versuchte, ihnen zu helfen. Angesichts der Umstände, unter denen wir arbeiteten, galten uns selbst kleinere Erfolge als große Siege. So fiel Ungarn erst im Dezember 1944 vollständig unter deutsche Herrschaft; doch freuten wir uns, daß wir zuvor Menschen aus Polen hatten herausbringen und über die Slowakei nach Ungarn einschleusen können in der Hoffnung, sie aus Ungarn nach Rumänien und von dort in die Türkei zu schmuggeln.

Inzwischen wußten wir, daß jeden Tag eine unvorstellbare Zahl von Juden hingerichtet wurden; die Welt jedoch weigerte sich, es zu glauben. Wir benutzten daher jedes Mittel, um der Welt begreiflich zu machen, was geschah, bearbeiteten unausgesetzt die Briten und die

Amerikaner, indem wir zahllose Kopien von jedem Brief herstellten, der aus den besetzten Ländern an uns gelangte, und sie verteilten und versandten. Von Istanbul ging die erste Schockwelle aus, die das Gewissen der Welt wachrüttelte. Wir waren die ersten, die authentische Tatsachen erfuhren. Die wenigen Schiffe der *Aliyah Bet* brachten die ersten Überlebenden und Zeugen der Massenvernichtungen in den Todeslagern nach Istanbul.

Anfangs glaubten wir wahrhaftig, daß dies zu einem weltweiten Versuch führen würde, die Juden in Europa zu retten. Aber unsere Frustration wurde immer größer, als wir erkannten, daß wir machtlos waren. Es gelang uns nicht, die Alliierten zu bewegen, etwas gegen das unleugbare Vorhandensein und die ständig wachsende Kapazität der Vernichtungslager zu unternehmen. Das Weiße Haus unter Franklin Delano Roosevelt reagierte nicht auf die Bitten und die Beschwörungen amerikanischer Juden. Für die Amerikaner gab es Dinge, die wichtiger waren. Keiner der Alliierten ließ sich bewegen, auch nur so etwas wie eine Schein- oder Warnaktion durchzuführen, die das Vorhandensein der Lager dokumentiert hätte – so etwa die Schienenstränge zu bombardieren, die zu den Lagern führten. Warum, weiß ich bis heute nicht. Das Weiße Haus und das Außenministerium brachten Entschuldigungen vor, die einfach unsinnig waren. Henry Morgenthau jr., der Finanzminister, ließ sich zwar von uns überzeugen, doch auch ihm gelang es nicht, die anderen zum Handeln zu bewegen. Wir konnten nur Botschaften an Weizmann in London und Abba Hillel Silver und Stephen Wise in den Vereinigten Staaten schicken und hoffen, daß es ihnen gelingen möge, die Welt zu mobilisieren. Wir versuchten mit allen uns zur Verfügung stehenden Mitteln – Briefen, Telegrammen, Reisen nach Jerusalem, um das Unfaßbare dort mündlich zu berichten – dafür zu sorgen, daß jemand persönlich nach Amerika fuhr (damals konnten nur sehr wenige Menschen in die Vereinigten Staaten reisen) und die Tatsachen darlegte.

Jahre später lernte ich den amerikanischen Journalisten Arthur Morse kennen, der von der Frage besessen war, warum keiner von den Alliierten etwas unternahm, um der Massenvernichtung ein Ende zu setzen. Ich ermutigte ihn dazu weiterzuforschen und die Er-

Oben: Teddy (links) mit seinen Eltern und seinem Bruder Paul bei einem Ferienaufenthalt in Bad Karlsbad
Unten: Teddy (links) 1933 in einem Sommerlager der zionistischen Jugendbewegung

Links: Tamar im Alter von siebzehn Jahren, als Teddy sie kennenlernte

Unten: Teddy (zweiter von rechts) 1937 mit einigen Gründungsmitgliedern des Kibbuz Ein Gev. (Foto The Matson Photo Service)

Oben: Teddy und Tamar (im Hintergrund) 1940 kurz vor dem Abflug des Wasserflugzeuges auf der ersten Etappe ihres Fluges nach London
Unten: Ansicht von Ein Gev aus den ersten Jahren nach der Gründung. Der Kibbuz liegt zwischen dem See Genezareth und den Golan-Höhen

Oben: Zusammen mit Golda Meir und Gideon Rafael flog Teddy (rechts) gleich nach Gründung des Staates Israel in einer dreisitzigen Beechcraft in die USA

Links: Tamar und Amos 1951 in Washington

gebnisse seiner Untersuchungen zu veröffentlichen. Das Buch, das dann später von ihm erschien – *While Six Million Died* – gibt ein sehr viel detaillierteres und erschreckendes Bild von der Indolenz der Welt und insbesondere der Amerikaner. Er gelangte aber genauso wenig wie ich zu einer Erklärung, warum die Alliierten nichts unternahmen.

Jetzt wurde es immer deutlicher, daß es bei der Suche nach einer nationalen Heimstätte für die Juden nicht nur darum ging, die Nationalehre des jüdischen Volkes zu retten, und auch nicht nur um ein Ziel, das fragwürdig wurde, sobald man sich auf den Standpunkt stellte, daß nur in der Diaspora die Juden das ›Salz der Erde‹ sein können, wie manche Juden und Nichtjuden immer noch glauben. Es wurde klar, daß ein eigener Staat eine absolute Notwendigkeit war, um die Juden vor der Ausrottung zu bewahren. Diese Überzeugung prägte selbstverständlich damals und später unser ganzes Handeln. Wir fanden, daß die Großmächte uns im Stich ließen. Welche Entschuldigungen Amerikaner und Briten auch immer vorbrachten, um ihre vollkommene Gleichgültigkeit zu rechtfertigen – wir glaubten uns berechtigt, die gegen uns gerichteten Gesetze zu ignorieren, da sie jeder moralischen Grundlage entbehrten. Wir glaubten uns vollkommen im Recht, wenn wir Juden retteten und sie trotz der Britischen Weißbücher und anderer Verordnungen nach Palästina hineinbrachten und uns illegal Waffen zu unserer Verteidigung beschafften. Bestärkt in dieser Einstellung fühlten wir uns durch die Unterstützung vieler hervorragender Persönlichkeiten auf der ganzen Welt, deren Integrität und Idealismus niemand bezweifelte. Sie unterstützten unsere Aktivitäten nicht nur in Wort und Schrift, sondern setzten oft sogar ihr Leben für unsere Sache aufs Spiel.

Trotz unseres Drängens und unserer Empörung fiel es uns schwer, selbst unsere engsten Kontakte in Istanbul aus ihrer Lethargie aufzurütteln. Immerhin halfen sie uns bei unseren täglichen Problemen, und wenn man bedenkt, wie wenig aussichtsreich unsere Operation war, mußten wir sogar dafür noch dankbar sein. Unmittelbar nach meiner Ankunft in Istanbul rief ich Major Arthur Whitall, den Paßkontrollbeauftragten an der Britischen Botschaft, an. Die Paßkontrollstelle war eine Tarnung für den Geheimdienst, und es war mir gelungen, mit Whitall in Kontakt zu kommen und eng zusammenzuarbeiten. Er war ein großgewachsener, hagerer Fünfziger, immer höflich und geduldig, sehr menschlich und, soweit seine offizielle Stellung es erlaubte, sogar voller Mitgefühl. Er trug dazu bei, daß wir unsere ›Tarnung‹ beibehalten konnten, und half uns in jeder Hinsicht, sofern ihm die Hände nicht durch das Foreign Office gebunden wurden. Ich traf ihn etwa einmal wöchentlich in meiner oder seiner Wohnung oder auch in seinem Büro, und er brachte uns mit den verschiedenen Zweigen des Geheimdienstes in Verbindung. Außerdem gestattete er uns, seine Diplomatenpost zu benutzen. Sonntags morgens um zehn wurde ihm unsere Post in sein Büro gebracht, und wir wußten, daß unsere Briefe in Palästina ihren Empfänger erreichten. Wir benutzten einen alles andere als raffinierten Halb-Code, den die Briten meiner Ansicht nach ohne größere Mühe hätten entziffern können, aber niemand ließ sich jemals irgendwelches Mißtrauen anmerken. Whitalls gesamter Stab war sehr aufgeschlossen und hilfsbereit.

Neben Whitall hatten wir noch viele andere Kontakte, darunter Lieutenant-Commander Wolfson vom Abwehrdienst der Navy, der für MI 11 arbeitete. Er war zwar jüdischer Abstammung, doch glaube ich, daß seine Eltern ihn als Kind hatten taufen lassen. Er half uns, in besonderen Kajaks Juden aus Griechenland herauszuschmuggeln. Im Grunde war MI 11 bei diesen Operationen an der Rettung kriegsgefangener Angehöriger der Royal Air Force interessiert, die jüdischen Flüchtlinge spielten ganz gewiß nur eine untergeordnete Rolle. Bei den Bombenangriffen auf die Ploesti-Ölfelder waren viele Piloten in Gefangenschaft geraten, und die RAF brauchte sie genauso dringend wie die bei der Schlacht um Kreta abgeschossenen Flieger. Daher zogen wir eine gemeinsame Operation auf, um sowohl Juden als auch britische Piloten zu retten und sie per Schiff von Griechenland nach Izmir zu schaffen. Jahre später wurde Wolfson Direktor der BOAC und fand bei einem Einweihungsflug über den Atlantik den Tod.

Außerdem suchte ich Kontakt mit Captain Cedrick Seager herzustellen, dem amerikanischen Militärattaché in Istanbul. Er entstammte einer englischen Familie, die wie die Whitalls seit Generationen in der Türkei ansässig war. Sein Bruder, der immer noch britischer Staatsbürger war, arbeitete für den Britischen Geheimdienst in Aleppo. Seager hatte ein gewinnendes Lächeln und verstand, sehr aufmerksam zuzuhören. Er war in seiner ganzen Haltung, seiner Redeweise und seiner Beziehung zu Menschen viel offener als die britischen Beamten, mit denen wir es sonst zu tun hatten. In meiner Erinnerung trug er immer einen dunkelblauen, nicht besonders eleganten Anzug. Jahre später ging er ans Außenministerium und war eine Zeitlang Leiter der Abteilung Technische Hilfe für den Mittleren Osten. Ich traf ihn in den frühen fünfziger Jahren in Washington wieder, als ich im Ministerpräsidentenamt arbeitete.

Seager war ein prächtiger Mann und voll menschlichem Mitgefühl. Nur konnten die Amerikaner nicht viel für uns tun. Sie stellten damals in der Türkei noch keine Macht dar und besaßen weit weniger Einfluß als die außerordentlich erfahrenen und seit vielen Jahren etablierten Briten, die immer noch ihr Empire hatten und im Mittleren Osten in hohem Ansehen standen. Die amerikanischen Militärattachés, Diplomaten und Agenten des neu eingerichteten OSS, des amerikanischen Militärischen Geheimdienstes, waren in vergleichsweise primitive Operationen verwickelt. Seager gestattete uns, Telegramme in seinem Code an den amerikanischen Konsul in Jerusalem zu schicken, der sie an die *Jewish Agency* weiterleitete. Das war insofern wichtig, als es trotz unserer Freundschaft mit den Engländern immer wieder Dinge gab, die sie hätten verhindern müssen, wenn sie davon Wind bekommen hätten.

Höhepunkte unserer Arbeit waren es, wenn Kuriere aus den von den Deutschen besetzten Gebieten bei uns ankamen. Mit diesen trafen wir uns immer in unserer Wohnung. Manche Kuriere waren Juden, andere Nichtjuden, doch die meisten von ihnen waren Doppelagenten, die mehr oder weniger offen sowohl für die Gestapo als auch für uns arbeiteten. Man konnte viel Geld verdienen, wenn man klug Geld gegen Gold eintauschte oder optische Instrumente gegen bar verkaufte. Jemand, der unter dem Schutz der Nazis ungehindert von Budapest über Rumänien nach Istanbul reisen durfte, konnte allein schon dadurch ein Vermögen machen, daß er Geld, Diamanten, optische Geräte, Gold und selbst Tee und Kaffee transferierte.

Unser wichtigster Kurier hieß Bondi Gross und war ein ungarischer

Jude, der sowohl zu den Nazis als auch zu den Juden Beziehungen hatte. Die hochgestellten Nazis benutzten ihn hauptsächlich, um Gelder für sie in Sicherheit zu bringen oder auch, um Informationen zu bekommen, die wir auch gerne lieferten. Er unternahm regelmäßig Reisen, um Waren für sie hin- und herzuschaffen, und das garantierte sein Überleben. Wir hatten aber auch direkt mit Gestapo-Beamten zu tun, die nach Istanbul kamen. Wir bezahlten sie für ihre Dienste, aber sie hatten wichtigere Gründe für ihr Kommen. Sie spürten bereits das unvermeidliche katastrophale Ende des Krieges und wollten eine Rückversicherung, falls die Alliierten gewannen. So widersinnig es scheint, aber ihre Verbindung zu uns machte sie um so wertvoller, als es sich um Leute handelte, die tatsächlich Kontakt mit dem Feind hatten. Durch sie schickten wir alles mögliche zurück nach Ungarn, in die Slowakei und nach Polen – Medikamente, Briefe, Geld. Einmal schickten wir durch einen Gestapo-Mann Geld in die polnischen Ghettos. Er betrat eines der Ghettos, ging zu dem Bunker, lieferte das Geld ab und brachte uns tatsächlich einen Brief und Fotos zurück – den einzigen Brief, der aus dieser bestimmten Stadt an uns gelangte.
Zwar stellten wir im allgemeinen keinen Kontakt mit den offiziellen feindlichen Repräsentanten in Istanbul her, doch einmal brachte Bondi Gross uns einen ungarischen General – es handelte sich sogar um den stellvertretenden ungarischen Generalstabschef. Er saß eine ganze Nacht zusammen mit Seager und einem amerikanischen General in meiner Wohnung, und wir redeten über militärische Zusammenarbeit mit den Alliierten. Das war zu einer Zeit, in der es bereits feststand, daß die Alliierten den Krieg gewinnen würden, und alle diese Leute im voraus einen Persilschein von den Siegern ausgestellt haben wollten. Der Ungar schenkte mir einen Feldstecher dafür, daß ich den Kontakt zu den Amerikanern für ihn hergestellt hatte.
Aus Preßburg in der Slowakei ließ uns eine außergewöhnliche Frau, Gisi Fleischman, mitteilen, es sei viel zu erreichen, wenn man einflußreiche Gestapo-Leute in der Slowakei besteche. Sie hatte bereits Kontakt mit einem gewissen Grafen Wislizeni aufgenommen, einem hohen Gestapo-Beamten, der später in Nürnberg zum Tode verurteilt wurde. Wir schickten Gisi und ihrer Gruppe Geld, und sie leitete es

weiter an den Grafen. Der wiederum teilte sich die Bestechungssumme mit zwei weiteren Gestapo-Beamten, die dafür die Transporte mit slowakischen Juden in die Vernichtungslager verzögerten. Ein überraschend hoher Prozentsatz von Agenten des Feindes arbeitete guten Glaubens mit uns zusammen.
Zu einem Ausnahmefall kam es im August 1944, lange nachdem ich Istanbul verlassen hatte; damals schickten wir Gisi Fleischman mit einem der Doppelagenten 150000 US-Dollar. Ein paar Wochen darauf hörten wir, Gisi sei hingerichtet worden. Von dem Agenten hörten wir nie wieder etwas, und wir wissen bis heute nicht, was mit dem Geld geschehen ist; es ist aber durchaus möglich, daß er selbst erwischt und erschossen wurde.
Während meines Aufenthalts in Istanbul fuhr ich fünf- oder sechsmal nach Palästina, ungefähr einmal im Monat. Persönlich hinzufahren war für uns die einzige Möglichkeit, wirklich etwas zu übermitteln; wir hatten das Gefühl, daß sich all das brieflich unmöglich mitteilen ließe, und Geld, Gold und Diamanten konnten wir nicht guten Gewissens durch die britische Diplomatenpost zustellen lassen. Dabei war es unbedingt nötig, Geld in die besetzten Gebiete zu bringen, selbst in die Konzentrationslager, denn wir waren überzeugt, daß die Juden damit nicht nur Menschen bestechen, sondern auch Waffen, Lebensmittel, Medikamente und sich selbst die Freiheit erkaufen konnten. Das warf ständig moralische Probleme auf. Oft verschickten wir Geld und Diamanten, die nach Deutschland gerieten und in der Kriegskasse landeten, was für uns selbstverständlich kein angenehmes Gefühl war. Doch das allerwichtigste war für uns immer, jüdisches Leben zu retten, und für feinere Unterscheidungen blieb uns einfach nicht die Zeit.
Das Geld, das wir von der *Jewish Agency* bekamen, war unter den Juden Palästinas und der ganzen Welt zu Rettungszwecken gesammelt worden. Meistens mußten wir Gold oder Diamanten nach Europa schicken (bisweilen wurden auch Dollar- und Pfundnoten angenommen), und dieses Bargeld und die Edelsteine mußten wir aus Palästina holen. Zu Anfang des Krieges hatten jüdische Flüchtlinge aus Antwerpen in Palästina aus industriellen Gründen und für Kriegszwecke eine Diamantenindustrie aufgebaut. Deshalb war es für uns ver-

gleichsweise leicht, Diamanten zu bekommen. Nur gestatteten die Engländer uns nicht, Edelsteine oder Bargeld aus Palästina ins neutrale oder feindliche Ausland zu bringen, und so mußten wir beides hinausschmuggeln. Das war nicht ganz gefahrlos, aber wir wurden niemals erwischt. Wir versteckten die Diamanten wie üblich in Schuhsohlen, in Rasierwasserflaschen und so weiter. Richtig gefilzt wurde man vor allem in Aleppo, wo man von alliiertem auf neutrales Gebiet überwechselte. Unsere Kleidung und unser Gepäck wurde durchsucht, und ein paarmal mußten wir uns sogar ganz ausziehen. Aber wir kamen immer durch.

Von Aleppo nach Istanbul fuhr ich immer mit dem Taurus-Expreß, einem international fast so berühmten Zug wie der Orient-Expreß, der durch Agatha Christie noch bekannter geworden ist. Die Mitreisenden waren meist hohe türkische Beamte, aber auch Engländer und Amerikaner. Die bekannteste Persönlichkeit, die ich im Taurus-Expreß jemals kennenlernte, war Kardinal Spellman. Ich saß ihm eines Tages im Speisewagen gegenüber und erkannte ihn nach den Fotos, die ich in Zeitungen gesehen hatte; er besuchte kleine amerikanische Truppenkontingente auf der ganzen Welt, wie er es bis an sein Lebensende immer wieder getan hat. Wir unterhielten uns über Palästina und den Zionismus, und ich hatte den Eindruck, daß er trotz seiner engen Beziehung zu einigen führenden New Yorker Juden verhältnismäßig uninformiert war. Viele Jahre später, in den frühen fünfziger Jahren, traf ich ihn durch Bartley Crum wieder, einen amerikanischen Juristen, der der *Anglo-American-Commission* angehört hatte. Kardinal Spellman war Briefmarkensammler, und ich schenkte ihm Sätze von neu erschienenen israelischen Briefmarken. Seine Haltung uns gegenüber war im allgemeinen positiv, doch was Israel und Jerusalem betrifft, war sein Einfluß auf die vatikanische Politik sehr gering.

Eines Tages traf ein amerikanischer Jude, Dr. Joseph Schwartz, in der Uniform eines amerikanischen Colonels in Istanbul ein. Zum erstenmal hatten die amerikanischen Juden etwas ausrichten können: Es wurde ihnen gestattet, bei den Rettungsaktionen hinter den feindlichen Linien zu helfen. Erleichtert wurde ihnen diese Aufgabe dadurch, daß man sie in amerikanische Uniformen steckte. Schwartz

hatte seine Laufbahn in der Sozialarbeit des *Joint Committee* begonnen, das zu Anfang des Ersten Weltkrieges gegründet worden war, um den Juden in Osteuropa in ihrem Elend zu helfen. Jetzt kam er als Repräsentant dieser Organisation nach Istanbul. Er war einer der klügsten, redlichsten und hilfsbereitesten Menschen, die kennenzulernen ich je das Vergnügen gehabt habe. Joe Schwartz war ein gelehrter Hebraist, ein hinreißender Redner, der nie zu leerer Rhetorik Zuflucht nahm, ein äußerst geselliger Mann mit weitgespannten Interessen und immer bereit zu helfen. Im Laufe der Jahre lernte ich ihn anhand der Rolle, die er im *United Jewish Appeal,* der *Israel-Bond Organisation* und in der der amerikanischen Judenheit spielte, wesentlich besser kennen.
Etwa um dieselbe Zeit gründeten wir in Istanbul eine Zweigstelle unseres Haifaer Befragungsbüros, und zwar aus zwei Gründen: Erstens schien es Zeitverschwendung, bis zur Ankunft der Juden in Palästina zu warten, um die letzten Neuigkeiten zu erfahren. Zweitens ging es uns darum, zu einer guten Zusammenarbeit mit den Engländern außerhalb ihres Mandatsgebiets zu kommen. Die Briten in Palästina wurden vom Hauptquartier in Kairo aus kontrolliert, das in allen politischen Angelegenheiten strikten Anweisungen aus London folgen mußte. Istanbul war eine neutrale Stadt, und wenn das britische Hauptquartier dort auch weit provinzieller war als das in Kairo, war man dort in gewisser Hinsicht auch unabhängiger. In Istanbul kamen wir wesentlich weiter als in Palästina, und deshalb stellten wir den Briten all das an wertvollen Informationen zur Verfügung, was wir bei unseren Befragungen herausholten. Außerdem hatten wir enge Kontakte zu den Juden, die noch in Ungarn, Rumänien und Bulgarien waren, und zwar vor allem durch die zionistischen Organisationen und Jugendbewegungen. Die leitenden Männer in Ungarn waren Rezo Kastner, den ich 1934 in Transsylvanien kennengelernt hatte, und Yoel Brand. Beide arbeiteten mit Gisi Fleischman in der Slowakei und anderen Leuten des Rettungskomitees zusammen, das wir in Palästina und im Ausland etabliert hatten. Genau wie uns blieb ihnen keine andere Wahl, als mit Nazi-Beamten und Kurieren zusammenzuarbeiten, die Doppelagenten waren.
Zu der berühmten Yoel Brand-Geschichte kam es erst ein Jahr, nach-

dem ich Istanbul verlassen hatte und nach Palästina zurückgekehrt war, doch in gewisser Hinsicht war ich immer noch darin verwickelt. Am 15. Mai 1944 landeten Bondi Gross und Yoel Brand mit deutschen Pässen auf dem Flughafen von Istanbul. Sie überbrachten den Alliierten ein Angebot der Gestapo, das Leben von ein paar hunderttausend ungarischen Juden gegen Lastwagen, Kaffee, Tee und andere, friedlichen Zwecken dienende Güter einzutauschen. Die Deutschen hatten Brand und Gross zehn Tage gegeben, um mit einer Antwort zurückzukehren, und die Türken gestatteten Brand und Gross, zwölf Tage in der Türkei zu bleiben (Gross beschloß, nicht nach Budapest zurückzukehren, sondern auf alliiertes Gebiet überzuwechseln und dort Zuflucht zu suchen). Das Angebot wurde selbstverständlich sofort an unsere Führung weitergeleitet, und Venya brachte den Vorschlag nach Palästina. Er kam spät nachts dort an, und ich erwartete ihn in seinem Kibbuz; ich hatte dafür gesorgt, daß er Ben-Gurion und Sharett gleich am nächsten Morgen sprechen konnte.

Wir alle hörten uns die Einzelheiten des Vorschlags an und konsultierten den britischen Hochkommissar. Es wurde beschlossen, daß Sharett nach Istanbul gehen sollte, um mit Brand persönlich zu sprechen, doch die Briten wollten nicht, daß Sharett ein türkisches Visum bekam. Immerhin gelang es uns, die Erlaubnis zu einem Treffen im syrischen Aleppo zu erwirken. Folglich brachte Ehud Avriel, mein Nachfolger in Istanbul, Brand mit dem Taurus-Expreß nach Aleppo. Beim Einlaufen des Zuges wurde Brand jedoch von britischen Agenten verhaftet. Am nächsten Tag traf er unter britischer Überwachung mit Sharett und Reuven Shiloach zusammen. Ein Zusammentreffen unter solchen Umständen konnte uns keinerlei zusätzliche Einsichten bringen, und so kehrte Sharett nach Jerusalem zurück, und Brand wurde – trotz des britischen Versprechens, ihn nach Budapest zurückkehren zu lassen, wie er sich verpflichtet hatte – nach Kairo gebracht, wo er von den Briten bis zum Ende des Krieges festgehalten wurde.

Wir konnten die Briten nicht dazu bewegen, den Nazi-Vorschlag auch nur teilweise zu akzeptieren. Wir baten sie, wenigstens den Eindruck zu erwecken, als gingen sie darauf ein. Sharett ging mit der Angelegenheit bis nach London, wo Lord Halifax ihn fragte: »Was soll ich mit einer Million Juden anfangen?« Was die Fahrzeuge betrifft, von denen die Deutschen behaupteten, sie würden sie nur gegen die Russen einsetzen, so erklärten die Engländer: »Unsere allererste Sorge gilt dem Krieg. Wenn wir den Krieg gewinnen, werden wir auch die Juden retten. Wir wollen die Welt retten. Die Russen argwöhnen bereits, daß wir einen Separatfrieden mit den Deutschen schließen und uns gegen sie wenden wollen. Wir dürfen das Bündnis nicht gefährden.«

Zuletzt gelang es mir, mit Brand zu sprechen, während er in Kairo festgehalten wurde. Ich glaube, ich war der erste von uns, der überhaupt mit ihm reden durfte. Er wurde in mein Hotelzimmer gebracht, und wir sprachen ein paar Stunden miteinander. Brand war ein Rotschopf mit einem runden, geröteten Gesicht. Ich sah, daß der kleine gedrungene Mann bis ins Innerste aufgewühlt war. Da hatte man ihn mit der lebenswichtigen Mission betraut, Juden zu retten, und er hatte das Gefühl, daß wir uns nicht wirklich darum bemühten. Wenn wir den Ernst der Situation wirklich verständen, würden wir die Welt aus den Angeln heben, damit sie endlich einsähe, daß es eine Möglichkeit gab, Juden zu retten; und nun werde nichts, aber auch gar nichts getan! Ich stimmte ihm zu; ich war verzweifelt. Aber es war unmöglich, ihm begreiflich zu machen, wie hilflos wir waren. Nach dem Krieg verbrachten wir viele Stunden mit Brand und halfen ihm, wieder auf die Füße zu kommen und Arbeit für sich und seine Frau Hansi zu finden, die wie durch ein Wunder in Budapest mit dem Leben davongekommen war. Verziehen hat Brand uns aber nie. Er blieb bei seiner Überzeugung, daß die *Jewish Agency* die ungarischen Juden im Stich gelassen hätte.

Dann war da noch der tragische Fall eines weiteren ungarisch-jüdischen Führers, Rezo Kastner, der seinerseits mit den Nazis ein Abkommen geschlossen hatte. Er hatte genug Geld zur Verfügung gestellt bekommen, um die Entlassung von rund 1600 Juden aus den Todeslagern zu erwirken und ihnen zu helfen, das Land zu verlassen. Doch dann mutete man ihm die unmögliche Aufgabe zu auszuwählen, wer von Hunderttausenden gerettet werden sollte. Er nannte diejenigen, von denen er meinte, daß sie am dringendsten gebraucht würden, darunter Mitglieder seiner eigenen Familie. Jahre später wurde Kastner in dem berühmten Kastner-Prozeß in Israel – de facto war es so, daß Kastner einen Verleumdungsprozeß gegen einen Mann namens Malkiel Greenwald führte – moralisch vernichtet. Der Richter brannte ihm das Schandmal auf, mit dem Teufel Geschäfte gemacht zu haben. Kurz danach wurde er von Fanatikern ermordet. Ich glaube, der Kastner-Prozeß war damals deshalb von so zentraler Bedeutung, weil es das erste Mal war, daß eine große Anzahl von Israelis ihr Vertrauen zum Establishment verlor – in diesem Fall gewiß aus ungerechtfertigten Gründen. Es war der erste größere Schlag gegen die Führungsrolle der *Mapai*, der größten politischen Partei des Landes. Kastner repräsentierte das Establishment. Dieselben Führer der *Jewish Agency*, die versucht hatten, Juden vor der Massenvernichtung zu retten (was ihnen offensichtlich nicht gelungen war), waren jetzt an der Regierung, und viele fragten, inwieweit sie wirklich in der Lage wären, eine solche Aufgabe zu meistern. Wie beim Dreyfus-Prozeß, der wegen der antisemitischen Auswirkungen so wichtig war, gewann der Kastner-Prozeß eine Bedeutung, die weit über das hinausreichte, um was es bei diesem Prozeß eigentlich ging.

Wenn ich heute an diese qualvolle Zeit in Istanbul zurückdenke, die noch schwieriger war für diejenigen, die in Europa die Führung übernommen hatten und von einer Stunde auf die andere Entscheidungen fällen und eine unzumutbare Wahl treffen mußten, bin ich noch immer entsetzt, wenn ich Urteile von Menschen höre, die damals nicht dabei waren. Meiner Meinung nach zeugt das Urteil im Kastner-Prozeß von großer Arroganz und Ungerechtigkeit. Woher will man wissen, wie der Richter oder irgendeiner von uns an Kastners Stelle gehandelt hätte? Kein Mensch, der damals nicht in Europa war oder unmittelbar mit den Rettungsaktionen zu tun hatte, kann sich vorstellen, wie es in dieser Zeit wirklich war.

5
Merkwürdige Freunde

Gegen Ende des Sommers 1943 wurde ich in Istanbul abgelöst. Für eine kurze Zeit kehrte ich nach Ein Gev zurück und stieß dann wieder zu der *Jewish Agency* in Jerusalem. Neben meiner Zusammenarbeit mit verschiedenen alliierten Geheimdiensten – einer Aufgabe, die jetzt immer weitere Kreise zog und mich häufig nach Kairo führte – interessierte ich mich weiter lebhaft für alles, was in Istanbul und in Europa geschah. Während der Zeit jedoch, die ich in Ein Gev verbrachte, half ich auch bei der ›illegalen‹ Einwanderung von Juden aus Syrien.

Ein Araber machte sich das Kriegschaos zunutze, kam von den Bergen oberhalb von Ein Gev herab und brachte Juden aus Damaskus und Aleppo zu uns. Er verlangte keinen übertriebenen Preis für seine Dienste und schaffte eine ganze Menge Juden über die Grenze. Einer der ›Kibbuzniks‹ von Ein Gev meinte sogar, man sollte diesen Araber zum Leiter der Einwanderungsabteilung der *Jewish Agency* machen, da diese nur so geringe Erfolge zu verzeichnen hätte.

Bei diesen Operationen mußten wir mit aller Vorsicht zu Werk gehen. Die Briten hatten ein wachsames Auge auf unseren arabischen Freund, und Polizeiwagen kamen häufig zu Kontrollen in den Kibbuz. Eines Tages ganz in der Frühe, nur wenige Minuten nach der Ankunft einer Gruppe von Flüchtlingen, sahen wir in der Ferne eine Staubwolke, die schnell näherkam, und versteckten die ›illegalen‹ Einwanderer Hals über Kopf in einer Baracke. Und richtig: Es war die Polizei. Zufälligerweise kannten wir den Sergeanten und seine beiden Wachtmeister, führten sie in den Speisesaal und setzten ihnen ein herzhaftes Frühstück vor, während die Flüchtlinge sich aus der Hütte herausschlichen und mit einem Boot über den See nach Tiberias gebracht wurden. Im Jahre 1943 gelangten so Hunderte von Juden über diese Grenze. Dann war plötzlich alles vorbei. Eines Tages verschwand unser Araber, und wir haben nie erfahren, was aus ihm geworden ist.

Froh, wieder daheim zu sein, erkundete ich zu Pferd kreuz und quer die Berge oberhalb von Ein Gev und drang bis tief in die Golan-Höhen vor. Damals war die Grenze noch offen, und wir fuhren häufig nach Fiq in Syrien, wo es ein syrisches Bezirksamt gab. In Ein Gev bauten wir sogar ein besonderes kleines Gästehaus für die Araber aus Syrien, damit sie auf dem Weg von und nach Tiberias, wo sie ihre Einkäufe erledigten, bei uns übernachten konnten. Wir hatten bereits ständig einen Arzt im Kibbuz stationiert, der auch die arabischen Patienten aus der Gegend versorgte. Dieses zwanglose nachbarschaftliche Verhältnis dauerte an, bis die Grenze während des Unabhängigkeitskrieges abgeriegelt wurde.

Ein Gev war daran interessiert, Land in Btecha zu kaufen, dem großen, in Syrien gelegenen Tal, das unserem Freund, dem Bek, gehörte. Wir hatten eine Jugendgruppe zur Ausbildung im Kibbuz, und diese Jugendlichen wollten eine neue, eigene Siedlung gründen. Ich schlug ihnen vor, sich in Btecha anzusiedeln, was allein schon beweist, welch friedliche Beziehungen wir mit unseren arabischen Nachbarn unterhielten. Wie wäre man sonst auf den Gedanken gekommen, sich jenseits der Grenze niederzulassen?

Als Ben-Gurion 1943 wie jeden Winter Urlaub in Tiberias machte, drängte ich ihn, sich Btecha anzusehen. Wenn er das Tal sähe, so meinte ich, würde er vielleicht auf den Gedanken kommen, uns zu helfen; außerdem war es eine wunderschöne Landschaft. Ich brachte also Ben-Gurion mit dem Boot an das Nordostufer des Sees Genezareth, wo ein paar Pferde für uns bereitstanden. Irgend jemanden zu benachrichtigen kam mir gar nicht in den Sinn. Während des Krieges die Grenze zu überqueren und nach Syrien hineinzureiten war zwar ein wenig riskant, aber Ben-Gurion genoß den Ausflug. Wir ritten also vom See aus in die Berge hinein und trafen uns mit einem befreundeten Beduinen-Scheich. Ich stellte Ben-Gurion als Archäologieprofessor vor, und der Scheich gab ein großes Fest. Dann ritten wir weiter nach Btecha, wobei wir an den Ruinen alter antiker Synagogen vorbeikamen – ein Beweis dafür, wie dicht die jüdische Besiedlung in dieser Gegend im ersten und zweiten nachchristlichen Jahrhundert gewesen sein muß. Ben-Gurion ließ seinen Blick über das Tal schweifen und erinnerte sich, daß zu Beginn unseres Jahrhunderts hier für kurze Zeit Juden gesiedelt hatten. »Wie konnten sie nur ein so wunderschönes Land wieder aufgeben!« rief er. Er war außer sich vor Entrüstung und bestand darauf, daß alles getan werden müsse, das Land wieder zu erwerben. Am Abend kehrten wir nach Tiberias zurück, und bald darauf stand das ganze jüdische Palästina kopf: »Wie konntest du nur Ben-Gurions Leben so leichtfertig aufs Spiel setzen? Was, wenn jemand ihn erkannt hätte?« Es gab viel Gezeter, aber Ben-Gurion hatte den Tag genossen.

Unsere Bemühungen um den Landerwerb in Btecha zogen sich bis zur Vertreibung der Franzosen aus Syrien hin. Obwohl der arabische Nationalismus noch nicht erwacht war, wurden die Syrer zunehmend unfreundlicher. Trotz unserer offiziellen Grenzpässe machten sie es uns immer schwerer, nach Btecha und wieder zurück zu kommen, und die Verhandlungen kamen zum Stillstand. Inzwischen war ich aber auch schon wieder auf meinem Posten bei der *Jewish Agency* in Jerusalem.

Als ich 1944 meine Arbeit für die *Jewish Agency* wieder aufnahm, lag es bereits in der Luft, daß sich im Krieg eine Wende vorbereitete. Die Alliierten kämpften sich den italienischen Stiefel hinauf; die Russen hatten die Deutschen über die Vorkriegsgrenze mit Polen zurückgeworfen, und ein Sieg der Alliierten war abzusehen und nur noch eine Frage der Zeit. Bei allem Optimismus, den Ausgang des Krieges betreffend, quälte uns aber die bittere Gewißheit, daß trotz des Vormarsches der Alliierten die verzweifelte Lage der Juden in Europa sich um keinen Deut besserte. Diese beiden Faktoren trugen dazu bei, daß die Stimmung unter den Juden in Palästina umschlug. Wir beschäftigten uns mehr und mehr mit der politischen Zukunft in diesem Land und bereiteten uns darauf vor, den Kampf wiederaufzunehmen, der 1939 begonnen hatte, als die Briten die jüdische Einwanderung nach Palästina einschränkten.

Was sich während des Krieges radikal an der zionistischen Politik verändert hatte, war die eindeutige Forderung nach Errichtung eines jüdischen ›Staates‹ in Palästina. Es stand außer Frage, was der alte Terminus ›Heimstätte‹ für die Juden bedeutete. Im Mai 1942 hatte Ben-Gurion im New Yorker Biltmore-Hotel vor einem zionistischen Minikongreß (ein großer Kongreß konnte wegen der Kriegsverhältnisse nicht abgehalten werden) eine Rede gehalten, in der er unmißverständlich feststellte, man könne sich nicht darauf verlassen, daß die britische Mandatsregierung sich für die Sache der Juden in Palästina einsetze, und es gebe nur einen einzigen Ausweg, nämlich die Briten hinauszuwerfen und einen unabhängigen jüdischen Staat zu gründen.

Kein Zweifel, daß die Judenkatastrophe einer der Hauptfaktoren war, die zu diesem Wandel in der zionistischen Politik führten. Da versuchten wir verzweifelt, Juden aus Europa zu retten, und die wenigen, die wir mit Schiffen nach Palästina transportieren konnten, unterlagen immer noch den Einreisegesetzen und -quoten, die im britischen *Weißbuch* von 1939 festgelegt worden waren. Zu Beginn des Krieges machte sich die *Jewish Agency* jene Politik zu eigen, die ihren Ausdruck in Ben-Gurions berühmt gewordenem Epigramm gefunden hat: »Wir werden den Krieg führen, als ob es kein White Paper gäbe, und das White Paper bekämpfen, als ob es keinen Krieg gäbe.« Es stimmt auch, daß wir in den ersten Kriegsjahren fortfuhren, die *Hagana,* die im Untergrund arbeitende Selbstverteidigungs-Organisation der *Jewish Agency,* weiter aufzubauen und zu stärken. Aber wir hatten es damals keineswegs darauf abgesehen, den Engländern das Leben schwerzumachen. Schließlich waren wir im Kampf gegen die Nazis mit ihnen verbündet, und es bestand nicht der geringste Zweifel, daß die Briten das bei weitem geringere Übel von beiden waren. Deshalb suchten wir Mittel und Wege, um mit ihnen im Kampf gegen die Nazis zu kooperieren. Nur blieben die Briten unserem Tatendrang gegenüber sehr mißtrauisch; denn sie machten sich Sorgen über den Preis, den sie nach dem Krieg für unseren Anteil am Sieg würden zahlen müssen. Trotzdem arbeiteten wir bis zum Ende des Krieges mit den Engländern zusammen.

Als ich wieder bei der *Jewish Agency* in Jerusalem arbeitete, fuhr ich oft nach Kairo, um mich mit Levi Avrahami, dem Leiter der dortigen *Hagana*-Abteilung, zu treffen und mit unseren Männern und Frauen in Kontakt zu bleiben, die in der britischen Armee dienten. Gleichzeitig brachten wir junge jüdische Flüchtlinge nach Kairo, die wir dafür ausgebildet hatten, sich in die deutschen und italienischen Kriegsgefangenenlager in Nordafrika einzuschmuggeln, eine Operation, die von den Engländern hoch geschätzt wurde. Außerdem nutzten wir unsere Verbindungen sowie die Möglichkeit, frei umherzureisen, um beträchtliche Waffenmengen nach Palästina zu schaffen, die uns 1948 bei unserem Überlebenskampf sehr halfen.

Tausende von palästinensischen Juden, die als Soldaten in der britischen Armee dienten, hatten Zugang zu Gewehren, Granaten und Munition, die wir regelmäßig in die Waffenlager der *Hagana* in Palästina schafften. Einer von diesen Soldaten, Shalom Levin, wurde dabei erwischt, wie er mit einem Zehntonnen-Laster mit Waffen und Munition nach Palästina zurückkehrte, die sämtlich britischen Armeevorräten entstammten. Er fuhr mit einem Paß, den ich ihm von Colonel Hunloke besorgt hatte. (Der Colonel glaubte selbstverständlich, ich brauchte ihn für irgendein Unternehmen, das mit unseren gemeinsamen Kampfzielen zusammenhing.) Trotz dieses Zwischenfalls ergriffen die Briten keine drastischen Kontrollmaßnahmen. Ich bin überzeugt, daß sie von unseren Aktivitäten wußten, aber sie waren an der Zusammenarbeit mit uns höchlichst interessiert und bereit, dafür Zugeständnisse zu machen. Außerdem unterhielten wir auch enge Beziehungen zu ägyptischen Polizeioffizieren, insbesondere zu einigen Kopten, die zu meinen Kontakten gehörten. Die Kopten waren sich bewußt, daß Juden wie Christen im Nahen Osten ein ähnliches Schicksal blühte, und kooperierten daher aus Überzeugung mit uns – im wesentlichen bei kleineren Unternehmungen, doch selbst diese Hilfe war uns willkommen. So besorgte mir zum Beispiel einer von ihnen ein Dauervisum für Ägypten; zuvor hatte ich für jede Reise nach Kairo ein neues Einreisevisum bei den Engländern beantragen müssen. Außerdem hielten sie uns über die ständig sich verändernde politische Situation in Ägypten auf dem laufenden, was insbesondere die Arabische Abteilung der *Jewish Agency* sehr zu schätzen wußte.

Auf einer meiner Fahrten nach Kairo nach dem Sieg der Engländer bei El Alamein besuchte ich Maurice Oldfield, einen Beamten des Geheimen Sicherheitsdienstes, der in Manchester bei Namier studiert hatte und der einige Jahre später einen der maßgeblichen Posten im Britischen Geheimdienst übernahm. Während ich in seinem Büro auf ihn wartete, entdeckte ich einige Akten auf einem Regal. Es handelte sich um einen Bericht an die Britische Regierung aus der Feder von Aaron Aaronsohn, einem jüdischen Wissenschaftler aus Palästina, der während des Ersten Weltkrieges, als Palästina noch zum Ottomanischen Reich gehört hatte, für die Briten Spionagedienste geleistet hatte. Der maschinengeschriebene Bericht enthielt handschriftliche Anmerkungen von T. E. Lawrence (›Lawrence von Arabien‹). Ich blätterte den Bericht durch, legte ihn dann aber natürlich auf das Regal zurück, was ich später zutiefst bedauerte. Wir hatten während dieses Krieges sehr eng mit dem Britischen Geheimdienst zusammengearbeitet, aber Aaronsohns Geschichte stellte einen Akt ungewöhnlicher Tapferkeit im Ersten Weltkrieg dar; in Israel war er eine legendäre Gestalt, und dieses historische Sammlerstück ist jetzt für uns verloren.

Eine der farbigsten Persönlichkeiten, die mit besonderem Erfolg für unsere Abteilung in Kairo arbeitete, war Yolande Harmer, eine Art jüdische Mata Hari, sofern dieser Vergleich gestattet ist. Yolande war klein, blond, zierlich und immer elegant gekleidet. Sie entstammte einer französisch-jüdischen Familie, die seit Jahrzehnten in Kairo ansässig war. Yolande verkehrte mit der ägyptischen High-Society und zählte Leute wie Azam Pasha, den ersten Vorsitzenden der Arabischen Liga, zu ihren Freunden. Jedesmal, wenn ich nach Kairo kam, führte ich Yolande zum Essen aus, und sehr bald entwickelte ich ein sehr viel besseres Gespür für das, was in den politischen Kreisen in Ägypten vorging, als ich es mir durch die Lektüre einer noch so tiefschürfenden Analyse eines politischen Journalisten hätte erwerben können. Yolande kam auch häufig nach Jerusalem, nicht nur um uns Bericht zu erstatten, sondern auch um ihre zahlreichen Bekannten dort zu besuchen, hauptsächlich britische Beamte und Offiziere, die in Ägypten gedient hatten und jetzt nach Jerusalem versetzt worden waren. Offiziell betätigte sich Yolande als Journalistin, doch hielt sich diese Tätigkeit sehr in Grenzen. Sie war eine Dame der Gesellschaft. Die Kairoer Oberschicht bestand damals zum großen Teil aus den Nachkommen von Europäern spanischer, französischer, belgischer, italienischer, britischer oder griechischer Herkunft. Viele von ihnen waren Juden, deren Eltern oder Großeltern als Kaufleute oder Techniker im Zuge des Aufbaus von Transportsystemen, Elektrizitätswerken oder Industrien nach Alexandria oder Kairo gekommen waren. Es war eine schillernde Gesellschaft von Leuten, die wir heute ›beautiful people‹ nennen würden. Von all dem ist gar nichts mehr übriggeblieben.

Ein anderer Bekannter aus meiner Kairoer Zeit war Yehuda Arazi, ein palästinensischer Jude, der in den zwanziger Jahren aus Polen gekommen war. Seine phantastische Laufbahn als Waffenschmuggler und Organisator illegaler Einwanderung steckte damals noch in den Anfängen, doch war von den Engländern bereits ein Preis auf seinen Kopf ausgesetzt worden, und er hielt sich in einer Wohnung in Tel Aviv vor den Briten verborgen. Dort suchte ich ihn ein paarmal auf, bis es uns schließlich gelang, ihn nach Kairo hinauszuschmuggeln. Aber nach dem monatelangen Eingesperrtsein in seiner Wohnung sah er so schlecht aus und war im Beisein von Fremden so nervös, daß wir ein neues Versteck für ihn finden mußten, wo er sich erholen sollte. Zuerst brachten wir ihn in einem kleinen Hausboot auf dem Nil unter, bis er sein normales Aussehen und Verhalten wiedererlangt hatte. Dann wurde Arazi mit Hilfe von Freddie Fredkens, einem belgischen Juden, der als Pilot bei der RAF diente, in die Uniform eines polnischen Luftwaffenoffiziers gesteckt und mit den entsprechenden Ausweisen ausgestattet. (Damals gab es noch die ›Freien Polnischen Brigaden‹, Exilverbände unter General Anders.) Freddie flog Arazi nach Bari. Arazis Englisch war nicht gut genug, als daß er als britischer Soldat hätte durchgehen können; aber immerhin sprach er gut genug Polnisch, um ihn durch die britischen Linien hindurchzubringen. In die Klemme kam er erst, als er am Ende seiner Reise einem echten polnischen Offizier in die Arme lief. Irgendwie schaffte er es jedoch, auch diese Hürde zu nehmen, und wurde bald darauf in Italien aktiv, wo er Schiffstransporte für Juden organisierte, die den Krieg überlebt hatten.

Gegen Ende des Krieges kam es immer mehr zu Zwischenfällen mit jüdischen ›Terroristen‹ (ein Wort, das in den siebziger Jahren einen regelrechten Bedeutungswandel durchmachte), was sowohl für uns als auch für die Engländer große Probleme aufwarf. Die *Jewish Agency* und die *Hagana* widersetzten sich offen den Gewaltmethoden des *Irgun Zwai Leumi* und der *Stern-Gruppe,* der beiden jüdischen militärischen Untergrundorganisationen in Palästina, die sich von der *Hagana* abgespalten hatten. Wir waren aus zwei Gründen gegen jeden Terrorismus: einmal aus Prinzip und dann auch aus der Überzeugung heraus, daß wir uns durch solche Aktionen unsere besten Freunde entfremdeten. Wir wußten zum Beispiel, daß Lord Moyne, der britische Staatsminister für den Mittleren Osten, ein enger Freund Churchills war und daß Churchill und seine Anhänger nach dem Krieg ein ausschlaggebendes Wort bei der Entscheidung über die Zukunft Palästinas mitzureden haben würden. Warum sie sich zu Feinden machen? Nach der Ermordung von Lord Moyne durch jüdische Terroristen im Jahre 1944 arbeitete die *Jewish Agency* besonders eng mit den Briten zusammen, um unseren Abscheu vor dem Terrorismus zu demonstrieren und um weitere Zwischenfälle dieser Art zu verhindern.
Ich bin immer der Meinung gewesen, daß bei nationalen Belangen eine einzelne zentrale Organisation die Verantwortung tragen muß. Obgleich ich persönlich bei zahllosen illegalen Unternehmungen die Hände im Spiel gehabt hatte – vom Herausschmuggeln eines persisch-jüdischen Kindes aus Deutschland bis zum Diebstahl britischer Geschütze und Munition, vom Einschleusen jüdischer Einwanderer über die Grenze nach Palästina bis zur massiven Bestechung, um den Juden in Europa ihr Los zu erleichtern –, war ich immer gegen jede Anarchie innerhalb unseres eigenen Gemeinwesens gewesen. Das Argument, man müsse dem eigenen Gewissen entsprechend handeln, kann keine Rechtfertigung dafür sein, daß jede Gruppe oder jeder einzelne unabhängig für sich Entscheidungen trifft. Außerdem glaube ich, daß eine Regierung verpflichtet ist, dafür zu sorgen, daß Befehle ausgeführt und Entschlüsse durchgesetzt werden. Es war von allergrößter Wichtigkeit, daß die *Jewish Agency* – damals unsere ›Regierung‹ – gegen die Splittergruppen vorging, die für sich das

Recht in Anspruch nahmen, selbst Entscheidungen zu fällen und damit die von der Mehrheit getragene Politik zu gefährden. Als auf der Führungsebene der *Jewish Agency* und der *Hagana* beschlossen wurde, gegen diese Gruppen vorzugehen, und ich eine Rolle dabei zugewiesen bekam, nahm ich diese Aufgabe als notwendigen Schritt auf unserem Weg zur Staatswerdung auf mich. Ich war damals genauso gegen die *Irgun* und *Stern-Gruppe* eingestellt, wie ich nach dem Yom-Kippur-Krieg gegen diejenigen war, die Siedlungen im besetzten Gebiet errichteten und sich einfach über die Regierungspolitik hinwegsetzten.

Diese Periode des wachsenden Interessenkonflikts mit den Briten führte zu einer Reihe von merkwürdigen Bindungen. Ungeachtet der offiziellen Politik empfanden wir Sympathien für unsere Rebellen, denn schließlich waren wir alle Juden und verfolgten grundsätzlich dieselben Ziele. Mehr noch: Selbst wenn wir offiziell gesetzestreue Bürger waren und mit den Briten kooperierten, ahnten wir doch, daß diese letzten Endes die Araber bevorzugen würden. Sie hegten eine romantische Einstellung den Wüstennomaden gegenüber. Obwohl sie in den *Suks* von Kairo, Bagdad, Aleppo und Damaskus zu Hause waren und über eine Menge schlechter Erfahrungen im Umgang mit arabischen Kaufleuten und Politikern verfügten, hatte ihre Einstellung sich nicht geändert. Genährt von den pittoresken Reiseberichten, den Geschichten der Schlacht von Omdurman und den Werken der großen britischen Aquarellisten des neunzehnten Jahrhunderts hatten sie eine tief verwurzelte, romantisierende Sympathie für die Araber. Mochten sie auch hundertmal mit der Bibel vertraut sein, den Gestalten des Alten Testaments fehlte für sie jener Hauch von Wirklichkeit, der die Araber auszeichnete.

Trotzdem sahen sich die Briten oft vor Situationen gestellt, in denen sie sich an uns um Hilfe wandten. So sollten zum Beispiel Ende 1943 Churchill, Roosevelt und de Gaulle auf dem Weg zur Konferenz von Teheran durch Bagdad kommen, und die Briten hatten Drohbriefe des Inhalts erhalten, daß jüdische Terroristen etwas gegen die Besucher unternehmen würden, falls sie auf dem in der Nähe von Bagdad gelegenen Flugplatz Habania landeten. Da Irak damals unter britischer Herrschaft stand, war den Briten sehr unbehaglich zumute; da-

her wandten sie sich um Hilfe an die *Jewish Agency*. Ich schlug ihnen den einzig richtigen Mann für sie vor: Ezra Danin. Ezra leitete die arabische Abteilung unseres Geheimdienstes. Die Familie seiner Mutter war vor drei Generationen aus Irak gekommen. De facto hatten Juden bereits tausend Jahre in Irak gelebt, ehe die Araber dorthin einwanderten, und fühlten sich dort vollkommen zu Hause. (Heute ist diese jüdische Gemeinde auf Grund der arabischen Verfolgungen fast vollständig verschwunden.) Ezra war ein brillanter Kopf mit wichtigen Beziehungen in der arabischen Welt und hatte sehr viel Verständnis für die arabische Mentalität. Von Beruf war er Landwirt und lebte in Hadera, wo er etwa auf halbem Wege zwischen Tel Aviv und Haifa Grundbesitz hatte.
Ich schlug vor, daß Ezra und sein Freund, Josh Palmon, nach Bagdad fahren sollten. Ezra konnte Verbindung mit irakischen Würdenträgern und prominenten irakischen Juden aufnehmen, während Josh sich einfach unters Volk mischen sollte. Uns lagen keine echten Beweise dafür vor, daß diese Drohungen von dem *Irgun* oder der *Stern-Gruppe* stammten, doch die Briten machten sich große Sorgen und wollten die beiden Abgesandten mit einer Sondermaschine nach Bagdad fliegen. »Um Himmels willen, dann wissen sie sofort, daß wir Agenten sind«, wandte Josh ein. Ich brachte also Ezra und Josh zum Flughafen Lod, von wo aus sie mit einer ganz gewöhnlichen Militär-Transportmaschine flogen. Damals pflegte man die Passagiere vor dem Anbordgehen zu wiegen, und Ezra und Josh waren beide dermaßen schwer, daß vier Soldaten von Bord gehen mußten, um ihnen Platz zu machen. Ezra konnte genauso viel oder womöglich noch mehr essen als ich.
Die beiden blieben drei oder vier Wochen in Irak. Ezra gab sich als Landwirtschaftsexperte aus, der herausfinden sollte, warum in Irak in letzter Zeit so viele Eukalyptusbäume eingingen. Er traf mit Mitgliedern der Regierung sowie prominenten Juden und Arabern zusammen, während Josh sich in weniger respektablen Kreisen herumtrieb. Sie kehrten zurück, nachdem sie die Verfasser der Drohbriefe ausfindig gemacht hatten – ein paar Schüler einer jüdischen Oberschule, für die das Ganze nur ein Riesenjux gewesen war.
Inzwischen fuhr ich weiterhin fast jedes Wochenende in meinem al-

ten Oldsmobile zwischen Jerusalem und Ein Gev hin und her, wobei ich jedesmal Gäste mitnahm, insbesondere britische Beamte und Journalisten. Ich fand, es sei wichtig, daß sie die Schönheit der Landschaft erlebten und einen Kibbuz kennenlernten. Vor allem aber ging es mir darum, daß sie einmal jüdische Bauern, Fischer und Bootsbauer sahen, um das immer noch verbreitete Image des Juden als Stadtbewohner und unproduktiver Händler zu korrigieren. Bei einer dieser Fahrten im Jahre 1944 nahm ich Kermit und Archibald Roosevelt mit, die ich bei einem Besuch in Ägypten kennengelernt hatte. Sie waren beide Arabisten; deshalb zeigte ich ihnen auf einem Ritt das kleine Städtchen Fiq in den Golan-Höhen. Damals war Franklin Roosevelt Präsident der Vereinigten Staaten, und die beiden jungen Roosevelts erregten deshalb einiges Aufsehen. Eigentlich handelte es sich um Enkel von Teddy Roosevelt, was bedeutete, daß sie eigentlich mehr zu Mrs. Roosevelts Seite der Familie gehörten, doch die Araber machten keinen Unterschied zwischen den verschiedenen Zweigen der Roosevelts.

Wir verzehrten ein herrliches Mahl mit dem *Muchtar* und anderen Honoratioren, aber als wir zu den Pferden zurückkehrten, war Kermits Jacke verschwunden. Das warf ein ungünstiges Licht auf die arabische Gastfreundschaft und Ehre, und daher suchten wir stundenlang nach dieser Jacke, da die Araber uns ohne sie nicht ziehen lassen wollten. Inzwischen wurde es spät, und der Ritt nach Ein Gev hinab war selbst bei Tageslicht schwierig. Plötzlich hatte ich einen Einfall. Ich verkündete, eines der Pferde müsse die Jacke aufgefressen haben. Alle stimmten augenblicklich zu. Kein Zweifel! Das mußte des Rätsels Lösung sein. Unter fröhlichem »Auf Wiedersehen« konnten wir noch vor Einbruch der Dunkelheit nach Ein Gev zurückreiten. Wenn sich doch auch all die vielen anderen arabischen Probleme so einfach lösen ließen!

Trotz des Verlusts der Jacke wurde Kermit Roosevelt übrigens der Kopf, der hinter dem späteren ägyptischen Präsidenten Nasser stand. Kermit war Leiter der Nahost-Abteilung der CIA, und er war es auch, der während der Nagib-Periode der Nasser-Revolution Kontakt mit Ägypten aufrechterhielt. Roosevelt muß überzeugt gewesen sein, daß er den amerikanischen Einfluß in Ägypten und dem Nahen Osten aufrechterhalten könne, indem er revolutionäre Bewegungen unterstützte. Kermit schied lange vor Nassers Tod aus der CIA aus, behielt jedoch wegen seiner Spezialkenntnisse weiterhin Einfluß auf das Nahostgeschehen, besonders im Zusammenhang mit dem Erdöl und der wirtschaftlichen Entwicklung.

1945 wurden die Wochenendfahrten nach Ein Gev seltener, da Tamar den Kibbuz verließ und für ein paar Monate nach Jerusalem zog. Reuven Shiloach war mit seiner Frau in die Vereinigten Staaten gegangen, und Tamar und ich zogen in ihre Wohnung ein, als ich die Geheimdienstabteilung der *Jewish Agency* übernahm. Nachdem der Krieg vorbei war, kam eine vergleichsweise ruhige Zeit, doch hatten wir uns dermaßen an all die Aufregungen gewöhnt, daß diese Ruhe uns bisweilen geradezu langweilte. Das muß die Zeit gewesen sein, in der ich lernte, meinen Armmuskel mit einer Nadel zu durchbohren, ohne den geringsten Schmerz dabei zu empfinden oder Blut zu verlieren. Für diesen Trick fand sich immer ein Publikum (selbstverständlich gab es damals noch kein Fernsehen). Allerdings dauerte die Ruhe für mich nicht lange.

Im Juni 1945, ein paar Wochen nach Kriegsende, war ich wieder in Europa. Diesmal bestand meine Aufgabe darin, die politische Arbeit der *Jewish Agency* in England zu verstärken. Auf meiner Reise dorthin betrat ich zum erstenmal seit 1939 wieder deutschen Boden und kam auf meinem Weg nach Paris durch das zerstörte München und Frankfurt. Gleich nach meiner Ankunft in München fuhr ich nach Dachau hinaus. Mittlerweile waren sämtliche Überlebenden evakuiert worden, doch war das Konzentrationslager noch nicht zu einem Mahnmal umgestaltet worden. Selbst das künstlerischste Mahnmal kann nicht dieses Gefühl des unmittelbar Betroffenseins reproduzieren, das einen überkommt, wenn man vor den Verbrennungsöfen steht, die noch kaum erkaltet sind.

In Paris versuchte ich, ein Visum für England zu bekommen, was damals gar nicht so einfach war. Deshalb verbrachte ich ein paar Wochen im Royal-Monceau-Hotel. Direkt unterm Dach waren Räume, die einst das Personal der erlauchten Hotelgäste beherbergt hatten, die in den unteren Stockwerken wohnten. Ich bezog eines dieser Zimmer und wohnte auf diese Weise billig in einem der besten Ho-

tels. Die meisten anderen Stockwerke waren noch mit Angehörigen der britischen und amerikanischen Armee belegt.
Ich war einer der ersten von der *Jewish Agency* und aus Palästina, die nach dem Krieg nach Paris kamen. Unsere Einwanderungsabteilung – immer noch für ›illegale‹ Einwanderung – funktionierte noch nicht voll, und so war ich zumindest für ein paar Wochen allein und hatte viel freie Zeit. Damals lernte ich Paris wirklich kennen. Das Leben in der Stadt normalisierte sich zusehends. Ich interessierte mich nicht sonderlich für die üblichen Pariser Nachtlokale, unvergeßlich sind mir jedoch die berühmten Chansonsänger jener Zeit und Lokale wie das ›Lapin Agille‹, die hauptsächlich von Franzosen und nur gelegentlich von französischsprechenden alliierten Soldaten besucht wurden. Tagsüber genoß ich die einzigartige Schönheit von Paris. Ich hatte nichts zu tun, als jeden Tag ins Britische Konsulat zu gehen und nachzufragen, ob mein Visum angekommen sei. Sonst konnte ich machen, was ich wollte. Ich kannte kaum jemand in Paris, besuchte jedoch ein paarmal Baron Guy de Rothschild, den ich in Palästina kennengelernt hatte. Ich freundete mich sogar ziemlich mit Guy und seiner Frau Alix an, die uns später beim Bau des Israel-Museums in Jerusalem so sehr geholfen hat. Außerdem fuhr ich ein paarmal nach Port du Buc, um Davidka Nameri zu besuchen, einen Kibbuznik, der Schiffe überholen ließ, um illegale Einwanderer nach Palästina zu bringen. Diese alten Kähne – andere konnten wir uns nicht leisten – wieder seetüchtig zu machen und Unterbringungsmöglichkeiten für Hunderte von Einwanderern zu schaffen war schon eine Kunst.
Nach ein paar Wochen wurde mir mein Visum bewilligt, und ich fuhr weiter nach London, wo ich für rund ein Jahr mein Hauptquartier aufschlagen sollte. 1945 befand sich die *Labour Party* mitten im Wahlkampf gegen die regierenden *Konservativen* und hatte den Juden in Palästina weit mehr versprochen, als selbst der Zionistenkongreß vorgeschlagen hatte. Ich war diesen Versprechungen gegenüber äußerst skeptisch und konnte mich des Gefühls nicht erwehren, daß die Labour Party nach einem Wahlsieg ihre Versprechungen nicht halten würde und wir mit den Konservativen unter Churchill letzten Endes doch besser fahren würden. Ich kannte eine ganze Reihe von Leuten in der Labour Party: Clement Attlee, den ich bereits 1941

kennengelernt hatte, Michael Foot und Herbert Morrison, den späteren Innenminister, einen wirklichen Freund. Außerdem traf ich mit Nye Bevan, dem charismatischen Führer der Partei, und vielen anderen Leuten zusammen, so daß ich mir ein Bild von der allgemeinen Stimmung machen konnte, die in der Labour Party herrschte. Und obgleich ich sogar Ernest Bevin selbst kennenlernte, allerdings zu flüchtig, um mir aus eigener Anschauung ein Urteil über ihn zu bilden, flößten mir die Leute, mit denen er zusammenarbeitete, böse Vorahnungen ein.

So kannte ich zum Beispiel Creech-Jones, den Kolonialminister aus dem ›Schattenkabinett‹ der Labour Party. Das Kolonialministerium war damals in den Tagen des Empire außerordentlich wichtig, und Palästina fiel unter seine Zuständigkeit. Ich traf Creech-Jones ein paarmal in der Wohnung von Berl Locker, dem Leiter des Büros der *Jewish Agency* in London. Creech-Jones war ein liebenswerter, sanfter Mensch, der übrigens sehr viel Ähnlichkeit mit Locker selbst hatte; ich traute ihm nicht mehr Durchsetzungsvermögen zu als Locker. Creech-Jones meinte es gewiß gut, aber sobald es zu einer wirklichen Auseinandersetzung – vor allem mit Attlee und Bevin – kam, hätte ich ganz bestimmt nicht auf ihn gesetzt. Meine Zweifel in bezug auf Berl Locker, den ich persönlich gern mochte, beruhten wiederum darauf, daß er seine Hoffnungen ganz auf Creech-Jones und die Labour Party setzte. Es lag auf der Hand, wer sich durchsetzen würde – die Starken und Energischen. Bevin mag für England ein großer Außenminister gewesen sein. Er hatte in vielen Arbeitskonflikten als Gewerkschaftsführer mutig seinen Mann gestanden; außerdem verstand er die Russen und wagte es, ihnen Contra zu geben. Aber unser Freund war er nicht, und er gab auch nicht vor, es zu sein. Lockers Hoffnung, der liebenswürdige Kolonialminister, hatte keinerlei Chance, sich gegen Bevin durchzusetzen, wenn es darum ging, die Wahlkampfversprechungen wahrzumachen. Während dieses ganzen Jahres in London stand ich mit meiner Skepsis im Gegensatz zu all den Ansichten aller der naiven jüdischen Anhänger der Labour Party.

Als die Labour Party dann tatsächlich an die Regierung kam, versuchten wir sie mit allen Mitteln daran zu erinnern, daß es nur anständig

und außerdem ein Gebot der Stunde sei, ihr Wahlkampfversprechen zu halten, d. h. die Schaffung eines jüdischen Staates voranzutreiben. Einmal trat ich mit Fakten und Zahlen über unsere Position in Amerika an ein hohes Regierungsmitglied heran. England und der Sterling-Block, dem wir angehörten, sahen sich ernsthaften Währungsschwierigkeiten gegenüber, und ich legte ihm im einzelnen dar, welch riesiges Potential an Investitionen und Spenden von den Juden in den Vereinigten Staaten zu erwarten sei. Ich wies ihn auf unser vergleichsweise bedeutendes militärisches Potential hin, das im Verteidigungsfalle mobilisiert werden könne. Ich argumentierte, daß ein unabhängiger jüdischer Staat von Nutzen sein könne, wenn man Leute nach Rußland und Osteuropa einschleusen und verläßliche Informationen erhalten wolle, die im kalten Krieg außerordentlich wichtig sein konnten. Es ging mir darum, ihm klarzumachen, daß die Engländer mehr zu gewinnen als zu verlieren hätten, wenn sie sich für uns und die Gründung eines jüdischen Staates einsetzten, statt die Araber zu hofieren – und das zu einer Zeit, in der sogar die anglo-amerikanische Untersuchungskommission empfohlen hatte, 100000 Überlebenden aus den KZ die Einwanderung nach Palästina sofort zu gestatten. Aber die Labour Party kümmerte sich nicht im geringsten um die Empfehlungen der Kommission, ja nicht einmal um ihre eigenen Versprechungen.
1946 kam Tamar zu mir nach London, und eine Zeitlang wohnten wir im Apartment der Wingates in der Hill Street. Orde war tot, und Lorna, die für längere Zeit nach Schottland gefahren war, hatte uns die Wohnung angeboten. Nach dem Krieg war Arthur Koestler nach Palästina gekommen, um einen Roman zu schreiben, und hatte in Ein Gev und in Jerusalem bei uns gewohnt. (Sein Roman *Thieves in the Night* ist unter anderen auch Tamar und mir gewidmet.) Jetzt suchte ich ihn in London auf. Seinem Bekanntenkreis gehörten auch etliche Mitglieder der Labour Party an, etwa Michael Foot, den ich seit 1938 kannte, jetzt jedoch wesentlich besser kennenlernte, sowie Nye Bevan und seine Frau Jenny Lee. Harold Macmillan, Koestlers Verleger, der im Krieg britischer Beauftragter für Nordafrika gewesen war, arbeitete jetzt wieder als Verleger und wurde als Kandidat der Konservativen ins Parlament gewählt. Koestler brachte mich zu ihm, und

wir redeten über Palästina. Daraufhin half Macmillan mir, im Unterhaus mit Angehörigen der Konservativen, der Labour Party und der Liberalen zusammenzukommen. Ich sollte in meiner Eigenschaft als Angehöriger der *Hagana* zwanglos zu ihnen sprechen. Wir hielten es für sehr wesentlich, die öffentliche Meinung in England auf unsere Seite zu bringen und sie gegen die Politik der britischen Regierung einzunehmen. Deshalb versuchten wir, uns im Parlament so viel Unterstützung wie möglich zu sichern.
Zu derlei Zusammenkünften erschienen für gewöhnlich nicht mehr als ein Dutzend Abgeordnete. Das Treffen mit mir fand aber zufällig nur wenige Stunden nach dem Eintreffen der Nachricht statt, daß der *Irgun Zwai Leumi* das King-David-Hotel in Jerusalem teilweise in die Luft gesprengt habe, wobei viele Engländer den Tod gefunden hatten. Der Raum konnte die vielen Menschen, die erschienen waren, kaum fassen. Hunderte von Parlamentariern kamen und nahmen mich erbarmungslos in die Zange. Da aber die *Hagana* und die gesamte *Jewish Agency* entschlossen gegen den *Irgun* und die *Stern-Gruppe* Stellung genommen und von Anfang an den Terror bekämpft hatten, konnte ich mich behaupten.
Koestler und ich verbrachten auch so manchen Abend damit, von einer Kneipe in die andere zu ziehen. Eines Abends gingen wir in den ›Gargoyle‹, einen Nachtklub, der später als Stammlokal von zwei Deserteuren des Britischen Geheimdienstes, Burgess und McLean, berühmt wurde; dort gesellte sich Dylan Thomas zu uns. Wir alle tranken viel und landeten schließlich in Michael Foots Wohnung in der Park Street, wo Dylan Thomas die große englische Gedichtsammlung, das *Oxford Book of Verse,* aufschlug und uns bis zum Tagesanbruch laut Gedichte vorlas. Wir alle waren leicht angetrunken und sentimental, und Dylans herrliche Stimme machte die Lesung zu einem unvergeßlichen Erlebnis. Dreißig Jahre später kam mir diese Episode wieder in Erinnerung, als der Schauspieler Richard Burton, gleichfalls Waliser wie Thomas, im Jerusalemer Theater Gedichte von Dylan Thomas vortrug.
Trotz all unserer Bemühungen in London verschlechterte sich die politische Situation in Palästina zusehends. Am Samstag, dem 29. Juni 1946, erreichte uns die Nachricht, daß die gesamte jüdische Führung

in Palästina von den Engländern verhaftet worden sei und in einem Lager in Latrun festgehalten werde. Die einzigen, die man nicht erwischte, waren Moshe Sneh, damals Oberbefehlshaber der *Hagana*, Ben-Gurion, der gerade in Paris weilte und vorhatte, ein oder zwei Tage später nach London zu kommen, und Golda Meir, die Sharetts Posten als Leiter der Politischen Abteilung der *Jewish Agency* übernommen hatte. Mir ging sofort siedend heiß auf, daß die Engländer Ben-Gurion festnehmen könnten, wenn er nach London kam. Da wir nicht wagten, die Angelegenheit telefonisch zu besprechen und an diesem Tag keine weiteren Flüge nach Paris abgingen, mietete ich zum erstenmal in meinem Leben ein Flugzeug – eine ›Piper‹. Es war gar nicht sonderlich teuer, und sie schaffte den Flug nach Paris in anderthalb Stunden. Ich suchte Ben-Gurion sofort im ›Claridge‹ an den Champs-Elysées auf, und wir erörterten die Latrun-Verhaftungen. Er leitete auf der Stelle die Einberufung einer Konferenz amerikanischer und britischer Zionisten inParis in die Wege, und ich verbrachte die nächsten paar Tage damit, mich mit den Mitarbeitern unseres kleinen ›illegalen‹ Einwanderungsbüros zu treffen.

Ich wohnte wieder in meinem Lieblingshotel, dem ›Royal Monceau‹, in dem damals Ho Chi Minh sein Hauptquartier aufgeschlagen hatte. Ein oder zwei Tage nach meiner Ankunft wurde ein indochinesisches Fest gefeiert. Es lebten damals, nachdem Indochina jahrzehntelang französische Kolonie gewesen war, eine ganze Menge Indochinesen in Frankreich, und eine bunte Schar indochinesischer Studenten und Familien in ihrer heimischen Tracht versammelte sich in den Gärten des Royal Monceau, um Ho Chi Minh zu ehren und mit ihm das Fest zu verbringen. Ich eilte ins Claridge hinüber, um Ben-Gurion vorzuschlagen, sich das festliche Treiben anzusehen. Er kam und schaute. Die Festzeremonien interessierten ihn nicht sonderlich, doch fand er das Royal Monceau wesentlich angenehmer als das Claridge und siedelte am nächsten Tag dorthin über. Bald darauf lernten Ben-Gurion und Ho Chi Minh einander kennen und mochten sich. Sie führten eine Reihe von ausgiebigen Gesprächen, was zur Folge hatte, daß Ho Chi Minh sich erbot, einer jüdischen Exilregierung in Indochina Asyl zu gewähren. Die beiden Männer hatten viel gemeinsam, denn beide sahen den Befreiungskampf in ihren Ländern voraus. Ho Chi Minh sprach Französisch und gebrochen Englisch; Ben-Gurion konnte etwas Französisch, und ich half beim Dolmetschen. Es liegt auf der Hand, daß Ben-Gurion von Hos Angebot keinen Gebrauch machte.

Oft sah ich Ho Chi Minh, wenn er das Hotel verließ und die sechs Wachen die Säbel präsentierten. Bald darauf wurde ihre Anzahl jedoch verringert, zuerst von sechs auf vier, dann auf zwei, und eines Tages war gar keine Ehrengarde mehr da. Ho Chi Minh fuhr nach Hause, und der Indochina-Krieg begann. Ben-Gurion jedoch blieb noch eine Zeitlang im Royal Monceau, und seither ist das Hotel zum Treffpunkt für viele Zionisten geworden, die zu Besuch nach Paris kamen. Vor kurzem erzählte man, daß arabische Banken es gekauft haben.

Mitte 1946 kehrten Tamar und ich heim. In dieser Zeit bemühten wir uns besonders darum, Überlebende der Massenvernichtung in Europa nach Palästina zu bringen, die Briten verstärkten dagegen ihre Blockade der Landesküsten. Ich erinnere mich vor allem an den Weihnachtsabend des Jahres 1946, an dem ich den Journalisten John Kimche nach Haifa brachte, wo eine Schiffsladung von ›illegalen‹ Einwanderern erwartet wurde. Auf dem Weg dorthin mußten wir durch etliche Straßensperren der englischen Polizei hindurch, doch mit dem Paß meines alten Freundes Giles konnten wir ohne Schwierigkeit passieren. Wir wurden Zeugen, wie die Einwanderer im Schutz der Dunkelheit an Land gebracht und auf die nahegelegenen Kibbuzim verteilt wurden. Kimche schrieb für den *Evening Standard* und andere englische Blätter, und die Überschrift, die er für seinen Artikel über diese Nacht wählte, lautete: ›Operation Weihnachten‹. Darin stellte er das Gebet der Welt um Frieden zu Weihnachten dem Schicksal dieser frierenden und halb verhungerten Flüchtlinge gegenüber, die durch die Dunkelheit stolpern, um jene Zuflucht zu erlangen, die ihnen von den christlichen Herren Palästinas so hartnäkkig verwehrt wird.

Etwa um dieselbe Zeit arbeitete unser ›illegales‹ Einwanderungsbüro in Paris einen Plan aus, um Juden aus Rumänien nach Palästina zu schaffen. Die Rumänen, die für die Briten nicht allzu viel übrig hatten, wollten unter der Bedingung, daß es sich um eine einmalige Unternehmung handelte und sie nicht von einem rumänischen Hafen ausging, gern einige Juden loswerden. Schließlich wurden zwei Schiffe, die ›Pan York‹ und die ›Pan Crescent‹, hergerichtet, um insgesamt 15000 Menschen zu transportieren. Passagiere und Schiffe wurden auf die bulgarischen Häfen Varna und Burgas verteilt und warteten dort, als die Amerikaner Wind von dem Plan bekamen. Das komplizierte die Angelegenheit womöglich noch mehr, weil die Vereinigten Staaten die Einwanderung rumänischer Juden als kommunistische Unterwanderung des Mittleren Ostens betrachteten. Alles mußte vorläufig abgeblasen werden, und die Entscheidung darüber, was getan werden müsse, lag bei den Leitern der *Jewish Agency* in Paris, die das Ganze ursprünglich ins Rollen gebracht hatten: Shaul Avigur und Venya.

Inzwischen telegraphierte uns Moshe Sharett, der damals gerade in den Vereinigten Staaten war, daß die Schiffe nicht auslaufen dürften. Unsere Leute in Paris waren ratlos und riefen mich in Jerusalem an. Nachdem ich mich mit anderen beraten hatte, riet ich Venya, sich über alles hinwegzusetzen und die Schiffe trotzdem sofort losfahren zu lassen. Sie zögerten immer noch, doch ein paar Tage darauf flog Sharett in die Schweiz, wo Venya und Avigur sich mit ihm trafen, und er wies sie an, die Schiffe unverzüglich auslaufen zu lassen. Zuerst waren sie bestürzt über diesen plötzlichen Sinneswandel, doch die Erklärung ließ nicht lange auf sich warten. Als überaus vorsichtiger Mann hatte Sharett gezögert, ihnen diese Nachricht von den Vereinigten Staaten aus zukommen zu lassen. Die Schiffe liefen aus Bulgarien aus und erreichten Haifa, wo die Einwanderer von den Briten abgefangen und in Internierungslager auf Zypern gebracht wurden – eine vorübergehende sehr drakonische Maßnahme, die aber immer noch besser war, als heimatlos in Rumänien umherzuirren.

Die Briten befanden sich in einem Zwiespalt. Einerseits versuchten wir, so viele Überlebende der Katastrophe wie möglich nach Palästina zu bringen, und diese Menschen konnten mit weltweitem Mitgefühl rechnen. Gleichzeitig erregte es auch internationalen Abscheu, daß sie von den Briten abgewiesen und deportiert wurden, sobald sie in ihren klapprigen alten Kähnen vor den Küsten Palästinas auftauchten. Dazu kam, daß die *Hagana* und die beiden terroristischen Organisationen jetzt bewaffneten Widerstand leisteten. Dies alles brachte die Briten endlich zu der Einsicht, daß ihr Mandat über Palästina sie mehr belastete, als es ihnen eintrug. Die wirtschaftliche Nachkriegssituation in England war sehr ernst, und im Inneren wurde zunehmend Druck auf die Regierung ausgeübt, Palästina aufzugeben und die dort stationierten großen Truppenkontingente abzuziehen. Abgesehen von unserem Freiheitskampf gewann der arabische Nationalismus mehr und mehr an Bedeutung, und die Franzosen gaben ihr Mandat über Syrien und den Libanon auf, so daß die Briten allein in der Region zurückblieben. Eine Untersuchungskommission nach der anderen empfahl die Teilung Palästinas und die Schaffung zweier souveräner Staaten – eines jüdischen und eines arabischen –, doch die Engländer setzten sich nach wie vor über die Ergebnisse dieser Untersuchungen hinweg.

Im Februar 1947, als es für die Engländer immer schwieriger wurde, die Ordnung in Palästina aufrechtzuerhalten, fand die britische Regierung plötzlich, sie habe jetzt genug davon, und überließ das ganze Problem den Vereinten Nationen. Das war zwar ein großer Sieg für uns, aber statt daß das der Anfang vom Ende gewesen wäre, ergab sich, daß es erst das Ende vom Anfang war. Die Briten waren ja nur die eine Hälfte des Problems, dem wir uns gegenübersahen. Jetzt stellte es sich heraus, daß zwar alle umliegenden Länder die Unabhängigkeit von den Kolonialmächten errungen hatten, aber fest entschlossen waren, uns Juden keinen eigenen Staat zuzugestehen.

1947 verbrachte ich ein paar Monate in Ein Gev, wurde jedoch bald in die *Jewish Agency* nach Jerusalem zurückgeholt, da die Spannung im Lande stetig wuchs. Tamar kam gleichfalls für ein paar Monate nach Jerusalem, denn sie erwartete ein Kind. In der Nacht des 14. September ging ich auf der Straße vor dem Sha'arei Zedek Hospital auf und ab, und zwar mit meinem alten Freund Yossi Hamburger (Har'el), der als Leibwächter Weizmanns angefangen und später auf einer ganzen Reihe von illegalen Schiffen das Kommando übernommen hatte, unter anderem auf der ›Pan York‹ und der ›Pan Crescent‹. Es war der Vorabend von *Rosh Ha-Shanah,* dem jüdischen Neujahrsfest, und die Straßen waren gähnend leer. Mitternacht ging vorüber, und zuletzt gab ich meine Nachtwache auf und legte mich schlafen. Als ich am nächsten Morgen früh ins Krankenhaus kam, erfuhr ich von Amos' Geburt. Aber meine erste Bekanntschaft mit meinem Sohn war nur kurz. Einen Monat später kehrte Tamar mit Amos nach Ein Gev zurück, und ich verließ mit einem neuen Auftrag das Land.

6
Hoch über der ›Copacabana‹

Im Oktober 1947 teilte Ben-Gurion mich der *Hagana*-Vertretung in New York zu, die kurz nach dem Zweiten Weltkrieg eingerichtet worden war. Zwei Jahre zuvor hatte Henry Montor, der Leiter des *United Jewish Appeal,* auf Anregung Ben-Gurions eine ganz außergewöhnliche Gruppe von rund vierzig Amerikanern zusammengebracht, die rückhaltlos für die jüdische Sache eintraten. Ben-Gurion ging nach New York, und sie alle trafen sich in der Wohnung von Rudolf Sonneborn, einem amerikanischen Geschäftsmann und Zionisten von Jugend auf. Jeder der Anwesenden repräsentierte Macht, Reichtum und Einfluß. Ben-Gurion nahm kein Blatt vor den Mund, erklärte ihnen klipp und klar, daß das Schicksal der Juden in Palästina vom Ausgang einer bewaffneten Auseinandersetzung abhinge, und bat sie, unserer Sache beizustehen, nicht nur mit Ideen, Energie und Können, sondern auch mit Geld. Von diesem Augenblick an hatte diese verschworene Gemeinschaft, zu der später noch viele andere hinzukommen sollten, nur noch ein Ziel: nicht nur unser Überleben, sondern auch unseren Sieg möglich zu machen. Ya'akov Dori, später erster Generalstabschef der israelischen Streitkräfte, hatte bereits die Vertretung in New York aufgemacht und war nach Palästina zurückgekehrt. Ihm folgte Shlomo Shamir, ehemals Major in der britischen Armee, der die Vertretung leitete, als ich in New York eintraf. Yehuda Arazi war von New York aus ständig unterwegs und organisierte den Ankauf von Waffen aller Art. Ich glaube, daß Ben-Gurion von Anfang an vorhatte, mich zum Leiter der New Yorker Vertretung zu machen, mich zunächst jedoch einmal auf die Probe stellen wollte. Als Shamir bald darauf nach Palästina zurückgerufen wurde, wo er ein Frontkommando übernehmen sollte, wurde mir dann diese verzwickte und völlig unberechenbare Aufgabe übertragen.

Ich war das erstemal in New York, und da ich nicht sicher sein konnte, wie lange ich dort bleiben müßte, fuhr ich ohne Tamar und Amos. Shamir holte mich auf dem La-Guardia-Flugplatz ab und brachte mich ins Empire Hotel in der 63rd Street, damals ein respektables Mittelstandsviertel (mein Zimmer kostete ganze fünf Dollar pro Nacht).

Selbstverständlich hatte ich bereits eine ganze Reihe von Amerikanern kennengelernt, ehe ich in die Vereinigten Staaten kam: Angehörige des Geheimdienstes in Istanbul und Kairo, die verschiedenen Konsuln in Jerusalem (die durchweg sehr proarabisch eingestellt waren) sowie ein paar Schriftsteller und Journalisten, die den Nahen Osten bereist hatten. Doch hatte ich keine feste Vorstellung von den Vereinigten Staaten und war über das Land wesentlich weniger informiert als über England, als ich zum erstenmal dorthin kam; vor allem aber hatte ich auch keine Gelegenheit gehabt, von den Amerikanern ähnlich positive Eindrücke zu gewinnen wie von den Briten während des Luftkrieges. Kurz, ich kam ziemlich unvorbereitet nach Amerika, und im großen und ganzen war es eine recht angenehme Überraschung. Die Aufgeschlossenheit und die grundlegende Anständigkeit der Menschen, die Rede- und Kontaktfreudigkeit sowie die Reibungslosigkeit und Höflichkeit, mit der alle Dienstleistungen abgewickelt wurden, kamen mir viel natürlicher und ungezwungener vor als in England. All das hatte Ähnlichkeit mit dem zwanglosen Benehmen der Juden in Palästina, nur daß es ihm in vieler Hinsicht überlegen war – ganz gewiß, was Effizienz und Rücksichtnahme betrifft, Eigenschaften, die in unserer hart bedrängten jüdischen Gesellschaft immer noch selten anzutreffen sind.

Alles in allem lernte ich, was diese Charakterzüge betrifft, die Amerikaner viel mehr schätzen als die Engländer. Allerdings bewundere ich auch heute noch die stoische Selbstbeherrschung und die Zurückhaltung der Engländer (Eigenschaften, die zu meinem Bedauern immer mehr zu verschwinden scheinen). Doch wenn wir Israelis unsere Redseligkeit etwas zügeln und ein wenig Zurückhaltung lernen könnten, würde uns das sehr guttun. An den Amerikanern gefiel mir besonders, daß Heimlichtuerei und Mystifizierung ihnen völlig fremd sind: Sie sagen klipp und klar, was sie denken; bei den Engländern mußte man immer raten, worauf sie eigentlich hinauswollten. Diese Geradlinigkeit und Offenheit ist ein immenser Vorteil und macht das Leben oft viel leichter.

Von meinem ersten Tag in Amerika an wurde ich in einen Wirbelwind von Aktivitäten hineingerissen, die auch zum Teil riskant waren. Ich mußte mich mit den neusten Errungenschaften der Waffenproduktion, Chemie und Physik vertraut machen, Schiffe ankaufen, mit Fabriken und Schrottplätzen verhandeln, Spione, Gangster, Filmgewaltige, Staatsmänner, Bankiers, Professoren, Industrielle und Zeitungsleute kontaktieren – und ungesetzliche Transaktionen kleinen bis internationalen Ausmaßes abwickeln. Alle Augenblicke stand unser Traum von einem jüdischen Nationalstaat auf dem Spiel. Nach und nach lernte ich, auf meine Art mit diesen Dingen fertig zu werden. Es schien ein unmöglicher Job für einen einzigen Menschen, doch offenbar brauchte man unbedingt eine Zentralfigur, um die verschiedenen Experten und Spezialisten mit ihren potentiellen Helfern, Beratern und Lieferanten in Verbindung zu bringen. Ich war gewissermaßen der Verkehrspolizist, und auf diese Weise fungierte ich später auch im Ministerpräsidentenamt und in der Stadtverwaltung von Jerusalem.

Eine besondere Abteilung unseres Büros befaßte sich mit dem Ankauf von Schiffen und Ausrüstungsgegenständen sowie dem Anheuern von Mannschaften, welche diese Schiffe nach Europa brachten, Einwanderer an Bord nahmen (vornehmlich in Südfrankreich und in Italien) und sie nach Palästina schafften. Diese Unternehmen wurden von meinen alten Freunden Davidka Nameri und Danny Shind geleitet, während Amerikaner wie Joe Boxenbaum, ein Ex-Major der amerikanischen Armee, den ich nach seiner Entlassung etwa ein Jahr zuvor in Paris kennengelernt hatte, ihnen dabei zur Hand gingen. Diese Arbeit hatte legale und illegale Aspekte, da ein amerikanisches Embargo gegen die Ausfuhr von Kriegsmaterial und die Anwerbung von Rekruten für ausländische Armeen bestand. Außerdem war der britische Geheimdienst hinter uns her. Hank Greenspun aus Los Angeles hatte es übernommen, Schiffe in Kalifornien mit Kriegsmaterial zu beladen und sie über Mexiko, Hawaii und die Philippinen nach Israel zu dirigieren. Wir trafen Abkommen mit südamerikanischen Regierungen, Panzer und zahllose andere Dinge zu kaufen und nach Palästina zu schaffen. Andere Ausrüstungsgegenstände wie Wolldecken, Zelte, Feldküchen und so weiter kauften wir über Händler in den Vereinigten Staaten aus Armeebeständen auf – das wiederum war der legale Aspekt unserer Tätigkeit. Die dafür zuständige Abteilung hieß *Friends of the Hagana* und gab unter Rusty Jarcho, einem rothaarigen Amerikaner, der Erfahrungen mit Kundenzeitschriften der Textilindustrie hatte, ein *Hagana Calling* genanntes Informationsblatt heraus.

Eine weitere Abteilung beschäftigte sich mit dem Anwerben amerikanischer Freiwilliger. Die Idee war an sich völlig legal; es gingen Leute nach Palästina, um dort in der Landwirtschaft zu arbeiten; sie wurden ja nicht selbst Soldaten, sondern ersetzten nur andere, die eingezogen waren. Die Abteilung hatte ein besonderes Büro am Broadway und stand unter der Leitung von Wellesley Aron, einem ehemaligen Major, der im Krieg eine jüdische Einheit in der britischen Armee befehligt hatte.

Am Tag nach meiner Ankunft in New York fuhr ich nach Lake Success, wo Moshe Sharett und Rabbi Abba Hillel Silver um Stimmen für die Abstimmung bei den Vereinten Nationen warben, die über eine Teilung Palästinas entscheiden sollte und für den 29. November angesetzt war. Gleichzeitig unterhielten wir einen Geheimdienst, der von zwei Amerikanern geleitet wurde: einem US-Kriegsveteranen und einem Juristen, der während des Krieges beim OSS (dem Vorläufer der CIA) gearbeitet hatte. Die Informationen, die diese Abteilung für uns zusammentrug, waren zwar nicht unersetzlich, bisweilen aber recht nützlich. Auch hatten wir guten Kontakt zum Britischen Konsulat im Empire State Building. Kurz vor Israels Staatswerdung erfuhren wir, daß die Briten ihr Militärlager in Sarafand in der Nähe von Tel Aviv aufgeben wollten. Die *Jewish Agency* war zuvor bereit gewesen, Hunderttausende von Pfund für dieses Lager zu bezahlen, und stand schon im Begriff, darüber in konkrete Verhandlungen einzutreten, als wir Jerusalem diese Nachricht zukommen ließen. Auf diese Weise bekamen sie das Lager umsonst (obgleich wir später nach langwierigen Verhandlungen über die Anerkennung des Staates Israel durch die Briten für sämtliches britisches Eigentum, das wir übernahmen, eine hohe Entschädigung zahlen mußten).

An dem Schicksalstag, dem 29. November 1947, fuhr ich wieder nach Lake Success, um der Abstimmung der Vereinten Nationen beizuwohnen. Die ungeheure Spannung und Erregung werde ich nie vergessen. Wir hatten eine Liste aller Länder zusammengestellt und danebengeschrieben, wie sie unserer Meinung nach stimmen würden. In den meisten Fällen erwiesen unsere Mutmaßungen sich als richtig, und als die notwendige Zahl der Ja-Stimmen beisammen war, atmeten wir erleichtert auf. Die Vereinten Nationen hatten entschieden, daß Palästina in zwei Staaten aufgeteilt werden sollte, einen jüdischen und einen arabischen. Das britische Mandat sollte am 14. Mai enden. Endlich hatten wir eine offizielle Basis für die Gründung unseres Staates! In dieser Nacht tanzten große Menschenmengen auf den Straßen von New York.

Nach der Abstimmung blieb Sharett noch eine Weile in New York, und ich erstattete ihm ziemlich regelmäßig Bericht. Schließlich waren einige unserer Unternehmungen dazu angetan, ihn und die *Jewish Agency* in fürchterliche Verlegenheit zu bringen, wenn sie bekannt geworden wären. Als er New York verließ, fuhr ich fort, Abba Hillel Silver Bericht zu erstatten, dem Vorsitzenden der Amerika-Abteilung der *Jewish Agency,* der jede Woche von Cleveland nach New York kam. Für gewöhnlich traf ich mich mit ihm morgens zum Frühstück in seinem Hotel, dem ›Sulgrave‹ an der Park Avenue, Ecke 64th Street. Silver schlug seine Zeitung unweigerlich zuerst beim Börsenteil auf. Im Laufe der Jahre habe ich mich daran gewöhnt, daß für viele Amerikaner Neuigkeiten aus der Wallstreet an erster Stelle standen. Allerdings tat es ihrer Hingabe für die Sache Israels keinen Abbruch, daß sie nicht zuerst die politischen Nachrichten lasen. Schließlich opferten sie einen großen Teil des Reichtums, der ihnen so wichtig war, großzügig für Israel. Trotzdem überraschte es mich immer wieder, daß ein Rabbiner beim Zeitunglesen zuerst die Börsenseite aufschlug.

Die *Jewish Agency* verwendete die beträchtlichen finanziellen Beiträge der Juden und anderer Freunde aus der ganzen Welt, um in Frankreich und in der Schweiz Waffen zu kaufen. Das Problem war, sie nach Palästina zu bringen. Die Briten hatten verfügt, daß wir auf legale Weise keine Waffen kaufen konnten; schließlich waren wir offiziell noch kein souveräner Staat. Unser Hauptziel jedoch war es, mit Erlangung unserer Unabhängigkeit vollständig bewaffnet zu sein; sonst würden wir bereits an diesem ersten Tag unserer nationalen Existenz von den arabischen Ländern mit ihren vergleichsweise gut organisierten Armeen überrollt werden. Um dieses Ziel zu erreichen, gab es jedoch nur einen Weg: Wir mußten ein Land finden, das in seinem Namen Waffen für uns kaufte – mit unserem Geld allerdings. Wir würden dann die Waffen übernehmen, die britische Blockade durchbrechen und das Material der *Hagana* in Palästina übergeben. Wir suchten nach einem südamerikanischen Staat, und einer von unseren führenden Zionisten in New York kannte jemand, der wiederum eng mit dem Diktator von Nicaragua, General ›Taco‹ Somoza, befreundet war. So wurde ich gleich zu Anfang meines New Yorker Aufenthaltes dazu ausersehen, nach Nicaragua zu fliegen.

Auf diese Weise kam ich auf meiner ersten Reise nach Lateinamerika nach Managua, der Hauptstadt des Landes. Managua war damals noch eine kleine Stadt. Mein Gastgeber war Lazlo Weiss, ein ungarischer Jude, der selbst noch nicht lange in Nicaragua lebte. Sein Freund Pataky, auch ein ungarischer Jude, war ein Geschäftspartner von Somoza. Weiss war Zionist, Pataky nicht, hegte jedoch ganz allgemein Sympathien für unsere Ziele. Außerdem bewegte ihn noch ein untergeordnetes Motiv – ein junger Neffe, der ein Lebemann und Schürzenjäger war. Pataky wollte den jungen Mann dahin bringen, ein geordnetes Leben zu führen, und erklärte, er werde sich für eine Abmachung zwischen Somoza und uns einsetzen, wenn wir seinen Neffen mit nach Palästina nähmen und dort behielten.

Unsere Wunschliste stand fest: Vollmachten für den Botschafter Nicaraguas in Paris und den Generalkonsul in Zürich zum Ankauf technischer Geräte und Waffen in Frankreich und der Schweiz und Instruktionen an beide, dieses Material nach Marseilles, Triest und Genua zu verfrachten; hinzu kamen zwei nicaraguanische Pässe, einer für Yehuda Arazi, der die Käufe tätigen sollte, und einer für mich. All das war keine Kleinigkeit. Wir verlangten praktisch, daß ein kleines Land enorme politische Risiken auf sich nahm, selbst wenn es finanziell nicht in unsere Operation verwickelt war. Nach endlosem Hin und Her bekam ich die Briefe, mit denen der Kauf von Waffen und Material für drei Millionen Dollar abgesichert war, damals eine gewaltige Summe.

Die Briefe wurden von Somoza sowie dem Außenminister und dem Präsidenten unterzeichnet. Es war eine völlig legale, einwandfreie Abmachung. Uns diesen Gefallen zu tun, war für sie eine Selbstverständlichkeit, da sie grundsätzlich stark mit unserer Sache sympathisierten. Zu unserer Vereinbarung gehörte außerdem, daß Nicaragua bei den Vereinten Nationen bei jeder sich bietenden Gelegenheit für Israel stimmen würde, wozu sie sich aus Überzeugung bereit erklärten. In der Tat ist Nicaragua über die Jahre hinweg stets ein echter Freund Israels geblieben. Während meines zweitägigen Aufenthalts in Managua unterhielten wir uns lange und ausgiebig über das jüdische Problem, und die nicaraguanischen Beamten bewiesen echtes Interesse und Mitgefühl. Ich bekam sogar die so dringend benötigten nicaraguanischen Diplomatenpässe.

Die besten Momente mit Somoza hatte ich in seiner Palast-Residenz, wenn sein Barbier ihn des Morgens rasierte. An diesen beiden Vormittagen versuchte ich, während er rasiert und manikürt, gekämmt und frisiert wurde, ihm in gedrängter Form darzulegen, was der Zionismus eigentlich bedeutete. Wir freundeten uns politisch und menschlich an, und als ich den Palast verließ, wurde ich mit einer militärischen Zeremonie geehrt.

Patakys Neffe traf später in New York ein und verliebte sich sofort in meine Sekretärin, eine sehr attraktive Frau, die mir nicht nur bei meinen Berichten, Briefen und Anrufen half, sondern auch als Gastgeberin fungierte, wenn ich nicht da war. Nachdem der junge Pataky nun einmal da war, mußten wir ihn bei Laune halten. Er war um die dreißig, groß und stattlich, und nachdem er einen Blick auf sie geworfen hatte, führte er sie sofort ins ›Copacabana‹ aus. Da sie ein bißchen Angst vor ihm hatte, begleitete mein Stellvertreter die beiden. Meine Sekretärin und Pataky tanzten die ganze Nacht, während das fünfte Rad am Wagen am Tisch saß und einen Brief an seine Frau im Kibbuz

Afikim schrieb. Pataky kam später auch nach Palästina, blieb eine Zeitlang dort und stolzierte mit zwei gewaltigen Revolvern an der Hüfte herum. Er sprach Englisch mit ausgeprägtem ungarischen Akzent, und man akzeptierte ihn mit Humor. Später trat er in die israelische Armee ein und nahm an mehreren Gefechten teil. Als die Kampfhandlungen nachließen, fing er an, sich zu langweilen, verließ Israel und nahm irgendeine ihm entsprechende Tätigkeit an. Heute ist er ein hoher Staatsbeamter in Nicaragua. Den Kontakt zu Israel hat er nie einschlafen lassen.

Wieder zurück in New York, arbeitete ich weiter eng mit Yehuda Arazi zusammen. Wir waren seit 1945 befreundet, doch erinnere ich mich seiner bereits aus Vorkriegszeiten. Schon damals war er damit beschäftigt gewesen, in Europa Waffen zu kaufen. In Italien lancierte er ein waghalsiges und phantasievolles Projekt für die illegale Auswanderung. Seine aufsehenerregendste Tat, sein Hungerstreik auf dem Auswandererschiff ›Fede‹ im Hafen von La Spezia, war das Vorbild für die unvergeßliche Szene in Leon Uris' Roman *Exodus*. Als er nach New York kam, hatten die Briten immer noch einen Preis auf seinen Kopf ausgesetzt. Da es zahllose Geschichten über Yehudas einfalls- und erfolgreiche Unternehmungen gibt, darf man wohl ruhigen Gewissens auch einige von seinen mißglückten Coups berichten, ohne seinen Verdiensten damit Abbruch zu tun.

Yehuda Arazi gehörte nie einer festgefügten Organisation an. In New York operierte er von seiner Wohnung auf der West-Side aus. Geld und Instruktionen erhielt er von Ben-Gurion und Eliezer Kaplan, dem Schatzmeister der *Jewish Agency*, über alle anderen setzte er sich mit Vorliebe hinweg. Kein Mensch konnte ihm je etwas befehlen. Yehuda war immer ein Einzelgänger, ein Individualist und eine sehr starke Persönlichkeit gewesen, einer der Gründe, warum er in Europa vor dem Krieg und später, gegen Ende des Krieges, auch in Italien so erfolgreich war. Als er jedoch seinen Posten in New York antrat, bewegten seine Pläne sich schon mehr im Reich der Phantasie als der Realität. Gleich zu Anfang meiner New Yorker Zeit kam es auf einem Kai zu einem Zwischenfall: Eine Kiste zerbrach, und was zum Vorschein kam, war eine getarnte Ladung Sprengstoff. Bürgermeister O'Dwyer, der uns freundlich gesonnen war, bewahrte uns vor einer gründlichen Untersuchung. Doch Arazi konnte es sich nicht leisten, etwas dem Zufall zu überlassen, und mußte zusammen mit einigen anderen das Land sofort verlassen. Er kehrte nach Rom zurück, und ich saß mit zwei schwierigen Problemen da. Beim einen handelte es sich um nichts Geringeres als einen Flugzeugträger!

Yehuda hatte es sich in den Kopf gesetzt, am 16. Mai 1948, zwei Tage nach der geplanten Staatserklärung, an Bord eines mit Flugzeugen, Panzern und einer ganzen Division ausgebildeter jüdischer Soldaten vollbeladenen Flugzeugträgers in Israel einzutreffen. Gesagt, getan – er kaufte von einem Schrotthändler einen ausgedienten alten US-Flugzeugträger – wieviel hunderttausend Dollar er dafür bezahlte, habe ich vergessen –, weigerte sich jedoch, uns zu sagen, wo er lag. Er wollte einfach nicht einsehen, daß es ihm niemals gelingen würde, ein solches Ungetüm trotz der Embargo-Gesetze aus den Vereinigten Staaten herauszubringen. Zuletzt stöberten wir den Flugzeugträger in der Nähe von Baltimore auf, doch konnten wir nichts damit anfangen, obgleich unsere Leute sonst unglaublich findig waren, wenn es darum ging, das Embargo zu umgehen. Zwar konnten wir Flugzeuge und Geschütze oder auch Emigrantenschiffe hinausschmuggeln, aber dieses Riesenschiff zu tarnen war ein Ding der Unmöglichkeit; außerdem wäre es auch völlig sinnlos gewesen. Es war unglaublich, wieviel Mühe es uns kostete, das Schiff wieder loszuwerden, ohne daß man uns auf die Schliche kam. Zuletzt verkauften wir es zum Schrottwert, wie wir es auch gekauft hatten, und bekamen auf diese Weise wenigstens unser Geld zurück.

Außerdem ›hinterließ‹ Yehuda mir ein Team von Leuten, die von ihm bereits einen Vorschuß auf den Auftrag erhalten hatten, eine ferngelenkte Rakete zu entwickeln, die man zum Beispiel geradewegs in König Faruks Schlafzimmer lenken könnte! Ich erfuhr bald, daß Amerika bereits Hunderte von Millionen Dollar jährlich in die Entwicklung von ferngelenkten Raketen gesteckt hatte und es noch Jahre dauern würde, ehe sie einsatzfähig wären. Wir mögen ein intelligentes Volk sein und vieles zustande bringen, woran andere nicht einmal im Traum denken, aber dieses schien selbst den größten Optimisten ein wenig übertrieben. Als dann die Kostenvoranschläge eintrafen, verflüchtigte sich auch dieser Traum. Es war sogar so weit gekommen, daß man mir auf einem Flugplatz eine ferngesteuerte Rakete vorgeführt hatte. Sie war etwa so groß wie ein Spielzeugflugzeug, hob ferngesteuert ab und landete auch wieder; doch als ich das Projekt dann unserem wissenschaftlichen Komitee vorlegte, befaßten sie sich nur kurz mit dieser ›Erfindung‹ und verwarfen sie dann.

Das *Hagana*-Zentrum für Amerika war damals meine Hotel-Suite im Hotel ›Fourteen‹, einem altmodischen, gediegenen Hotel für Dauergäste in der East 60th Street Nummer 14, nicht weit von der Fifth Avenue. Das Hotel Fourteen gehörte Ruby Barnett und seiner Frau Fannie. Fannie war eine große Zionistin, die mit allen unseren führenden Zionisten zusammengearbeitet hatte, und gleichzeitig die treibende und beherrschende Kraft der Familie. Als typische amerikanische Karrierefrau war sie Leiterin der *Hadassah* gewesen und ging beruflich völlig ihre eigenen Wege. Man mußte die Qualitäten eines Managers besitzen, um die *Hadassah* erfolgreich leiten zu können, und sie hatte die Organisation ein paar Jahre lang mit großem Geschick geführt. Zeitweise war sie auch Weizmanns Sekretärin gewesen, und als Ya'akov Dori 1945 nach New York kam, um die *Hagana*-Organisation aufzuziehen, mietete er sich in dem Hotel ein, und Fannie meldete sich freiwillig, um als Sekretärin für ihn zu arbeiten. Sie war eine schlanke Blondine mit Silberblick und bekannt für ihre Schlagfertigkeit. Barnie war mehr der herkömmliche Geschäftsmann, ein Hotelunternehmer, der seinen Gästen gegenüber sehr zuvorkommend war. Er war stets gut gekleidet und trug immer eine Fliege, eine randlose Brille (damals die große Mode) und einen Seitenscheitel. Aber er besaß sehr viel weniger Spürsinn als seine Frau. Barnie war zwar ein guter Jude, im Grunde jedoch mehr an seinen Geschäften und an Investitionen auf den Virgin Islands interessiert als an unseren stets wechselnden Operationen. Uns war es im Grunde nur recht, daß der Hotelbesitzer mit unseren dubiosen Unternehmungen nichts zu tun hatte. Er pflegte von Zeit zu Zeit hereinzukommen und zu sagen: »Ihr eßt zu wenig«, oder: »Warum gönnt ihr euch nicht ein bißchen mehr Ruhe?« Barnie war eine Art großer Bruder für uns. Außerdem hatten wir bei ihm Vorzugspreise.

Damals war es ein großes Problem, überhaupt ein Hotel zu finden. Die meisten New Yorker Hotels von heute existierten damals noch nicht, und da es viele Kriegsheimkehrer gab, waren Zimmer sehr gesucht. Und wenn es schon schwer war, überhaupt ein Zimmer zu bekommen – eines über längere Zeit zu behalten, war fast unmöglich. Deshalb hatten wir Glück, als wir Barnie und Fannie fanden. Außerdem hatte es noch einen Vorteil, im Hotel Fourteen zu wohnen. Es war nahezu unmöglich, weiße Hemden zu bekommen. Das war schon den ganzen Krieg über so gewesen, und jeder wollte jetzt ein weißes Hemd haben. Ja, es gab sogar so etwas wie einen schwarzen Markt für weiße Hemden! Aber Barnie wußte, wo man welche kaufen konnte, und das war ein wichtiger Pluspunkt.

Das Hotel wurde bald zum Sammelpunkt für unsere Leute, und es dauerte nicht lange, da wohnten wir, allen Regeln einer Untergrundexistenz spottend, alle zusammen dort. Wir hatten Büros im Erdgeschoß und im obersten Stockwerk. Meine Suite bestand aus einem großen Wohnraum, einem Büro und einem kleinen Schlafzimmer. Im Kellergeschoß war der berühmte Nachtklub ›Copacabana‹ untergebracht – ein völlig selbständiges Unternehmen, das mit dem Hotelbetrieb gar nichts und mit dem, was wir in den darübergelegenen Stockwerken trieben, noch weniger zu tun hatte. (Wir nannten es die ›Copahagana‹.) Während dieser Jahre war ich nur ein einziges Mal in der ›Copacabana‹. Es war mein erster Besuch in einem amerikanischen Nachtklub, und ich erinnere mich, daß Lena Horne dort sang.

Natürlich unterhielten wir Arbeitskontakte mit anderen jüdischen Stellen. Die *Aliyah Bet*, unsere illegale Einwanderungsbehörde, zum Beispiel war in der Nähe der Wallstreet im Gebäude einer Reederei untergebracht, die unsere geheimen Abmachungen mit dem Hafen und den Schauerleuten regelte, um unsere illegalen Transporte zu erleichtern. Davidka Nameri, der diese Operation leitete, war ein alter Freund und ein Nachbar aus dem Jordantal. Er hatte uns schon seinerzeit geholfen, als wir an einem einzigen Tag Ein Gev aus dem Boden stampften. Wegen unserer engen persönlichen Beziehung arbeiteten unsere beiden Büros eng zusammen, bis die *Aliyah Bet* nach und nach die Operationen einstellte und das Büro nach dem Mai 1948 geschlossen wurde, da die Einwanderung nun nicht mehr illegal war.

Es war das erste Mal, daß ich nicht nur für mich selbst, sondern auch noch für viele andere Menschen und für ungeheure Geldbeträge verantwortlich war. Einfach war das nicht. Auch war es nicht leicht, meine Autorität über die zehn oder fünfzehn Menschen zu behaupten, die zwar direkt oder indirekt meinen Weisungen unterstanden, ganz gewiß aber nicht meine Untergebenen im üblichen Sinne waren und Qualifikationen besaßen, die den meinen gleichwertig oder überlegen waren. Das ganze Unternehmen zu koordinieren erforderte viel Geduld und Glück, aber auch rein physische Kraft.

Wir arbeiteten sieben Tage die Woche und bis spät in die Nacht hinein. Oft gingen wir um drei Uhr morgens in ein nahegelegenes Longchamps-Restaurant, um ein kombiniertes Abendbrot und Frühstück zu uns zu nehmen. Meine Mitarbeiter arbeiteten so hart und für so wenig Geld, daß ich sie bisweilen auf ›Geschäftskosten‹ ausführte, damit sie einmal einen Abend richtig entspannen konnten. Das kam allerdings höchst selten vor und für gewöhnlich nur nach einer besonders anstrengenden Zeit oder nach Ereignissen, die uns in Hochspannung versetzt hatten: nach einer Jagd des FBI etwa, dem wir erfolgreich ein Schnippchen geschlagen hatten, nach dem glücklichen Auslaufen eines Schiffes oder dem Abschluß eines Flugzeug- oder Waffenkaufs. Ein- oder zweimal gingen wir in den ›Savoy-Ballroom‹ in Harlem. Wir empfanden es als besonders wohltuend und entspannend, guten Jazz zu hören und guten Tänzen zuzusehen. Ein- oder zweimal gingen wir auch nach Greenwich Village, wo Shoshana Damari auftrat. Eines Abends besuchten wir einen Klub, in dem es russische Küche und russische Musik gab; Eliyahu Sacharov, der die Nachfolge von Arazi angetreten hatte, und ich standen auf und sangen zur Balalaika-Begleitung. Eliyahu stammte aus Rußland und kannte die russischen Lieder. Ich konnte zwar kein Wort Russisch, sang aber trotzdem mit.

Im Büro herrschte immer großes Gedränge. Da kam ein Wissenschaftler mit einer neuen Erfindung oder irgendwelche Leute, die schworen, sie könnten an Flugzeuge herankommen – und wer wollte wissen, ob nicht vielleicht doch etwas daran war? Tatsächlich waren einige der Ideen, mit denen die Leute zu uns kamen, genau das, was wir brauchten. So erfuhren wir zum Beispiel, daß man an einem bestimmten Samstagabend Waffen aus einem Arsenal herausholen konnte. Allerdings brauchte man dazu ein paar Gangster: »Schließlich kauft man Waffen nicht einfach im Supermarkt.« Dieser Tip erwies sich als richtig. Die amerikanischen Behörden, die uns mit Argusaugen beobachteten, gingen bei uns ebenso aus und ein wie viele Juden, die ich einfach sprechen mußte. Zu den Besuchern gehörten Juden aus Lateinamerika, die in ihrer Heimat Riesensummen für uns gesammelt hatten und jetzt darauf drangen, daß diese auch direkt für die Kriegsanstrengungen verwendet wurden. Sie hielten nicht viel davon, diese für die Verteidigung bestimmten Gelder durch die normalen Kanäle zu überweisen, und so kamen sie direkt in unser Büro – mit Schecks, bisweilen aber auch mit ganzen Koffern voller Bargeld. Der Ungewöhnlichste von allen war Menashe, ein polnischer Jude mit dem unaussprechlichen Nachnamen Krzepicki, der als Halbwüchsiger nach Brasilien gekommen und in den Urwald gegangen war. Er hatte sich schließlich so weit hochgearbeitet, daß er Chef einer der größten Im- und Exportfirmen des Landes wurde. Er blieb seiner Liebe zu Israel und besonders zu Jerusalem treu; bis auf den heutigen Tag besuchen er und seine Frau Hilda regelmäßig die Stadt und helfen uns auf mannigfaltige Weise.

Nach der UNO-Abstimmung über die Teilung Palästinas, aufgrund derer wir jetzt mit internationaler Billigung unseren jüdischen Staat gründen konnten, zogen wir eine neue Organisation unter dem Namen *Materials for Palestine* (später: ›for Israel‹) auf, die jetzt ganz legal operierte. Wir brauchten Wolldecken, Zelte und Stiefel. Jeden Donnerstag gaben wir ein ›Materials for Palestine‹-Lunch, bei dem Leute aus ganz Amerika aufstanden und verkündeten, was sie spenden wollten: soundso viel tausend Wolldecken, soundso viel tausend Paar Schuhe und so weiter. Das meiste davon kauften wir aus Armee-Restbeständen für einen Bruchteil des ursprünglichen Wertes. Oft waren die Leute, die uns halfen, selbst Restbestand-Händler oder solche, die Beziehungen zu ihnen hatten. Aber auch von völlig unerwarteter Seite wurden uns Sympathien zuteil, so etwa von den Iren im Hafen. Die Iren sahen in uns Waffengefährten gegen die Engländer, und ihr Nationalgefühl ist sehr stark entwickelt. (Auch heute noch finanzieren die amerikanischen Iren die IRA.) Selbst jüdische

Gangster arbeiteten für uns. Oft entstammten sie strenggläubigen Familien, und ethnische Diskriminierung war der Hintergrund für viele Schlägereien gewesen, in die sie als Jugendliche hineingezogen wurden. Sie hatten das Gefühl, Israels Sieg würde auch das Ansehen der Juden in der Diaspora heben.

Manchmal reichte allerdings die Hilfe unserer Komplizen in den Häfen nicht aus. So verschifften wir zum Beispiel viele ausrangierte, aber noch brauchbare Flugzeuge, die wir billig kaufen konnten: Flugzeuge vom Typ AT 6, PF 40 und einige Pipers. Die Vereinigten Staaten betrachteten diese Flugzeuge als Kriegsmaterial, dessen Ausfuhr durch Embargo-Bestimmungen untersagt war, weshalb wir sie tarnen mußten. Daher verpackten wir Tragflächen, Rümpfe und so weiter getrennt voneinander, und so wurden ganze Flugzeuge als Fertighausteile verschifft. Dafür brauchten wir aber mehr als nur eine Handvoll Juden und die irischen Hafenarbeiter. Wir waren auf die Hilfe der Italiener und der Unterwelt angewiesen. All dies trug sich vor der Einsetzung der Hafenkommission in den fünfziger Jahren zu. Damals waren die Hafenanlagen von New York noch ein regelrechter Dschungel. Bestimmte Gangster kontrollierten bestimmte Kais, und zu diesen Kais hatte man dann ungehindert Zugang, wenn man über die richtige Verbindung verfügte. Wir stellten auch Kontakte zur Mafia her und einmal sogar mit der berühmten *Murder Inc.* (›Mord GmbH‹), die Albert Anastasia leitete. Niemand hat je einen Mord für uns begangen, aber sie sorgten dafür, daß unsere Fracht durchkam.

Ich persönlich hatte niemals mit den Mitgliedern dieser Organisation zu tun, kannte einige jedoch von Ansehen. (Einmal zeigte mir jemand Anastasia.) Wir mußten mit größter Vorsicht zu Werke gehen, weil das FBI in seiner Wachsamkeit uns gegenüber niemals nachließ. Im Winter 1948 hatte ich das Gefühl, daß man uns im Hotel Fourteen allzu genau auf die Finger sah, und so zogen wir um in das Fisk Building West 57th Street. Eine Zeitlang wohnte ich auch im ›Park Plaza‹, dem heutigen ›Sheraton‹, das nur wenige Blocks vom Fisk Building entfernt liegt. Das Park Plaza hatte einen gutgeführten Friseursalon, der überdies noch den Vorteil bot, daß er von sieben Uhr früh bis elf Uhr abends geöffnet war. Eines Morgens durchquerte ich auf dem Weg dorthin die Hotelhalle, als ein Höllenlärm ausbrach. Ich hörte

Schüsse, Menschen stoben auseinander, und auf dem Boden des Friseursalons lag Anastasia, der gerade eben erschossen worden war. So etwas setzte einem doch ziemlich zu.
Von allen Unternehmungen kostete uns die Beschaffung von Flugzeugen die meiste Mühe. Al Schwimmer, der sich mit dieser Aufgabe befaßte, brachte geradezu ideale Voraussetzungen dafür mit – er war einfallsreich, verfügte über Erfahrungen sowohl als Pilot als auch ganz allgemein in der Luftfahrt und war eine Persönlichkeit. Ich verließ mich blind auf ihn, und Al rechtfertigte dieses Vertrauen vollauf. Durch Al kauften wir vier außer Dienst gestellte Constellations und zahlten pro Stück fünfzehntausend Dollar. Eine Maschine schlachteten wir für Ersatzteile aus, die anderen wurden wieder flugtüchtig gemacht. Nur eine erreichte Israel rechtzeitig, um noch im Krieg 1948 eingesetzt zu werden. Sie wurde von den Staaten über Panama und Dakar nach Zatec in der Tschechoslowakei geflogen und von dort aus – bis zum Bersten mit Waffen beladen – nach Israel. Die beiden anderen wurden vom Finanzministerium und vom FBI beschlagnahmt. Sie erreichten jedoch nach dem Ende des Krieges Israel und bildeten den Grundstock der EL AL, unserer staatlichen israelischen Fluggesellschaft.
Al Schwimmer kaufte außerdem zehn Maschinen vom Typ C 46, die via Panama und Niederländisch-Guyana in die Tschechoslowakei geflogen wurden – zu Beginn des Jahres 1948 unser Hauptwaffenlieferant. Sämtliche Flugzeuge wurden unter dem Namen einer panamesischen Luftfahrtgesellschaft, die uns gehörte, aus dem Lande gebracht. Panama erklärte uns sogar zur offiziellen nationalen Luftfahrtgesellschaft, und wir flogen die Maschinen über Mexiko und ein anderes mittelamerikanisches Land dorthin. Der Neffe des Präsidenten von Panama war ein guter Freund von uns, fungierte als unser Rechtsanwalt und besorgte uns sämtliche erforderlichen Papiere von der Regierung. Tatsache ist, daß die panamesische Regierung über unsere wahren Ziele nicht informiert war, sondern nur eine eigene Luftfahrtgesellschaft haben wollte, doch kam es nie so weit, daß wir diese Funktion wirklich übernahmen.
Al standen nicht nur über ein Dutzend Mitarbeiter zur Verfügung, sondern auch noch eine ganze Reihe von Firmen, die als Tarnung für

unsere Operation dienten. Eine Firma war eine Luftfrachtgesellschaft, die angeblich Gemüse zwischen Miami und San Juan hin- und herflog. Die Maschinen dieser Gesellschaft flogen tatsächlich nach San Juan, wo sie aufgetankt wurden, als ob sie nach St. Thomas weiterflögen, nahmen jedoch statt dessen Kurs auf die Azoren und von dort aus in die Tschechoslowakei.

Außerdem kauften wir vier Maschinen vom Typ B 17, die ›Fliegenden Festungen‹. Drei davon wurden von Florida aus via San Juan und die Azoren in die Tschechoslowakei geflogen. Nachdem sie jedoch die Azoren bereits wieder verlassen hatten, wurde in den Vereinigten Staaten Zeter und Mordio geschrien und die vierte Maschine in Tulsa, Oklahoma, beschlagnahmt. Die Maschine wurde auf der Zivilseite des Flugplatzes besetzt und auf die Militärseite hinübergerollt, die der Jurisdiktion der National Guard unterstand. Als unsere Leute in Tulsa uns darüber informierten, beriet ich mich mit Al und einigen anderen, und wir beschlossen, die Maschine heimlich hinauszubringen. Al und Leo Gardner, einer von unseren Piloten, trafen am Samstagabend in Tulsa ein und fuhren mit einem Taxi zum Flugplatz. Der Zufall wollte es, daß an diesem Abend eine Tanzveranstaltung für das Bodenpersonal stattfand und viele Gäste aus der Stadt eintrafen. Außerdem regnete es heftig. Als sie an das Tor kamen und die Wache fragte, ob sie Gäste wären, bejahten sie, und er ließ sie einfach hinein. Vor der Festhalle stiegen sie aus und gingen zu Fuß zu dem Flugzeug auf der anderen Seite des Flugfeldes hinüber. Unsere Leute hatten die Maschine vorbereitet und flugbereit gemacht. Sie kletterten hinein, ließen die Motoren an und rollten ohne Lichter über den Platz. Als man im Kontrollturm aufmerksam wurde und die Flughafenpolizei alarmierte, waren sie bereits auf der Startbahn.

Am nächsten Morgen landeten sie auf dem Westchester Country Airport, wo ein Team unter Irwin ›Swifty‹ Schindler, einem jüdischen Piloten der US-Air Force, bereits darauf wartete, die Maschine über Nova Scotia und die Azoren in die Tschechoslowakei zu fliegen. Rasch wurde sie wieder aufgetankt, und Swifty und seine Crew starteten. Mittlerweile war natürlich das Flugkontrollnetz der Vereinigten Staaten benachrichtigt worden, eine ›Fliegende Festung‹ habe Tulsa mit unbekanntem Ziel verlassen. Die große Frage »Wo zum

Teufel steckt sie?« beherrschte den Funkverkehr von Küste zu Küste. Wir hatten jedoch eine kleine Chance, da unsere Leute auf dem Westchester Country Airport dafür gesorgt hatten, daß die Landung der Maschine nicht gemeldet wurde. Das Flugzeug startete also wieder, und wir kehrten nach New York zurück. Doch zwei Stunden später war das FBI uns auf die Schliche gekommen. Dieses Riesenflugzeug konnte bei Tage nicht unbemerkt bleiben. Zwar erreichte es sicher Nova Scotia, doch in Halifax wurden Maschine und Crew von den kanadischen Behörden eine Woche lang festgehalten. Wir standen die ganze Zeit über mit Swifty in Verbindung. Schließlich konzedierten die Kanadier auf Drängen Washingtons, die Maschine mit nur so viel Treibstoff aufzutanken, daß sie in die Vereinigten Staaten zurückfliegen, doch nicht die Azoren erreichen konnte. Wir teilten Swifty mit, er solle das kanadische Angebot annehmen, sorgten inzwischen jedoch dafür, daß die Maschine voll aufgetankt wurde. Swifty erreichte tatsächlich die Azoren, wo ihn ein portugiesischer Freund erwartete, der uns bereits bei anderen Flügen geholfen hatte. Er hatte bei den Behörden erreicht, daß die Maschine weiterfliegen konnte, doch als sie landete, hatten die Vereinigten Staaten die Portugiesen so unter Druck gesetzt, daß die Maschine dort stillgelegt wurde. Die Mannschaft kehrte in die Vereinigten Staaten zurück und ging von dort aus nach Israel, wo sie noch rechtzeitig, um am Krieg teilnehmen zu können, eintraf. Die ›Fliegende Festung‹ blieb auf den Azoren und ist vermutlich heute noch da.
Außer den ›Fliegenden Festungen‹ und den Maschinen vom Typ AT 6 flogen wir noch dreizehn C 46 und drei BC 4 Constellations außer Landes, zerlegten über fünfzig Pipers in ihre Einzelteile und brachten sie per Schiff nach Israel. Von den Pipers wurden während des Unabhängigkeitskrieges Molotowcocktails abgeworfen. Außerdem kauften wir auch noch vier Maschinen vom Typ A 20, die jedoch nie über Fort Lauderdale in Florida hinauskamen. Einmal wandte einer unserer Piloten sich an die *Munitions Control Division* in Washington und versuchte, Exportlizenzen für die C 46er und die Constellations zu bekommen. Das geschah zu einem Zeitpunkt, als wir mit der Tschechoslowakei geheime Vereinbarungen diskutierten, und er wurde gefragt, ob die Maschinen dorthin flögen. Offenbar wußte

man im Außenministerium Bescheid.
Wir hielten immer noch nach Ländern Ausschau, über die wir die Flugzeuge nach Israel bringen konnten. Die Maschinen vom Typ C 46 mußten die Vereinigten Staaten bis zum 15. April verlassen haben, weil zu diesem Termin neue Verordnungen über Exportkontrolle und Rüstungsausfuhr in Kraft treten sollten, die es uns unmöglich gemacht hätten, ein Flugzeug der C 46-Klasse ohne Lizenz außer Landes zu bringen. Lizenzen wurden für alles benötigt, was nach Europa ging, da die amerikanische Regierung befürchtete, daß Kriegsmaterial in die Hände der Kommunisten gelangen könnte. Für Lateinamerika allerdings brauchte man diese Lizenzen nicht. Deshalb wurden die Maschinen vom Typ C 46 nur wenige Stunden vor dem 15. April mit südlichem Ziel aus den Vereinigten Staaten hinausgeflogen. Dem FBI fiel es schwer, die Übersicht über sämtliche ausrangierten Maschinen zu behalten, da sie nach dem Krieg zu Hunderten verkauft wurden. Sie versuchten uns daran zu hindern, die C 46-Maschinen nach Panama zu bringen, konnten uns jedoch nichts anhaben, da Registrierung, Export-Lizenzen und alles andere in Ordnung waren.
Zumindest einmal setzte ich Al Schwimmer für etwas anderes als für den Ankauf von Flugzeugen ein. Als die ›Kefalus‹ in Tampico, Mexiko, eine Ladung Waffen an Bord nahm, hatten wir dort eine finanzielle Transaktion durchzuführen. Ein palästinensischer Paß hätte sofort Probleme aufgeworfen, und da wir sonst niemanden mit einem amerikanischen Paß hatten, bat ich Al, zweihundertundfünfzigtausend Dollar in bar nach Mexiko City zu bringen und sie dort einem bestimmten Kabinettsmitglied zu übergeben. Ehe Al abflog, setzte ich mich mit unserem Kontaktmann in Mexiko in Verbindung, der das Beladen des Schiffes überwachte, und sorgte dafür, daß er Al vom Flugplatz von Mexiko City abholte und ihn an seinen Bestimmungsort brachte. Vor dem Abflug kam Al zu dem Schluß, daß er keine solche Summe in einem Koffer mit sich herumschleppen wollte, ohne eine Pistole bei sich zu tragen. Wir rieten ihm zwar davon ab, doch er nahm die Waffe trotzdem mit und trug sie unter seiner Jacke im Gürtel.
In Mexiko holte unser Kontaktmann Al vom Flugplatz ab, und als sie auf die Straße hinaustraten, wurden sie von einem Polizeibeamten in

Zivil angehalten. Er verlangte Als Waffe, die er entdeckt hatte, als dieser irgend etwas aus der Tasche geholt hatte. Al reichte ihm die Pistole, woraufhin der Polizeibeamte ein Taxi anhielt und den beiden befahl einzusteigen. Die ganze Fahrt über zum Polizeirevier redeten der Beamte und Tido, wie unser Mann hieß, auf spanisch miteinander. Tido versuchte ihn zu bestechen. Später erklärte er, wäre Al Mexikaner gewesen, hätte der Polizist das Geld sofort angenommen. Aber da es ungewöhnlich war, daß ein Amerikaner mit einer Pistole herumlief, bestand der Beamte darauf, es müsse etwas faul sein und sich obendrein um etwas ›Internationales‹ handeln. Tido redete sich den Mund fusselig, und erst kurz vor dem Polizeirevier gelang es ihm, den Polizeibeamten zu überzeugen. Der Taxifahrer fuhr an den Straßenrand und hielt an. Tido fragte Al: »Haben Sie zwanzig Dollar?« Al zückte seine Brieftasche, der Polizeibeamte gab ihm seine Pistole zurück und trollte sich. Tido erklärte Al, was für ein Glück sie gehabt hätten. Wenn sie mit zweihundertundfünfzigtausend Dollar in bar in ein mexikanisches Polizeirevier gekommen wären, hätten selbstverständlich alle Anwesenden ihren Anteil haben wollen – und sie nachher umbringen müssen. Al lieferte das Geld ab, und Israel bekam seine Waffen. Als Al jedoch nach New York zurückkam, sagte er zu mir: »Solche Aufträge sind nichts für mich. In einem Flugzeug fühle ich mich sicherer.«

Al besaß auch noch eine Firma in Burbank, Kalifornien, eine legale Firma mit rund zweihundert Mechanikern, die nicht nur für uns arbeiteten, sondern auch andere Flugzeuge reparierten. Außerdem betrieb er noch die Panamesische Fluggesellschaft und ›Service Airways Inc.‹, eine Scheinfirma in New York, die auf Swifty Schindlers Namen eingetragen war. Aller dieser Gesellschaften bedienten wir uns je nach Bedarf. Die Finanzierung lief über mich und wurde größtenteils von der *Jewish Agency* übernommen, doch ein paarmal erhielt ich auch von Freunden beträchtliche Summen.

Bisweilen war die Desorganisation so umfassend, daß sie fast wie eine Notwendigkeit schien – und in der Tat lief ja eine ziemlich lange Zeit alles sehr gut. Neben Al Schwimmers Abteilung gab es noch die Ralph Goldmann-Gruppe, die ausschließlich Geheimdienstarbeit leistete. Außerdem hatten wir noch eine Außenstelle in Los Angeles, die versuchte, Waffen über Hawaii und die Philippinen auszuführen. Diese Abteilung bestand bereits vor meiner Ankunft in New York, und ich brauchte nichts weiter zu tun, als sie mit Geld zu versorgen und Hank Greenspun gut zuzureden, wenn seine Frau darauf bestand, daß er nach Hause kam und seine Zeit nicht mit hoffnungslosen Abenteuern verplemperte. Er konnte seiner Frau nicht einmal sagen, daß er für die *Hagana* arbeitete.

Hank lebte damals in Las Vegas. Er war groß, kräftig und gutaussehend. Auffallend an ihm waren seine hellblauen Augen und die etwas platte Nase, durch die er wie ein Boxer aussah. Sein Mut und sein Charisma schienen ihn zum geborenen Kämpfer zu prädestinieren, aber er war von Beruf Anwalt. Seine Qualitäten bewies er nicht nur bei der Zusammenarbeit mit uns, sondern auch später als Verleger der *Las Vegas Sun,* einer Zeitung, mit der er die Korruption in Nevada und den Senator des Staates, McCarran, bekämpfte. Am bekanntesten ist er jedoch durch seine Kampagne gegen Senator McCarthy geworden. Als McCarthy auf der Höhe seiner Macht stand, war Hank der erste, der ihn konstant in Mißkredit brachte und in die Defensive zwang. Zwar begann er diesen Kampf gleichsam als einsamer Rufer in der Wüste, doch brachte er schließlich die gesamte Presse des Landes hinter sich und McCarthy zu Fall. Wie Frank Sinatra, selbst eine Kämpfernatur, es einmal ausdrückte, als Hanks Name fiel: »Dem möchte ich nicht im Dunkeln begegnen.« Hank hat sich all die Jahre über immer wieder für Israel eingesetzt.

So dezentralisiert und chaotisch unsere ganze Organisation war – auch in unserer Buchhaltung ging es drunter und drüber. Wie gesagt, flossen die Gelder aus zwei Quellen: der *Jewish Agency* und von Privatpersonen, an die ich mich direkt wandte. Das größte Durcheinander herrschte verständlicherweise bei unseren illegalen Transaktionen. Es mußte meistens in bar bezahlt werden, und Quittungen oder schriftliche Unterlagen darüber gab es nicht. Ich erinnere mich, daß ich Joe Boxenbaum bat, sich von Yehuda Arazi eine Art Abrechnung geben zu lassen, ehe dieser das Land verließ. Joe ging hin und bekam eine Aktentasche mit lauter Zetteln darin, aus denen er überhaupt nicht schlau wurde. Daraufhin zogen wir einen Buchhalter hinzu, der versuchen sollte, einige Ordnung in Yehudas ›Buchführung‹ zu bringen, und dieser Mann brachte Monate damit zu, die ›Unterlagen‹ unter die Lupe zu nehmen. Schließlich beauftragten wir Abe Cohen, heute Manager des Israel-Philharmonie-Orchesters, mit der Buchhaltung für alle unsere legalen wie illegalen Unternehmungen, doch stellte sich das überhaupt als unmögliches Unterfangen heraus. Nicht daß jemals der Verdacht aufgetaucht wäre, es wären Gelder veruntreut worden – damals lebten alle so sparsam und waren so selbstlos mit Leib und Seele bei der Sache, daß wir uns gegenseitig vollkommen vertrauten. Trotzdem mußten wir so etwas wie eine Buchhaltung haben.

Viele Abende verbrachten wir im Hotel Fourteen mit dem Zählen und Bündeln von Geldern – manchmal handelte es sich um sehr kleine Scheine –, die Al Schwimmer für seine Flugzeugkäufe benötigte. Einmal sagte ich zu Joe Boxenbaum: »Hör mal, Al bekommt einen Haufen Geld. Eines Tages werde ich Rechenschaft darüber ablegen müssen, aber ich kann keine Unterlagen von ihm bekommen.« Woraufhin Joe zu Schwimmer ging und sagte: »Du hast letzte Woche hunderttausend Dollar von Teddy bekommen. Was hast du damit gemacht?« Al setzte sich hin und schrieb alles auf, woran er sich erinnern konnte, aber weder er noch wir kamen je dahinter, wohin jeder einzelne Dollar gegangen war. Das einzige, dessen wir gewiß waren, waren die Ergebnisse – und die waren bei Al bemerkenswert.

Aber auch die legale Seite unserer Mission war nicht mehr durchschaubar, bis ein Mann zu uns stieß, dem der Staat Israel ewig zu Dank verpflichtet ist. Daß wir uns seiner Dienste versichern konnten, beruhte auf einem reinen Zufall. Unser Büro erhielt zu Hunderten Zuschriften von Freiwilligen, und da es sich bei vielen um Briefe von Spinnern handelte, nahmen wir sie nicht immer ernst. Eines Tages übergab mir Sharett, der damals eine Zeitlang in New York war, einen Brief von einem Dr. Sherman aus Tel Aviv. Er schrieb, sein Sohn würde uns gern helfen, und fragte an, ob sich wohl einmal jemand mit ihm unterhalten würde. Sharett hatte mir diesen Brief nicht sonderlich ans Herz gelegt, und so vergingen mehrere Tage, ehe ich ihn aus der Tasche zog und Meir Sherman einlud, mich im Hotel Fourteen zu besuchen.

Ich hatte mich darauf eingestellt, einen israelischen Studenten zu treffen, doch herein kam ein Mann etwa meines Alters, der, wie sich dann herausstellte, mit Erfolg ein Wirtschaftsstudium an einer amerikanischen Universität absolviert hatte. Da ich aus dem Kibbuz kam und in Jerusalem gelebt hatte, kannte ich die prominenten Bürger Tel Avivs nicht und folglich auch nicht Meirs Vater, einen der ersten und besten Ärzte von Tel Aviv. Meir war in Palästina geboren und verband sein Sabra-Selbstbewußtsein mit amerikanischer Tüchtigkeit und Geschäftssinn. Er war einer der leitenden Angestellten einer großen Im- und Export-Firma, der *Anglo-African Company,* die einem wohlhabenden Juden aus Südafrika gehörte, der sich in den Vereinigten Staaten niedergelassen hatte. Meir verdiente bereits sehr viel und fing zunächst an, uns halbtags zu helfen. Zuletzt gab er seine lukrative Stellung auf und arbeitete freiwillig ausschließlich für uns. Meir brachte Ordnung und Effizienz in unsere weitgespannten und vielfältigen legalen Geschäfte.

Alles in allem herrschte damals eine Atmosphäre, die etwas von Räuberromantik hatte. Wir wurden ständig vom FBI überwacht, und zwei von unseren Sekretärinnen nahmen manchmal Akten mit nach Hause, falls das Büro durchsucht werden sollte. Ich selbst wurde nie vom FBI ausgefragt, dafür jedoch alle meine Mitarbeiter. Sie schirmten mich, so gut es ging, von unseren ›schweren Jungens‹ ab wie Hank Greenspun oder Al Schwimmer. Ich versuchte, als die Wohlanständigkeit in Person aufzutreten. Es gab Zeiten, in denen wir Hank und Al nicht gestatten konnten, uns im Büro aufzusuchen.

Manchmal sprach ich telefonisch mit ihnen, und wenn es nicht anders ging, traf meine Sekretärin sich mit ihnen in einem Restaurant. Gelegentlich suchte ich sie aber auch trotz anderslautender Anweisungen in ihrem Hotel auf, das sie täglich wechselten. Wir versuchten, unsere verschiedenen Unternehmungen säuberlich getrennt zu halten und dafür zu sorgen, daß nicht einmal unsere Leute in der Vertretung selbst erfuhren, was sie nicht unbedingt zu wissen brauchten.

Eines Tages saß ich in meinem Arbeitszimmer und diktierte Telegramme, in denen es um die Lieferung von Cadillacs nach Israel ging. Natürlich war ›Cadillac‹ nur ein Tarnname für irgendeinen illegalen Ausrüstungsartikel, aber Rachel Mizrachi, meine nicht in den Code eingeweihte Sekretärin, äußerte Bedenken: »Meinen Sie nicht, das

riecht ein bißchen nach neureich? Kaum haben wir einen Staat, da bestellen wir schon Cadillacs.« Woraufhin ich meinte, ein Ministerpräsident brauche schließlich einen Cadillac.
Ende April fuhr ich zu meinem ersten Heimatbesuch nach Israel. Danach flog ich praktisch alle zwei Monate nach Israel, um dafür zu sorgen, daß alles glatt lief. Aber diese erste Reise war nicht einfach. Zwar war es leicht, nach Paris zu kommen, doch die großen Luftfahrtgesellschaften hatten ihre Flüge nach Palästina eingestellt. Die Palästinenser (das waren damals wir), die in Paris festsaßen, trieben schließlich eine südafrikanische Maschine auf, die auf einer Behelfslandebahn in der Nähe von Tel Aviv landete. (Der Flughafen Lod war damals Kampfgebiet und meiner Erinnerung nach noch von den Arabern besetzt.) Unsere kleine, zweimotorige Maschine war ungeheizt, und wir froren uns fast zu Tode.
Ich hatte das Glück, am 14. Mai 1948 in der Halle des Dizengoff-Museums dabeizusein, als Ben-Gurion den Staat Israel proklamierte. Ich hatte auch den 29. November 1947 in Lake Success miterlebt, doch der 14. Mai war noch weit aufregender. Ich hatte keinen Sitzplatz in der kleinen Halle des Museums reserviert bekommen. Sämtliche Stühle waren von Hunderten von Ehrengästen mit älteren Rechten besetzt – Männer von Ben-Gurions Generation, Pionieren, die alt genug waren, mein Vater oder Großvater zu sein. Außerdem war ich erst seit wenigen Tagen wieder im Lande und hatte die entsprechenden Stellen nicht davon unterrichtet. Jedenfalls glaube ich nicht, daß ich auch nur einen Stehplatz bekommen hätte, obwohl ich jeden der Anwesenden kannte, wenn ich nicht gerade aus den Vereinigten Staaten gekommen wäre. In dieser Zeit verkörperte Amerika Glanz und Größe für uns, und etwas davon färbte auf mich ab. Die Halle war so voll, daß ich kaum an einer der Säulen Platz fand.
Neben den geladenen Gästen standen draußen noch Tausende von Menschen. Es waren nur sehr wenige Einladungen verschickt worden, und wie so viele Menschen von der Zeremonie erfahren hatten, ist mir heute noch ein Rätsel. Ich glaube, Ort und Zeitpunkt wurden absichtlich nicht bekanntgegeben, um internationale Komplikationen oder gar einen Überfall der Araber zu vermeiden. Im Saal selbst herrschte eine ungeheure Erregung. Was mir jedoch am meisten im

Gedächtnis geblieben ist, das ist die Begeisterung der Menge, als wir nach einer relativ kurzen Feier auf die Straße hinausgingen und die Menschen anfingen zu tanzen, zu singen und Ben-Gurion zuzujubeln. Das war ein unvergeßlicher Augenblick.

Am Abend desselben Tages begleitete ich Moshe Sharett und Reuven Shiloach ins ›Rote Haus‹, eigentlich ein bräunlich aussehendes Gebäude, das Hauptquartier Ben-Gurions und des Verteidigungsministeriums. Wir telegrafierten Botschafterernennungen in alle Welt. Das geschah sicher mit Ben-Gurions Wissen und Einverständnis, aber ich kann mich nur noch daran erinnern, daß wir die Sache in die Hand nahmen. Ein Telegramm ging an Ehud Avriel nach Prag und enthielt seine Ernennung zum Botschafter in der Tschechoslowakei, ein weiteres an Maurice Fischer, der damit Botschafter in Frankreich wurde, Mordechai Eliash wurde unser Vertreter bei den Vereinten Nationen und Eliahu Epstein (Elath) Botschafter in Washington. Schließlich fanden wir jemand, der dafür sorgte, daß die Telegramme auch tatsächlich abgeschickt wurden, und gingen dann nach Hause.

In den frühen Morgenstunden des 15. Mai flogen die Ägypter ihren ersten Bombenangriff auf Tel Aviv.

Tamar war aus Ein Gev nach Tel Aviv gekommen, um ein paar Tage mit mir zu verbringen. Sie hatte ein leichtes Fieber, erholte sich jedoch rasch davon. Die Spannung, unter der wir in dieser ersten Woche der Unabhängigkeit lebten, war nahezu unerträglich. Jeden Moment konnte es zur offiziellen Kriegserklärung kommen. Ben-Gurion war sicher, daß die arabischen Armeen einmarschieren würden. Als Tamar das hörte, versuchte sie, nach Ein Gev zurückzukommen. Am See Genezareth sagte man ihr, sie solle direkt zum Kibbuz Alonim im Südosten von Haifa weiterfahren, wohin man die Kinder evakuiert hatte. Tamar hatte mit diesen Kindern gearbeitet und wurde dort erwartet. Unser acht Monate alter Sohn Amos war nach Haifa gebracht worden. Tamar versuchte, einen Lastwagen anzuhalten. Es gab fast keinen Verkehr auf der Seestraße, und die Autos, die doch vorüberkamen, fuhren wegen der Kämpfe so schnell, daß sie von einem gestreift wurde und stürzte. Glücklicherweise wurde sie nicht verletzt, sondern nur ihr Kleid zerrissen. Irgendwie erreichte sie Alonim. Nach einiger Zeit wurden die Kinder aus Alonim auch nach

Haifa gebracht, und Tamar blieb mit Amos den ganzen Krieg über dort. Ich fuhr zwar zweimal nach Haifa, um sie zu besuchen, aber nach Ein Gev kam ich überhaupt nicht.
Da ich dringend in den Vereinigten Staaten gebraucht wurde, versuchte ich verzweifelt, New York zu erreichen. Aber der Passagierverkehr von Israel ins Ausland war genauso ungeregelt wie die Flüge in umgekehrter Richtung. Endlich machte jemand eine kleine dreisitzige Beechcraft ausfindig. Selbst Tel Aviv war wegen der ägyptischen Bombenangriffe kein sicherer Startort mehr, deshalb flogen wir von der kleinen Landebahn in Haifa ab. Wir waren drei Passagiere: Golda Meir, die zu ihrer ersten Mission für den *United Jewish Appeal* in die Vereinigten Staaten flog, Gideon Rufer (Rafael), der Sharett in einer außenpolitischen Angelegenheit vertrat, und ich. Das Flugzeug machte Zwischenstation auf Zypern, in Athen und in Italien, um aufzutanken. Es dauerte einen ganzen Tag – von vier Uhr früh bis zum späten Abend, bis wir endlich Nizza erreichten. Wir waren die ersten Israelis, die mit provisorischen israelischen Pässen dort anlangten, und wurden von der französischen Paßkontrolle wie große Helden empfangen, obwohl (oder gerade weil) kein Mensch glaubte, daß Israel eine Chance hätte, sich auch nur ein Jahr lang zu behaupten. Von Nizza flogen wir mit einer Linienmaschine nach Paris und von dort aus weiter nach Amerika.
Ein paar Tage nach der Unabhängigkeitserklärung wurde die israelische Armee ins Leben gerufen, und statt wie bisher die *Hagana,* also die militärische Untergrundorganisation eines noch ungeborenen Staates, zu repräsentieren, vertraten wir nun das Verteidigungsministerium des Staates Israel. Bald stieß auch Zvi Brenner zu uns. Wir waren beinahe Nachbarn – er stammte von einem Kibbuz im Jordantal, nicht weit von Ein Gev – und fast auch noch ›Verwandte‹, da er ein Mädchen geheiratet hatte, das zusammen mit mir in Wien in der Jugendbewegung gewesen war. Zvi war bereits als Teenager von Illinois nach Palästina gekommen und verfügte über einen reichen Schatz an militärischer Erfahrung. Angefangen hatte er in einer von Wingates Nachtkampfeinheiten, im Zweiten Weltkrieg hatte er in der Jüdischen Brigade in Italien gekämpft und sich dabei eine Knieverletzung zugezogen. Wir leiteten gemeinsam den immer noch unvermeidli-

chen ›illegalen‹ Sektor, da das Waffenembargo der Vereinigten Staaten noch in Kraft war. Zu Meir Sherman stieß noch Aryeh Manor, der im Bereich Ankauf, Verschiffung und Finanzen sein Stellvertreter wurde.

Kaum war ich wieder in New York, mußten wir schnellstens Flugzeuge, Waffen, Geld und Freiwillige finden. Unser Land war stündlich in Gefahr, und die Zeit drängte. Unsere ersten zwölf Piloten bildeten wir in Kalifornien aus, und wir hatten das Glück, zwei amerikanisch-jüdische Flugzeugingenieure einstellen zu können. Beide Männer unterlagen den Geheimhaltungsbestimmungen der amerikanischen Regierung und konnten die Vereinigten Staaten nur mit einer Sondergenehmigung verlassen. Sie nahmen daher unbezahlten Urlaub und dienten in Israel unter angenommenem Namen. Sie leisteten uns unschätzbare Dienste beim Aufbau der noch in den Kinderschuhen steckenden israelischen Luftwaffe.

Es gab aber auch viele andere Amerikaner, die zu uns stießen. Die meisten Piloten, ob Juden oder Nichtjuden, meldeten sich freiwillig, weil sie an Israel glaubten. Glücksritter nahmen wir im allgemeinen nicht auf. Ein junger Amerikaner, der in die Luftwaffe aufgenommen werden wollte, war ein etwas zwielichtiger Charakter von der Westküste, und unsere Leute waren wahrscheinlich nicht sonderlich freundlich zu ihm. Jedenfalls kehrte er in die Vereinigten Staaten zurück und sprach zusammen mit seinem Vater im Büro von *Materials for Israel* vor und verlangte Geld. Da wir ihn nicht wieder loswerden konnten, sagten wir ihm, er solle am Nachmittag noch einmal vorbeikommen. Einer der Männer, die für uns gearbeitet hatten, hieß Leibel, war Polizeibeamter und sah aus wie ein echter Ire. Als Vater und Sohn wiederkamen und ihre Forderungen und Drohungen wiederholten, sagten wir ihnen, wir würden die Polizei rufen. Leibel tauchte auf, und sie verdrückten sich. Wir hörten nie wieder von ihnen.

Der berühmteste unserer Freiwilligen war Colonel David (Mickey) Marcus, den ich ganz besonders gern mochte. Mickey hatte West Point absolviert, war Colonel bei den Rangers gewesen und schließlich bei der Militärregierung in Deutschland gelandet. Er wollte sich gerade mit seiner Frau in ihrem schönen Haus in Brooklyn niederlassen, als wir Anfang 1948 auf die Bildfläche traten. Wir diskutierten oft mit ihm, und Mickey war nicht sonderlich begeistert von unseren Ideen. Immerhin war er gerade fünf Jahre bei der Armee gewesen. Zuvor hatte er im Büro von Staatsanwalt Tom Dewey auf dem Gebiet der Verbrechensbekämpfung gearbeitet. Jetzt wollte er seine eigene Anwaltspraxis aufmachen. Doch unter dem Einfluß Sharetts und seines ehemaligen Kommandeurs, General John Hildring (der damals eine wichtige Rolle bei unseren Unternehmungen spielte), ließ Mikkey sich überreden, nach Israel zu gehen.

Ich hatte Mickey kurz vor seinem ersten Besuch in Israel kennengelernt. Im März oder April 1948 kam er nach Amerika zurück, hatte eigentlich nicht die Absicht, noch einmal zurückzukehren, und malte uns die Lage in recht düsteren Farben aus. Aber er war damals außerordentlich wichtig für uns. Unsere Streitkräfte mußten organisiert werden. Einige von unseren Leuten waren Offiziere in der britischen Armee gewesen, doch keiner von ihnen verfügte über die Autorität, die Mickey sich aufgrund seiner Ausbildung, Erfahrung und Persönlichkeit erworben hatte. Die Haltung vieler unserer ehemaligen Untergrundkämpfer ging etwa in die Richtung: »Was wissen denn diese geschniegelten Brigadeoffiziere?«, und es dauerte eine Zeitlang, ehe unsere eigenen ›britischen‹ Soldaten ihren Einfluß geltend machen konnten. Unsere Armee setzte sich eben zum größten Teil aus ehemaligen *Hagana*- und *Palmach*-Leuten zusammen. Mickey hatte bei seinem ersten Israel-Aufenthalt eher eine gemeinsame Sprache mit ihnen gefunden als unsere ehemaligen ›britischen‹ Soldaten.

Mickey kehrte am Ende doch nach Israel zurück, und ich lernte ihn im Mai in Tel Aviv besser kennen. Wir verbrachten manchen Abend in irgendwelchen Bars am Meer und tranken israelischen Brandy (den einzigen, den man bekam), und selbstverständlich bemühte ich mich nach Kräften, ihn zum Bleiben zu bewegen. Trotzdem flog er nochmals in die Vereinigten Staaten zurück, ohne endgültig versprochen zu haben, wieder nach Israel zurückzukommen. Wir trafen uns noch etliche Male in New York, und endlich ließ er sich überzeugen. Er kehrte nach Israel zurück und übernahm offiziell das Kommando an der Jerusalem-Front.

Kurz darauf klingelte eines Morgens das Telefon, nur wenige Stunden, bevor der erste Waffenstillstand in Kraft treten sollte. Der Anruf kam aus Tel Aviv, und ich wurde davon benachrichtigt, daß Mickey gefallen sei. Ich war tief erschüttert. In gewisser Weise fühlte ich mich persönlich verantwortlich, denn ich hatte entscheidenden Anteil daran gehabt, ihn zur Rückkehr nach Israel zu bewegen. Ich brachte es nicht fertig, mit irgend jemand aus unserer Gruppe darüber zu sprechen, doch zweifellos war ich derjenige, der es Mickeys Frau Emma beibringen mußte. Ein jüdischer Wachtposten hatte Mikkey im Dunkeln für einen Araber gehalten, als er nachts, in ein Bettlaken gehüllt, draußen Luft schnappen wollte und ihm das Losungswort nicht einfiel. Ich glaube nicht, daß dies in Israel gleich allgemein bekannt wurde, und auch ich nahm selbstverständlich zuerst an, er sei im Kampf gefallen.

Bis auf den heutigen Tag erinnere ich mich an die Taxifahrt nach Brooklyn. Es war eine qualvolle Fahrt, die kein Ende zu nehmen schien. Ich mußte immer wieder daran denken, wie sehr Emma dagegen gewesen war, daß Mickey nach Israel ging; wie sehr sie sich nach den langen Jahren der Trennung von Mickey im Zweiten Weltkrieg danach gesehnt hatte, endlich in Ruhe mit ihm zusammenzuleben. Sie liebte ihn sehr, und nun war dies geschehen. Emma war Lehrerin. Sie war eine große, gutaussehende Frau von ungewöhnlich starkem Charakter. Ich fuhr in ihre Schule und sprach zunächst mit dem Direktor, der sie holen ließ. In seinem Arbeitszimmer brachte ich es ihr bei. Sie war sehr tapfer, fast als hätte sie es erwartet. Erst viele Monate später erfuhr sie Einzelheiten über den Tod ihres Mannes, doch änderte sich dadurch nichts an dem Bild, das sie sich von ihm gemacht hatte. Er war ein vorbildlicher Soldat und hervorragender Offizier in der amerikanischen Armee gewesen, und sein Beitrag zu Israels Kampfmoral und militärischem Erfolg ist ein wichtiger Teil unserer Geschichte.

Nach Mickeys endgültiger Abreise nach Israel hatte ich Emma Marcus oft gesehen. Alle paar Tage hatte ich sie in ihrem Haus besucht und ihr Nachrichten von Mickey oder Briefe gebracht, die nicht durch die normale Post zugestellt werden konnten. Sie hatten keine Kinder, und nach seinem Tod war sie sehr einsam. Sie lebt immer noch in demselben Haus, nur hat sie in den letzten Jahren allmählich ihr Augenlicht verloren. 1973 luden wir sie zum fünfundzwanzigsten Jahrestag der Staatsgründung nach Israel ein, und ich glaube, dieses Erlebnis hat ihr trotz ihrer abnehmenden Sehfähigkeit sehr viel bedeutet. Emma war mittellos zurückgeblieben und lebte nur von ihrem Gehalt als Lehrerin. Wir schlossen in den Vereinigten Staaten eine Versicherung für sie ab und sorgten dafür, daß sie später eine Pension bekam. Vor nicht langer Zeit besuchte ich sie in einem Krankenhaus. Sie hatte sich einer Augenoperation unterzogen, was ihr jedoch leider nicht viel half.

Mickeys Leichnam wurde während der ersten Waffenruhe im Unabhängigkeitskrieg in Begleitung von Moshe Dayan und Yossi Har'el, die beide Oberst in der israelischen Armee waren, in die Staaten zurückgeflogen. Am 2. Juni trafen sie in einer DC 4 dort ein, die wir ein paar Monate zuvor erworben hatten. Ruth Dayan war gleichfalls mit an Bord. Da sie noch keine richtigen Uniformen hatten, nahm Ruth eine britische Uniform als Muster mit und stickte während des Fluges, der über vierundzwanzig Stunden dauerte, sämtliche Rangabzeichen. Ich nahm sie gemeinsam mit Emma am Flugplatz in Empfang. Später fuhren wir nach West Point, wo Mickey bestattet wurde. Dem Begräbnis wohnte eine kleine Gruppe von Freunden sowie der Kommandeur der Militärakademie bei.

Dayan brannte darauf, sofort nach Hause zurückzukehren, da der Krieg jeden Augenblick wieder ausbrechen konnte und in den Zeitungen von neuen Zusammenstößen zu lesen war, doch es gab immer noch keinen normalen Flugverkehr. Schließlich fand ich eine Lösung. Das erste israelische Geld, das in den Staaten gedruckt worden war, sollte nach Israel geflogen werden, und nach internationalem Recht durfte ein Geldtransport nur unter militärischer Bewachung fliegen. Daher sorgte ich dafür, daß Colonel Dayan als Bewachung mitflog. Die Behörden wollten aber Ruth unter keinen Umständen mit an Bord lassen. Ein paar Tage später mußten einige Dokumente an Yehuda Arazi in Rom überbracht werden. Ich vertraute diese Papiere Ruth an und hoffte, daß Yehuda eine Möglichkeit finden würde, sie von Rom aus nach Israel zu bringen (was ihm auch gelang). Außer den Dokumenten übergab ich Ruth noch einen Beutel mit Glasprismen für Funkgeräte sowie einige Rollen Papier für die Land-

kartenherstellung, Dinge, die für die Armee damals außerordentlich wichtig waren. Als Ruth in Haifa landete, war dort bereits eine Zollabfertigungsstelle errichtet worden, und die frischgebackenen Zollbeamten wollten Ruth nicht gestatten, die Prismen und das Papier hineinzubringen, ohne dafür Zoll zu zahlen. Ihr Einwand, es handle sich um dringend benötigtes Material für die Armee, machte keinerlei Eindruck. Später erzählte sie, sie sei fast hysterisch geworden. Da sie das Geld nicht hatte, blieb das Paket zurück, sie mußte es der Armee überlassen, es später abzuholen.
Ich hatte größtes Verständnis für Ruths Ärger, denn wir wurden ständig gedrängt, Dinge zu beschaffen, für die wir nicht genug Geld hatten. Während des ersten Waffenstillstands, als Dayan in New York war, setzte er uns auseinander, einfache Piper-Maschinen könnten von größtem taktischen Wert sein, da man von ihnen aus mit der Hand Bomben auf vorrückende ägyptische Einheiten abwerfen könne. Die Chancen, etwas zu beschaffen, waren damals immer noch dem Zufall unterworfen, doch Piper-Maschinen konnten wir ganz legal erwerben; nur die Verschiffung – die uns schließlich auch gelang – war noch illegal. Wir besorgten uns also von einem unserer Gewährsleute in Philadelphia achtzigtausend Dollar und kauften die Flugzeuge. Inzwischen bekam ich einen Anruf von Pinhas Sapir aus Genf, dem damals die Vertretung des Verteidigungsministeriums in Europa unterstand. »Wieso verschwendet ihr für so etwas Staatsgelder?« fragte er. Ich sagte ihm nur, es handle sich nicht um Staatsgelder. Diese persönlichen Beziehungen zu amerikanischen Juden waren oft das einzige, was uns über Wasser hielt.
Ende Mai 1948 brauchten wir von einem Tag auf den anderen eine Million Dollar für den Ankauf von Flugzeugen. Wir wußten zwar, daß wir das Geld binnen einem Monat bekommen konnten, brauchten es aber sofort. Es sah so aus, als ob wir alle unsere Wohltäter abgeklappert hätten. Da traf ich zufällig einen alten Bekannten, Joseph Shulman, der sagte: »Ach, wissen Sie, ich habe einen reichen Freund, an den ich noch nie herangetreten bin. Zwar glaube ich nicht, daß er sich für Israel interessiert, aber lassen Sie es uns versuchen.« Noch am selben Vormittag fuhren wir nach Manhasset, Long Island, und statteten Bill Levitt einen Besuch ab, der gerade sein erstes ›Levit-

town‹ gebaut hatte. Wir waren ihm angekündigt worden, und ich kam direkt zur Sache: »Ich bin Leiter der hiesigen *Hagana*-Vertretung und möchte eine Million Dollar leihen. Wir zahlen das Geld in zwei Monaten zurück.« Er stellte mir ein paar Fragen, darunter: »Was bekomme ich zur Sicherheit?« Woraufhin ich erwiderte: »Nichts weiter als einen Schuldschein des Staates Israel.« Nach einer ausgiebigen Besprechung mit unserem Botschafter, Eliahu Epstein, und unserem wirtschaftlichen Berater, Oscar Gass, trafen wir am nächsten Morgen wieder zusammen. Ich brachte Levitt einen Schuldschein der ›Provisorischen Regierung von Israel. Schuldschein Nummer Eins. Eine Million Dollar. Gezeichnet: Eliahu Epstein.‹ Wir erhielten die Million Dollar und zahlten sie innerhalb der verabredeten Frist zurück – ohne Zinsen, versteht sich.
Mit oder ohne Staat, unsere Arbeitsmethoden änderten sich auch nach dem 15. Mai 1948 nicht viel. Im Hotel Fourteen argwöhnte ich, daß unsere Telefone angezapft seien, und so versuchten wir, über heikle Angelegenheiten nicht von unseren Zimmern aus zu sprechen. Eine schlichte Vorsichtsmaßnahme bestand darin, daß wir von Telefonzellen aus telefonierten, und bei Ferngesprächen nahmen wir einen ganzen Beutel mit Fünfundzwanzig-Cent-Stücken mit. Eines Sommerabends wollte ich unseren Mann in Mexiko City anrufen. Ein Schiff, beladen mit Flugzeugtreibstoff für unsere noch in den Kinderschuhen steckende Luftwaffe, sollte von Mexiko aus nach Israel abgehen. Nirgends in der Welt hatten wir diesen Treibstoff auftreiben können, bis ein mexikanischer Bankier ihn für uns besorgte. Ich rief unseren Mann von einer Telefonzelle in einem Drugstore der Ecke 58th Street Madison Avenue an, und das Gespräch nahm kein Ende. Als wir fertig waren, war es Mitternacht. Ich war allein, und der Drugstore hatte mittlerweile geschlossen. Ich befand mich in einer sehr unangenehmen Situation. Einerseits wollte ich nicht die Polizei zu Hilfe rufen, um mich herauszuholen, andererseits wußte ich aber auch nicht, wie ich herauskommen sollte. Als erstes tat ich mich an einer Riesenportion köstlichem Eiskrem gütlich. Dann entdeckte ich eine Tür, die vom Drugstore aus in das Gebäude hineinführte. Dort begegnete ich dem Nachtwächter, dem ich meine Geschichte erzählte und ein paar Dollar in die Hand drückte, um hinauszukommen.

Nachdem wir von dem mexikanischen Bankier erfahren hatten, er könne uns Flugzeugtreibstoff besorgen, sahen wir uns zwei Problemen gegenüber. Wir mußten ein Schiff finden, das unter Umgehung des Embargos Israel erreichte, und gleichzeitig sicherstellen, daß die Schiffseigner uns nicht aufs Kreuz legten. Mit derlei Problemen mußten wir uns ständig herumschlagen. In New York fanden wir eine griechische Schiffahrtsgesellschaft zweifelhafter Art, und der Kapitän verlangte 70000 Dollar bar auf den Tisch. Wir hatten jedoch einen ›Sympathisanten‹, eine prominente Gestalt aus der Unterwelt mit dem Spitznamen ›The King‹ (seinen richtigen Namen erfuhr ich nie). Zvi Brenner, der den Kontakt mit ihm pflegte, beschloß, ihm unser Problem darzulegen. Sie fuhren in den New Yorker Hafen und nach Brooklyn und betraten das Büro der griechischen Reederei. Der ›King‹ stellte sich vor, und das genügte offenbar. Das Schiff fuhr nach Mexiko, übernahm dort den Treibstoff und brachte ihn nach Israel. Wir wurden nicht hereingelegt, und alles verlief wunschgemäß.

Allerdings mußten wir für unsere eigenen Schwindeleien büßen. Insgesamt wurden zehn Amerikaner, die für uns arbeiteten, vor Gericht gestellt. Der Prozeß, bei dem es um das Hinausschmuggeln von Flugzeugen ging, begann 1949 in Los Angeles und zog sich bis 1950 hin. Die Regierung der Vereinigten Staaten muß Hunderttausende von Dollars ausgegeben haben, um Zeugen aus der Tschechoslowakei, von Honolulu und der Westküste herbeizuschaffen. Aus irgendeinem Grunde schien es wichtig für sie zu sein, daß die Angeklagten zu hohen Strafen verurteilt wurden. Wir zogen unsere verschiedenen Juristenfreunde zu Rate. Murray Gurfein, einer von Tom Deweys frühen Mitarbeitern bei der New Yorker Verbrechensbekämpfung, war unser Hauptstratege und machte seine Sache glänzend. Alle bekannten sich schuldig, und der Prozeß endete mit einem Freispruch für alle Anklagepunkte mit Ausnahme eines einzigen, bei dem es um Waffenschmuggel ging und in den Hank verwickelt war. Er wurde schuldig gesprochen und erwartete sein Urteil.

An diesem Punkt des Verfahrens beschlossen unsere Anwälte, sich eine sonderbare Gesetzesvorschrift zunutze zu machen. Mit Zustimmung des Generalstaatsanwalts kann jemand, der sich schuldig bekennt, an den Gerichtsbezirk seines Heimatortes zurückverwiesen

werden. Dort wird dann das Strafmaß bestimmt, und nicht an dem Ort, an dem der Prozeß geführt wurde. Der Generalstaatsanwalt gab seine Zustimmung, und so kam zum Beispiel Swifty Schindler vor einen New Yorker Richter, der ihn auf Bewährung freiließ. Das geschah in neun von zehn Fällen. Nur einer unserer Piloten richtete sich als einziger nicht nach dem Rat des Anwalts. Legaliter hätte er New York wählen können, entschied sich aber für Florida. Chuck, ein Geschäftsmann aus Florida, hatte drei Flugzeuge vom Typ B 17 für den Zivilgebrauch aus Armeebeständen erworben, ehe er überhaupt Verbindung mit uns gehabt hatte. Dann hörte Al Schwimmer von den Maschinen und kaufte sie unter der Bedingung, daß Charley sie in die Tschechoslowakei überführte. Das geschah auch, allerdings unter einem Deckmantel. Der Generalstaatsanwalt von Florida, Boggs, hatte es aber auf uns abgesehen. Florida war damals heftig antikommunistisch und ziemlich antisemitisch eingestellt. Daß die Maschinen in die Tschechoslowakei geflogen worden waren, wurde als ›kommunistische Verschwörung‹ hingestellt. Chuck erhielt ein Jahr Zuchthaus aufgebrummt und saß davon acht Monate ab. Die anderen hatten schlimmstenfalls Geldstrafen bezahlen müssen. Hank Greenspun wurden die bürgerlichen Ehrenrechte aberkannt, später wurde er jedoch von Präsident Kennedy begnadigt.
Inzwischen hatte unsere Untergrundarbeit solche Ausmaße angenommen, daß das FBI jeden von uns genau unter die Lupe nahm. Al und seine Leute mußten ständig die Wohnung wechseln. Die Wirksamkeit der gesamten Operation wurde in Frage gestellt. Zuletzt machten sie reinen Tisch und gingen im Juni 1948 nach Israel. Al fuhr nach Kanada hinauf (Amerikaner brauchen keinen Paß, um die Grenze nach Kanada zu überschreiten) und flog von dort aus in die Schweiz, weiter nach Zatec und dann mit einer unserer Maschinen nach Israel. Nach dem Krieg kehrte er in die Vereinigten Staaten zurück und stellte sich den Behörden.
Meir Sherman blieb eine Zeitlang bei der *Hagana*-Vertretung, und mein Bruder Paul arbeitete mit ihm. Dann trat er wieder in die *Anglo African Company* ein. Er hing sehr an seiner Frau Niuta, die ursprünglich nicht sonderlich an Israel interessiert war und meinte, wir nutzten Meir nur aus. Dabei war es nicht das geringe Einkom-

men, das ihr Sorgen machte – nach unseren Begriffen bekam er nicht mehr als den Sold eines Leutnants –, denn Geld bedeutete Niuta, die aus einem extravaganten russischen Milieu stammte, nicht viel. Nur beanspruchten wir Meir jeden Tag, die Wochenenden nicht ausgenommen, so daß er nie Zeit fand, ihr Gedichte vorzulesen oder mit ihrem Sohn Ronny zu spielen. Als sie jedoch mehr über Israel und über unsere Probleme erfuhr, zeigte sie Verständnis für Meirs Engagement. Meir und ich standen die nächsten zehn Jahre ständig in Kontakt miteinander. Immer wieder wandte ich mich rat- und hilfesuchend an ihn, immer fand er Zeit – und 1952 auch die Lösung für eines unserer drückendsten finanziellen Probleme, wie später noch berichtet werden wird. Ehe er sich 1962 in Israel niederließ, arbeitete er eine Zeitlang als Wirtschaftsattaché an unserer Washingtoner Botschaft. In Israel wurde er Direktor der *Paz Oil Company* und ständiger Berater des Finanzministers. Zuerst lebten er und Niuta in Haifa, später in Tel Aviv, und auch Niuta lernte das Land lieben. Als Meir 1969 starb, war das für mich ein unersetzlicher Verlust.

Ende 1948 ging auch meine Mission ihrem Ende entgegen. Ich hatte im Laufe der Zeit eine Menge über die Vereinigten Staaten gelernt, war auch in Washington gewesen und hatte einen Einblick in die Arbeit unserer dortigen Botschaft gewinnen können. Gegen Ende meiner New Yorker Zeit hatte ich durch die *Freunde der Hagana* mehr Freunde gewonnen – darunter Leute, die Einfluß bei der Demokratischen Partei besaßen – und Verbindungen angeknüpft als die Botschaft oder die *Jewish Agency*.

Als das Jahr 1948 zu Ende ging, übernahmen Zvi Brenner und Aryeh Manor meinen Aufgabenbereich in New York. Unsere Rechtsexperten rieten mir, das Land zu verlassen, ehe das FBI mich auch noch festnahm. Beim Passahfest im April 1949 veranstalteten wir einen enormen *Seder* für alle, die mit uns zusammengearbeitet hatten – die gesamte israelische Vertretung. Dieser Seder war gleichzeitig meine Abschiedsparty. Ich reiste ein paar Tage später ab und überquerte den Atlantik zum ersten- und letztenmal auf einem Schiff, auf dem Dampfer ›America‹. Damit endete eine der denkwürdigsten Perioden meines Lebens.

7
Wieder in Amerika

Im Mai 1949, kurz nach meiner Rückkehr nach Israel, flog ich für einen Monat nach London, um mich mit Ezra Danin zu treffen, unserem Araberexperten und meinem langjährigen Freund, der damals gerade dabei war, in England Gelder aufzutreiben. Ezra, einige unserer Kollegen und ich waren zu dem Schluß gekommen, daß etwas für die arabischen Flüchtlinge getan werden müsse. Diskutiert hatten wir darüber schon früher. Die arabischen Palästinenser lebten in Lagern, und wir wußten, daß sie sich auf Dauer einrichteten und nachgerade zu Berufsflüchtlingen wurden. Ein paar von uns meinten, daß sie eines Tages das einzige wirklich unlösbare Problem im Nahen Osten darstellen würden. Wir hatten die Idee, daß in Nahost ansässige britische Firmen den Flüchtlingen in arabischen Ländern feste Arbeitsplätze bieten und sie dadurch aus den Lagern herausholen könnten.
Ich hatte Beziehungen zu bedeutenden jüdischen Geschäftsleuten wie Simon Marks, Sigmund Gestetner und Israel Sieff. Sie brachten uns mit Firmen zusammen, die ein großes Interesse daran hatten, den britischen Einfluß in diesem Gebiet aufrechtzuerhalten – vornehmlich Öl-Gesellschaften –, und wir glaubten, daß die Lösung des Flüchtlingsproblems in ihrem eigenen Interesse liegen müsse. Eine Öl-Gesellschaft zum Beispiel war an Bohrungen im Gebiet zwischen Kirkuk und Tripolis beteiligt. Eine andere Firma baute den syrischen Hafen Latakia. Einige der Leiter des Bauprojektes waren Quäker, und durch die englischen Quäker wandte ich mich mit der Bitte an sie, Flüchtlinge aus Palästina für ihr Projekt einzustellen. Wir traten aber auch an andere große Baufirmen heran und erboten uns, Geld aufzu-

treiben, um damit Staudämme am Euphrat für Syrien und Irak zu bauen, ähnlich denen, die später am oberen Euphrat in Syrien von den Russen gebaut wurden. Wir machten ihnen klar, daß mit Hilfe dieser Dämme gewaltige Gebiete bewässert werden könnten, die für Syrien von größtem Nutzen wären. Dabei argumentierten wir etwa so: »Wenn wir die Kredite beschaffen und Sie das Projekt den Syrern anbieten, werden die Syrer die Flüchtlinge aus Palästina brauchen, um das Land zu besiedeln. Die Palästinenser sind gute Bauern, und Syrien ist keineswegs überbevölkert. Auch würde das Projekt Irak großen Reichtum bringen, und Irak hat heute nur ein Sechstel oder ein Siebtel der Bevölkerung, die es vor tausend Jahren hatte.« Wir forderten sie auf, sich von der Wahrheit dieser Behauptung zu überzeugen, die jedem in die Augen springen müsse, der über Irak hinwegflog: Tausende von ausgetrockneten Bewässerungsgräben in der mesopotamischen Wüste zeugten davon, daß diese in alter Zeit offensichtlich fruchtbar, blühend und gut bevölkert gewesen war.
Es waren keine Millionen, die wir brauchten. Die Löhne betrugen damals etwa zwei Shilling pro Tag; falls es uns also gelang, einen weiteren Shilling dazuzulegen, konnten wir den Flüchtlingen attraktive Arbeitsplätze verschaffen, ihnen Land zur Verfügung stellen und nach und nach unser gemeinsames Problem lösen. Die Zahl der Flüchtlinge war damals wesentlich geringer als heute, doch nicht nur natürliche Vermehrung, sondern auch Propaganda und die Gratisverteilung von Lebensmitteln haben das Flüchtlingsproblem zu den heutigen Dimensionen anwachsen lassen. Diese paar, mit Unterlagen versehenen Vorschläge, die ich an den Mann zu bringen versuchte, erregten zögerndes Interesse.
Ezra und ich sahen im Flüchtlingsproblem die größte potentielle Gefahr für Israel. Wir waren zuversichtlich, daß wir die Verteidigung, die Grenzen und andere Probleme des Landes in den Griff bekommen könnten, die Flüchtlinge jedoch ein Langzeitproblem darstellen würden. Ihr Elend stellte eine Zeitbombe dar, und es mußte etwas geschehen, ehe sich die politische Situation in unserem Gebiet verfestigte und erstarrte. Es waren jedoch nur wenige, die sich unserer Ansicht anschlossen. Wir hatten Briefe und Telegramme nach Israel geschickt, in denen wir unseren Plan darlegten und um Geld baten, und

jetzt saßen wir in London und warteten auf Antwort aus Israel. Schließlich telegraphierten wir an Ze'ev Sharef, damals Regierungssekretär, und forderten ihn auf, sich direkt an Ben-Gurion zu wenden und ihn zu einer Entscheidung zu drängen – gleich, wie sie ausfalle, Hauptsache, es gehe schnell! Sharefs Antwort fiel negativ aus. Da wir innerhalb unserer eigenen Führung keine Unterstützung fanden und wir das Unternehmen nicht auf privater Basis weiter betreiben konnten, kehrte ich nach Hause zurück.
Als nächstes befaßte ich mich mit dem *Israel-Bonds-Projekt.* Während meiner New Yorker Zeit hatte ich bereits den Verkauf von Anleihen (*bonds*) in kleinerem Umfange angeregt und diese Idee sogar Henry Montor, dem Leiter des UJA (*United Jewish Appeal*), gegenüber erwähnt. Jetzt griff Montor den Gedanken wieder auf: Anleihen seien die einzige Möglichkeit, die damals einsetzende Masseneinwanderung insbesondere aus Irak zu finanzieren. (Die irakischen Juden hatten laut einer Entscheidung der irakischen Regierung nur ein Jahr Zeit, um auszuwandern.) Wir standen zunächst wegen des Widerstands der führenden Leute des UJA, der *Hadassah* und anderer der Ausgabe einer riesigen Anleihe sehr skeptisch gegenüber. Ich erinnere mich, stundenlang mit Leuten zusammengesessen zu haben, die behaupteten, die Ausgabe einer Anleihe würde den UJA kaputtmachen. Warum sich Geld leihen, wo man es doch geschenkt bekommen konnte?
Selbst die rein objektive Prüfung des Projekts und die daraus resultierenden Prognosen fielen negativ aus. Ich flog zusammen mit Eliezer Kaplan, unserem Finanzminister, für ein paar Tage in die Vereinigten Staaten, um in dem jetzt nicht mehr existierenden Astor Hotel am Times Square eine Konferenz mit Wirtschaftsfachleuten abzuhalten. Alles in allem wurden rund zwanzig bekannte Volkswirtschaftler eingeladen, und fast ausnahmslos waren sie recht pessimistisch in Hinblick auf Montors Vorschlag. »Selbst wenn lateinamerikanische Länder auch Anleihen ausgeben, befinden sie sich doch nicht in derselben Lage wie Israel«, hieß es. »Wenn eines dieser etablierten Länder in einem Jahr Bonds in Höhe von fünfzehn oder zwanzig Millionen Dollar auflegt, so ist das sehr viel. Lohnt sich das für Sie?« Diese Frage mußten wir verneinen, denn inzwischen dachten wir an Grö-

ßenordnungen von hundert oder hundertfünfzig Millionen Dollar pro Jahr. Ein oder zwei von den zwanzig Beratern meinten, man sollte es riskieren. Anleihen wurden gewöhnlich durch Emissionsbanken wie Dillon Reed, Stanley Morgan, Lehman Brothers, Goldman-Sachs ausgegeben. Einige dieser Banken gehörten Juden, andere nicht. Keine von ihnen wollte etwas mit unseren Anleihen zu tun haben. Auf jeden Fall wollte keines dieser Häuser für eine so große Anleihe mit einem bestimmten Geldbetrag geradestehen.

Bis dahin hatte niemand daran gedacht, die Anleihen bei öffentlichen Veranstaltungen zu verkaufen. Nachdem Banken uns nicht haben wollten, gab es allem Anschein nach keine andere Alternative, und so beschlossen wir, unsere eigene Verkaufsorganisation aufzuziehen. Doch um das zu bewerkstelligen und auch noch die Öffentlichkeit hinter uns zu bringen, brauchten wir zunächst einmal die Unterstützung der führenden Juden. Zu diesem Zweck organisierte daher die Amerika-Abteilung im Außenministerium im September 1950 ein Treffen führender jüdischer Persönlichkeiten im King-David-Hotel in Jerusalem.

Nachdem ich ein paar Monate lang bei meiner Familie in Ein Gev gewesen war, fing ich an, für das (damals in Tel Aviv stationierte) Außenministerium zu arbeiten, und zwar als Leiter der Amerika-Abteilung. Tamar und Amos zogen mit mir nach Tel Aviv. Die Aktivitäten der Amerika-Abteilung bewegten sich damals noch in recht engen Grenzen. Esther Herlitz, die sie im Jahr zuvor aufgebaut hatte, wurde meine Stellvertreterin. Ich betrachtete den Tätigkeitsbereich dieser Abteilung als sehr weitgespannt, das heißt nicht nur die diplomatischen Angelegenheiten, sondern auch Wirtschaftsprobleme, Beziehungen zu den amerikanischen Juden, Sicherheitsfragen, Besuche und Public Relations in Amerika umfassend. Diese Auffassung lief jedoch den Vorstellungen des jungen, aber schon unflexiblen Außenministeriums zuwider, doch solange ich Leiter der Abteilung blieb, gelang es mir, meine Vorstellungen durchzusetzen. Unsere Bonds-Versammlung war ein gewaltiger Erfolg und die erste von Hunderten, vielleicht sogar Tausenden ähnlicher Veranstaltungen, die mittlerweile zum festen Bestandteil des organisierten jüdischen Lebens in Amerika wurden und mit Erfolg auch von den europäischen

Juden nachgeahmt wurden. Montor nahm mit hundert prominenten amerikanischen Juden an der Veranstaltung teil. Es wurde beschlossen, die Ausgabe der Anleihe zu starten, und Montor leitete die Kampagne. Ich wurde zum Beauftragten für die Vereinigten Staaten ernannt (dem Rang nach der zweite Mann unserer Washingtoner Botschaft) und bekam den Auftrag, von Washington aus helfend einzugreifen.

Die Schwierigkeiten, denen wir uns in Amerika gegenübersahen, waren mannigfaltig. Nach dem Zusammenbruch der New Yorker Börse im Jahre 1929 hatte Präsident Roosevelt die ›Securities and Exchange Commission‹ ins Leben gerufen, die sämtliche Anleihen prüfen mußte, die der Öffentlichkeit angeboten wurden. Um unsere Anleihe sicher an den Klippen der amerikanischen Gesetze vorbeizusteuern, mußte eine Menge juristischer und politischer Arbeit geleistet werden. Israel war noch kaum als Staat anerkannt, und seine Finanzlage war recht obskur. Die Hauptforderung der ›Securities and Exchange Commission‹ bestand darin, der Öffentlichkeit eine klare Vorstellung davon zu geben, was sie kaufte: ›restlose Offenlegung‹ – nichts durfte verborgen bleiben. Der Anleihenprospekt, den wir daraufhin herausgaben, wuchs sich zu einem Handbuch über Israel aus. Wir berieten uns lange mit Juristen, Politikern und Kommunalpolitikern, ehe im April 1951 eine weitverzweigte Organisation aufgebaut wurde. Für mich war das eine Erfahrung, die mir Einblick in eine völlig neue Seite des amerikanischen Lebens gestattete.

Wir baten Henry Morgenthau jr., als erster den Vorsitz über *Israel-Bonds* zu übernehmen. Sein Name war für die Anleihe von besonderer Wichtigkeit, weil die Vereinigten Staaten im Zweiten Weltkrieg, als er Finanzminister gewesen war, zum erstenmal selbst mit Erfolg eine große Anleihe aufgelegt hatten. Morgenthau war damals schon über siebzig, recht förmlich und trocken, aber durchaus einsatzbereit. Er war Finanzminister gewesen, war jedoch nach Trumans Wahl zum Präsidenten zurückgetreten, in jüdischen Angelegenheiten sehr rührig geworden und hatte die Leitung des UJA übernommen. Daß ein vergleichsweise assimilierter Jude wie Morgenthau dazu gebracht werden konnte, sich wieder aktiv am jüdischen Leben zu beteiligen, lag wohl daran, daß er viel deutlicher als viele andere gesehen hatte, was mit den Juden in Deutschland geschehen war, und gleichzeitig erleben mußte, wie gleichgültig selbst ein befreundetes Land wie die Vereinigten Staaten angesichts des Schicksals der Juden geblieben war. Dieses Thema kam in vielen Unterhaltungen zur Sprache, die wir im Büro des UJA, auf seinen zahlreichen Reisen nach Israel und in seiner Wohnung – mit Blick auf den Central Park – führten. Er hatte die Leitung des UJA übernommen, ehe ich in die Staaten gekommen war, und ich half jetzt, ihn dazu zu bewegen, sich der Anleihe anzunehmen.

In allen größeren amerikanischen Städten wurden Manager für die *Israel-Bonds* ernannt, und wir begannen mit den Vorbereitungen für die massive Kampagne, die im Mai 1951 mit einem Besuch Ben-Gurions eingeleitet wurde. Mir fiel die Aufgabe zu, Ben-Gurions Rundreise zu organisieren; alle Einzelheiten wurden sorgfältig im voraus geplant. Da es sich um den ersten offiziellen Besuch des ersten israelischen Ministerpräsidenten in den Vereinigten Staaten handelte, hielt ich es für wichtig, daß so viele Amerikaner wie möglich diesen außergewöhnlichen Mann kennenlernten, der damals noch nicht besonders bekannt war, und in ihm das personifizierte Israel sahen. Das war vor allem deshalb wichtig, weil die Amerikaner politische Probleme mit den Persönlichkeiten, die sie repräsentieren, zu identifizieren geneigt sind. Selbstverständlich heckten wir, angeregt durch die Mätzchen bei den amerikanischen Präsidentschaftswahlkämpfen, eine Menge alberner Ideen aus und ließen sie wieder fallen – etwa, daß wir Ben-Gurion vor einem typisch amerikanisch-jüdischen ›Delikatessen‹-Laden fotografieren wollten, wie er ein *bagel and lox* (eine Art Lachsbrötchen) aß. Was wir jedoch durchführten, war ein Papierschlangen- und Konfetti-Umzug über den Broadway, durch das Zentrum der Bekleidungsindustrie bis ganz zur Spitze von Manhattan hinunter, wobei Ben-Gurion von Hunderttausenden stürmisch begrüßt wurde, die sich auf den Bürgersteigen drängten und aus den Fenstern der Hotels und Geschäftshäuser hinauslehnten. Der Erfolg überstieg alle unsere Erwartungen, und der herzliche Empfang wurde in allen Städten, die wir besuchten, wiederholt. Wir flogen in einer Chartermaschine der Pan American von einer größeren amerikanischen Stadt zur anderen. Wohin wir auch kamen, wurde Ben-Gurion empfangen

wie ein Held – ein tief bewegendes Erlebnis. Die Begeisterung übertraf alles, was wir uns in den kühnsten Träumen erhofft hatten. Eröffnet wurde die ganze Kampagne in New York – mit einer Mammutversammlung von zwanzigtausend Menschen im Madison Square Garden. Weitere zwanzigtausend drängten sich auf den Bürgersteigen davor und lauschten den über Lautsprecher übertragenen Ansprachen. Es war phantastisch. Sodann besuchte Ben-Gurion das Grab von Mickey Marcus in West Point, hielt Versammlungen in verschiedenen jüdischen Bildungsstätten ab wie dem Hebrew Union College und dem Jewish Technological Seminary und traf mit orthodoxen jüdischen Führern zusammen. Diese Besuche liefen selbstverständlich noch neben den Bonds-Veranstaltungen her.
In Washington besuchte Ben-Gurion Präsident Truman im Weißen Haus und überreichte ihm als Geschenk eine große bronzene *Menorah,* den siebenarmigen Leuchter, das Staatssymbol Israels. Obgleich Ben-Gurion zum erstenmal mit Truman zusammentraf, gab es keine brennenden oder grundlegenden Probleme, über die gesprochen werden mußte. Es wurde nicht über Waffenlieferungen gesprochen (dazu kam es zum erstenmal während des Suez-Konflikts 1956), und es gab auch noch keine Grenzprobleme (die Grenzen waren durch die Waffenstillstandsvereinbarungen festgelegt). Doch allein die Tatsache, daß Ben-Gurion Truman einen Besuch abstattete, daß das Oberhaupt des Staates Israel mit dem Präsidenten der Vereinigten Staaten zusammentraf, war von großer Bedeutung. Ben-Gurion hegte große Hochachtung vor dem Präsidenten. Er hielt Truman für aufrichtig und geradeheraus, mit einem unfehlbaren Sinn für das Wesentliche und viel Verständnis für historische Werte begabt. Ben-Gurion war beeindruckt von Trumans Einblick in internationale Prioritäten, wie sie in der Truman-Doktrin in der Türkei und Griechenland und später bei der Entscheidung über Korea zum Ausdruck kam, und von der Entschlossenheit, mit der er General MacArthurs Entlassung verfügte und damit eindeutig die zivile Kontrolle über Außenpolitik und militärische Belange dominieren ließ.
Von Washington aus ging es nach Boston. Damals bestand die gesamte israelische Kriegsmarine aus zwei Schiffen, die eigens aus diesem Anlaß in die Vereinigten Staaten gekommen waren. Von Boston

aus fuhren sie nach New York und dann bis nach Miami hinunter und trugen ihrerseits zur Werbekampagne für die *Israel-Bonds* bei. Es handelte sich um zwei kleine Fregatten, doch hatten sie es geschafft, den Atlantik zu überqueren, und waren die ersten israelischen Kriegsschiffe, die jemals einen amerikanischen Hafen anliefen. (Übrigens glaube ich, daß erst fünfundzwanzig Jahre später zur Zweihundertjahrfeier der Vereinigten Staaten wieder israelische Kriegsschiffe dorthin kamen.) Ihre Ankunft hatte etwas Ergreifendes: Unsere Matrosen hatten vor dem Massachusetts State House Aufstellung genommen, als Ben-Gurion eintraf. Das Parlament hatte gerade Sitzung, und Ben-Gurion wurde überraschend aufgefordert, eine Ansprache an die Gesetzgebende Versammlung von Massachusetts zu richten. Ihm war etwas bekannt, was ich bis dato noch nicht wußte: daß die Legislative von Massachusetts 1917 oder 1918 eine Resolution zugunsten eines jüdischen Staates in Palästina gefaßt hatte. Und inspiriert von diesem Wissen um ein Stück Bostoner Geschichte hielt er eine hinreißende fünf Minuten lange Rede. Ben-Gurion war nicht immer ein blendender Redner – ganz gewiß nicht dann, wenn er englisch sprechen mußte –, aber dies hier war eine große, ergreifende Rede. An demselben Tag wurde Ben-Gurion auch aufgefordert, zu den Studenten der Boston Hebrew Academy zu sprechen, was ihm Gelegenheit gab, sich auf hebräisch an junge Amerikaner zu wenden.

Ben-Gurion wollte gern den Tennessee-Valley-Staudamm besichtigen, und der Gouverneur von Tennessee gab ein Essen zu seinen Ehren. In seiner Ansprache hob der Gouverneur hervor, daß die *Tennessee Valley Authority* nichts mit Sozialismus zu tun habe, wiewohl es de facto das erste amerikanische Projekt sozialistischer Prägung war. Trotzdem war Sozialismus damals ein Schimpfwort in den Vereinigten Staaten, und der Gouverneur war sich offensichtlich nicht darüber im klaren, daß sein Ehrengast der Führer einer sozialistischen Partei war. Während er munter den Sozialismus in Grund und Boden verdammte, bekamen wir es mit der Angst zu tun, wie Ben-Gurion darauf reagieren würde. Ben-Gurion erhob sich und hielt eine wunderbare Rede über Erschließungsprobleme. Hinterher sagte er: »Ich hab' ja gesehen, wie ihr vor Angst geschlottert habt, daß ich mich

hinstellen und dem Mann Nachhilfeunterricht in Sozialismus geben würde.« Die Sache hatte ihn königlich amüsiert.
Dann fuhren wir weiter nach Chicago und Los Angeles, und auf dem Rückflug nach New York stellte irgendwer fest, daß ich an dem Tag meinen vierzigsten Geburtstag hatte. So feierten wir im Flugzeug mit Kuchen und Champagner eine herrliche Geburtstagsparty. Nachdem wir später in New York dafür gesorgt hatten, daß Ben-Gurion ins Bett kam, ging die Party bis in die frühen Morgenstunden weiter. Alles in allem dauerte Ben-Gurions erste Rundreise durch die Vereinigten Staaten zwei Wochen, und der Erfolg war überwältigend.
In Washington erhielt ich jetzt zwar den Status eines Diplomaten, wurde jedoch vom Finanzministerium besoldet, weil ich meine Verbindung mit dem Außenministerium vor meiner Abreise nach Amerika gelöst hatte. Ich war also quasi mit einem Sonderauftrag des Finanzministeriums an der Botschaft tätig. Daß ich meinen Posten im Außenministerium aufgegeben hatte, hatte eine Reihe von Gründen. Zunächst einmal interessierte ich mich nicht sonderlich für formelle diplomatische Anlässe – Cocktailpartys, Empfänge und Essen –, bei denen es das allerwichtigste war, den richtigen Platz zu bekommen und eifersüchtig seinen Rang zu verteidigen. Ein weit wichtigerer Grund war jedoch meine Überzeugung, daß das Ministerium sich mehr um unsere Beziehungen zu den Juden in aller Welt kümmern sollte als um alles andere. Ich war fest davon überzeugt, daß unser einziger verläßlicher Bundesgenosse die Juden auf der ganzen Welt waren. Zwar erschienen die israelischen Botschafter und Repräsentanten des Außenministeriums bei Veranstaltungen und halfen den jüdischen Gemeinden und Organisationen nach Kräften, doch empfanden sie dabei häufig weit weniger Affinität ihren jüdischen Partnern gegenüber als ihren gastgebenden Regierungen. Ich hielt das für grundfalsch und fand, daß wir nur die diplomatischen Gepflogenheiten anderer Nationen nachäfften, anstatt einen eigenen diplomatischen Stil zu kreieren.
Es gab aber auch noch einen dritten Grund. Irgendwann geriet mir einmal das Mitteilungsblatt des dänischen Außendienstes in die Hände, aus dem hervorging, daß neunzig Prozent der Gesamttätigkeit des Außendienstes dem Außenhandel gewidmet war – nämlich der Auf-

gabe, in den verschiedenen Ländern dem dänischen Handel und der dänischen Wirtschaft Vorteile zu verschaffen. Die Eignung eines dänischen Diplomaten wurde also offenbar daran gemessen, inwiefern er der Wirtschaft seines Landes nützte. Unser Außenministerium verhielt sich – zumindest in den ersten Jahren –, als ob es sich unter Metternichs Führung auf dem Wiener Kongreß befände. Wirtschaftsfragen kamen für uns erst an dritter oder vierter Stelle, und ich meinte, daß dieser sehr formelle diplomatische Stil in Cut und Stresemann nicht das Richtige für uns sei. Über diese meine Einstellung kam es des öfteren zum Streit, während ich noch die Amerika-Abteilung in Tel Aviv leitete, und ich wollte nichts mehr damit zu tun haben.
Nichtsdestoweniger war ich formell der Vertreter des Botschafters und mußte während seiner Abwesenheit Kontakt zum amerikanischen Außenministerium halten. Glücklicherweise hatte ich dort Freunde sitzen. So hatte ich den stellvertretenden Außenminister, Lewis Jones, während des Krieges in Kairo und später als Nahostreferenten an der amerikanischen Botschaft in London kennengelernt und war mit ihm und seiner Frau Polly seit langer Zeit befreundet. Wir gingen zusammen ins Konzert oder ins Theater, und durch ihn und andere alte Freunde fand ich leicht Zugang zum Außenministerium. Jones und ich sollten zur Zeit der Nasser-Regierung auf Zypern wieder zusammentreffen. Er war der erste, der mir die Bedeutung der Nasser-Revolution auseinandersetzte, und seine Einsichten waren von unschätzbarem Wert.
Wir bildeten eine kleine Gemeinde von Israelis in Washington. Abba Eban war Botschafter, gleichzeitig aber auch unser Vertreter bei den Vereinten Nationen, und deshalb war er häufig und lange in New York. Es gab vier Referenten an der Botschaft, darunter Meir de Shalit (›Memi‹) und Esther Herlitz. Militärattaché war Vivian (Chaim) Herzog – später Leiter des Militärischen Geheimdienstes und Botschafter bei den Vereinten Nationen. Tamar, Amos und ich bewohnten ein kleines Apartment an der Massachusetts Avenue. Esther Herlitz und meine Sekretärin, Ruhama Sapir, wohnten im selben Haus wie auch der ägyptische Gesandte, aber wir hatten keinen Kontakt mit ihm. Abends spielten wir daheim manchmal Canasta, damals das

Lieblingsspiel ganz Washingtons. Wir aßen viel Möhren (wir versuchten alle abzunehmen), und auf einer Silvesterparty traf ich mit Esther Herlitz ein Abkommen, daß ich für jedes Pfund, das sie abnahm, eine Tanzstunde nehmen würde. Sie verlor zwölf Pfund, doch ich lernte nie tanzen.

Als ich nach Washington kam, war die Botschaft immer noch in dem alten Gebäude der *Jewish Agency* untergebracht, das inzwischen zu klein geworden war. Ich bewog einige Washingtoner Freunde, das nötige Geld aufzutreiben, und wir kauften das neue Gebäude, in dem die Botschaft sich heute noch befindet. Ein paar jüngere Leute, die später prominente Persönlichkeiten im israelischen auswärtigen Dienst wurden, fingen damals als Sicherheitsbeamte in der Botschaft an. Einer von ihnen war Simcha Dinitz, der später unter Golda Meir Chef des Ministerpräsidentenamtes und nachher Botschafter bei den Vereinigten Staaten wurde. Einmal wurde er in einer kalten Winternacht von einem Telegrammboten geweckt. Er trat im Pyjama aus dem Botschaftsgebäude heraus, um das Telegramm in Empfang zu nehmen, wobei die Tür hinter ihm ins Schloß fiel. Simcha war allein im Haus gewesen und konnte nun nicht wieder hinein. Er hatte natürlich auch kein Geld in seiner Pyjamatasche, um sich ein Taxi zu nehmen. Schließlich konnte er einen Taxichauffeur von seiner verzweifelten Lage überzeugen und ließ sich von ihm zu unserem Apartment-Haus fahren, wo der Portier nicht zulassen wollte, daß dieser verstört wirkende Mensch im Pyjama mitten in der Nacht einen seiner Mieter weckte. Offenbar besaß Simcha jedoch bereits dieselbe Überredungskraft, die er später Kissinger gegenüber einsetzte. Ich lieh ihm einen Mantel, setzte ihm eine Tasse heißen Kaffee vor und gab ihm meine Schlüssel für das Botschaftsgebäude – und den doppelten Fahrpreis für das Taxi.

Neben der Kampagne für die *Israel-Bonds* und dem besonderen Ereignis des Ben-Gurion-Besuchs hatte ich zwei größere Aufgaben zu bewältigen: technische und wirtschaftliche Hilfe von der Regierung der Vereinigten Staaten zu erlangen sowie den Aufbau von Beziehungen zu den verschiedenen Regierungsstellen, die sich für beide Länder vorteilhaft auswirken konnten. Gleichzeitig mußte ich immer noch einige von unseren eigenen Leuten – von Walter Eytan (dem

Leiter des Außenministeriums) bis zu Golda Meir – davon überzeugen, daß es keinen Sinn habe, neutral zu bleiben, und daß eine Annäherung an den Westen nicht nur unserer Ideologie entsprach, sondern unsere einzige Hoffnung war.
Damals herrschte neben der großen Bewunderung für die Vereinigten Staaten in Israel auch eine latent antiamerikanische Stimmung. Bereits 1948 war ich mir über dieses Thema mit Golda Meir in die Haare geraten. Wir vertraten damals sehr gegensätzliche Auffassungen über Amerika. (Bei aller ihrer Größe, die ich rückhaltlos bewunderte, konnte Golda weder vergessen noch vergeben; und ich habe den Verdacht, daß ich wegen unserer damaligen unterschiedlichen Auffassungen später von vielen Dingen ausgeschlossen worden bin.) Als Sozialistin hatte sie etwas gegen Amerikas kapitalistisches System. Ursprünglich widersetzte sie sich jeder Wirtschaftshilfe von den Vereinigten Staaten und glaubte, daß Neutralität zwischen Ost und West für uns von entscheidender Bedeutung sei. Ihre Haltung dem kapitalistischen Westen gegenüber teilten damals viele andere in der israelischen Arbeiterpartei, der *Mapai.* Sie konnten sich nicht von den alten Slogans trennen, und viele Leute in der Regierung gaben sich damals idealistischen Illusionen hin. Walter Eytan war fest davon überzeugt, daß Israel eine Vermittlerrolle zwischen Ost und West spielen könnte, sofern es sich von keiner Seite etwas schenken ließe. Derlei Vorstellungen lösten sich rasch in nichts auf, doch ein Teil der politischen Führung – insbesondere die vom Sozialismus entscheidend Geprägten – glaubte allen Ernstes, die Annahme von Wirtschaftshilfe würde uns in den Ost-West-Konflikt hineinziehen – und, was noch schlimmer war, die falsche Partei ergreifen lassen. Die Frage, wem wir uns anschließen sollten, stellte damals in Israel immer noch ein vieldiskutiertes Problem dar, doch ich fühlte mich in meinem Standpunkt durch Ben-Gurion bestärkt. Es war ein Ding der Unmöglichkeit, fünfundsiebzig Millionen Dollar Wirtschaftshilfe zu verlangen und neutral zu bleiben!
Nachdem Ben-Gurion seinen Besuch in Washington absolviert hatte, begleitete ich ihn zum Mittagessen mit seinem Freund Bedell Smith, der damals Direktor des CIA war. Sie hatten sich kennengelernt, als Bedell unter Eisenhower Stabschef war und Ben-Gurion sich in

Deutschland aufhielt und versuchte, Flüchtlinge aus den DP-Lagern nach Palästina zu bringen. Bedell bewies damals sehr viel Verständnis und erlaubte beispielsweise, daß in den Lagern Hebräischkurse abgehalten wurden. Ben-Gurion legte sehr viel Wert auf die Zusammenarbeit zwischen Amerika und Israel und wollte erreichen, daß die Beziehung zwischen den beiden Staaten sich auf gemeinschaftliche Interessen gründete.

Nachdem Allen Dulles die Nachfolge von Bedell Smith angetreten hatte, blieb ich während all der Jahre, in denen er Direktor des CIA war, und selbst noch nach seiner Pensionierung mit ihm in Verbindung. Allen und ich hatten uns rasch angefreundet. Wir redeten über Bücher, Politik und Memoiren, die er schrieb (mein Freund George Weidenfeld wurde sein Verleger). Ich bin nie nach Washington gekommen, ohne ihn zu besuchen. Ich erinnere mich noch, wie ich eines Abends im Jahre 1960, als es schneite, zu ihm ging und ihn bat, Präsident Eisenhower über Ben-Gurion zu informieren, ehe er diesen am nächsten Morgen empfing. Ich war oft rein gesellschaftlich Gast in seinem Haus, nicht nur dann, wenn es um ›Geschäfte‹ ging. Manchmal war ich der einzige Ausländer, der bei diesen Empfängen zugegen war.

Ganz besonders freundete ich mich im Laufe der Jahre mit Jim Angleton an, über dessen Rolle beim CIA erst vor kurzem sehr ausführlich in den Medien berichtet wurde. Er war Leiter der Gegenspionage-Abteilung und stand allen Direktoren der CIA persönlich sehr nahe. Jim war ein Mann mit einem Sendungsbewußtsein – er fühlte sich dazu berufen, zur Sicherheit der Vereinigten Staaten und der freien Welt beizutragen. In seinen Augen stellte der Kommunismus eine große Gefahr für die ganze westliche Zivilisation dar. Ich habe die Anschuldigungen gegen ihn wegen seiner antikommunistischen Aktivitäten innerhalb der Vereinigten Staaten gelesen, die als illegal hingestellt wurden, da sie über den Aufgabenbereich des CIA hinausgingen. Nach meinen eigenen Erfahrungen kann ich mir nicht vorstellen, daß Jim etwas getan hätte, was nicht völlig in der Ordnung war, wenn er auch zweifellos bereit war, notfalls hart durchzugreifen. Jim ist alles andere als ein Durchschnittsmensch. Er ist ein origineller Denker und hat eine Menge Interessen, unter anderem Angeln (was er mit Bedell Smith gemein hat) und Orchideenzucht. Außerdem ist er ein bemerkenswert guter Amateur-Goldschmied, versteht viel von Dichtung, hat ausgedehnte Reisen unternommen und verfügt über eine gründliche Kenntnis der Klassiker, zum Teil deshalb, weil er jahrelang in Italien gelebt hat, wo sein Vater als Geschäftsmann tätig war und seine Schwester mit einem Maler verheiratet ist. Großgewachsen, hager und mit einem Adlergesicht war Jim stets konservativ gekleidet, sehr ruhig und gründlich in allem, was er tat. Er liebte gutes Essen, und wir verbrachten unvergeßliche Stunden in den besseren Restaurants von Washington und New York. Gern saß er bis vier oder fünf Uhr morgens auf, diskutierte und sprach oft in Rätseln, die man erraten oder erfühlen mußte, statt sie mit kalter Logik anzugehen.

Ich erinnere mich an seinen privaten Besuch in Israel, nachdem ich von meiner Tour in Washington zurückgekehrt war. Er verbrachte einen Tag bei mir in Ein Gev, und die ausgezeichneten Aufnahmen, die er damals machte, sind mir heute noch lieb und wert. Die besten Fotos hat er vom Niemandsland in Jerusalem gemacht, und sie vermitteln einen sehr starken Eindruck von der unselig geteilten Stadt. Ich glaube, Jim sah in Israel einen echten Verbündeten zu einer Zeit, da der Glaube an eine Sendung zu einer Seltenheit geworden war. Er fand in Israel vergleichsweise mehr Glauben und mehr Bereitschaft, im Einklang mit diesem Glauben zu handeln, als irgendwo sonst in der freien Welt.

Während ich in Washington war, drängte uns das Außenministerium, im Rahmen des Eingreifens der UNO Truppen nach Korea zu schicken. Wir wollten nicht an diesem Krieg teilhaben, außerdem hätte das daheim in Israel zu inneren Komplikationen geführt. Andererseits wollten wir aber auch die Vereinigten Staaten nicht gegen uns aufbringen, und die Amerikaner waren nun einmal interessiert daran, daß alle UNO-Mitglieder sich an der Korea-Aktion beteiligten. Ben-Gurion wollte pro forma sogar eine Einheit nach Korea schicken. Er maß dem UNO-Beschluß, der sowjetischen Expansion Einhalt zu gebieten, große Bedeutung bei, doch das Kabinett lehnte den Vorschlag ab, und in diesem Fall stimmte ich dem zu. Ich wies die Amerikaner sogar darauf hin, daß die Kommunisten die Emigration von Juden aus Osteuropa unterbinden könnten, wenn wir, und sei es nur pro forma, eine Einheit nach Korea schickten. Uns war sehr viel an diesen Einwanderern gelegen, obwohl es damals nur wenige waren, die herausgelassen wurden.

Am Ende erwiesen diese Auswanderer der ganzen freien Welt einen großen Dienst. 1956, drei Jahre nach Stalins Tod, ergriff Chruschtschow die Gelegenheit, den Entstalinisierungsprozeß dadurch voranzutreiben, daß er einige von Stalins Greueltaten und Verbrechen enthüllte. Chruschtschow hielt anläßlich einer geschlossenen Sitzung des Parteikongresses seine berühmte Rede, die heimlich den Führern der kommunistischen Parteien in Osteuropa zugestellt wurde. Während dieser Periode war die jüdische Einwanderung aus Rumänien, der Tschechoslowakei und Polen nach Israel beträchtlich gestiegen, was sich als sehr günstig erwies. Die Auswanderer kamen nämlich auf ihrem Weg nach Israel durch Europa, wodurch der Text der Chruschtschow-Rede über die CIA in die Hände der *New York Times* gelangte und in vollem Wortlaut veröffentlicht wurde.

Außer dem Einmarsch in Ungarn und später in die Tschechoslowakei hat es vermutlich kein Ereignis gegeben, das der UdSSR und dem Kommunismus so sehr geschadet hätte wie die Veröffentlichung dieses Redetextes. Bis dahin hatten die Russen Stalin immer als das Licht der Welt hingestellt. Jetzt kam zutage, daß zwanzig Millionen Menschen in seinen Lagern umgekommen waren. Diese Enthüllung hinterließ einen überwältigenden Eindruck und verursachte unter anderem den Aufstand in Ungarn und Polen wenige Monate später. Ich bin außerdem davon überzeugt, daß er eine entscheidende Rolle bei der ideologischen Entwicklung der kommunistischen Parteien im Westen gespielt hat. Die Amerikaner verteilten Flugblätter mit dieser Rede in ganz Osteuropa. Millionen von Exemplaren in vielen Sprachen drangen durch den Eisernen Vorhang und erschütterten die kommunistische Moral. Die Russen haben sich von diesem Schlag nie wieder recht erholt, und in seinem Buch hat Allen Dulles geschildert, daß er es als den Höhepunkt seiner gesamten Laufbahn betrachtete, die Chruschtschow-Rede in die Hand bekommen zu haben.

Das andere wichtige Projekt, mit dem ich mich in Washington beschäftigte, war die amerikanische Auslandshilfe, die damals zweigleisig verlief: Einmal gab es den sogenannten *Marshall-Plan*, im Rahmen dessen Milliarden Dollar aufgebracht wurden, um Europa wiederaufzubauen. Beim anderen handelte es sich um einen Gedanken, den Truman 1949 unter Punkt 4 (*Point Four*) seiner Regierungserklärung vorgeschlagen hatte. Es ging dabei vornehmlich um technische Hilfe in großem Umfang, doch rangierten wir für das Außenministerium unter den Ländern, die technische Hilfe in Form von Entwicklungshilfe-Experten erhalten sollten. Das hätte sich auf eine Hilfe von höchstens drei oder vier Millionen Dollar beschränkt – wichtig zwar, aber in keiner Weise eine Lösung unserer Probleme. Wir waren zutiefst enttäuscht, als das Außenministerium uns nur *Point Four* zuerkannte. Wir waren dringend auf jährlich siebzig Millionen Dollar Wirtschaftshilfe angewiesen, damals eine astronomische Summe. Außerordentlich wichtig war es auch, von welchem Ministerium die Hilfe ausgehen sollte. Der *Marshall-Plan* wurde vom Weißen Haus aus gelenkt und war Averell Harriman anvertraut; die technische Hilfe unter *Point Four* lag in der Zuständigkeit des Außenministeriums.

Wir fanden, daß wir etwas unternehmen müßten, um unsere Position zu verbessern und uns ein Maximum an Finanzhilfe zu sichern. Deshalb zog ich Si Kenen, einen ehemaligen Journalisten, heran, der sich später als Lobbyist für Israel in Washington eintragen ließ, und beauftragte ihn, ein eindrucksvolles Informationsblatt herauszugeben. Er baute gute Kontakte sowohl zum Repräsentantenhaus als auch zum Senat auf. Gleichzeitig stellte uns Barney Balaban, der Präsident der Paramount-Filmgesellschaft, Lou Nevins zur Verfügung, einen außerordentlich hellen Kopf, der damals die Public-Relations-Abteilung der Filmgesellschaft leitete. Nachdem uns diese neuen Talente zur Verfügung standen, hofften wir, eine Mehrheit in beiden Häusern dazu zu bewegen, ein ausgedehntes Hilfsprogramm für Israel zu empfehlen. Wir gingen davon aus, daß das Weiße Haus und Präsident Truman für uns, das Außenministerium jedoch gegen uns sei und der Präsident zögern würde, sich über das Außenministerium hinwegzusetzen, es sei denn, die öffentliche Meinung ergreife für uns Partei. Und das beste Barometer für die öffentliche Meinung war und ist der Kongreß. Auf seiten der Republikaner war es Robert

Taft und auf seiten der Demokraten Paul Douglas, die sich im Senat für das Israel-Hilfe-Gesetz einsetzten, im Kongreß dagegen die Fraktions-Führer McCormick und Martin, die beide aus Massachusetts stammten, alte Anhänger der zionistischen Bewegung und gute persönliche Freunde von uns waren. Alle waren sie gemeinsam der Überzeugung, daß die Stärke Israels eines der Hauptanliegen Amerikas sein müsse. An die meisten Kongreßabgeordneten traten wir durch Freunde in ihren Wahlbezirken heran. Ich war stolz auf die Art und Weise, wie unsere Kampagne durchgeführt wurde – ohne die Presse, allein auf Grund von persönlichen Kontakten und ohne Pressionen. Binnen weniger Wochen war es uns gelungen, eine Mehrheit sowohl im Kongreß als auch im Senat für ein besonderes Israel-Hilfe-Gesetz in Höhe von hundertfünfzig Millionen Dollar zu gewinnen. Man einigte sich schließlich auf eine Summe von fünfundsechzig Millionen Dollar, ein typischer und zufriedenstellender Kompromiß, da unser ursprüngliches Ziel siebzig Millionen Dollar gewesen waren. Abgewickelt werden sollte diese Auslandshilfe nicht durch das Weiße Haus, sondern über das Außenministerium.

Wiewohl die Zionistische Bewegung gute Beziehungen mit beiden politischen Parteien in den Vereinigten Staaten unterhalten hatte, war dies das erste Mal, daß beide Parteien sich gemeinsam für Israel als Staat einsetzten. Unsere Politik, den guten Willen beider Parteien zu pflegen, wurde strikt weiterbefolgt, bis Botschafter Rabin sich während einer Wahlkampagne in aller Öffentlichkeit – leider sehr nachdrücklich – für Präsident Nixon einsetzte und dadurch mit dieser Tradition brach. Es ist ein unverzeihlicher Fehler, wenn ein Diplomat sich – noch dazu öffentlich – in die inneren Angelegenheiten seines Gastlandes einmischt. Israel konnte niemals von einer demokratisch-republikanischen Spaltung profitieren. Ich glaube nicht, daß dieses Verhalten das Ergebnis einer wohldurchdachten Politik war, sondern vollkommen arglos geschah. Bedauerlicherweise hat man diese Lektion nicht beherzigt, denn als Ministerpräsident ließ Rabin auch Präsident Ford nur notdürftig kaschierte Unterstützung zuteil werden. Daß uns das keinen ernsthaften Schaden eintrug, liegt zweifellos an den tiefverwurzelten Sympathien der Amerikaner für Israel.

Wer sagt, daß es uns in den frühen fünfziger Jahren dreckig ging, würde untertreiben. Wir besaßen keinen Penny. Zwar hatten wir 1948 auch kein Geld gehabt, doch waren unsere Bedürfnisse im Jahre 1952 weitaus größer. Israel hatte seine Türen einer massiven Einwanderung geöffnet – bisweilen trafen Tag für Tag tausend Neueinwanderer ein. Die Wirtschaftshilfe lief nur langsam an, und der Staat lebte buchstäblich von der Hand in den Mund. Trotzdem wußten wir, daß wir es uns nicht leisten konnten, auch nur einer einzigen finanziellen Verpflichtung nicht nachzukommen, da wir uns sonst um jeden Kredit gebracht hätten. Vertreter des israelischen Finanzministeriums in den Vereinigten Staaten war Martin Rosenbluth, den ich bereits von meinen Londoner Tagen her kannte. Martin war ein angenehmer und gebildeter Mann mit sehr viel Sinn für Humor. Ich erinnere mich noch, wie wir zu mehreren in seinem Büro saßen und uns am Telefon ablösten, weil Israel um drei Uhr nachmittags 200000 Dollar in der Bank haben mußte, um einer Verpflichtung nachzukommen. Als der Termin näherrückte, rief ich einen Bekannten nach dem anderen an und bettelte: »Leih uns 100000 Dollar für eine Woche oder 50000 für einen Tag oder 20000 Dollar.« Am nächsten Tag liehen wir uns dann von jemand anderem Geld, um das Darlehen zurückzuzahlen.

Einmal lagen zwei Schiffe mit Getreide, das von der Wirtschaftshilfe bezahlt wurde, im Hafen von New York und sollten nach Israel auslaufen. Nach dem Gesetz gehörte das Getreide uns, doch da wir Schulden hatten, konnten die Ladungen gepfändet werden. Folglich blieb mir nichts anderes übrig, als das Getreide irgendwelchen Freunden zu ›verkaufen‹ – Freunden, denen unsere Gläubiger nichts anhaben konnten –, damit wir es unter ihrem Namen nach Israel schickten. Die Lage in Israel wurde so prekär, daß einige von unseren Führern sogar meinten, Israel müsse Staatsbankrott erklären. Ich sträubte mich mit aller Macht dagegen, doch offensichtlich konnten wir nicht bis in alle Ewigkeit weiter herumlavieren.

Dann machte Meir Sherman einen brillanten Vorschlag. Unsere drückendste kurzfristige Verschuldung belief sich auf fünfundsiebzig Millionen Dollar. Heute würde man das als lächerlich kleine Summe bezeichnen, doch damals lastete sie auf uns wie der Mount Everest.

Uns lag daran, diesen Kurzzeit-Kredit von wenigen Monaten in einen Langzeit-Kredit von wenigstens fünf Jahren umzuwandeln. Wir zahlten hohe Zinsen für diese Schulden, und mit ihnen fertig zu werden war nervenzerrüttend. Sherman hatte die Idee, sich an die Banken in den bedeutenderen amerikanischen Städten zu wenden und Darlehen für die örtlichen Filialen des UJA zu erwirken, die von dem UJA im Laufe der nächsten fünf Jahre zurückgezahlt werden sollten. Diese Darlehen sollten zu vernünftigen Zinssätzen gewährt werden und unsere kurzfristige Verschuldung beseitigen. Es dauerte lange, die Banken dazu zu bewegen. Die Hauptfrage lautete immer wieder: »Aber was geschieht, wenn der Staat Israel verschwindet? Wo bleibt dann unsere Sicherheit?« Und unsere Antwort lautete unweigerlich: Unsere Sicherheit sei die jüdische Gemeinde in den Vereinigten Staaten, die uns niemals im Stich lassen würde.
Zuletzt beriefen wir eine Versammlung der Führer der jüdischen Gemeinden und Organisationen ein, und Shermans Idee wurde akzeptiert. Eine ganze Reihe von hervorragenden Persönlichkeiten des jüdischen Lebens hatte damit zu tun. Einer davon war Senator Herbert Lehman, ein bedeutender liberaler Demokrat, der zehn Jahre hindurch Gouverneur des Staates New York gewesen war. Lehman stammte aus einer jüdischen Bankiersfamilie, war jedoch kein Zionist. Auf dem Höhepunkt seiner Laufbahn war er Leiter der *United Nations Relief and Rehabilitation Administration* (UNRRA) nach dem Zweiten Weltkrieg gewesen, und in dieser Eigenschaft hatte er mehr mit jüdischen Angelegenheiten zu tun. Ich lernte ihn kurz kennen, als er nach der Aufgabe seines Postens bei der UNRRA in die Vereinigten Staaten zurückkehrte. 1949 lud ich ihn nach Israel ein, und wir fuhren auf demselben Schiff hinüber. Enge Freunde wurden wir jedoch erst während meiner Tätigkeit an der Botschaft in Washington, wo ich ihn oft im Senat besuchte. Nachdem er die Leitung der UNRRA aufgegeben hatte, wurde er später Vorsitzender des *United Jewish Appeal,* was beträchtlich zum Prestige dieser Organisation beitrug.
In späteren Jahren hat ein bedeutender Historiker Lehmans Biographie geschrieben. Ich aß kurz nach Erscheinen des Buches mit dem Senator in seiner New Yorker Wohnung zu Mittag, und ich erinnere

mich, wie wir uns über diese Biographie stritten, weil in dem ganzen Buch – der Lebensgeschichte eines amerikanischen Juden und seiner politischen Laufbahn von seinem Eintreten für Al Smith bis Roosevelt – Israel nicht ein einziges Mal und die amerikanischen Juden kaum erwähnt wurden. Der Historiker hatte offenbar den Eindruck gewonnen, daß jüdische Belange Lehman nicht viel bedeuteten. Ich fand, das sei sehr schade, zumal ich wußte, wie sehr Lehman in Wirklichkeit am Judentum hing.

David Dubinsky, der Leiter der *International Ladies' Garment Workers' Union,* war ein weiterer früher Förderer Israels und der Israel-Anleihe. Er brachte die Arbeiter und die Gewerkschaft dazu, die Anleihe zu zeichnen, und begründete damit die Tradition gewerkschaftlicher Unterstützung für Israel. Außerdem half er uns politisch durch seine wichtigen Beziehungen. Eine große Hilfe war auch Sam Leidesdorf, der damals vermutlich bedeutendste Buchprüfer in den Vereinigten Staaten. Sam Leidesdorf hatte sich nach Eintreffen Einsteins in den Vereinigten Staaten mit diesem angefreundet, sich um ihn gekümmert und dabei geholfen, das *Princeton Institute of Advanced Studies* aufzubauen. Später war er einer der Gründer der *Einstein School of Medicine.* Außerdem war er Einsteins Testamentsvollstrekker. Sam begann seine Laufbahn als junger Mann damit, daß er eine Bürgschaft für ein Geschäft leistete, aus dem dann nichts wurde. Wiewohl damals ein Mann mit beschränkten Mitteln, bezahlte er die gesamte, beträchtliche Summe aus seiner eigenen Tasche. Dadurch erwarb er sich zuerst einen geachteten Namen in der Geschäftswelt und genoß fortan das grenzenlose Vertrauen der Banken.

Wer am meisten dazu beitrug, die UJA für Shermans Idee einzunehmen, war jedoch Bill Rosenwald. Die Rosenwalds, eine Familie mit einer langen philanthropischen Tradition, waren die Gründer von ›Sears Roebuck‹, dem größten amerikanischen Versandgeschäft. Bills älterer Bruder, Lessing, stand an der Spitze des antizionistischen *American Council for Judaism,* wohingegen Bill und seine Schwester, Adele Levy, Zionisten waren. Bills Hilfsbereitschaft kannte keine Grenzen. Er war außerdem etwas kauzig und übermäßig penibel. Damals war es noch Sitte, auch lange Strecken mit der Eisenbahn zu reisen. Jedesmal, wenn Bill einen Nachtzug nahm, wurde die

›Pullman Company‹ im voraus informiert, und sein Bettzeug wurde mit Seife und nicht mit chemischen Waschmitteln gewaschen. Er benutzte drei Kopfkissen und wickelte sich aus Angst, sich zu erkälten, jedesmal sorgfältig in die Bettdecke ein. Doch bei all seiner Ängstlichkeit kam er uns jedesmal zu Hilfe, wenn wir ihn brauchten. Und selbstverständlich war sein Name bei jeder Bank kreditwürdig.
Rosenwald und Leidesdorf gelang es dann auch als ersten, die Banken in New York und später in den ganzen Vereinigten Staaten dazu zu bewegen, uns die gewünschten fünfundsiebzig Millionen Dollar zu leihen. Dadurch wurden wir von der allmorgendlichen Qual erlöst, das nötige Geld auftreiben zu müssen, um bis zum Abend eine Schuld zu begleichen.
Die größte Bank in den Vereinigten Staaten war damals die *Bank of America.* Rein zufällig machte ich die Bekanntschaft mit ihrem Präsidenten. Als die anglo-amerikanische Untersuchungskommission 1946 Palästina besuchte, lernte ich eines ihrer führenden Mitglieder kennen, Bartley Crum, einen katholisch-republikanischen Juristen aus San Francisco. (Später schrieb er *The Silken Curtain,* ein Buch, in dem beschrieben wird, wie die britische Mandatsverwaltung Außenseiter daran hinderte, hinter diesen ›Vorhang‹ zu gelangen und die wahre Situation in Palästina kennenzulernen.) Als ich die *Hagana*-Vertretung in New York leitete, fuhr ich nach San Francisco, um ihn zu besuchen, und lernte auch seinen Partner, Philip Ehrlich, kennen, einen jüdischen Rechtsanwalt, der die *Bank of America* vertrat. Etwa ein Jahr später saß ich in einem Boot in Tiberias, am Ufer des Sees Genezareth, als ich zwei Männer daherkommen sah. Obwohl ich Arbeitskleidung trug, eilte ich impulsiv auf die beiden Touristen zu und begrüßte den einen – ähnlich wie Stanley mit seinem: »Doktor Livingstone, wie ich annehme« – mit einem freudigen »Mr. Ehrlich!«. Im ersten Augenblick erkannte er mich nicht, doch dann erneuerten wir unsere Bekanntschaft aufs herzlichste. Der Mann, den er begleitete, war zufälligerweise der Leiter der *Bank of America,* und mit der Vorstellung klappte es besser, als wenn ich im Frack angetreten wäre. Die Fischerboot-Atmosphäre verlieh der Begegnung Farbe und machte sie interessant. Als ich 1952 in die Vereinigten Staaten zurückkehrte, erhielten wir zum erstenmal beträchtliche Darlehen von

der *Bank of America.* Ich gefalle mir in dem Gedanken, daß unsere legere Bekanntschaft am Ufer des Sees Genezareth etwas dazu beigetragen hat.

Das war jedoch nicht das einzige Mal, daß der Zufall mir zu Hilfe kam. Im Jahre 1950 waren wir eines Tages am Tiefpunkt angekommen. Wir brauchten verzweifelt zwanzig Millionen Dollar, und zwar binnen achtundvierzig Stunden. Die Regierung der Vereinigten Staaten hatte uns diese Summe zugesagt, doch die Mühlen der Bürokratie mahlen langsam, und wir brauchten das Geld schnell. Ich saß im Flugzeug von New York nach Washington, als ich bemerkte, daß zufällig Averell Harriman auf dem Sitz vor mir saß, damals Direktor der *Mutual Security Agency.* Ich hatte Harriman kennengelernt, als er ein Jahr zuvor Israel besucht hatte, und ihn ein- oder zweimal durch Freunde, die für ihn arbeiteten, wiedergetroffen, war jedoch damals nicht regelrecht mit ihm befreundet. Trotzdem brauchten wir das Geld, und so näherte ich mich ihm und fragte: »Mr. Harriman, gestatten Sie, daß ich mich neben Sie setze und Ihnen von meinen Schwierigkeiten erzähle?« Ich berichtete ihm von den zwanzig Millionen und warum wir ohne sie verloren seien. Zwar nicht am nächsten Tag, aber doch noch rechtzeitig genug erhielten wir das Geld. Wieder einmal gerettet!

Neben meinen Versuchen, das Staatsschiff flottzuhalten, war ich auch noch daran interessiert, unserer heimischen Wirtschaft zu helfen, indem wir uns des amerikanischen ›Know-how‹ bedienten. Bei einem meiner Flüge in die Heimat traf ich Moshe und Ruth Dayan. Ruth hatte für die *Jewish Agency* gearbeitet und Frauen in den Siedlungen von Neueinwanderern dazu gebracht, sich mit Sticken und Weben von Stoffen und Teppichen nützlich zu machen. Einige Muster davon hatte sie an Läden in die Vereinigten Staaten geschickt, doch mit mäßigem Erfolg, obgleich es sich um interessante Arbeiten handelte. Ruth schüttete mir ihr Herz aus. Als ich wieder in Washington war, sorgte ich deshalb dafür, daß sie im Auftrag des UJA in die Staaten kam und sich dort von einem Werbefachmann beraten ließ. Sie kam in die Vereinigten Staaten, trat zum erstenmal in ihrem Leben öffentlich auf und war so erfolgreich, daß ihre Reise vollständig gerechtfertigt war. Sie verdiente so gut, daß ihre Ausgaben bald gedeckt waren. Es war tatsächlich ein großer Erfolg. Am letzten Tag kam sie nach Washington, und ich fuhr sie hinaus nach Mount Vernon, um ihr George Washingtons Haus zu zeigen. Auf der Hinfahrt fragte ich sie, ob sie mit dem Werbefachmann über ihre Teppiche gesprochen habe. »Nein«, sagte sie, »dazu hatte ich einfach keine Zeit.« Ich hatte mit Mühe diese Reise arrangiert und die Verabredung mit dem Marketing-Experten getroffen, um ihr bei ihrer Arbeit zu helfen, und sie hatte Zeit für alles andere gehabt, nur nicht dafür! Ich verlor meine Selbstbeherrschung, mit der es ohnehin nicht weit her ist, und schlug ihr aufs Knie. Ruth brach in Tränen aus und sprach den ganzen Weg zurück nach Washington kein Wort mehr mit mir.

Ein Jahr später – der Zwischenfall war vergessen – trafen wir mit dem Direktor des US-Hilfsprogramms, Bruce McDaniel, zusammen, der fünftausend Dollar für den Ankauf von Wolle und anderem Material zur Verfügung stellte. Die regierungseigene *Maskit Company* wurde gegründet, und in den ersten paar Jahren fungierte ich dort als Aufsichtsratsvorsitzender. Ruth hatte mit den Maskit-Kunsthandwerks-Produkten – Teppichen, Tüchern, Röcken, Töpferwaren und Schmuck – einen weltweiten Erfolg. Maskit spielte vor allem in den fünfziger Jahren, als Massen von Einwanderern ins Land strömten, eine immens wichtige Rolle: Es bot Arbeitsplätze und lehrte die Einwanderer, ihre handwerkliche Tradition auf moderne Designs anzuwenden.

Nach anderthalb Jahren Washington fand ich, daß meine Aufgabe dort erfüllt sei, und ich beschloß, nach Harvard zu gehen und dort Wirtschaftswissenschaften zu studieren. Ursprünglich hatte ich vorgehabt, mich zwei Monate lang für die Sommerkurse einschreiben zu lassen, und hoffte, daß man mich für ein einjähriges Studium annehmen würde, falls die Ergebnisse zufriedenstellend seien. Zensuren waren mir nicht besonders wichtig, und ich hatte auch keine klaren Pläne für die Zukunft. Ich hatte nur einfach das Gefühl, daß ich nach all dem Auf und Ab meines bisherigen Lebens ein Anrecht auf ein Jahr Studium hatte. Tamar und ich mieteten ein Apartment in Brookline, Massachusetts, und Amos wurde dort eingeschult. Doch alles, was aus diesem Plan wurde, war ein wunderbarer Urlaub, einer der wenigen, die Tamar und ich jemals genommen hatten. Wir waren zwei Wochen unterwegs, fuhren zunächst von Washington aus gen Süden und dann nach Norden. Kaum war ich in Boston angekommen, als Ben-Gurion an mich herantrat. Er wollte, daß ich sofort nach Israel zurückkäme und Chef des Ministerpräsidentenamtes würde. Lange stritt ich mich am Telefon mit ihm herum. Ich wollte einfach noch nicht zurück, und Tamar bestärkte mich darin. Es dauerte ein paar Tage, doch schließlich überzeugte mich Ben-Gurion, daß persönliche Neigungen hintangesetzt werden müssen, wenn ein Staatsoberhaupt eine Bitte ausspricht. So kehrten wir nach Jerusalem zurück.

8

»Was macht ihr hier?«

Im Sommer 1952 wurde ich Chef des Ministerpräsidentenamtes, das damals etwas ganz anderes war, als es heute ist. Zu diesem Büro gehörten viele Abteilungen, die nichts miteinander gemein hatten außer der Tatsache, daß sie nicht zu irgendeinem anderen Ministerium gehörten. Darunter fielen unter anderem: der Rundfunk, das Statistische Amt, die Regierungsdruckerei, der Forschungsrat, der Geheimdienst, das Presseamt, die Staatsdienstkommission, das Amt des Beraters für Arabische Angelegenheiten. Außerdem fungierte das Ministerpräsidentenamt als Koordinator zwischen den anderen Ministerien.

Ben-Gurion interessierte sich kaum oder gar nicht für einige der Abteilungen, die seinem Büro angeschlossen worden waren, und manche waren völlig mir überlassen. Einmal im Jahr mußte er in der Knesset die Haushaltsrede halten und die Aktivitäten seines Amtes erklären. Das war die einzige Rede, die wir jemals für ihn schrieben. Und selbst dann pflegte er noch die meisten Punkte zu streichen und nur über das zu sprechen, was ihn interessierte: Verteidigung, Außenpolitik, Einwanderung, Erziehung, wissenschaftliche Entwicklung, Besiedelung des Negev und die Juden in aller Welt. Für das Statistische Amt interessierte er sich genauso wenig wie für die Touristikabteilung, die wir später aufzogen, und auch den Rundfunk überließ er mit Freuden anderen. Der Geheimdienst *(Mossad)* war mir nicht unterstellt; sein Leiter war Ben-Gurion direkt verantwortlich. Nur zwei der ständigen Abteilungen, die ich leitete, interessierten Ben-Gurion wirklich: der ›Forschungsrat‹ und das Projekt ›Wissenschaftliche Übersetzungen‹. So kam es, daß ich oft an Ben-Gurion herantrat und sagte: »Ich habe dies und das vor«, woraufhin er zu sagen pflegte: »Mach's!« Er erkundigte sich nie nach Einzelheiten, gab mir freie Hand und unterstützte mich, falls nötig. Sein enormes Prestige machte es uns möglich, sehr viel zu schaffen.

Nur eine begrenzte Zahl von Menschen stand Ben-Gurion wirklich nahe. Yitzhak Navon – im Mai 1978 zum fünften Staatspräsidenten gewählt – wurde sechs Wochen nach mir in das Ministerpräsidentenamt berufen und wurde Ben-Gurions Sekretär. Navon hatte eng mit Außenminister Sharett zusammengearbeitet, der froh war, seinen eigenen Mann im Büro des Ministerpräsidenten zu haben, doch Yitzhak entwickelte sich zu einem völlig loyalen Anhänger Ben-Gurions. Nehemya Argov, ein Gründungsmitglied von Ein Gev, war Ben-Gurions Sekretär für militärische Angelegenheiten. Er stand Ben-Gurion von allen am nächsten. Was Ben-Gurion sagte, war für ihn Gesetz; Nehemya stellte niemals Fragen. Ich glaube, daß ich mehr mit Ben-Gurion stritt als andere, aber im allgemeinen nahm er mir das nicht übel.

Ein weiterer Faktor in unserer Beziehung war seine Ehefrau. Paula war eine bemerkenswerte Frau, die mich auf Anhieb mochte und Tamar eigentlich noch mehr. Paula und ich kamen gut miteinander aus, wenn es auch nicht immer leicht war. Was ich an ihr nicht mochte, war ihre »Schnorrerei« (oder das Bitten um Spenden), obwohl ich doch selbst »schnorrte« und eine gewisse Begabung für diese Kunst entwickelt hatte. Trotzdem ist es etwas anderes, wenn es die Frau eines Ministerpräsidenten tut. Paula war ständig damit beschäftigt, Gelder etwa für die Organisation der Pionier-Frauen oder andere gute Zwecke aufzutreiben, was zuweilen etwas peinlich sein konnte. Paula wußte über alles Bescheid – hauptsächlich aufgrund ihrer bemerkenswerten Intuition, zuweilen auch, weil Ben-Gurion es ihr erzählt hatte. Außerdem pflegte sie jeden abzufangen, der aus Ben-Gurions privatem Arbeitszimmer herauskam, und auszufragen, worüber man gesprochen hätte. Manchmal war sie auch bei den häufigen Gesprächen in Ben-Gurions Wohnung dabei. Sie war die selbsternannte Friedensstifterin zwischen Ben-Gurion und Levi Eshkol, Pinhas Lavon und anderen, und bisweilen hatte sie darin sogar Erfolg, zumindest

vorübergehend. Sie brüstete sich damit, eine bessere Menschenkenntnis zu besitzen als Ben-Gurion, und zweifellos hatte sie ein schärferes Auge für die Charaktereigenschaften eines Menschen. Ben-Gurion bewies nicht immer eine glückliche Hand in der Wahl seiner Mitarbeiter. Selbstverständlich wurden viele nicht von ihm selbst ausgewählt. Sie wurden ihm von der Partei, der Armee oder durch die Umstände aufgenötigt. Aber er war wirklich kein guter Menschenkenner, was vielleicht daran lag, daß ihn Menschen weniger interessierten als abstrakte Probleme. Manchmal fühlte er sich zu Persönlichkeiten hingezogen, die kaum etwas beizutragen hatten, und oft erwiesen Paulas Warnungen sich als richtig. Sie hielt mit ihrer Meinung nie hinterm Berg, nahm nie ein Blatt vor den Mund und sagte den Menschen ihre ungeschminkte Meinung ins Gesicht. Letzten Endes nahmen es alle mit mehr oder weniger Anstand hin. Außerdem pflegte sie einem sehr persönliche Fragen zu stellen: »Warum haben Sie keine Kinder? Was für einen Lohn zahlen Sie Ihrem Dienstmädchen? Wieviel haben Sie für dieses Kleid bezahlt? Warum haben Sie soundso nicht zu sich eingeladen?« – und erstaunlich oft erhielt sie eine Antwort auf diese Fragen. Paula war ehrlich und weder boshaft noch sonderlich darauf aus, sich selbst ins Rampenlicht zu rücken. Ihr kam es darauf an, die Wahrheit zu erfahren – sowohl um ihrer selbst willen als auch um Ben-Gurion zu helfen. Dennoch brachte sie Menschen oft in Verlegenheit.
Paula kümmerte sich intensiv um Ben-Gurions persönliches Wohlergehen. Sie bestimmte seine Diät, sorgte dafür, daß er sich ausruhte, und schirmte seine Siesta gegen Störungen ab. Wenn jemand spät abends noch anrief, mußte sie genau erfahren, worum es ging; und solange sie nicht überzeugt war, daß die Angelegenheit wirklich wichtig war, weckte sie Ben-Gurion nicht. Doch trotz ihrer festen Überzeugungen gab sie letztlich immer nach. Sie war schon die ideale Frau für Ben-Gurion. Die Tatsache, daß Tamar und ich gut mit Paula auskamen, hat mir vieles erleichtert. Ben-Gurions Sekretäre wachten eifersüchtig über seine Zeit, und man konnte nicht immer einfach an seine Bürotür klopfen und hineingehen. Ich konnte jedoch Ben-Gurion zu Hause aufsuchen und mich mit ihm beraten, wenn sein Büro überfüllt war.

Trotz der ›Wachen‹ vor Ben-Gurions Tür ging es im Büro des Ministerpräsidenten betont zwanglos zu. Kurz nach meinem Amtsantritt zerbrach ich die Glasplatte auf meinem Schreibtisch; ich hatte mit der Faust auf den Tisch gehauen, weil meine neue Sekretärin, Shoshana Fiedler, mich hartnäckig ›Herr Kollek‹ nannte. So setzte sich die Gepflogenheit durch, sich mit Vornamen anzureden. Ben-Gurion seinerseits trug zu dieser Atmosphäre der Zwanglosigkeit bei, da er Menschen gern aufzog. Wenn jemand sein Büro betrat, blickte er den Betreffenden forschend an, obwohl er genau wußte, was dieser von ihm wollte, und fragte: »Was machen Sie hier?« (als wollte er sagen: »Was machen Sie hier *wirklich*?«) Warum er das tat, war mir nie ganz klar. Vielleicht war er in Gedanken in einer anderen Welt gewesen, und das Hereinkommen eines Besuchers brachte ihn auf die Erde zurück. Sein innerer Kreis gewöhnte sich an diese Eigenheit, doch andere nahmen ihm das manchmal krumm: »Was will er damit sagen? Er weiß doch genau, wer ich bin und warum ich hier bin. Warum fragt er einen so was?«
Gelegentlich kam Ben-Gurion in mein Arbeitszimmer, wenn ich mit Leuten etwas besprach, und fragte: »Nu, ist das Buch angekommen?« Ich zeigte ihm dann, was vor kurzem eingetroffen war, woraufhin er einen Blick darauf warf und sagte: »Und was noch? Was gibt's Neues, Teddy? *Was macht ihr hier*?« Erklärte ich ihm dann zum Beispiel, daß wir uns mit Landschaftsgestaltung beschäftigten, sagte er: »Wirklich? Was verbessert ihr daran?« Ich erklärte ihm dann dieses oder jenes, woraufhin er sagte: »Wirklich? Sehr wichtig! Was macht ihr sonst noch?« Sagte ich dann: »Wir erwarten jeden Moment den Berater für arabische Angelegenheiten ...«, antwortete er mir mit einer wegwerfenden Handbewegung. Seiner Meinung nach war es hoffnungslos, die Araber in Israel als ein Sonderproblem zu behandeln, da er das Problem immer im Zusammenhang mit der Situation in den umliegenden arabischen Ländern sah. Er sah die israelischen und die übrigen Araber nicht als von einander zu trennende Themenkreise wie so viele andere. Also fragte ich ihn: »Möchtest du einen Kaffee, BG?« Woraufhin er fragte: »Warum bist du so dick?« – »Weil ich so gern esse! Sieh dir doch deinen Sekretär Yitzhak an, der ist auch dick.« – Daraufhin Ben-Gurion: »Das stimmt. Ihr seid beide Freßsäk-

ke! Ihr eßt zuviel. Man sollte täglich nur zwei Mahlzeiten zu sich nehmen, nicht drei. Und warum gehst du nicht spazieren?« – »Ich habe zuviel zu tun, ich kann es mir nicht leisten spazierenzugehen.« Woraufhin Ben-Gurion mir offen ins Auge schaute und sagte: »Was hast du denn zu tun? Was treibst du überhaupt den ganzen Tag? Wozu brauchst du diese vielen Telefone? Was liegt denn an? Was tust du hier?« All das kam leicht humorvoll und verschmitzt, ein wenig deshalb, weil er gern Leute auf den Arm nahm, zum anderen aber auch, weil er wirklich gern wissen wollte, was vorging. Es war jedenfalls nie böse gemeint.

Nachdem ich eine Zeitlang im Ministerpräsidentenamt gearbeitet hatte, wurde mir nach und nach klar, daß wir nicht nach Ein Gev zurückkehren würden. Es war weder für Tamar noch für mich leicht, uns zu dieser Einsicht durchzuringen. In Ein Gev fühlte ich mich wirklich zu Hause. Als wir den Kibbuz gründeten, war ich überzeugt, den Ort gefunden zu haben, wo ich den Rest meines Lebens zubringen würde. Ein Gev war atemberaubend schön, und es war durchaus eine Leistung, Ödland zu besiedeln und es zum Blühen zu bringen, ganz von vorn anzufangen, Bäume zu pflanzen und Häuser zu bauen – und all das unter gefährlichen Bedingungen an der Grenze. Auf dieses Ziel war unsere ganze Ausbildung gerichtet gewesen, das war es, was wir hatten schaffen wollen. Zugleich konnten wir zwischen dem See und den Bergen die Ruhe der Natur genießen. All das floß zu einem schwer zu beschreibenden Gefühl zusammen; ich glaubte, daß ich nach Ein Gev gehörte. Einmal, noch während des Zweiten Weltkrieges, war ich mit einem anderen Mitglied des Kibbuz in die nahegelegenen Berge geritten, und wir hatten uns dabei unsere geheimsten Gefühle anvertraut. Das war noch vor der Schlacht bei El Alamein gewesen, als die Deutschen in Afrika noch auf dem Vormarsch waren, und wir erwarteten, daß die Araber sich auf ihre Seite schlagen würden. Die Italiener standen in Syrien, und die Zukunft unseres Kibbuz sah trübe aus. »Was auch geschehen mag«, versicherten wir einander, »weglaufen werden wir nicht. Das hier ist unser Zuhause. Niemand wird uns von hier vertreiben. Wenn es das Ende ist, ist es das Ende; aber jedenfalls hier!« Dies waren die Gefühle, die ich für Ein Gev hegte.

Sich von Ein Gev zu lösen war ein schrittweiser Prozeß. Während des Krieges hatte ich die verschiedensten Aufgaben übernommen und den Kibbuz für längere oder kürzere Zeit verlassen, um jedoch jedesmal wieder dorthin zurückzukehren. Diese periodischen Abwesenheiten zogen sich über mehr als ein Jahrzehnt hin, von 1940 bis 1952, doch niemals war mir der Gedanke gekommen, es könnte einmal einen endgültigen Abschied von Ein Gev geben. Tamar war meistens in Ein Gev geblieben und hing womöglich noch mehr an dem Kibbuz als ich. Ich war nicht sonderlich erpicht auf körperliche Arbeit, scheute mich aber auch nicht davor. Wenn es darum ging, Sandsäcke zu schleppen, konnte ich es mit jedem anderen aufnehmen. Genauso war es bei der Arbeit mit den Booten. Und ganz gewiß war ich stets bereit, Wache zu schieben und ähnliche Aufgaben zu übernehmen. Aber körperliche Arbeit hat mich im Gegensatz zu Tamar nie sonderlich gereizt. Außerdem zogen mich mehr und mehr Dinge an, die über den Horizont von Ein Gev hinausgingen. Eine lange Zeit hindurch drückte sich dieser Reiz auf die umgekehrte Weise aus; viele Leute, die sonst gewiß nie nach Ein Gev gekommen wären, kamen dorthin, um mich zu besuchen, was wiederum dem Kibbuz zugute kam. Trotzdem spürte ich, daß ich mich nicht mehr so für Ein Gev einsetzte, wie es hätte sein sollen. Meine Mitgliedschaft war mehr theoretischer als praktischer Natur, und ein Kibbuz ist nun mal kein Klub, in dem man seinen Beitrag bezahlt oder mal für einen Tag arbeitet und trotzdem als vollwertiges Mitglied gilt. Meiner Meinung nach machen sich viele Kibbuzniks in wichtigen Stellungen oder Staatsämtern etwas vor, wenn sie ganz in ihrer Arbeit aufgehen und dann am Wochenende in ›ihren‹ Kibbuz fahren – und das konnte ich nicht. Gelegentlich war ich drauf und dran, alles hinzuwerfen und in Ein Gev zu bleiben. Aber irgendwie schaffte ich das nie. Ich tat, was meine jeweilige Aufgabe von mir verlangte – genauso wie heute noch.

Also mußte ich mich entscheiden. Für Tamar war es womöglich noch schwerer, Abschied von Ein Gev zu nehmen. Für sie war die einzige Attraktion das Zusammensein mit mir, zu dem Leben, das ich gewählt hatte, fühlte sie sich nicht besonders hingezogen. Für mich war es die Aufgabe, die zählte. Sonderlich ehrgeizig war ich nicht, aber ich wollte das tun, wozu ich meiner Meinung nach geeignet war. Das bedeutete mir mehr als meine persönliche Befriedigung oder ein stilles, angenehmes Leben. Nach einem oder zwei Jahren im Ministerpräsidentenamt wußte ich, daß ich nicht nach Ein Gev zurückkehren würde. Der Gedanke an die Rückkehr in den Kibbuz war nur ein Traum.

Als ich meine Stellung antrat, hatte ich das Gefühl, daß die Regierung die Zügel nicht wirklich in der Hand hatte. Von Anfang an war die israelische Verwaltung nichts weiter als ein lockerer Zusammenschluß von verschiedenen ›Feudalherrschaften‹. Zwar kamen die Probleme bei den Kabinettssitzungen zur Sprache, und die Gesetze wurden durch die Knesset (das Parlament) verabschiedet, aber die Leitung der Ministerien und ihrer Projekte war vollständig abhängig von der Haushaltsplanung, die im Finanzministerium vorgenommen wurde. In den Vereinigten Staaten gehörte das ›Budget Office‹ zum Weißen Haus, und durch das Budget oder den Haushalt kann der Präsident die Politik bestimmen, während dem Finanzminister immer noch weitreichender Einfluß und viel zu tun bleibt. Ich machte Ben-Gurion den Vorschlag, dieses System zu übernehmen und die Haushaltsplanung dem Büro des Ministerpräsidenten einzugliedern. Er war jedoch nicht ganz überzeugt. Ben-Gurion lebte in dem Glauben, daß von ihm getroffene Entscheidungen einfach ausgeführt werden müßten. Im Grunde hatte er keine Ahnung davon, wie die Regierungsmaschinerie wirklich arbeitet. Trotzdem berief er eine Sitzung mit Finanzminister Levi Eshkol und einigen anderen ein und gab mir die Gelegenheit, den Versuch zu machen, sie zu überzeugen.

Selbstverständlich wußte ich, daß ich keine Chance hatte, einen Kabinettsminister davon zu überzeugen, einen Teil der Macht seines Ministeriums aus der Hand zu geben. Immerhin, es wurde abgestimmt, und das Ergebnis war wie vorauszusehen; die Haushaltsplanung blieb beim Finanzministerium, und die Ministerpräsidenten von Israel haben auch weiterhin außer über Außenpolitik und Verteidigung wenig echte Regierungsgewalt. Jedenfalls sind nicht sie es, die Prioritäten setzen, wenn es um soziale Fragen, um Erziehung oder urbanistische Probleme geht.

Einige von den Bereichen, in denen ich Ben-Gurion zur Hand ging, gehörten ursprünglich nicht zu seinem Büro. Zum Beispiel der Be-

Teddy und Osnat

Oben: Teddy zusammen mit Ministerpräsident David Ben-Gurion und Stabschef Moshe Dayan

Links: Teddy mit Paula Ben-Gurion (Foto Isaac Berez)

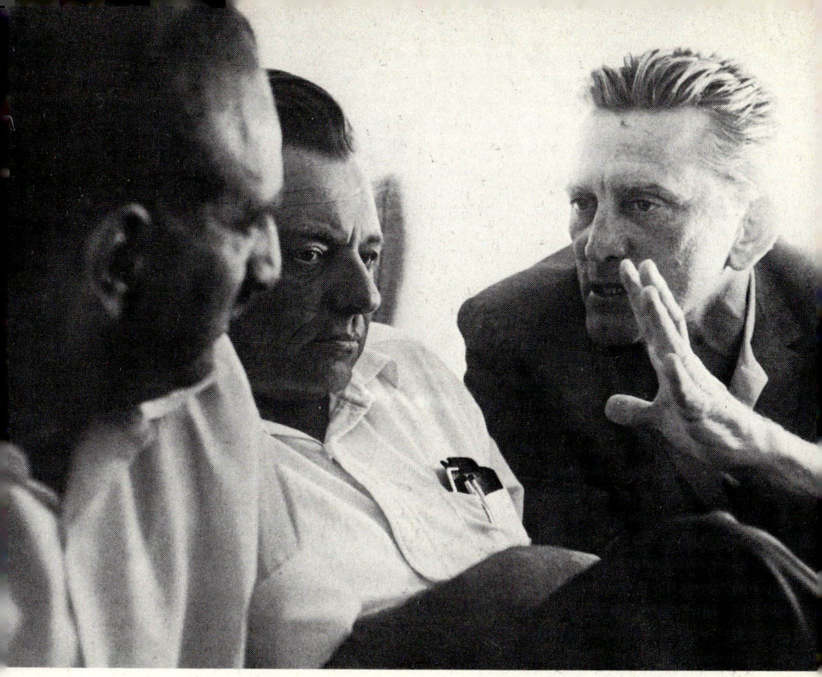

Oben: Zwischen dem äußerst angespannten Kirk Douglas und »Memi« de Shalit ein unbewegter Teddy in der Kabine einer El-Al-Maschine (Foto Zinn Arthur)
Unten: Danny Kaye erholt sich in Teddys Arbeitszimmer, während dieser mit Chaim Topol spricht (Foto Y. Barzilay)

Oben: Teddy gratuliert Ministerpräsident Eshkol zu seiner Hochzeit mit Miriam (im Hintergrund)

Links: Plakate für die Wahl zur Stadtverordnetenversammlung von Jerusalem. Der Slogan auf den Plakaten für Teddy lautet: »Um unserer Stadt willen – helfen Sie Teddy!«

reich ›Kontakt mit den Juden in aller Welt‹, in dem ich Erfahrungen hatte. So half ich bei der Formulierung eines wichtigen Übereinkommens mit dem nichtzionistischen *American Jewish Committee* und seinem Vorsitzenden, Jacob Blaustein, den ich gut kannte. Das *American Jewish Committee* an sich war nur eine kleine Gruppe, doch spiegelte es die Gefühle einer großen Anzahl von Juden wider, die zwar proisraelisch eingestellt, aber keine Zionisten waren. Bei Zusammenkünften mit Blaustein erarbeiteten wir eine Formel über das Hauptproblem, über das die Meinungen auseinandergingen: Israel würde nicht den Versuch unternehmen, sich in die inneren Angelegenheiten der amerikanischen Juden einzumischen, und vertrat nicht die Auffassung, daß die Juden Amerikas dem Staat Israel nationale Loyalität schuldeten. Es waren immer wieder Vorwürfe laut geworden, israelische Kabinettsminister oder Vertreter der *Jewish Agency* hätten versucht, ungerechtfertigt Einfluß auf das amerikanische Judentum zu nehmen, und eine Versöhnung war dringend nötig. Das volle Vertrauen wirklich aller amerikanischen Juden zu erlangen war immer eines von Ben-Gurions Hauptzielen gewesen. Die Zionistische Bewegung hingegen meinte, nicht alle Juden, sondern nur die Zionisten sollten Partner Israels sein. Damit waren weder Ben-Gurion noch ich einverstanden. Eine seiner größten Auseinandersetzungen führte Ben-Gurion mit Rabbi Abba Hillel Silver über die Rolle der jüdischen Diaspora für Israel. Ben-Gurion vertrat die Ansicht, daß die Diaspora nicht über die israelische Politik zu entscheiden hätte; nur die in Israel Lebenden könnten Entscheidungen für das Land treffen. Er kämpfte verbissen um die Durchsetzung dieser Politik, und am Ende waren seine Bemühungen von Erfolg gekrönt.

Ich hatte auf den verschiedensten Ebenen mit amerikanischen Juden zu tun und versuchte, die unterschiedlichsten jüdischen Gruppen zu bewegen, nach Israel zu kommen und mit uns zusammenzuarbeiten. Einer der Semi-Jerusalemiten, die ich besonders gern mochte, war Nelson Glueck, Präsident des Hebrew Union College in Cincinnati und ein bedeutender Archäologe. Glueck war während des Zweiten Weltkrieges in Palästina gewesen, hatte dort die American School of Archeology geleitet und war auf den Spuren der Nabatäer viel in der Wüste umhergezogen. Er war der erste, der die genaue Lage von Et-

zion Gever bestimmte, König Salomons Hafen in der Nähe des heutigen Hafens Eilat. In den frühen fünfziger Jahren kam er auf den Gedanken, in Jerusalem ein archäologisches Institut aufzubauen, das mit dem Hebrew Union College verbunden werden sollte. Ich schlug vor, ein Rabbiner-Seminar zu gründen und jeden angehenden Reformrabbiner vor seiner Ordination zu verpflichten, ein Jahr in Jerusalem zu verbringen. Es gelang mir, nicht weit vom King-David Hotel eines der schönsten Grundstücke der Stadt mit Blick auf das Jaffa-Tor zu besorgen. Die Reformbewegung beauftragte einen begabten Architekten, Arthur Rau, eines der schönsten Gebäude der Stadt zu planen. Das Institut wuchs – es wächst immer noch – und wurde zu einem hervorragenden Zentrum archäologischer Studien. Zuletzt faßte man in der Reformbewegung tatsächlich den Entschluß, daß jeder angehende Rabbiner vor Abschluß seiner Studien ein Jahr in Jerusalem zubringen solle. So wurde sowohl Nelsons Traum von einem Archäologischen Institut als auch unsere gemeinsame Idee von dem Jerusalem-Jahr der Reform-Rabbiner Wirklichkeit.
In den ersten Jahren im Ministerpräsidentenamt beschäftigte ich mich auch mit dem technischen Hilfsprogramm der Amerikaner und der UNO, mit dem ich schon seit meinen Washingtoner Tagen vertraut war. Wir erhielten Hilfe sowohl vom *Point-Four*-Programm des US-Außenministeriums als auch durch das UNO-Programm für Technischen Beistand. Den technischen Hilfsprogrammen war in vielen Ländern kein sonderlicher Erfolg beschieden, meiner Meinung nach vornehmlich deshalb, weil immer der Spender darüber entschied, was der Empfänger brauchte, und sich naturgemäß häufig irrte. Wir jedoch wußten, was wir wollten, und baten dezidiert darum. Die Wirtschaftshilfe ging Jahr für Jahr im selben Umfang und nach strengen Richtlinien weiter. Wir mußten Haushaltspläne vorlegen und unsere Bedürfnisse nachweisen. Zwar gab es Kontrollen, doch wurden keinerlei politische Verpflichtungen daran geknüpft. Die einzigen Beschränkungen waren wirtschaftlicher Natur: Das Geld sollte möglichst gewinnbringend ausgegeben werden.
Eine der faszinierendsten Ideen, die während der Regierung Eisenhowers konzipiert wurden, war das Bewässerungsprojekt für das Jordantal, das hauptsächlich Jordanien und Israel, bis zu einem gewissen

Grade jedoch auch den Libanon betraf. Die Grundidee hinter dem ganzen Projekt war die Hoffnung, daß der Frieden sich quasi von allein einstellen würde, sobald es gelang, die Arava, das untere Jordantal, auf beiden Seiten der israelisch-jordanischen Grenze zu bewässern und zu besiedeln. Das war eine amerikanische Idee, und die Vereinigten Staaten waren bereit, das nötige Geld für dieses Projekt aufzubringen, das uns helfen und in Jordanien eine stabilisierende Wirkung ausüben sollte.

Eric Johnston, der Vorsitzende der US-Handelskammer und spätere Vorsitzende der *American Motion Picture Association* (Verband der amerikanischen Filmindustrie), wurde beauftragt, sich mit dem Plan zu befassen. Er kam zusammen mit einer Anzahl von Wasserexperten nach Israel. Johnston besuchte Israel einige Male (1953 und 1954) und reiste dann nach Jordanien. Monatelang zogen sich die Verhandlungen hin, und Johnston pendelte zwischen Israel und Jordanien hin und her. Es gab endlose Streitereien über Volumen und Speicherung, über den zu erwartenden Wasserverlust des Hule-Sees im nördlichen Galiläa durch Verdunstung und über die Frage, ob das gespeicherte Wasser uns oder den Jordaniern gehören würde. Jede kleine Quelle wurde vermessen. Am Ende fiel das Projekt buchstäblich ins Wasser, als Johnston an Nasser herantrat, der kategorisch Einspruch dagegen erhob. Wir waren außer uns vor Empörung. »Was hat denn Nasser damit zu tun?« fragten wir. »Der Jordan gehört doch schließlich nicht zu Ägypten.« Aber die Amerikaner konnten die Jordanier nicht dazu bewegen, ohne ägyptische Billigung weiterzumachen. Das Ende vom Lied war schließlich, daß man uns beim Bau einer zentralen Wasserpipeline innerhalb Israels unterstützte, die Wasser vom Norden in die Negev-Wüste leitet; die Jordanier hingegen erhielten Geld, um ihr Land vom Yarmuk bis zum Toten Meer zu bewässern. Das gemeinsame Vorhaben jedoch, das nach und nach gewiß zu einer Minderung der Spannungen geführt hätte, wurde nie verwirklicht.

Die Initiative für die Beendigung des technischen Hilfsprogramms der USA ging von Israel aus. Wir hatten genug Wissen und fachliches Können erworben, und diejenigen Experten, die wir trotzdem noch brauchten, konnten nicht im Rahmen der technischen Hilfe verpflichtet werden, die ihre Leute nur bescheiden bezahlte. Was uns

noch zusätzlich bewog, auf weitere technische Hilfe zu verzichten, war das Auftauchen vieler neuer Staaten auf der Landkarte, insbesondere in Afrika. Wir glaubten, daß Experten und Gelder dort nötiger gebraucht wurden als bei uns. Zu der Zeit boten wir selbst bereits technische Entwicklungshilfe an. Beide Initiativen – Verzicht auf Hilfe und Ankurbelung unseres eigenen Entwicklungshilfeprogramms – wurden von den Amerikanern begrüßt.
Das US-Hilfsprogramm wurde 1961 abgeschlossen, und wir gaben ein großes Fest, um unserer Dankbarkeit Ausdruck zu verleihen. Sowohl die amerikanischen als auch die UNO-Beamten machten uns Komplimente für die wirksame Verwendung der empfangenen Hilfe. Die US-Hilfe war auf Landwirtschaft, Erforschung von Trockenzonen, hydrologische und industrielle Projekte sowie betriebswirtschaftliche Ausbildung konzentriert worden. Die UNO-Hilfe wurde unter anderem hauptsächlich für den Ausbau und die Kontrolle des Flugverkehrs verwendet; sie läuft – sowohl aktiv als auch passiv – in bescheidenem Rahmen noch heute weiter.
Doch der Empfang formeller Unterstützung auf Regierungsebene bildete nur einen Teil unserer Bemühungen auf wirtschaftlichem Gebiet. Wir versuchten, auch Geld aus anderen Quellen zu bekommen. Im Jahre 1954 wandten wir uns an die *Ford Foundation.* Präsident der *Ford Foundation* war Rowan Gaither, ein Rechtsanwalt aus San Francisco, ein sympathischer und kluger Mann, übrigens ein enger Freund von Barney Balaban. Ich trat an Balaban heran, und gemeinsam mit einem seiner Kollegen, Mendel Silberberg, erreichte er es, daß die *Ford Foundation* sich wohlwollend mit unserem Anliegen befaßte. Schließlich kam Balabans Assistent, Lou Novins, mit dem ich zusammengearbeitet hatte, als es darum gegangen war, die Unterstützung des Kongresses für unsere wirtschaftlichen Bedürfnisse zu bekommen, nach Jerusalem und schlug eine Vereinbarung vor, derzufolge wir jährlich einige hunderttausend Dollar bekommen sollten. Diese Gelder waren ursprünglich für landwirtschaftliche Forschung gedacht, doch wurden später auch soziale und bildungspolitische Projekte einbezogen. Dieses Übereinkommen stellte Israels ersten erfolgreichen Versuch dar, sich aus privaten, nichtjüdischen Quellen Mittel für Forschungsaufgaben zu verschaffen.

Ich habe meine Aufgabe in der *Hagana*-Vertretung weiter vorn als die eines ›Verkehrspolizisten‹ beschrieben. Jetzt jedoch fungierte ich in vieler Hinsicht als ›Notpfropfen‹ – als jemand, der an allen möglichen Stellen eingesetzt wird, wo immer es gerade notwendig ist. Das verlangte ein großes Maß an Flexibilität, was bisweilen nicht einfach war – aber nie langweilig. Eine meiner Aufgaben als Notpfropfen bestand darin, eine Art nationaler Gastgeber für wichtige ausländische Besucher zu spielen. So begleitete ich zum Beispiel Adlai Stevenson auf seiner Rundreise, als er nach seiner Niederlage gegen Eisenhower in der Präsidentschaftswahl des Jahres 1952 nach Israel kam.

Die meisten von uns waren sehr beeindruckt von dem, was sie über Stevenson gehört hatten; dabei hatte er uns als Präsidentschaftskandidat Sorgen gemacht. Wir hatten ihn nie für sehr entscheidungsfreudig gehalten. Die Zeit verlangte nach jener Mischung aus gesundem Menschenverstand und Stärke, wie sie Truman eigen gewesen war – selbstverständlich waren wir mehr für Truman –, doch war auch Stevenson sehr attraktiv in seiner präzisen Art, die Dinge beim Namen zu nennen, mit seinem Witz, seiner Intelligenz und seinen Anschauungen. Als er jedoch nach Israel kam, schien nichts zu klappen. Zum Beispiel begleitete ich ihn zu den vorläufigen Unterkünften der Hebräischen Universität (den Givat-Ram-Campus gab es damals noch nicht), damit er den Präsidenten der Universität, Professor Benjamin Mazar, kennenlernte. Durch die Fenster konnten wir über die nahegelegene Grenze hinweg den Scopus-Berg sehen, wo der ursprüngliche Campus lag, von dem wir seit dem Unabhängigkeitskrieg abgeschnitten waren. Mazar erklärte: »Da drüben haben wir unsere Bibliothek, unsere Bücher, unser Land – und das alles ist jetzt unerreichbar für uns.« Stevenson erwiderte: »Nun, so ähnlich werden wohl die Araber empfinden, wenn sie von ihrer Seite aus hierher herüberschauen.«

Ben-Gurion und Stevenson schienen keinen Zugang zueinander zu finden. Menschen aller Art aus allen Teilen der Welt waren tief beeindruckt gewesen, wenn sie Ben-Gurion kennengelernt hatten – von seiner Ausstrahlung, seinem Format, dem Charme, mit dem er biblische, politische und wissenschaftliche Elemente in der Unterhaltung vermischte. Stevenson saß da wie jemand, der widerwillig einem

Handelsvertreter zuhört. Er stellte spitze Fragen, die insgesamt von wenig Sympathie für Israel zeugten.
Stevenson befand sich am Ende einer ermüdenden Weltreise, der ein aufreibender und erfolgloser Wahlkampf vorausgegangen war, und nun ödeten wir ihn auch noch an. Wir fuhren mit ihm nach Eilat, und statt ihn baden und ausspannen zu lassen, schleppten wir ihn in die Timna-Kupferminen, wo es absolut nichts zu sehen gab. Aber wir waren nun mal so stolz auf das erste Bergwerk im Lande und darauf, daß wir genau dort Kupfer gefunden hatten, wo schon König Salomon Kupfer gefördert hatte, daß wir einfach nicht widerstehen konnten. Es war ein sengender, unerträglich heißer Tag, aber Stevenson war eiskalt. Es erschien unmöglich, auf irgendeine Weise mit ihm zu kommunizieren.
Bei seiner Abreise, als ich ihm ein kleines Geschenk (ein antikes jüdisches Öllämpchen) überreichte und wir uns über dessen historischen Hintergrund unterhielten, schien er bewegt und machte zum erstenmal einen freundschaftlichen Eindruck. Trotzdem war ich mehr als erstaunt, als ich ein paar Wochen später in New York wieder mit ihm zusammentraf. Das geschah in einem Aufzug im alten ›Savoy Plaza‹; Stevenson betrat die Kabine und rief: »Was für ein Glück! Ich habe gerade eben gehört, daß Sie angekommen sind, und die letzten beiden Stunden versucht, Sie aufzustöbern.« Wir gingen in sein Zimmer, und während er sich fürs Dinner umkleidete, erzählte er mir folgende Geschichte: Tags zuvor sei er auf Einladung von Außenminister John Foster Dulles in Washington gewesen. Dulles habe ihn nach den Eindrücken gefragt, die er von seiner Weltreise mitgebracht hatte, um dann ziemlich unvermittelt vorzuschlagen, daß beide politischen Parteien in einer Anti-Israel-Politik zusammenarbeiten sollten. Stevenson hatte das entschieden abgelehnt und wollte uns jetzt wissen lassen, was die Regierung vorhatte.
Ich war sehr überrascht über Stevensons Offenheit, zumal er dann noch fortfuhr und sagte, daß ihm nicht gefallen habe, was er in Israel gesehen hätte. Ben-Gurion, den vermutlich Stevensons Kälte erbost hatte, war während ihres Treffens ziemlich aggressiv gewesen. Im allgemeinen hatte Stevenson unser Selbstbewußtsein nicht gefallen. Er war ein bemerkenswert aufrichtiger Mann, meiner Meinung nach

jedoch zu sehr Theoretiker, um als Staatsmann oder Politiker Erfolg haben zu können. Trotz aller gegensätzlicher Auffassung fand ich ihn sehr attraktiv und liebenswert.
Ein weiteres Beispiel für die Vielfalt meiner Aktivitäten war die Rolle, die ich bei dem Erwerb der Schriftrollen vom Toten Meer spielte. Im Jahre 1954 wurden im *Wall Street Journal* in New York per Anzeige eine Reihe von Schriftrollen vom Toten Meer für 250000 Dollar zum Verkauf angeboten. Die ersten vier Schriftrollen hatte Professor Sukenik, Yigael Yadins Vater, kurz vor Israels Unabhängigkeit in Bethlehem für ein paar hundert Pfund von einem Antiquitätenhändler erworben. Der Rest war deshalb nicht gekauft worden, weil Sukenik einfach nicht die fehlenden wenigen Pfund gehabt hatte. Yadin war gerade in den Vereinigten Staaten, und es gelang ihm, von dem Papierfabrikanten Sam Gottesman einen Beitrag von 150000 Dollar zu bekommen. Auf Empfehlung von Sharett hin borgte ich die fehlenden 100000 Dollar vom israelischen Finanzministerium. Ich unterschrieb dem damaligen Finanzminister einen Schuldschein, in dem es hieß, daß ich für die Rückzahlung des Darlehens verantwortlich sei. Dann schickten wir Yadin das Geld. Als dann eine Zeitlang nichts geschah, sandte ich ihm ein Telegramm, das nur aus einem einzigen Wort bestand: »Nu?«
Yadin führte in New York lange und schwierige Verhandlungen mit dem Bischof der Assyrischen Kirche, der die Schriftrollen aus Jordanien mitgebracht hatte. Es gab auch noch viele andere Probleme: Wie würden die Jordanier reagieren? Und noch wichtiger: Waren die Schriftrollen überhaupt echt? Immerhin war es eine gewaltige Summe, die wir für etwas bezahlen sollten, dessen wir nicht ganz sicher waren. Yadin lief von einem Experten zum anderen, damit sie ihm halfen, zu einem Entschluß zu kommen, und all das brauchte seine Zeit. Doch schließlich trafen die Schriftrollen ein. Sie waren in Beuteln verpackt mit der Diplomatenpost angekommen, denn schon ihr Export war eine heikle Angelegenheit. Offenbar ging es zunächst einmal um die Frage, ob sie überhaupt legal aus Jordanien ausgeführt worden waren –; daß jüdische Schreiber sie im ersten nachchristlichen Jahrhundert auf hebräisch geschrieben hatten, interessierte dabei außer uns niemanden.

Wir brachten die Schriftrollen in das Arbeitszimmer von te'ef Sharef, damals Kabinettsekretär, und sie wurden geöffnet. Sharett und Präsident Yitzhak Ben-Zvi, selbst ein Gelehrter, gesellten sich dazu. Es war ein spannender Augenblick. Heute sind diese Schriftrollen auf dem freien Markt viele Millionen Dollar wert. Aber weit wichtiger: Es handelt sich um die bedeutendsten historischen und religiösen Dokumente des jüdischen Volkes, welche die Authentizität des christlich-jüdischen Glaubens bestätigen. Heute werden sie im ›Schrein des Buches‹, einem eigens dafür konzipierten, architektonisch sehr bemerkenswerten Bau des Israel-Museums in Jerusalem ausgestellt und kommen dort prachtvoll zur Geltung.
Jahre später stieß ich in einer Schublade irgendwo im Ministerpräsidentenamt auf ein handtellergroßes Stück Schriftrolle. Als ich es Yadin zeigte, war er entzückt und erleichtert. Es war das fehlende Stück der Schriftrollen vom Toten Meer, nach dem er jahrelang gefahndet hatte. Offenbar war es an dem Tag, als wir die Schriftrollen in Sharefs Büro aufmachten, heruntergefallen. Ein Geheimnis war damit gelöst. Doch einen Punkt gilt es bis heute zu klären: Rein juristisch gesehen, schulde ich dem Staat Israel immer noch 100000 Dollar.
Meine eigene Leidenschaft für Antiquitäten hatte ich schon einige Jahre vor dem Ankauf der Schriftrollen entdeckt. Da mein Vater Sammler gewesen war, kann es sein, daß ich in dieser Richtung schon von klein auf beeinflußt war. Auf jeden Fall stattete ich kurz nach meiner Rückkehr aus den Vereinigten Staaten einem wohlhabenden Sammler in Tel Aviv einen Besuch ab. Eisenhower war gerade gewählt worden, und ich kam auf die Idee, ihm im Namen der israelischen Regierung eine hebräische Münze zu schicken. (Bedell Smith hatte mir erzählt, daß Eisenhower gern etwas zum Spielen zwischen den Fingern habe.) In der Wohnung des Sammlers entdeckte ich eine Fülle von Münzen, Krügen und antiken Gläsern, und mein Interesse erwachte. Er gab mir einen *Schekel* für Eisenhower, und mir selbst schenkte er ein Glas aus dem ersten Jahrhundert. Das war der Anfang meiner Sammlung. Später kaufte ich immer, wenn ich nach Zypern kam, Altertümer für meinen Freund in Tel Aviv und mich selbst. Zu Anfang dachte ich nur daran, mir eine kleine Kollektion zuzulegen, vor allem, um für besondere Leute stets ein interessantes Geschenk

parat zu haben. Doch bald hatte mich die Sammlerleidenschaft gepackt. Sie hat mich bis heute nicht verlassen.
Obgleich es genaugenommen nicht zu meinem Aufgabenbereich gehörte, hatte ich auch weiterhin viel mit den Kontakten zu tun, die wir mit den Vereinigten Staaten pflegten. 1955, ein Jahr vor dem Sinai-Feldzug zum Beispiel, bemühten sich die Amerikaner um das Zustandekommen einer persönlichen Begegnung zwischen Ben-Gurion und Nasser, um einen Frieden zwischen Israel und Ägypten auszuhandeln. Am Ende des Unabhängigkeitskrieges hatten wir ein Waffenstillstandsabkommen mit den arabischen Staaten unterzeichnet; jetzt hofften die Amerikaner auf den Abschluß eines endgültigen Friedensvertrages. Es handelte sich um die Zeit kurz nach dem ersten ägyptisch-tschechischen Waffenlieferungsabkommen, durch das die Ägypter alarmierend große Schiffsladungen mit Waffen geliefert bekamen, um ihre Streitkräfte auszubauen. Die Amerikaner ließen uns wissen, Nasser sei jetzt zum Frieden bereit. Nachdem er von den Tschechen Waffen bekommen hatte, konnte er als Gleichgestellter und nicht als Unterlegener verhandeln. Die Vertreter der CIA in Ägypten – alle hohe Beamte – glaubten ihm (einer von ihnen, Miles Copeland, veröffentlichte später ein Buch, *The Real Spy World,* in dem er diese Episode ohne große Detailgenauigkeit beschrieb). Daher beschlossen Präsident Eisenhower, John Foster Dulles und Allen Dulles, eine größere diplomatische Initiative zu starten und herauszufinden, ob es eine Basis für die Aushandlung eines Friedens im Nahen Osten gäbe.
Um das Treffen zwischen Ben-Gurion und Nasser zu arrangieren, wählte der Präsident Robert B. Anderson, ehemals Marineminister und stellvertretender Verteidigungsminister, später Finanzminister und Eisenhowers persönlicher Kandidat für das Präsidentenamt. Es handelte sich um das erste Beispiel von Pendel-Diplomatie. Als Anderson in Israel landete (ironischerweise landete sein Flugzeug auf dem wenig bekannten Flugplatz von *Petach Tikvah* – ›Tor der Hoffnung‹), nahm ich mich seiner an. Wir wollten Andersons Mission geheimhalten, und ich kümmerte mich um den politischen Aspekt der Sache.
Wir besorgten Anderson eine Wohnung gegenüber vom Haus des

Ministerpräsidenten in Jerusalem, und er traf mit Ben-Gurion und Außenminister Sharett zusammen. Außerdem nahmen an diesen Begegnungen ich sowie der verstorbene Ya'akov Herzog teil, der Protokoll führte. Anderson flog zwischen Israel und Ägypten hin und her, wo er jeweils mit Nasser und mit Ben-Gurion zusammentraf. Auf Ersuchen des Präsidenten wurden diese Treffen selbst vor dem amerikanischen Botschafter geheimgehalten, und Anderson blieb nur mit dem Weißen Haus und John Foster Dulles in unmittelbarem Kontakt.

Die Atmosphäre bei diesen Zusammenkünften in Israel war herzlich. Für Ben-Gurion war es eine große Gelegenheit, mit einem Mann zusammenzutreffen, der direkt von Nasser kam. Anderson konnte ihm aus erster Hand über den ägyptischen Führer berichten, über seine Ideen und Denkweise. Ben-Gurion wollte so viel wie möglich über Nasser erfahren, sogar wie er aussah und wie er redete. Jetzt konnte er sich aufgrund der erhaltenen Informationen zum erstenmal ein Bild von seinem Gegner machen, und darauf konzentrierte er sich mit der ihm eigenen Zielstrebigkeit. Ihm ging es vor allem darum, ein Anzeichen dafür zu finden, daß Nasser es ehrlich meinte. Er wollte direkte Gespräche mit Nasser und nicht über Mittelsmänner verhandeln. Und so flog Anderson zwischen Jerusalem und Kairo hin und her und versuchte, ein Treffen zustande zu bringen.

Zuerst erhob Nasser Einwände gegen den Ort des Treffens, den man ihm vorschlug – einen amerikanischen Zerstörer. Als Anderson berichtete, Ben-Gurion sei bereit, nach Kairo zu kommen, stellte Nasser andere Forderungen. Als diese bewilligt wurden, gestand er Anderson freimütig, er habe Angst. Er glaubte, er könne zwar mit Ben-Gurion Frieden schließen, doch würde man ihn am nächsten Tag ermorden. Die Verhandlungen gediehen nie so weit, daß Nasser sich zu einem Treffen bereit fand. Er machte immer wieder Ausflüchte und zeichnete schließlich eine Karte, die als mögliche Verhandlungsbasis dienen sollte. Seine Demarkationslinie verlief ein paar Kilometer südlich von Beersheba, fünfzehn Kilometer innerhalb Israels und weit nördlich der alten internationalen Grenze.

Die Anderson-Mission hatte großen Einfluß auf Ben-Gurions Entschluß, sich den Franzosen und den Briten bei der Suez-Aktion anzu-

schließen und den Sinai-Feldzug zu starten. Er erkannte, daß Nasser nicht die geringste Absicht hatte, Frieden zu schließen. Der Feldzug begann Ende Oktober 1956. Das Ganze war ein wohlgehütetes Geheimnis, und nicht einmal ich wurde vorher davon unterrichtet. Aber darin befand ich mich in guter Gesellschaft mit ganz Israel und mit dem Ausland. Die Amerikaner wurden gleichfalls völlig im dunkeln gelassen. Nachdem alles vorüber war, stritt ich mich heftig mit Ben-Gurion über diese Art des Vorgehens. Mir war sofort klar, welche Wirkung die Nachricht auf die amerikanische Regierung haben mußte, und ich fand, daß es ein ungeheurer Fehler war, die Amerikaner nicht wenigstens kurz vor der Aktion unterrichtet zu haben. Ich konnte mir gut Eisenhowers Empörung vorstellen, als er während des Wahlkampfes gerade in irgendeiner Kleinstadt aus dem Flugzeug stieg und von dem Feldzug hörte. Auch vom praktischen militärischen Standpunkt aus geriet Israel dies zum Nachteil. »Hätte man die Amerikaner auch nur eine Stunde vorher ins Vertrauen gezogen und hätten sie nicht das Gefühl gehabt, von ihren Freunden und Verbündeten einen Schlag ins Gesicht zu erhalten«, hielt ich Ben-Gurion entgegen, »wäre unser Vorstoß vielleicht zwei oder drei Tage später aufgehalten und Nasser gestürzt worden.« Damals war unser vordringlichstes Ziel, Nassers Sturz herbeizuführen, und wenn die Amerikaner das begriffen hätten – statt beleidigt zu sein –, wäre in der Geschichte des Nahen Ostens vielleicht eine Wende eingetreten, und zwar zum Guten.
Selbstverständlich war ich auch erbost darüber, daß ich persönlich nicht eingeweiht worden war. Ich war sicher, daß ich Ben-Gurion dazu gebracht hätte, die Amerikaner zu informieren, und um ein Haar wäre ich wegen dieses Zwischenfalls zurückgetreten. Nach dem Feldzug ging der Streit über eine engere Zusammenarbeit mit den Amerikanern weiter, nicht so sehr mit Ben-Gurion, als vielmehr mit Golda Meir. Später erfuhr ich den Grund, den man Ben-Gurion gegenüber ins Feld geführt hatte, um mich nicht in den Suez-Plan einzuweihen: Ich hätte ihn nicht geheimhalten können. Ich glaube heute noch, daß wir auf lange Sicht die Beziehungen mit einem unvergleichlich wichtigen Verbündeten hätten verbessern können.
Kurz nach dem Sinai-Feldzug – nachdem Ben-Gurion mich überredet

hatte, weiterhin im Amt zu bleiben – wurde ich in die Vereinigten Staaten geschickt, um den Amerikanern unsere Position darzulegen. Ich suchte John Foster Dulles im Außenministerium auf und setzte ihm unsere Gründe für den Feldzug auseinander. Offenbar war ich übermüdet, denn ich erinnere mich, daß ich nach meinen Erläuterungen mitten in seinem Arbeitszimmer für kurze Zeit einnickte. (Das war noch, bevor ich anfing, gelegentlich eine Energiepille zu nehmen.) Auf jeden Fall brachte Dulles Israel mehr Verständnis in dieser Sache entgegen als seinen formellen Verbündeten, den Briten und Franzosen, aber ich kann wahrhaftig nicht behaupten, daß ich einschlief, weil die Atmosphäre bei diesem Treffen besonders herzlich und entspannt gewesen wäre.

Während ich in Washington war, führte ich auch noch Gespräche über den Radiosender in Kairo, den auch die Amerikaner als die Hauptquelle irreführender Propagandasendungen in Nahost betrachteten. Der Kairoer Sender war der stärkste im ganzen Nahen Osten, und ich schlug vor, einen vergleichbar starken Sender in Israel zu stationieren, von dem aus auf arabisch gesendet werden sollte. Mich hatte die Sachlichkeit und Verläßlichkeit der BBC während des Zweiten Weltkrieges beeindruckt. Im Gegensatz zu fast allen anderen Medien hatte die BBC sowohl im Krieg als auch nach dem Krieg einen Ruf an Glaubwürdigkeit errungen wie kein anderer Sender der Welt.

Unsere technische Ausrüstung für Sendungen in arabischer Sprache war sehr dürftig – ein schwacher kleiner Sender, der nicht einmal eine ganze Stunde pro Tag sendete. Während des Sinai-Feldzuges wurde Ezra Danin von seiner Farm abberufen und damit beauftragt, die Sendungen in arabischer Sprache zu übernehmen. Die arabische Welt war uns in dieser Hinsicht auf Jahrzehnte voraus, denn bei einem Analphabetentum von nahezu neunzig Prozent war das gesprochene – und per Rundfunk übertragene – Wort die einzige Möglichkeit, an die Massen heranzukommen. Das Transistorradio hatte in der arabischen Welt eine soziale Revolution hervorgerufen, und die Ägypter nutzten sie nach Kräften aus. Sie sendeten den ganzen Tag lang auf den verschiedensten Kanälen, und es bestand die Gefahr, daß sie mit ihren mächtigen Sendern unsere kleinen Radiostationen völlig blok-

kierten. Um mit ihren starken Sendern konkurrieren zu können, brauchte Ezra einen neuen, teuren und weitreichenden Sender. Das Geld dafür aber hatten wir nicht.
Auf meine Bitte hin bekamen wir beides: das Geld und die technische Ausrüstung. Jetzt waren wir imstande, unseren Sendebereich enorm auszudehnen. Ezra benutzte diesen neuen Sender natürlich nicht dazu, hysterische Hetzsendungen auszustrahlen, wie die Araber es taten. Im Grunde ging es auch bei diesem amerikanischen Beitrag darum, daß sie überzeugt waren, wir hätten uns gegenseitig etwas zu bieten. Es handelte sich nicht um eine einseitige Geste.
Mit der Installierung des neuen Senders gewannen unsere Sendungen in arabischer Sprache sehr an Bedeutung. Die Mitarbeiterzahl stieg von sechs auf hundertundzwanzig, und gesendet wurde jetzt acht Stunden am Tag. Selbstverständlich bedeutete der neue Sender, daß Israel in einem viel weiteren Umkreis und viel deutlicher gehört werden konnte als zuvor. Der Sender gewann in den arabischen Ländern sehr großen Einfluß; dafür liefen überwältigende Beweise bei uns ein Yehuda Tajer, ein Israeli, der zehn Jahre lang in Irak im Gefängnis gesessen hatte, wurde entlassen, kurz nachdem der neue Sender in Betrieb genommen wurde. Seine Schicksalsgenossen im Gefängnis waren politische Gefangene aus den verschiedenen Perioden der jüngsten irakischen Geschichte; einige von Nuri Saids Ministern, einige Kommunisten und so weiter. Tajer berichtete uns, wie sie gemeinsam mit ihren Bewachern jedem Wort gelauscht hätten, das der israelische Rundfunk ausstrahlte, und wie man uns im Gegensatz zu den Arabern für zuverlässig hielt.
Wir ließen im Libanon eine Hörerumfrage durchführen, und das Ergebnis überstieg unsere optimistischsten Erwartungen. Ein weiterer Beweis traf während der Sommermonate ein: Während dieser Zeit fahren viele Angehörige der arabischen Mittelschicht zum Urlaub nach Europa. Von dort konnten sie uns Briefe schicken, die sie daheim nie gewagt hätten abzuschicken; jedenfalls erhielten wir Tausende von Zuschriften, in denen uns gedankt und Bitten um ein besonderes Programm geäußert wurden.
Diese Sendungen dienten unseren Zwecken in mehr als einer Hinsicht. Wir wiederholten ständig die grundlegenden politischen

Wahrheiten und riefen Ereignisse ins Gedächtnis, die unsere Hörer miterlebt hatten und aus denen man die Lehre ziehen konnte, daß Gewalt nur Gewalt hervorbringt, daß Terror Terror gebiert – doch niemals Frieden. Aber wir gestatteten uns auch ein paar Späße – indem wir zum Beispiel Nassers Arabisch verbesserten: seine Grammatik, seinen Satzbau und seine Wortwahl. Offenbar drangen wir damit bis zu ihm durch, denn später versuchte er, ähnliche Schnitzer zu vermeiden. Weit wichtiger aber war, daß wir frühere Ansprachen von arabischen Führern erneut ausstrahlten und darauf hinwiesen, daß das darin Gesagte in krassem Gegensatz zu dem stehe, was sie heute behaupteten.

Genau abschätzen ließ sich die Wirkung unserer ›Späße‹ natürlich nicht, aber sie müssen dem Selbstbewußtsein der Araber ziemlich zugesetzt haben.

Außerdem versuchten wir, unsere Glaubwürdigkeit dadurch zu steigern, daß wir in die Nachrichtensendungen Meldungen über weniger bedeutende Ereignisse in Ägypten und den umliegenden Ländern einstreuten, die uns durch ausländische Besucher oder durch Zufall bekanntwurden. Vielleicht war in einem Dorf ein Feuer ausgebrochen, oder es hatte ein Zugunglück gegeben – Zwischenfälle, über die im lokalen Rundfunk nichts berichtet wurde, weil sie belanglos waren oder nicht der politischen Richtung entsprachen. Wir berichteten auch über kleinste Kleinigkeiten – wie ein kleinstädtisches Klatschblättchen. Davon waren die Hörer in den betreffenden Gegenden tief beeindruckt: »Das stimmt! Ich hab's gesehen! Das ist meinem Schwager passiert! Unser Radio hat aber nichts davon berichtet. Woher wissen die Israelis das nur?« Auf diese Weise bauten wir uns einen beachtlichen Hörerstamm auf, und der Respekt für Israel wuchs. Was immer wir brachten, besaß Glaubwürdigkeit, und so beeinflußten unsere Sendungen die arabische Politik. Zumindest bewiesen sie jedoch Nasser, daß wir es verstanden, die Aufmerksamkeit unserer Nachbarn auf uns zu ziehen und sie zu fesseln.

Nach Beendigung des Sinai-Feldzugs drängte ich auch darauf, daß die für die Schaffung einer Rundfunkanstalt unumgänglichen Gesetze erlassen wurden. Ich wollte, daß der Bereich Rundfunk (Fernsehen gab es damals noch nicht) dem Kompetenzbereich des Ministerpräsidentenamtes, wo er nur unzulänglich betreut werden konnte, entzogen und einer öffentlich-rechtlichen Anstalt übertragen würde. Ich war verantwortlich für den Rundfunk, doch gab es selten einen Grund für mich einzugreifen – und dann auch nur im Zusammenhang mit der Außenpolitik. Gelegentlich wies ich den Leiter der Rundfunkabteilung darauf hin, wie eine Angelegenheit behandelt werden sollte, oder Yitzhak Navon sagte ihm, was gesendet werden sollte und was nicht. Ben-Gurion griff – entgegen der allgemein herrschenden Ansicht – so gut wie nie ein. Ich kann mich überhaupt nur an drei solche Gelegenheiten erinnern.

Einmal verbreitete das Radio die Meldung, Ben-Gurion beabsichtige, nach Kanada zu reisen, obwohl das nach unserem Übereinkommen mit der kanadischen Regierung frühestens unmittelbar vor seinem Abflug publik gemacht werden sollte. Ben-Gurion beschloß, persönlich *Kol Yisrael* (die ›Stimme Israels‹) anzurufen. Paula vermittelte das Gespräch, und als er den Hörer nahm, glaubten die Leute im Funkhaus nicht, daß es wirklich der Ministerpräsident sei. Sie hielten den Anruf für einen dummen Streich. »Sie wollen Ben-Gurion sein?« sagten sie. »Dann bin ich auch Ben-Gurion!« Zuletzt wandte er sich an Yitzhak Navon, der dafür sorgte, daß die Meldung nicht wiederholt wurde.

Das zweitemal war, als eine Kombination von Nachrichtensendung und Kommentar eingeführt wurde. »Ich möchte reine Nachrichten hören. Die Kommentare sollen sie getrennt davon und zu einer anderen Zeit senden«, wetterte Ben-Gurion. Ihm war sehr viel daran gelegen, daß diese Art von Mischprogramm aufhörte, woraufhin die Presse sich auf die Hinterbeine stellte (»Diktatur!« zeterten sie). Daraufhin kam die Angelegenheit selbstverständlich in der Knesset zur Sprache. Ben-Gurion wiederholte jedoch immer wieder: »Ich möchte nur Nachrichten hören!« So sorgte ich dafür, daß ein Arbeitstreffen von Funk- und Zeitungsjournalisten mit dem Ministerpräsidenten stattfand, bei dem wir uns hinsetzten und den Konflikt in aller Ruhe durchdiskutierten. Inzwischen war auch in der Öffentlichkeit so viel Kritik an der Kombination von Nachrichten und Kommentar laut geworden, daß die Rundfunkleute selbst einverstanden waren, damit aufzuhören.

Zum drittenmal gab Ben-Gurion dem Rundfunk Direktiven, als ein politischer Kommentator während einer Sendung de Gaulle persönlich beleidigte. *Kol Yisrael* war immer noch eine Abteilung des Ministerpräsidentenamtes, und Ben-Gurion gab Anweisung, beleidigende Äußerungen über ausländische Regierungen – selbst wenn sie ausschließlich die persönliche Meinung des Kommentators widerspiegelten – zu unterlassen. Ich kann mich nicht erinnern, daß er jemals eingeschritten wäre oder protestiert hätte, wenn unsere eigene Regierung kritisiert wurde, ja, so etwas schien ihn nicht einmal sonderlich zu interessieren. Manche von uns erboste es dagegen, wenn das Radio sich allzu kraß über Ben-Gurion lustig machte, aber diese Gefühle behielten wir für uns.

Mit Ausnahme dieser drei Male kamen alle anderen Anordnungen für den Rundfunk von mir oder von Yitzhak. Ich war jedoch davon überzeugt, daß der Funk eine unabhängige, öffentlich-rechtliche Anstalt sein müsse ähnlich wie die BBC. Als Regierungsstelle mußte sie irgendwann einmal ihre Glaubwürdigkeit verlieren. Nach langen Diskussionen legte Ben-Gurion schließlich der Knesset einen entsprechenden Gesetzentwurf vor, und 1962 wurde der Rundfunk eine öffentlich-rechtliche Anstalt.

Abgesehen davon, daß wir für die Araber jenseits unserer Grenzen sendeten, mußten wir unsere Aufmerksamkeit aber auch den Problemen unserer eigenen arabischen Bürger zuwenden. Dafür gab es ja im Ministerpräsidentenamt die Abteilung für arabische Angelegenheiten. Die Segnungen der Technologie wie Wasserleitungen, Elektrizität und Straßen, die wir den arabischen Dörfern zuteil werden ließen, brachten auf der anderen Seite die Einwohner in größere Abhängigkeit von uns. Wir gewöhnten sie an einen höheren Lebensstandard, und sie fühlten sich nicht mehr ganz der arabischen Welt jenseits unserer Grenzen zugehörig.

Aber es gab immer noch wichtige Fragen, die gelöst werden mußten – beispielsweise die der Entschädigung. Manche Araber waren ein paar Wochen oder Monate nach dem Krieg 1948 in ihre Häuser zurückgekehrt, hatten aber Jahre später immer noch keine Papiere erhalten. Hinzu kam, daß es viele gab, die zwar Papiere hatten, deren Land aber inzwischen von Juden besiedelt worden war, so daß sie einen Anspruch auf anderes Land oder auf eine Entschädigung hatten. Schließlich brachten wir ein Gesetz über die Entschädigung der in Israel ansässigen Araber durch, und es wurde einer großen Anzahl von Anträgen stattgegeben. Das geschah zum Teil mit Hilfe von Finanzminister Eshkol, der als Landwirt viel Verständnis für diese arabischen Bauern aufbrachte. Das Schlimme war, daß die Entschädigung nicht sonderlich großzügig gehandhabt wurde. Festgelegt wurde die Höhe der Entschädigung durch die heutige *Israel Government Land Authority*, die dem Staat ein paar Millionen Pfund ersparte. Doch diese Ersparnis wiegt nicht die Ressentiments auf, die durch die Maßnahmen der ›Land Authority‹ geweckt wurden. Ganz ist das nie vergessen worden, obgleich die Jahre seit der Staatsgründung der arabischen Bevölkerung in Israel zu Wohlstand verholfen haben.

Neben den Forderungen unserer eigenen Bürger stand der stets drohende Schatten des arabischen Flüchtlingsproblems. 1955 unternahmen Ezra Danin und ich einen neuerlichen Versuch, dies Problem zu lösen. Diesmal verhandelten wir insgeheim mit arabischen Partnern darüber, die Flüchtlinge in arabischen Ländern anzusiedeln. Bei der Idee, die zuerst in Diskussionen aufkam, die Josh Palmon in Europa führte, ging es um folgendes: Es sollte eine Reihe von Neubau- und Straßenbauprojekten in unterentwickelten Gebieten in Angriff genommen werden, zu denen neben den heimischen Arbeitskräften in großem Umfang auch Flüchtlinge eingestellt werden konnten. Dadurch sollte erreicht werden, die Flüchtlinge aus der zermürbenden Untätigkeit der Lager herauszureißen und sie wieder zu aktivieren – was sowohl für sie selbst als auch für die Gastländer von großem Vorteil gewesen wäre.

Wir arbeiteten einen recht umfangreichen Plan aus, der sich besonders für ein arabisches Land in Nordafrika eignete, in dem nach dem Zweiten Weltkrieg viele Dörfer von den europäischen Kolonisten verlassen worden waren. Diese Dörfer waren einst sehr produktiv gewesen und konnten es wieder werden. Laut diesem Plan, den wir aus Angst vor vorzeitigen feindseligen Reaktionen auf arabischer Seite geheimhielten, sollte eine Summe Geld aufgebracht werden, die etwa den Gesamtforderungen entsprach, welche die Flüchtlinge Israel gegenüber geltend machten. Mit diesem Geld wollten wir unter dem

Deckmantel einer Schweizer Versicherungsgesellschaft Land in und um die verlassenen Dörfer herum aufkaufen und Bedingungen schaffen, die einen Anreiz für die Flüchtlinge bildeten, sich dort anzusiedeln. Zu diesen Bedingungen gehörte es, daß libanesische und andere Baufirmen mit dem Wiederaufbau der Dörfer und der Neuerschließung des landwirtschaftlich nutzbaren Grund und Bodens beauftragt wurden.

Diesmal hatten wir die Regierung hinter uns. Golda Meir stand dem Gedanken besonders positiv gegenüber. Anfang 1956 suchte sie gemeinsam mit Ezra Danin Finanzminister Eshkol auf, und Ezra bat um einen Vorschuß. Eshkol antwortete: »Warum es mir schwermachen? Warum mich jetzt unter Druck setzen? Ihr habt mein Wort, daß das Geld dasein wird, wenn ihr es braucht.« Ezra ging nach Europa, um die Überschreibung des ersten Landkomplexes auf unsere Schweizer Gesellschaft vorzunehmen. Er verließ Israel am Donnerstag, und am Freitag posaunte eine israelische Zeitung hinaus, Ezra Danin und Josh Palmon stünden im Begriff, in einem arabischen Land größeren Grundbesitz zu erwerben. Die *New York Times* griff das Thema sofort auf. Damit platzte unsere Geheimhaltung, und das ganze Projekt flog auf.

Irgendwie war alles einem israelischen Reporter zu Ohren gekommen. Als wir ihm später vorhielten, wie er uns auf diese Weise nur den ganzen Plan habe kaputtmachen können, sagte er: »Bei einem solchen Knüller sollten wir den Mund halten?« (Wir alle schätzen die Pressefreiheit, aber manchmal finde ich doch, es sollte einen klugen Schutzmechanismus geben, um die Interessen der Öffentlichkeit zu wahren.) Aber wie dem auch sei: Ein paar Jahre später war das Land, das wir für relativ wenig Geld hatten erwerben wollen, Milliarden Dollar wert, weil Öl darauf entdeckt wurde. Ein Araber schreibt uns noch heute aus Europa und jammert uns immer wieder vor, wie unglücklich wir ihn dadurch gemacht hätten, daß wir das Geschäft nicht abgeschlossen hätten.

In den späten fünfziger Jahren stand ich lange Zeit auf der falschen Seite und trat für die Fortsetzung der Militärverwaltung in arabischen Dörfern ein. Zwei Überlegungen sprachen dafür. Einmal ging es um die Sicherheit und zum anderen darum, uns durch die Militärverwaltung die Stimmen der Araber bei den Wahlen zu sichern. Letztere Überlegung verlor nach und nach an Gültigkeit, je reifer der Staat wurde. Doch aus Sicherheitserwägungen heraus trat ich immer noch für eine Militärverwaltung ein. Viele Beschränkungen hielt auch ich damals durchaus für notwendig. So durften sich zum Beispiel Araber nicht frei in den Grenzbezirken bewegen, und das hielt ich für richtig. Isser Har'el, der Leiter des *Mossad,* trat entschieden für diese Ansicht ein. Und in diesem Fall ließen sich nicht nur Ben-Gurion, sondern auch viele andere davon beeinflussen, darunter auch ich.

Die Gegner einer Militärverwaltung im arabischen Sektor waren zahlreich und äußerst aktiv. Einmal kam es in der Knesset zu einer Kampfabstimmung zwischen den beiden Richtungen, die nur sehr knapp für die Befürworter ausging. Die meisten Parteien waren in dieser Frage nicht deshalb gegen die *Mapai* (die führende Arbeiterpartei), weil sie meinten, die Sicherheitsmaßnahmen wären überflüssig, sondern weil sie der *Mapai* die möglichen Extrastimmen nicht gönnten. Nur durch ein Bündnis mit der ultra-orthodoxen *Agudat Yisrael-Partei* gelang es der *Mapai,* die Militärverwaltung weiterhin aufrechtzuerhalten.

Am Ende erwies sich der politische Preis als allzu hoch, den die *Mapai* für die Beibehaltung der Militärverwaltung in Form von verschiedenen Konzessionen an kleinere Koalitionspartner zahlen mußte, eine Praxis, die zum festen Bestandteil des israelischen Systems wurde. Wir wußten, daß wir in naher Zukunft wahrscheinlich keine Mehrheit mehr zusammenbringen würden. Überdies fragten sich auch innerhalb der *Mapai* viele, ob das überhaupt notwendig sei. Zuletzt kamen wir zu dem Schluß, daß es tatsächlich überflüssig sei. Die Militärverwaltung wurde abgeschafft, ohne daß die Sicherheit dadurch gefährdet worden wäre. Man hätte das bereits Jahre früher tun können.

In den ersten dreizehn Jahren unserer staatlichen Selbständigkeit war alles darauf gerichtet gewesen voranzukommen: Wachstum, Entwicklung, Lösung aufbauhemmender Probleme. Dann, 1961, kam es unversehens zu einem gewaltsamen Stillstand in dieser Vorwärtsbewegung; die ganze Nation hielt den Atem an, um sich zu erinnern

und zu besinnen. Das war das Jahr, in dem wir Adolf Eichmann vor Gericht stellten.
Es ist viel über die Beweggründe geschrieben worden, die Israel dazu veranlaßten, diesen Prozeß zu führen. Eichmann hatte sich unter falschem Namen in Argentinien verborgen gehalten, bis israelische Agenten unter Isser Har'el ihn fingen, ihn aus dem Land herausschmuggelten und nach Israel brachten, wo er sich vor Gericht verantworten sollte. Immer, wenn wir im Lauf der letzten Jahre Berichte erhalten hatten, daß man Eichmann irgendwo gesichtet hatte, waren in der Regierung die Diskussionen wieder aufgelebt, ob er vor Gericht gestellt werden solle oder nicht. Ben-Gurions Eintreten für ein solches Gerichtsverfahren war historisch, in gewisser Weise würde ich sagen, sogar erzieherisch begründet. Anders als die Nürnberger Prozesse würde dieses Gerichtsverfahren zu einer Zeit geführt werden, in der die Erinnerung an den Krieg zu verblassen begann. Ben-Gurion wollte der Welt durch diesen Prozeß nachhaltig klarmachen, was dem europäischen Judentum widerfahren war. Ganz besonders war es ihm darum zu tun, die jüngere Generation von Juden zu erreichen, die Hitler nicht erlebt hatten, und die Juden aus den arabischen Ländern, die von dem Geschehenen nicht persönlich betroffen waren.
Als Eichmann schließlich gefaßt worden war, übertrug man die technische Vorbereitung für den Prozeß dem Ministerpräsidentenamt. Gemeinsam mit der Polizei und dem Justizministerium war ich für diese Vorbereitungen verantwortlich. Ich verwahrte mich gegen die Errichtung von provisorischen Gebäuden oder Baracken eigens für den Prozeß und setzte mich nachdrücklich für die Fertigstellung eines Gebäudes ein, das schon seit längerer Zeit im Bau war. Hier war eine Gelegenheit, gleichsam als Nebenprodukt der ganzen traurigen Angelegenheit, ein Kulturzentrum fertigzustellen, mit dessen Bau die Stadt Jerusalem bereits vor Jahren begonnen hatte, das sie aber aus Geldmangel nicht hatte fertigstellen können. Es gab auch andere Probleme. Zum erstenmal erwarteten wir Hunderte von ausländischen Journalisten und mußten Arbeits- und Unterbringungsmöglichkeiten für die Presse bereitstellen. Da das Presseamt eine Abteilung innerhalb des Ministerpräsidentenamtes bildete, war ich auch dafür verantwortlich. In den Wochen, die dem Prozeß vorausgingen und in

denen Generalstaatsanwalt Gideon Hausner den Fall vorbereitete, besuchte ich häufig die Baustelle, um die Vorbereitungen für alles zu verfolgen: von der Gefängniszelle bis zu den Publikumsgalerien und den Arbeitsräumen für die Presse. Während des Prozesses war eine ungeheure Nachfrage nach Eintrittskarten. Viele reisten eigens für den Prozeß aus dem Ausland an, nicht nur Journalisten.

Ich selbst wohnte dem Prozeß nur ein einziges Mal bei. Ich war hin und her gerissen zwischen widerstreitenden Gefühlen. Für den Zweck des Prozesses trat ich voll und ganz ein – trotzdem hielt ich mich fern. Es war zu schrecklich. Ich konnte es nicht ertragen, den Berichten zuzuhören und Zeuge der entfesselten Emotionen zu werden. Das ist einfach nicht mein Stil, obgleich mich, was den Horror der Massenmorde betrifft, genau die gleichen Gefühle erfüllten wie jeden anderen Juden auch. Das Bedeutsame an diesem Prozeß war, daß er den in seiner Universalität kaum zu begreifenden Schrecken auf eine einzelne Persönlichkeit projizierte. Die Öffentlichkeit konnte den Mord an sechs Millionen Menschen einfach nicht fassen, selbst dann nicht, wenn diese unermeßliche Zahl gleichsam in einzelne Posten aufgeteilt wurde: Treblinka, Auschwitz, Dachau und so weiter. Was bis dahin den nachhaltigsten Eindruck gemacht hatte, war *Das Tagebuch der Anne Frank* gewesen, obgleich in diesem Bericht vergleichsweise wenig von dem Grauen wirklich augenfällig wurde. Aber es war eine individuelle Geschichte. Man konnte sich die einzelnen Personen vorstellen, sich mit ihnen identifizieren; man schlüpfte gleichsam in ihre Haut. Hier, wo man einen einzelnen Verbrecher als Individuum erlebte, wo man Zeuge wurde, wie die überlebenden Opfer seiner Greueltaten ihm im Gerichtssaal gegenüberstanden, bestand eine noch weit bessere Chance, die jungen Juden in Israel und in der Diaspora, ja, die ganze Weltöffentlichkeit zu erreichen. Auch ich hielt Wiedererwecken und Wachhalten der Erinnerung für unermeßlich wichtig. Und dieses Ziel wurde ja auch wirklich erreicht – für eine Zeitlang zumindest.

Der Eichmann-Prozeß war aber auch insofern bedeutsam, als er augenfällig machte, daß eine unbedeutende Einzelperson – Eichmann hätte genausogut als kleiner Büroangestellter enden können – der Menschheit diesen unendlichen Schaden hat zufügen können. Nur

läßt sich die Wirkung des Prozesses nicht für alle Ewigkeit lebendig erhalten. Alle zwei, drei Jahre besuche ich die Yad Vashem-Gedenkstätte und bin jedesmal aufs neue erschüttert, denn jeder von uns neigt zum Vergessen. In gewisser Weise glaube ich, daß das bedeutsamste Ereignis in der neueren Geschichte nicht die Gründung des Staates Israel war, sondern die Ausrottung von sechs Millionen Juden. Sicherlich: Das eine ist ein positives Ereignis, das andere ein negatives. Wenn man die beiden jedoch überhaupt miteinander vergleichen will, dann hat das letztere – die grauenhafteste Tragödie für unser Volk – vermutlich doch den tiefgreifenderen Einfluß auf den Lauf unserer Geschichte ausgeübt. Doch wie dem auch sei – man kann keine historischen Ereignisse hassen, und auch einzelne Menschen zu hassen hat keinen Sinn. Der Mensch Eichmann löste in mir keine starken Haßgefühle aus. Ich kann sehr zornig oder enttäuscht sein, Haß jedoch habe ich niemals verspürt, nicht einmal Antisemiten gegenüber. Während des Zweiten Weltkrieges galt meine Wut mehr unserer eigenen Ohnmacht als den Nazis, mehr der Tatsache, daß wir ihre Taten nicht verhindern konnten.
Im Laufe der letzten zehn Jahre und auch schon früher bin ich häufig zu Treffen von Bürgermeistern und Konferenzen aller Art nach Deutschland eingeladen worden – oft als Gastredner –, und ich habe immer abgelehnt. Als mich jedoch die Katholische Bayerische Akademie im März 1975 nach München einlud, um eine Ehrung entgegenzunehmen, sah ich darin vor allem die Anerkennung der Wiedervereinigung Jerusalems durch eine wichtige katholische Körperschaft – Grund genug für mich hinzufahren. Dann wurde ich im November 1976 nach Berlin zur Eröffnung einer Jerusalem-Ausstellung eingeladen. Gleichzeitig wurde eine der Bibliotheken in Berlin auf den Namen ›Jerusalem-Bibliothek‹ getauft. Jerusalem war eine geteilte Stadt gewesen, Berlin war noch geteilt. Die Stadt Berlin hatte bei verschiedenen Gelegenheiten eine außergewöhnliche Solidarität mit uns bewiesen. Zum Beispiel hatte mich am zweiten Tag des Yom-Kippur-Krieges der damalige Regierende Bürgermeister von Berlin, Klaus Schütz, von einer Massenversammlung aus angerufen, die eigens einberufen worden war, um in einer schweren Zeit Solidarität mit Israel zu bekunden.

Ich war anderthalb Tage in Berlin. Unter anderem besuchte ich das dortige jüdische Gemeindezentrum, das auf den Fundamenten der von den Nazis zerstörten Synagoge errichtet ist. Als Haupteingang dienen zwei Säulen und ein steinerner Rundbogen, die noch aus dem früheren Gebäude stammen. Auf einer Mauer vor dem Gebäude sind die Namen aller Konzentrationslager verzeichnet, ähnlich wie auf dem Boden der Yad Vashem-Gedächtnisstätte. Zu der Feier, die dort abgehalten wurde, waren der Bürgermeister von Berlin und viele jüdische und nichtjüdische Gäste erschienen. Ich hielt eine kleine Ansprache und erklärte, man dürfe nie vergessen, doch fühlte ich mich bei der ganzen Feier seltsam unbeteiligt und distanziert. Später besuchte ich die Berliner Mauer, die einen starken und bedrückenden Eindruck auf mich machte. Außerdem ging ich zu einigen gesellschaftlichen Veranstaltungen, die interessanteste in Axel Springers Bürohaus direkt an der Mauer, und erfuhr überall ein großes Maß an Aufmerksamkeit: Schließlich kam ich aus Jerusalem, dessen trennende Mauer gefallen war. Die Stadt war wiedervereinigt worden. Die Parallelen lagen bei aller Verschiedenheit klar auf der Hand: Jerusalem machte den Berlinern Hoffnung.
Ehe ich am nächsten Morgen zum Flugplatz fuhr, besuchte ich noch einen jüdischen Kindergarten mit etwa 120 Kindern, eine gut geführte Institution, die einen freundlichen Eindruck machte. Ich unterhielt mich eine Zeitlang mit den Kindern. Mit einem Male fiel es mir wie Schuppen von den Augen: Es waren Kinder wie diese gewesen, eine ganze Million Kinder, die Hitlerdeutschland zum Opfer gefallen waren. Plötzlich konnte ich es nicht mehr ertragen. Ich hatte nur den einen Gedanken: Nichts wie weg von hier! Aber in Wirklichkeit kann niemand von uns vor seiner eigenen Geschichte davonlaufen. Solange wir leben – die Massenvernichtung wird immer ein Teil von uns bleiben.

9
Von allem ein bißchen

Ich glaube, jeder kann seinen tagtäglichen Aufgabenkreis in zwei Kategorien einteilen: in Pflichten und in Dinge, die er liebt. Der Tourismus gehörte zu den Dingen, die ich liebte. Von Anfang an war ich davon überzeugt, daß der Tourismus für Israel von größerer Bedeutung sei als für andere Länder. Der Tourismus war für uns weit mehr als eine Einnahmequelle: Er brachte der Welt Israel näher als jedes Public-Relations-Unternehmen und gewann uns mehr Freunde als jede Propagandakampagne. Jeder Tourist wird in seinem Heimatland zu einem Abgesandten Israels. Er erzählt jedem seine Eindrücke aus erster Hand, und seine Berichte wird niemand anzweifeln.

Seit Beginn meiner Laufbahn im öffentlichen Leben – von der Zeit in der Jugendbewegung bis zu meinem augenblicklichen Amt als Bürgermeister von Jerusalem – habe ich mich in allererster Linie als Verfechter der zionistischen Sache gesehen. Ich halte es für außerordentlich wichtig, der Welt den Zionismus zu erklären, und mir ist das zur zweiten Natur geworden. Wenn es in meiner Macht stände, die Kompetenzen in der Regierung zu verteilen, würde ich sämtliche Stellen, die etwas mit Public Relations, Information, Medien und Tourismus zu tun haben, im Ministerpräsidentenamt zusammenfassen. Sie sind von grundlegender Bedeutung und sollten von dem Mann gesteuert und koordiniert werden, der auch Israels Politik bestimmt.

Freilich lag der Tourismus in Israel damals in völlig ungeeigneten Händen. Verantwortlich dafür war eine obskure Abteilung des Handels- und Industrieministeriums, die von einem freundlichen alten

Herrn, Dr. Peretz Bernstein, und seiner Partei, den *General Zionists* (Allgemeine Zionisten), geleitet wurde. Die Abteilung war in einem verslumten kleinen Altbau untergebracht. Das Schlimmste aber war, daß es überhaupt keine Touristen gab. Im Laufe der Jahre bat mich daher eine ganze Reihe von Leuten aus allen Parteien, mich der Sache doch anzunehmen.

In einer Zeit, da infolge heftiger Auseinandersetzungen mit Moshe Sharett, dem damaligen Ministerpräsidenten, die *General Zionists* eine Zeitlang nicht an der Regierung beteiligt waren, bewog ich Sharett, die Abteilung für Tourismus dem Ministerpräsidentenamt einzugliedern. Ich fing an, mich um die Abteilung zu kümmern, und dann kam mir die zusätzliche blendende Idee, eine Sonderabteilung des Amtes für Tourismus zu schaffen, die für die Restaurierung historischer Stätten und für die Erschließung der Landschaft zuständig war. Ich bot diese Abteilung Yaacov Yanai (›Yan‹) an, einem ungewöhnlichen Mann, der während des Unabhängigkeitskrieges Chef der Fernmeldetruppe gewesen war. Nach dem Krieg war er für eine kurze Zeit in die Vereinigten Staaten gegangen, um dort zu studieren, und nach seiner Rückkehr stieg er zusammen mit Joe Boxenbaum, der inzwischen nach Israel gekommen war, in den Automobilhandel ein.

Doch im Grunde interessierte Yan sich nicht fürs Geschäft. Sein eigentlicher Ehrgeiz war, Generaldirektor des Postministeriums zu werden, um wieder mit dem Fernmeldewesen zu tun zu haben. Mittlerweile hatten er und Joe sich wieder getrennt, und ich bat ihn, mir statt dessen bei der Entwicklung des Tourismus zu helfen. Schließlich übernahm er die Abteilung für die Restaurierung historischer Stätten, und er hat seither gründliche und erstklassige Arbeit auf diesem Gebiet geleistet. Den Anfang machte Yan bereits 1956 mit der Restaurierung von Beit She'arim, einer ausgedehnten jüdischen Nekropole nicht weit von Nazareth. Seitdem hat er rund dreißig historische Stätten restauriert und sie zum Teil durch Parkanlagen bereichert, wobei das wichtigste Unternehmen zweifellos die Ausgrabung von Massada war, wo er gemeinsam mit Yigael Yadin eine Methode zur Konservierung der Funde entwickelte, während die Grabungen noch im Gange waren.

Yans unschätzbare Arbeit allein löste aber nicht unser Problem. 1956 zum Beispiel erwarteten wir 45000 Touristen, als der Sinai-Feldzug uns einen Strich durch die Rechnung machte. Die Vereinigten Staaten verhängten sofort ein Reiseverbot für den Vorderen Orient, und der gesamte Tourismus kam nahezu vollständig zum Erliegen. Das King-David-Hotel in Jerusalem schloß seine Pforten, und das ›Accadia‹ in Herzliya war auch praktisch stillgelegt. Bald standen sämtliche Hotels kurz vor dem Bankrott, und die Amerikaner hielten das Reiseverbot unnachgiebig weiter aufrecht. Ich beschäftigte mich eingehend mit der Tourismus-Krise, und wir gingen in verschiedenen Richtungen vor. Als erstes bewogen wir die *Hadassah,* ihre Jahrestagung in Israel abzuhalten und dem US-Außenministerium die Erlaubnis dazu abzuringen. Sie hatten Erfolg, und die Tagung war der erste Kongreß, der in Israel stattfand. Seither sind ihm viele andere gefolgt, und Israel – insbesondere Jerusalem – ist zu einem beliebten Kongreßzentrum geworden.
Gleichzeitig leiteten wir eine große Vielfalt von Aktivitäten für Touristen in die Wege, doch brauchten wir immer noch etwas Außergewöhnliches, um Israel zu einem bevorzugten Reiseland für Touristen zu machen. Es war ja nicht nur so, daß das gesamte Hotelgewerbe darniederlag. Das ganze Volk war trotz des militärischen Sieges im Sinai-Feldzug gedrückter Stimmung. Die Einwanderer, die nach und nach aus den provisorischen Zeltlagern in Wohnungen übergesiedelt waren, hatten Eingewöhnungsschwierigkeiten. Die Wirtschaft befand sich in einer Rezession. Wir brauchten dringend eine zündende Idee, und ich verfiel auf den bevorstehenden zehnten Jahrestag der Staatsgründung Israels. Der Anlaß war selbstverständlich kein Geheimnis, aber viele Menschen sowohl in Israel als auch im Ausland betrachteten das Schicksal des jungen Staates immer noch als höchst ungewiß. Man wußte viel zu wenig über Israel: Nicht nur unsere eigenen Mitbürger wußten die gewaltigen Erfolge der ersten zehn Jahre nicht wirklich zu schätzen, sondern vor allem die Menschen im Ausland hatten keine Ahnung vom wahren Charakter unseres Landes. Wenn man die Sache richtig anfaßte, konnten die Feiern für die zehnte Wiederkehr des Staatsgründungstages diesem Übel abhelfen. Mein Ziel war es, daß Juden aus aller Welt in Israel zusammenkom-

men sollten. Dann wäre das Jubiläum gleichzeitig ein Mittel, dem Tourismus beträchtlich auf die Beine zu helfen. Das Ministerpräsidentenamt bekam die Aufgabe zugewiesen, die Veranstaltungen zu organisieren.

Meyer Weisgal erklärte sich einverstanden, den Vorsitz zu übernehmen, und ich wurde zum geschäftsführenden Direktor des Festkomitees gemacht, während ›Memi‹ de Shalit die Verantwortung für die Festlichkeiten im Ausland übernahm. Wir machten in Tel Aviv ein Büro auf, und manchmal war ich dort drei oder vier Tage in der Woche mit den Vorbereitungsarbeiten für die Veranstaltungen beschäftigt. Während dieser Zeit war ich viel mit den Dayans und den Yanais zusammen, die Nachbarn waren und Samstagabends häufig gemeinsam ins Kino gingen. Das war die einzige Zeit in meinem Leben, in der ich mir Filme angesehen habe.

Uns blieben anderthalb Jahre, um das große Ereignis vorzubereiten. Also mußten wir soviel wie möglich aus jedem einzelnen Tag herausholen. Vor allem waren die geplanten Veranstaltungen darauf abgestellt, der Welt zu zeigen, daß Israel existierte und wild entschlossen war, auch weiterhin zu existieren. Senator Herbert Lehman wurde Internationaler Vorsitzender, und in jedem Land und jedem Erdteil wurden Komitees für die Feier des Zehnjahrestags einberufen. Diesen Komitees, ob in großen oder kleinen, industriellen oder landwirtschaftlichen, Handels- oder Universitätsstädten, gehörten durchweg prominente Leute an.

In Israel wurden die Straßen gesäubert und die Städte hergerichtet. Die Leistungen des jungen Staates in seinem ersten Jahrzehnt wurden in den Lehrplan der Schulen aufgenommen. Im Jerusalemer ›National Convention Center‹ fand eine Ausstellung über die Errungenschaften auf allen Gebieten – vom landwirtschaftlichen bis zum industriellen Bereich, vom Gesundheits- bis zum Bildungswesen – statt. Wir prägten die ersten israelischen Gedenkmünzen in Gold und Bronze, und sie wurden bis auf das letzte Stück verkauft. (Seither hat Israel noch viele schöne Münzen und Medaillen prägen lassen – von einer von mir gegründeten staatseigenen Gesellschaft, die finanziell auf gesunden Füßen steht und bisher immer Gewinn gemacht hat.) Zum erstenmal in Israels Geschichte gab es am Unabhängigkeitstag ein phantasievoll-dramatisches Feuerwerk. Außerdem bauten wir überall im Land Wanderbühnen auf und luden Schauspieler aus der ganzen Welt zu uns ein. Als besondere Attraktion wurde israelischer Wein auf der Straße zu Billigpreisen verkauft.

Meyer hatte einige der besten Ideen beigesteuert. Zwar gab er sich nicht mit den Einzelheiten ab, doch sprühte er vor Begeisterung und Energie.

Er war es auch, der die nötigen Mittel zur Verwirklichung unserer Pläne loseiste. Er überzeugte die Regierung, daß das Geld gut angelegt sei, was sich später auch bewahrheitete. Heute ist der Name Meyer Weisgal, des Gründers und Präsidenten des ›Weizman-Instituts‹, ein Begriff. Er fing gleich nach Weizmans Tod an, dieses Institut aufzubauen. Zuvor war er Journalist, dann Impresario von Max Reinhardt und dazu noch ein wohlbekannter Zionistenführer. Meyer strahlt immer gute Laune aus, ist voller Energie und hat mehr Künstler und Literaten zu Freunden als irgendein anderer Mensch, den ich kenne. Er ist aber auch der größte ›Schnorrer‹, den die Welt kennt, und ich habe viel von ihm gelernt.

Den größten Erfolg der Zehnjahresfeier verdanken wir einem Einfall Ora Herzogs (Chaim Herzogs Frau). Sie meinte, ein Bibelwettbewerb müsse interessant sein. Nach anfänglichen Zweifeln ging uns auf, welch unerhörte Möglichkeiten in einem solchen Wettbewerb lagen. Wir ließen die ganze Welt daran teilnehmen und luden die Ausscheidungssieger nach Israel ein, um dort um den endgültigen Sieg zu kämpfen. Die Idee verbreitete sich wie ein Buschfeuer, und es gab ein hinreißendes Finish! Die Endrunde fand auf der Freiluftbühne der Hebräischen Universität in Jerusalem statt, und Ben-Gurion und Ben-Zvi krümmten sich vor Lachen über einige der Antworten, die gegeben wurden.

Ich weiß noch heute, wie sehr Ben-Gurion diesen Bibelwettbewerb genoß; doch hinterher ärgerte ihn irgend etwas. Es war feucht im Stadion, auf jeden Fall waren die Saiteninstrumente ein wenig verstimmt, und die Nationalhymne klang anders als sonst. Wütend sagte Ben-Gurion: »Was machen die bloß mit der *Hatikvah?* Warum verändern sie die *Hatikvah?*« Er hatte zwar kein Ohr für Musik, aber die *Hatikvah* kannte er.

Aber wie dem auch sei: Gewinner des Wettbewerbs war ein Israeli, Amos Haham, ein phänomenal gebildeter Mann und dabei so arm, daß er nicht einmal fließendes Wasser in seinem Haus hatte. Er war verkrüppelt und stotterte, was seiner Leistung etwas Heroisches verlieh. Er rührte unsere ganze kleine Nation zu Tränen. Amos Hahams Armut wurde behoben. Darüber hinaus führte aber sein Sieg – oder vielleicht der gesamte Wettbewerb – zur Gründung eines Bibel-Kreises in Ben-Gurions Wohnung, und plötzlich schossen überall im Land und auf der ganzen Welt Bibel-Kreise aus dem Boden. Was die Feierlichkeiten jedoch letztlich lohnend machte, waren die weit über hunderttausend Touristen, die 1958 ins Land kamen.

Am Tag nach dem Unabhängigkeitstag rief ich alle Mitarbeiter zusammen und sagte ihnen, das ›Komitee für den zehnten Jahrestag der Staatsgründung‹ werde binnen vierzehn Tagen die Tore schließen. So geschah es denn auch. Dazu gehörte noch: Wir verkauften die Büroräume mit Gewinn und legten eine detaillierte Abrechnung vor. Ich kann mich an keinen anderen Fall in Israel erinnern, wo eine Organisation sich freiwillig aufgelöst hätte!

Der berühmteste ›Tourist‹ während meiner Zeit im Ministerpräsidentenamt war jemand, den wir am allerwenigsten erwartet hätten: Ende 1963 mußte Israel sich plötzlich auf die Pilgerfahrt des neuen Papstes, Paul VI., vorbereiten. Die Ankündigung dieser Reise kam völlig überraschend, doch später fanden wir heraus, daß zwei Priester das Heilige Land bereist hatten und, ohne die israelische oder die jordanische Regierung kontaktiert zu haben, nach Rom zurückkehrten und dem Papst berichtet hatten. Der Vatikan kündigte die Pilgerreise einfach für den Januar 1964 an. Nicht weniger überraschend übrigens kam diese Ankündigung für alle katholischen Würdenträger in Israel und im Ausland. Levi Eshkol, inzwischen Ministerpräsident, legte sämtliche Verantwortung für die Vorbereitungen in meine Hände.

Uns blieb kaum noch Zeit. Nachdem wir uns die Reiseroute angesehen hatten, begannen hektische Vorbereitungen. So bauten wir zum Beispiel in aller Eile eine Straße den Berg Zion in Jerusalem hinauf, um einen Besuch des Coenaculums (des Raums, in dem das Abendmahl Christi stattgefunden haben soll) zu ermöglichen. Wir mußten uns um viele Einzelheiten kümmern: um Telefon- und Telegrafenlei-

tungen und um Arbeitsmöglichkeiten für Journalisten aus der ganzen Welt, wobei uns unsere Erfahrung mit den vielen Journalisten beim Eichmann-Prozeß zustatten kam.
Besonderes Kopfzerbrechen bereiteten uns die Sicherheitsvorkehrungen. Der Vatikan wollte seine eigenen Automobile nach Amman bringen, wo der Papst und sein Gefolge einsteigen und über die jordanisch-israelische Grenze fahren sollten. Unsere Regierungsvertreter sollten die päpstliche Reisegesellschaft am Morgen in Megiddo (dem Ort, an dem einstmals nach alter Überlieferung die Schlacht von Armageddon stattgefunden haben soll) an der normalerweise abgeriegelten Grenze begrüßen. Von dort sollte es weitergehen nach Nazareth, dem See Genezareth, Jerusalem, dem Berg Zion mit dem Coenaculum und wieder zurück nach Amman. Unsere Sicherheitsexperten machten sich wegen der Autos Sorgen. Was, wenn jemand in Jordanien eine Bombe in den Wagen der Kardinäle oder gar des Papstes selbst versteckte und dieser dann auf israelischem Gebiet in die Luft flog? In der unsicheren Atmosphäre jener Tage hätte uns ein christlicher Kreuzzug neben der bereits existierenden arabischen *jihad* gerade noch gefehlt!
Um diese Frage zu regeln, flog ich zusammen mit Yosef Nahmias, dem Generalinspektor der Polizei, nach Rom, und Nahmias traf sich mit Vertretern des Vatikans, die auf seine Frage nach den Sicherheitsvorkehrungen antworteten: »Wir haben innerhalb der Vatikanstadt keine Sicherheitsbeamten außer der Schweizer Garde. Was diese Reise betrifft, so haben wir sämtliche Sicherheitsmaßnahmen den Italienern überlassen.« Und die Italiener sagten: »Warum geht ihr nicht nach Amman und untersucht die Autos?« Sie hatten keine Ahnung von der Lage zwischen den beiden Ländern und wußten auch nicht, wie wir mit dem Problem fertig werden sollten. An wen sollten wir uns sonst noch wenden? Es gab niemanden. Das italienische Außenministerium schien auch nicht zuständig für die Sicherheitsmaßnahmen, und so boten wir dem Papst und seinem Gefolge an, ihnen an der Grenze unsere eigenen Wagen zur Verfügung zu stellen, womit sich der Vatikan unter keinen Umständen einverstanden erklären wollte. Selbstverständlich boten wir ihnen die besten Autos an – sogar dieselbe Größe, dieselben Modelle, die gleiche Farbe – doch der

Vatikan blieb hart. Glücklicherweise ging alles gut, und es gab keinerlei Zwischenfälle während des Papstbesuches – weder mit den Autos noch sonst mit irgend etwas anderem.
Als sich der Papst bereits auf dem Flug von Rom nach Amman befand und meine Kollegen und ich fieberhaft dabei waren, die letzten Vorbereitungen zu treffen, stellten die Ideologen in Israel Fragen. Sollte der Papst offiziell empfangen werden? Da der Vatikan Israel nicht anerkannt hatte und der Papst um kein Einreisevisum nachgesucht hatte – sollten wir ihn überhaupt hereinlassen? Oberrabbiner Nissim kam zu dem Schluß, wenn der Papst den Patriarchen in Ost-Jerusalem einen Besuch abstatte, müsse er auch ihn besuchen. Nissim weigerte sich entschieden, nach Megiddo zu fahren und den Pontifex zu begrüßen. Am Ende kamen wir jedoch zu dem Schluß, daß der Besuch des Papstes einer Anerkennung Israels gleichkomme. »Sollen wir denn in die Welt hinausposaunen, daß der Papst uns nicht anerkennt?« fragten wir uns. Folglich fuhren der Präsident und Mitglieder des Kabinetts nach Megiddo, um Seine Heiligkeit willkommen zu heißen.
Am Stadttor von Jerusalem wurde der Papst mit der traditionellen Darreichung von Brot und Salz begrüßt. Oberrabbiner Nissim ließ sich nicht blicken, doch gab es eine so lange Liste von Leuten, die dem Papst die Hand schütteln wollten, daß auch ich mich still verdrückte. Das gab mir die moralische Berechtigung, auch anderen die Ehre des päpstlichen Handdrucks zu verwehren – was offensichtlich nötig war. Präsident Shazar geleitete den Papst noch ans Mandelbaum-Tor, ehe er wieder nach Jordanien zurückkehrte. Später schickte der Papst dem Präsidenten einen Satz wunderschöner Silberleuchter. Nachdem alles vorüber war, ärgerte ich mich über die Abschiedsbotschaft, die der Papst während seines Heimflugs an den Präsidenten von Israel sandte. Sie war nicht nach Jerusalem, der Hauptstadt, sondern nach Tel Aviv adressiert, quasi eine Geste der Nichtanerkennung Jerusalems als Hauptstadt.
Der Papstbesuch war in jeder Hinsicht atypisch für die Art und Weise, wie wir sonst prominente Gäste begrüßten. Im allgemeinen ist unsere Gastfreundschaft weitaus weniger formell. Schon von den späten fünfziger Jahren an, insbesondere aber nach dem zehnten Jahrestag

unserer Staatsgründung, zog Israel berühmte Unterhaltungskünstler vor allem aus den Vereinigten Staaten an. Danny Kaye kam auf einer UNICEF-Tournee und gab ein Konzert in Ein Gev, bei dem wir uns kennenlernten. Seit dieser Zeit liegt ihm Israel sehr am Herzen. In Kriegszeiten – leider nur zu oft – kommt Danny nach Israel, besucht verwundete Soldaten in den Krankenhäusern und heitert sie mit seinen unnachahmlichen Darbietungen auf.

Bei seinem ersten Besuch stellte ich Danny Ben-Gurion in seinem Arbeitszimmer vor. Danny kleidete sich aus diesem Anlaß mit ausgesuchter Eleganz, während Ben-Gurion wie immer ein kurzärmeliges Hemd trug, weder Jackett noch Krawatte. Sofort fragte er Danny: »Wohin fahren Sie? Was wollen Sie sehen?« Danny erwiderte: »Tel Aviv, Jerusalem, Haifa...« – »Tel Aviv, Haifa?« fiel Ben Gurion ihm ins Wort, als wäre das etwas Ungewöhnliches. »Das ist nicht Israel. Israel, das ist die Wüste. Sie sollen den Negev kennenlernen.« Folglich fuhren wir mit Danny in den Süden, und auf dem Rückweg von Eilat unterbrachen wir die Fahrt und besuchten Ben-Gurion in seinem Kibbuz Sdeh Boker. Wir waren schmutzig und staubbedeckt von der Reise, wohingegen Ben-Gurion gepflegt gekleidet war. Er warf einen Blick auf Danny und sagte: »Kommen Sie so angezogen hierher?«

Danny war einer der wenigen, denen es gelang, Ben-Gurion mit Humor für sich einzunehmen. Vielleicht hielt Ben-Gurion ihn für ein wenig verrückt, aber Danny amüsierte ihn. Ich erinnere mich noch an das erste Zusammentreffen Dannys mit Paula, die ihn sofort fragte: »Sind Sie verheiratet?« »Ja.« »Sind Sie mit einer Jüdin verheiratet?« »Ja.« »Und Sie – sind Sie auch Jude?« »Selbstverständlich bin ich Jude! Was glauben Sie denn?« »Sie sehen aber nicht aus wie ein Jude«, sagte sie.

Danny behauptete, in dieser Version habe er zum erstenmal jene berühmte Geschichte gehört, in der eine Dame im Zug einen jungen Mann fragt: »Sind Sie Jude?«, worauf er antwortet: »Nein, meine Dame, wirklich nicht.« Sie sagt: »Sie brauchen sich doch nicht zu schämen! Geben Sie's zu, Sie sind Jude.« Schließlich sagt er: »Na schön, bin ich also Jude.« Woraufhin sie: »Sie sehen aber nicht wie einer aus.«

Außer unserer Liebe zu Israel verbindet Danny und mich noch ein weiteres Hobby: das Interesse für gutes Essen. Danny ist bekanntlich nicht nur ein großer Musiker und Komiker, sondern auch ein fabelhafter Koch. Jahrelang hat er sich auf die chinesische Küche spezialisiert. Immer wenn ich in Los Angeles war, habe ich ihn in seinem Haus am Yasidiro Drive besucht, in seinem Garten gesessen und seine geistreiche Unterhaltung genossen, während ich ihm beim Kochen seiner Spezialitäten zusah. (Später dehnte er sein Interesse auch auf die französische und italienische Küche aus.) Etliche Male führte er mich auch in vorzügliche Restaurants aus. Danny beklagte sich, ich schliefe zwischen den Gängen immer ein; ich sei zu müde zum Reden, doch nie zu müde zum Essen. Einmal nahm er mich mit in ein vegetarisches Restaurant im Textilindustrieviertel der Stadt, das viele Juden besuchten, die nur koscher aßen. Danny machte sich den Spaß, unvermittelt mit Stentorstimme zu sagen: »Was für köstliche Hummer!« Plötzlich vernahm man überall um uns herum nervöses Besteckgeklapper, und die Leute riefen nach dem Besitzer, um sich zu erkundigen, ob er seine Küche umgestellt habe.

Danny ist einer der intelligentesten Menschen, die ich je kennengelernt habe. Alle hatten wir unsere helle Freude, wenn er bei uns zu Gast war und mit Historikern, Archäologen und Politikern über philosophische Probleme, die Grundlagen des Staates Israel und seine unmittelbaren politischen Probleme diskutierte. Er machte als erster amerikanischer Star eine Tournee durch unser Land und ist seither in Israel unerhört beliebt. Wohin er auch kommt, er entfacht überall große Begeisterung.

Als 1960 in Famagusta der Film *Exodus* gedreht wurde, flog ich nach Zypern. Dort lernte ich Otto Preminger und Paul Newman, Joanne Woodward und Peter Lawford kennen (der damals mit Pat Kennedy verheiratet war). Unser Botschafter gab in Nikosia eine Party für alle Mitwirkenden am Film, und das gesamte zypriotische Kabinett war vertreten – mit Ausnahme von Präsident Makarios. Für mich war das eine gute Gelegenheit, mit den Zyprioten über eine Zusammenarbeit auf dem Tourismus-Sektor zu sprechen. Da Roman und Film *Exodus* überall so viel Interesse für Israel und seine Belange geweckt hatte, förderte er auch gewaltig den Tourismus in unserem Land.

Exodus war ein phantastischer Public-Relations-Erfolg, doch auf lange Sicht, glaube ich, hatte er auch einiges Negative zur Folge. Buch und Film schufen ein idealisiertes Bild von Israel als einem Land voller Helden und Halbgötter – kurz, ein Volk von ganz außergewöhnlichen, außerordentlich klugen und kühnen Menschen. Seither wird jeder Fehler, jedes Vergehen und jeder Fehlschlag in Israel hundertfach übertrieben, weil die Erwartungen so hochgespannt sind, daß kein Mensch ihnen entsprechen kann. Diese Wirkung des Buches wurde später noch durch den Sechstagekrieg so potenziert, daß selbst das israelische Kabinett sich ihr nicht entziehen konnte. Für mein Gefühl ist die politische Führung, die nach 1967 dieses Empfinden absoluter Überlegenheit nährte – das Gefühl, daß wir die Araber jedesmal schlagen und uns gegen die ganze Welt behaupten könnten, ja, daß wir die stärkste Macht zwischen Europa und Japan seien –, weit mehr für die Überraschung des Yom-Kippur-Krieges verantwortlich als die Fehler des Geheimdienstes oder des israelischen Generalstabes. Das übertriebene Vertrauen, das unsere Führung in unser militärisches Potential setzte, war der Grundfehler, nicht die Fehlinterpretation von Truppenbewegungen oder Kriegsvorbereitungen auf der anderen Seite der Waffenstillstandslinie. Die unangenehme Wahrheit ist, daß wir überheblich wurden, Fett ansetzten und – was am allerschlimmsten war – zu sorglos wurden. Die Tragödie war, daß es uns einige tausend junge Menschenleben – unser kostbarstes Gut – kostete, um mit der selbstverschuldeten Verzerrung unseres Image fertig zu werden, und ich bin auch heute nicht sicher, ob wirklich alle Menschen in Israel von ihren Illusionen kuriert sind.

Für mich ist mit *Exodus* noch eine andere Erinnerung verbunden. Ich hatte Leon Uris bereits 1957 kennengelernt, als er für sein Buch Recherchen machte und zu diesem Zweck in das Informationszentrum im Ministerpräsidentenamt kam. Später hörte ich von Zeit zu Zeit von ihm, und er schickte mir jedes seiner Bücher, sobald es erschienen war. Dann wandte er sich eines Tages mit einer dringlichen Bitte an mich. Ein deutscher Arzt, den er in dem Buch *Mila 18* beschuldigt hatte, in einem Konzentrationslager Schreckensexperimente durchgeführt zu haben, hatte einen Prozeß wegen Verleumdung gegen ihn angestrengt. Uris bat mich um Hilfe beim Sammeln von Material, um seine Anschuldigung zu beweisen. Ich brachte ihn mit Leuten in Verbindung, die ihm helfen konnten, und wir taten unser Möglichstes, nicht nur wegen unserer Sympathie für Uris, sondern auch aus grundsätzlichen Erwägungen. Bei dem Prozeß wurde Uris zu einer symbolischen Geldstrafe von einem halben Penny verurteilt – formal wurde er für schuldig befunden, moralisch jedoch freigesprochen. Später beschrieb er auch diese Ereignisse in einem weiteren Buch, *QB VII*.

Zu den vielen Filmstars, die zum Filmen nach Jerusalem kamen und uns bei dieser Gelegenheit in unserer Wohnung besuchten, gehörten auch Paul Newman und Joanne Woodward, die sich stark mit Israel identifizierten. Ihr erster Besuch fiel in eine Zeit, in der Amerikas große liberale Ideen und Ideale durch den Vietnamkrieg und seine Folgen noch nicht an Glanz verloren hatten. Insbesondere Paul fand, daß viele von diesen Idealen in Israel verwirklicht worden seien. Später, während der Lavon-Affäre, schrieb er mir einen Brief, der große Enttäuschung verriet. Er meinte, wir hätten unsere eigenen Ideale verraten. Ich habe ihn von Zeit zu Zeit in den Vereinigten Staaten wiedergesehen – einmal erkannte ich ihn kaum, weil er sich einen Vollbart hatte stehen lassen. Ich fragte ihn, ob der Bart für eine bestimmte Rolle bestimmt sei, doch stellte sich heraus, daß er nur deshalb darauf verfallen war, um endlich einmal unerkannt spazierengehen zu können.

Auch Kirk und Anne Douglas kamen etliche Male nach Israel. Kirk spielte die Rolle des Mickey Marcus in der Verfilmung von *Cast a Giant Shadow* (deutsch ›Der Schatten des Giganten‹), und zwei seiner Söhne wirkten beim Szenenaufbau mit. Die anderen Stars waren Yul Brunner und Frank Sinatra. Nach Abschluß der Dreharbeiten gaben sie eine Party in dem Haus, das sie in der Nähe von Tel Aviv gemietet hatten. Ich brachte im Wagen von Jerusalem die Getränke mit, Kirk kochte ein vorzügliches Essen, und Yul steuerte die Zigarren bei. Es war ein sehr gemütliches Fest, und wir alle waren ein wenig betrunken. Sinatra versuchte Kirk zu überreden, für das Amt des Gouverneurs von Kalifornien zu kandidieren. Diese Party war der Beginn meiner Freundschaft sowohl mit Kirk Douglas als auch mit Frank Sinatra.

Ed Murrow war zwar kein Filmstar, aber nicht minder berühmt und ganz ohne Frage einer der ungewöhnlichsten Menschen, die ich je kennengelernt habe. Ed kam zum erstenmal 1957 nach Israel, um einen einstündigen Dokumentarfilm zu drehen. Wir kannten uns zwar noch nicht, doch da wir in New York gemeinsame Bekannte hatten, fuhr er vom Flugplatz in Jerusalem direkt zu uns. Diese Begegnung führte zu einer Freundschaft, die ich sehr hoch schätze und vor allem in der Rückschau noch höher bewerte. Ed besuchte während dieses Aufenthaltes auch Ein Gev, und seine Kameraleute filmten unsere Fischer auf dem See Genezareth. Sie hatten an diesem Abend keinen besonderen Erfolg: Die Netze waren fast leer, und sie fingen nicht mehr als ein paar mickerige Sardinen. Allerdings hatten sie früher am Tage eine Menge Fische gefangen, die man in die Netze füllen konnte, um ihm etwas Lohnenderes zum Filmen zu geben. Doch Ed lehnte das rundheraus ab: Die Kamera sollte genau das zeigen, was er gesehen hatte. Er kehrte immer wieder nach Israel zurück, und wir trafen uns jedesmal, wenn ich in den Vereinigten Staaten war. Ganz besonders erinnere ich mich an ein glänzendes Essen mit Ed und Marlene Dietrich in New York, bei dem ich diese bemerkenswerte Frau kennenlernte. Ed brachte auch seinen dreizehnjährigen Sohn Casey für einen längeren Aufenthalt nach Israel, und ich glaube, der Junge hat den Besuch in vollen Zügen genossen.

Zum letztenmal sah ich Ed 1964. Ich war am Vorabend eines Feiertags nach New York gekommen und konnte am nächsten Tag beruflich überhaupt nichts ausrichten. Daher fuhr ich zu Isaac Sterns Landhaus in Connecticut hinaus, das in der Nähe von Eds Farm in Pawling, New York, lag, und verbrachte ein paar Stunden mit Ed, der damals schon sehr krank war. Er hatte Lungenkrebs, glaubte jedoch, er würde wieder gesund werden. Er hatte seinen Posten bei der Regierung aufgegeben und erzählte mir, er habe traurig von Präsident Johnson Abschied genommen. An diesem Tag fühlte er sich jedoch verhältnismäßig wohl und fragte mich über Israel und unsere Schwierigkeiten aus. Dann sagte er: »Wissen Sie, der Präsident hat mir gesagt, wenn ich zurückkäme, könnte ich jeden Job haben, den ich wollte. Eigentlich liegt mir ja gar nichts an einem Regierungsposten, denn am liebsten möchte ich schreiben. Aber ein Posten ist da, den würde ich gern annehmen. Ihr seid ja immer noch nicht aus dem Gröbsten raus in Israel. Ihr existiert, gewiß, aber das Schlimmste steht euch noch bevor. Das einzige Land, auf das ihr euch letzten Endes verlassen könnt, sind die Vereinigten Staaten, und es wird viel davon abhängen, was die Amerikaner über euch denken. Ihr habt nicht allzu viele Freunde hier, und eines Tages könnte die Rolle des amerikanischen Botschafters in Israel für eure Zukunft entscheidend sein. Sollte ich jemals wieder gesund werden, möchte ich Präsident Johnson bitten, mir diesen Job zu überlassen.« Das war unsere letzte Begegnung. Bald danach verschlechterte sich sein Zustand, und er starb.

Bücher, Filme und Dokumentationen weckten zweifellos das Interesse an Israel und veranlaßten viele Menschen herzukommen und eigene Eindrücke zu sammeln. Ein weiterer Aspekt unseres Bestrebens, Touristen nach Israel zu bringen, war das ›Israel-Festival‹. Im Rahmen der Vorbereitungsarbeiten besuchte ich 1962 zum erstenmal das Edinburgh Festival, was mir gestattete, eine alte und liebe Freundin, Lorna Wingate, wiederzusehen. Ich rief sie gleich nach meiner Ankunft in Edinburgh an, und am nächsten Tag trafen wir uns. Sie hatte wieder geheiratet und sah ein bißchen älter aus, war aber immer noch eine ausnehmend schöne Frau. Wir vereinbarten, daß ihr neunzehnjähriger Sohn Jonathan uns in Israel besuchen sollte. Ein paar Monate später kam er zum erstenmal nach Israel, und ich zeigte ihm das Land. Viele Jahre später, auf seiner Hochzeitsreise, kam er wieder. Inzwischen war er Artillerieoffizier in der britischen Armee geworden wie sein Vater.

Im Laufe der Jahre versuchten wir immer wieder, Igor Strawinsky zu bewegen, nach Jerusalem zu kommen und am Israel-Festival teilzunehmen. Im August 1964 kam er tatsächlich: Aharon Propes, der Direktor des Festivals, hatte ihn schließlich doch überredet. Ein zusätzlicher Anreiz, der dazu beigetragen haben mag, war eine Ausstellung der Bilder seiner Frau Vera, einer begabten Malerin, die wir arrangiert hatten. Strawinsky hatte eigens ein Stück für uns komponiert, *Die Opferung Isaaks,* das Bob Kraft mit dem Orchester einstudierte und in Caesarea zur Uraufführung brachte. Ich brachte Strawinsky an einem der heißesten Abende, die ich je erlebt habe, nach Caesarea. Wir hatten eine Panne mit unserem Auto und saßen eine volle halbe

Stunde auf der Straße fest, so daß wir kaum noch rechtzeitig vor Beginn des Konzerts eintrafen. Er war damals bereits vierundachtzig, hielt sich jedoch hervorragend. Strawinsky konnte enorm viel Whisky und Champagner vertragen und war der liebenswerteste und geistreichste Gesellschafter, den man sich vorstellen kann. Wie bei vielen großen Künstlern, die ein hohes Alter erreichen, fielen in dem Augenblick, wo Strawinsky seinen Taktstock zur Hand nahm, zwanzig oder dreißig Jahre von ihm ab, und er wirkte wie ein junger Mann. Ich machte ihn mit ›Chivas Regal‹ bekannt, einem Whisky, den er noch nie getrunken hatte. Hinterher schrieb er mir einen kurzen Brief in gutem Russisch mit der Versicherung, ›Chivas Regal‹ sei der beste Whisky, den er je getrunken habe. Diesen Brief schickte ich als Geburtstagsgeschenk an Sam Bronfman, den Besitzer von ›Seagrams‹, der nur wenige Jahre jünger war als Strawinsky.

In jenen Tagen kamen mehr und mehr weltberühmte Künstler nach Israel, doch ein Besuch von Isaac Stern ist mir besonders im Gedächtnis haften geblieben, weil er mich nach Ein Gev zurückführte. Aber auch sonst kam ich ziemlich häufig nach Ein Gev, während ich das Ministerpräsidentenamt leitete. Doch Isaac fühlte sich nicht wegen alter Erinnerungen und Freundschaften nach Ein Gev hingezogen, sondern wegen des Musiksaals, den wir vor allem während des Passahfestes für Konzerte und Aufführungen benutzten. Die Idee, ein Musikfestival in Ein Gev abzuhalten, ging eigentlich bis auf die ersten Tage des Bestehens der Siedlung zurück. Der Kibbuz hatte einen Gönner namens Dr. Sommerfeld aus Tel Aviv, der jährlich mit vier oder fünf anderen Musikern nach Ein Gev kam und jeden Abend der Passahwoche klassische Musik für die Kibbuzniks spielte. Diese schöne Tradition fand 1941 ein Ende, als Dr. Sommerfeld ertrank. Aber die Liebe zur Musik blieb: 1951, als ich in den Vereinigten Staaten war, half ich Ya'akov Steinberger, einem Freund aus Ein Gev und Organisator kultureller Veranstaltungen, Ethel Cohen und die *Esco Foundation* zu einer Spende für den Bau eines Konzertsaals in Ein Gev zu überreden. Ya'akov wurde die treibende Kraft hinter den Passah-Festivals, denen ein Dauererfolg beschieden war.

Als Isaac Stern erwartet wurde, versprach ich, ihn in Tel Aviv abzuholen und ihn zu seinem Auftritt nach Ein Gev zu fahren. Um sechs

Uhr morgens meldete das Radio eine Revolution in Syrien und Kämpfe auf den Golan-Höhen. Mein Telefon in Jerusalem klingelte. »Ich nehme an, aus meinem Konzert wird nichts«, sagte Isaac von seinem Tel Aviver Hotel aus. »Warum?« fragte ich. »Die Revolution in Syrien! Wir müssen doch die syrische Grenze entlangfahren, wenn wir nach Ein Gev wollen. Wer wird da schon zu dem Konzert kommen?« Ich versicherte ihm, er werde wie üblich ein volles Haus haben, und natürlich konnte der Konzertsaal die Fülle der Zuhörer kaum fassen. Auf Lastwagen kamen Tausende von Menschen aus dem gesamten Grenzgebiet. Isaac konnte es einfach nicht fassen.
An diesem Abend verließ ich Ein Gev um Mitternacht. Auf unserem Rückweg sprachen wir gegen zwei Uhr früh noch bei Ezra Danin vor, um zu hören, wie er die Revolution einschätzte. Wir hatten nur in der Ferne Schießen gehört, als wir am stillen Ufer des Sees Genezareth entlangfuhren – zu fern, um die Musik zu stören, die Isaac seiner Violine entlockte. Wenn ich jetzt daran zurückdenke, meine ich, sowohl die Schüsse als auch Isaacs Geigenklänge waren typisch für die Zeit.

10
Überlebensgroß!

Während der Jahre im Ministerpräsidentenamt hatte ich oft auf den verschiedensten Hochzeiten gleichzeitig zu tanzen. Mein Terminkalender war nicht nur übervoll, oft herrschte darin auch ein ziemliches Durcheinander. Dennoch gab es einen roten Faden, eine Leitlinie, an der sich meine Aktivitäten ausrichteten. Denn den größten Teil dieser Zeit über war Ben-Gurion Ministerpräsident, und alles, was ich im Amt in Angriff nahm, stand irgendwie in Bezug zu ihm. Ben-Gurion war jemand, dessen Gegenwart stets spürbar war. Wahrscheinlich hat er mich stärker beeinflußt als irgendein Mensch, dem ich je in meinem Leben begegnet bin.

Manchmal war es schwer für die Menschen, die eng mit Ben-Gurion zusammenarbeiteten, ihn gebührend zu würdigen. Er ging nicht leicht aus sich heraus, gehörte nicht zu den Händeschüttlern und Schulterklopfern. Zu einem jedoch war er immer bereit: zu Diskussionen und Streitgesprächen. Dabei mußte sein Gesprächspartner nicht unbedingt immer eine wichtige oder bedeutende Persönlichkeit sein. Er pflegte Kindern auf der Straße Rede und Antwort zu stehen oder Eltern von Soldaten, die sich brieflich an ihn wandten. Das Diskussionsthema mußte auch nicht notwendigerweise mit der Aufgabe zu tun haben, an der man gerade saß. Man konnte über alles mit ihm diskutieren: über Zionismus, Judentum, die Bibel, die Wissenschaft, über Buddha oder über Geschichte. Er war der Typ eines Gelehrten und interessierte sich praktisch für alles. Niemals kehrte er dabei den Vorgesetzten heraus oder behauptete, etwas besser zu wissen, nur weil er mehr Erfahrung hätte.

Ben-Gurion hegte ein tiefes Interesse für Philosophie und Wissenschaft, insbesondere für die Grenzen der Wissenschaft. Der menschliche Intellekt und wie das Gehirn funktioniere, faszinierten ihn. Ich erinnere mich an die vielen Diskussionsabende mit Israels bedeutendsten Wissenschaftlern Amos de Shalit und Aharon Katzir, die beide inzwischen verstorben sind, und an die Streitgespräche, in denen es darum ging, ob der menschliche Geist dem Computer überlegen sei oder umgekehrt. Ben-Gurion war zutiefst davon überzeugt, daß die Einzigartigkeit des Menschen niemals durch irgendeine – noch so hochgezüchtete – Erfindung ersetzt werden könne. Außerdem interessierte er sich brennend für den Kosmos und für die Frage nach der Berechtigung des Glaubens, daß Gesetzmäßigkeiten und Regeln unseres eigenen Sonnensystems im gesamten Bereich des gewaltigen Universums Gültigkeit besitzen. Viele der Ideen, die erst in jüngster Zeit in der Astrophysik akut geworden sind, beschäftigten ihn bereits viele Jahre vorher. Den Wissenschaftlern, mit denen er sprach, stellte er stets originelle und provokative Fragen.

Ich gehörte zu denjenigen, die Ben-Gurion mit Büchern versorgten. Freunde in den Vereinigten Staaten stellten mir für diesen besonderen Zweck einen kleinen Fonds zur Verfügung. Anfangs suchte ich für ihn nach Büchern über die Geschichte Palästinas und des Vorderen Orients – ein Interessengebiet, das ich mit ihm teilte. Er war immer hinter Gedrucktem her – griechischen Büchern, Geschichtswerken, philosophischen Werken –, und bei seinen Besuchen in Europa und in den Vereinigten Staaten fand Ben-Gurion immer Zeit, in Buchhandlungen zu gehen, ja, er machte sogar eigens den Umweg nach Oxford, um ›Blackwell's‹ einen Besuch abzustatten, wobei ich ihn oft begleitete. Während ich dabei nach Büchern stöberte, die mich selbst interessierten – alten Reisebeschreibungen über das Heilige Land und den Mittleren Osten –, genoß ich es auch sehr, ihm bei seiner Suche zu helfen. Er verwandte viel Zeit auf das Durchblättern von Katalogen und das Zusammenstellen von Buchbestellisten. Zuletzt hörte er aus Zeitgründen auf, Romane zu lesen. Bis in die frühen fünfziger Jahre jedoch hatte er viel Romane, ja sogar Thriller gelesen.

Es gab eine Periode in seinem Leben, während der Ben-Gurion sich

brennend für indische Philosophie und besonders für den Buddhismus interessierte. Ich erinnere mich, daß Mitarbeiter aus dem Ministerpräsidentenamt versuchten, sämtliche Bände der *Sacred Books of the East* (= Heilige Schriften des Ostens) für ihn zu sammeln. Schließlich gaben wir auf: Der letzte Band war nirgends aufzutreiben. Wir liehen den fehlenden Band in der New York Public Library, ließen jede einzelne Seite fotografieren (das war noch vor der Ära der Fotokopiergeräte) und gaben die Blätter zum Binden, um Ben-Gurions Ausgabe zu vervollständigen. Dieses Interesse gipfelte darin, daß Ben-Gurion Premierminister U Nu's Einladung annahm, Burma zu besuchen und einige Zeit in einem buddhistischen Kloster zu verbringen, um sich dort in Meditation zu versuchen.
Als wir von der Regierung der Vereinigten Staaten die Mittel zur Verfügung gestellt bekamen, um die großen Werke der ›Klassiker‹ ins Hebräische zu übersetzen, wurde ein Komitee berufen, um eine Liste der wichtigsten Titel zusammenzustellen. Ben-Gurion und Martin Buber waren in eine nie enden wollende Auseinandersetzung über die Frage verwickelt: Was ist ein Klassiker? Für Ben-Gurion waren Klassiker ausschließlich die ›alten Griechen‹: Aischylos, Sophokles, Euripides, Plato. Aber Goethe? Da war er sich nicht so sicher. Schiller? Noch weniger. Für ihn war Klassik eine Sache der Antike: Griechen, Römer, bestenfalls gehörten noch Buddha und Konfuzius dazu – und selbstverständlich die Bibel, die nicht übersetzt zu werden brauchte. Ben-Gurion hielt Plato und Buddha für die universellsten Philosophen und fand bei ihnen den reinsten und klarsten Ausdruck menschlichen Denkens. Er bedauerte es, daß die griechischen Philosophen des fünften und sechsten vorchristlichen Jahrhunderts nicht mit den jüdischen Propheten dieser Zeit zusammengekommen waren. Wenn eine solche Gipfelkonferenz des Geistes stattgefunden hätte, meinte er, sähe es mit der Welt heute besser aus.
Schwierig war es jedoch, Ben-Gurion mit jüngerer europäischer Literatur zu beeindrucken. Martin Buber und er diskutierten oft bis spät in die Nacht hinein. Die anderen Mitglieder des Komitees hatten gleichermaßen festgefügte Auffassungen, und so ging es bei den Besprechungen heiß her. Buber erregte sich heftig über die Unnachgiebigkeit und Spitzfindigkeit, mit der Ben-Gurion darauf beharrte, daß das

Wort ›Klassiker‹ eine ganz bestimmte, fest umrissene Bedeutung habe und daß es wichtig sei, diese Bedeutung zu definieren und zu respektieren. Ben-Gurion hatte sich von der Liste der ›Hundert Bücher‹ der Universität von Chicago anregen lassen. Ich glaube nicht, daß er mit sämtlichen hundert Werken einverstanden war, die dort aufgeführt wurden. Aber ihm gefiel die Vorstellung einer Zahl wie ›hundert‹, und er meinte, hier in Israel müsse eine vergleichbare Liste für die Juden und die Hebräisch lesende Welt zusammengestellt werden. Das scheint alles Ewigkeiten zurückzuliegen! Heute stehen Tausende von Klassikern der Weltliteratur in Hebräisch zur Verfügung. Israel ist das Land mit den meisten Verlegern, Buchhandlungen, Büchern und Zeitungen pro Kopf der Bevölkerung in der ganzen Welt, und Israel hat mehr Leser für jedes Blatt bedruckten Papiers aufzuweisen als jedes andere Land. Derselbe Wissensdrang und dieselbe Lust am Diskutieren brachten Ben-Gurion auch dazu zu ergründen, wie die großen Geister der jüdischen Welt zu der Frage standen: ›Wer ist Jude?‹ Diese Frage tauchte auf, als darüber entschieden werden mußte, wie die Religionszugehörigkeit auf den israelischen Personalausweisen eingetragen werden sollte. In Israel gab es hitzige Auseinandersetzungen über die Frage, wer Jude sei, im Zusammenhang mit dem sogenannten ›Heimkehrgesetz‹, das es jedem Juden gestattet, sich in Israel niederzulassen und automatisch israelischer Bürger zu werden. Ben-Gurion holte weit aus. Natürlich wandte er sich an die Rabbiner, aber darüber hinaus befragte er Gott und die Welt und schrieb Briefe an Historiker und Juristen. Der Historiker und Politologe Isaiah Berlin antwortete mit einer langen, sehr wissenschaftlichen Abhandlung. All die vielen wissenschaftlichen Meinungen von jüdischen Gelehrten sowohl in der Diaspora als auch in Israel galten als vertraulich, denn Ben-Gurion hatte sein Wort gegeben, sie nicht zu veröffentlichen. Ich glaube nicht, daß er sich eine Trennung zwischen religiöser und nationaler Identität im Judentum vorstellen konnte. Er war überzeugt, man könne nicht dem jüdischen Volk angehören, wenn man einem anderen Glauben anhing. Dabei mußte man nicht unbedingt praktizierender Jude sein, doch sollte jemand, der Buddha oder Christus oder Mohammed verehrt, im Rahmen der jüdischen Nation nicht Jude genannt werden.

Sonderbarerweise bezog sich der nicht praktizierende Jude Ben-Gurion in seinen Unterhaltungen häufig auf Gott. Er bemühte den Allmächtigen auf seine Weise – und überraschte damit oft seine Zuhörer. Zufällig war Ben-Gurion in New York, als David Remez starb. Remez war ungefähr im gleichen Alter wie Ben-Gurion gewesen, und sie hatten sowohl in der *Histadrut* (dem Gewerkschaftsverband) als auch in der ersten israelischen Regierung zusammengearbeitet. Remez war ein ruhiger, ausgeglichener Mensch gewesen, nicht ein Feuerkopf wie Ben-Gurion. Trotz aller Differenzen hatte Ben-Gurion große Hochachtung vor Remez. Im israelischen Konsulat wurde eine Gedenkstunde abgehalten, und Ben-Gurion hielt eine Ansprache. Tiefbewegt sprach er davon, daß man ›sich droben wiedersehen‹ werde, und schlug dabei die Augen gen Himmel, was ganz gewiß die meisten der Anwesenden überraschte. Aber ich erinnere mich noch an das Jahr 1951, als Ben-Gurion und ich zur ersten *Israel-Bond*-Veranstaltung nach Philadelphia fuhren und in Princeton ein paar Stunden Zwischenstation machten, um Albert Einstein zu besuchen. Die Unterhaltung drehte sich ausschließlich um die Frage, ob es eine höhere Macht gebe, die das Universum regiert. Beide stimmten sie darin überein, daß es eine solche zentrale Kraft geben müsse. Das war im Grunde bereits ein religiöses Konzept.
Während desselben Besuches in New York besuchte der Freidenker Ben-Gurion sogar einen Synagogengottesdienst – es gehörte sich einfach für den Ministerpräsidenten des jüdischen Staates, am Sabbat in die Synagoge zu gehen. Trotzdem – für organisierte Religion hatte er nichts übrig. Sein Leben lang kämpfte er dafür, daß der jüdische Staat nach bürgerlichem Recht und nicht nach dem Religionsgesetz regiert würde. Ich erinnere mich, daß er zweimal nach Bnei Brak, einem orthodoxen Viertel bei Tel Aviv, fuhr, um Hazon Ish, einen außergewöhnlichen religiösen Denker, zu besuchen. Die beiden verbrachten viele Stunden damit, über ihre unterschiedlichen Auffassungen vom jüdischen Volk zu diskutieren; eine Begegnung gleichgesinnter Geister war es jedoch nicht.
Kunst interessierte Ben-Gurion überhaupt nicht. Als ein Freund ihm einst eine seltene, rund dreihundert Jahre alte Plato-Ausgabe schenkte, warf Ben-Gurion einen Blick darauf und sagte: »Die hab' ich

schon!« – »Aber es ist eine seltene Ausgabe!« rief sein Freund aus. »Was heißt hier ›selten‹!« erklärte Ben-Gurion. »Ich hab' sie in klarerem Druck als Penguin-Taschenbuch!« Wenn ich ihn zu antiken Ausgrabungsstätten mitnahm, die wir rekonstruierten, stapfte er völlig unbeteiligt zwischen den Ruinen herum. Er begriff einfach nicht, warum wir das überhaupt taten. »Warum reißt ihr das nicht einfach ab und baut etwas Neues und Schönes?« fragte er. – Zwischen seiner Haltung ästhetischen Dingen gegenüber und seinem Gefühl für die Schönheit der Natur bestand allerdings ein gewaltiger Unterschied. Ich erinnere mich noch an den ersten Tag, da wir in das neue Ministerpräsidentenamt in Jerusalem einzogen. Das Gebiet um das Gebäude herum war noch völlig kahl und leer. Ben-Gurion stand am Fenster seines Arbeitszimmers, starrte hinaus, und sein Gesicht verdüsterte sich. »Warum sind denn da keine Bäume?« wandte er sich an mich. »Können wir denn keine Bäume haben?« Am nächsten Tag ließ ich kleine grüne Bäumchen rund um das Gebäude herum einpflanzen. Einen Ritt über die Golan-Höhen, den ich mit ihm machte, genoß er in vollen Zügen, doch bei Rundgängen durch Caesarea und Alt-Jaffa war er ungeduldig und machte nur widerwillig mit.
1965 führte ich ihn noch vor der Fertigstellung durch das Israel-Museum. Ich konnte mir das Ganze im fertigen Zustand sehr wohl vorstellen; er dagegen sah so gelangweilt drein, daß ich regelrecht deprimiert war. Die spätere Eröffnung des Museums hat er aber offenbar sehr genossen – nicht so sehr wegen des Museums als solchem als wegen des Anlasses. Damals begann er zu begreifen, daß Jerusalem und Israel um eine wertvolle Dimension bereichert worden waren. Aber für Kunst im allgemeinen hatte er keinen Sinn.
Dabei faszinierte ihn alles Historische, was mit Israel zu tun hatte – besonders der Auszug der ersten Pioniere um 1880 aus Jerusalem, um Petach Tikvah zu gründen. In diesen Siedlern von Petach Tikvah und Mikveh Yisrael im neunzehnten Jahrhundert sah er die Anfänge des Staates Israel – nicht in den alten Juden, die nach Jerusalem gekommen waren, um dort zu beten und zu sterben, und auch nicht in der Staatsgründung im Jahre 1948. Für Ben-Gurion hörte die Geschichte mit der Zerstörung des Zweiten Tempels im Jahre 70 nach Christus auf und begann wieder mit der modernen Rückkehr nach Palästina.

Ich konnte mich dieser Ansicht nie anschließen. Mir ist es unmöglich, Teile der Geschichte einfach herauszuschneiden, als ob es sie nie gegeben hätte. Vielleicht war Ben-Gurions Haltung dadurch bedingt, daß er aus einem sehr jüdischen Milieu in der Diaspora stammte, gegen das er innerlich aufbegehrte, wohingegen ich aus einem assimilierten Haus kam und daher die Dinge distanzierter betrachten konnte. Er wollte die Diaspora einfach überspringen, und manchmal konnte er sehr heftig werden, wenn es um dieses Thema ging.
Bezeichnend in dieser Hinsicht ist ein Erlebnis, das ich im Mai 1961 hatte, als ich Ben-Gurion zu einem Staatsbesuch nach Kanada begleitete. Auf dem Hinflug machten wir in New York Station und übernachteten in einem Flugplatz-Hotel. Etwa einen Monat zuvor hatte Ben-Gurion auf dem Zionistenkongreß in Jerusalem eine lange Rede gehalten und ein oder zwei Talmudzitate einfließen lassen, denen zufolge ein Jude, der außerhalb Israels lebe, wie ›ein Mann ohne Gott‹ sei. Er hatte damit die Einwanderungsbereitschaft religiöser Juden nach Israel verstärken wollen, doch nach Berichten über die kontroverse Rede in der *New York Times* und anderen Blättern kam es zu einem Aufruhr. Die Folge davon war, daß wir vor Ben-Gurions Abreise dringende Warnungen erhielten, er möge solche Äußerungen nicht wiederholen, damit die Beziehungen zwischen Israel und dem Judentum in der Diaspora keinen Schaden erlitten. Am Abend unserer Ankunft in New York hatte ich eine hitzige Auseinandersetzung mit Ben-Gurion über dieses Thema. Ich hatte sogar erwartet, daß Abe Harman, unser Botschafter in Washington, Ben-Gurion davor warnen würde, die amerikanischen Juden und Zionisten erneut zu beleidigen und sie uns noch weiter zu entfremden, doch hatte Abe das nicht getan.
Da dies unsere letzte Zusammenkunft vor Beginn seiner Rundreise und damit die letzte Gelegenheit war, die Sache zu bereinigen, fühlte ich mich verpflichtet, den Mund aufzumachen. Ich erinnere mich, daß es zu einer erbitterten Auseinandersetzung kam, bei der Ben-Gurion mich anschrie und ich ihn. Niemand griff ein, und mir war alles andere als wohl in meiner Haut. Es stimmt, daß ich auch vorher schon viele Auseinandersetzungen mit Ben-Gurion gehabt hatte, aber niemals im Beisein Dritter. Mir war so elend zumute, daß ich Ben-Gu-

rion später am selben Abend sagte, ich kehrte zurück nach Israel. Am nächsten Morgen kam er jedoch in mein Zimmer und bat mich zu bleiben, was ich auch tat. Wiewohl wir uns bei unserem Streit nicht hatten einigen können, verhielt sich Ben-Gurion während der ganzen Reise äußerst diplomatisch und enthielt sich jeder Äußerung, die den Unwillen der Juden in Nordamerika hätte erregen können.
Auf dem Rückflug von Kanada machten wir wieder in New York Station, und Ben-Gurion lernte Präsident Kennedy kennen. Einer der Gründe, die Kennedy zu diesem Treffen bewogen hatten, war der amerikanische Verdacht, daß Israel entweder an einer Atombombe arbeite oder potentielles Bombenmaterial lagere; und das zu einem Zeitpunkt, da die Vereinigten Staaten in der ganzen Welt über die Kontrolle der Atomkraft verhandelten. Den USA war sehr viel daran gelegen, unsere Aktivitäten auf diesem Gebiet zu überwachen. Das Treffen geriet zu einer ›tour d'horizon‹ des Nahen Ostens und Israels.
Irgendwie hatte ich die Empfindung, daß Ben-Gurion von Kennedy nicht sonderlich beeindruckt war. Er fand, dem Präsidenten fehle es sowohl an Stärke als auch an Vision für die Zukunft. Wir waren übrigens alle beeindruckt von Würde, Prunk und Eleganz der ganzen Atmosphäre in den USA Anfang der sechziger Jahre. Aber ich glaube, Ben-Gurion fand leichter Zugang zu den erfahreneren älteren Staatsmännern jener Jahre. Er hatte größeren Respekt vor de Gaulle als vor Churchill. Churchill, fand er, hatte es lediglich verstanden, zum Ausdruck zu bringen, was sein Volk ohnehin bewegte. Zwar hatte er die Engländer zum Sieg geführt, doch handelte es sich um ein Volk, das von Anfang an zu kämpfen bereit war. De Gaulle hingegen hatte die Franzosen erst zum Heldentum zwingen und sie gegen ihren Willen mitreißen müssen. In allen seinen großen Problemen und Krisen – bei seinen Entscheidungen in bezug auf Deutschland, Algerien und so weiter – hatte de Gaulle sich gegen den Willen seines eigenen Volkes durchsetzen müssen. Er war eine große Führergestalt im wahren Sinne des Wortes. Als de Gaulle nach dem Sechstagekrieg Israel gegenüber eine kritische Haltung einnahm, schrieb ihm Ben-Gurion, der damals schon seit drei Jahren nicht mehr im Amt war, einen langen persönlichen Brief und setzte ihm seine Ansicht über den Stand-

punkt Israels auseinander. De Gaulle antwortete ihm prompt und legte ihm seinerseits seine Einstellung dar. Sie bewahrten einander freundliche Hochachtung bis zu de Gaulles Tod. Es war eine Beziehung, die auf gegenseitiger Achtung beruhte.

Vielleicht war das ganz allgemein die Ben-Gurion genehmste Art von zwischenmenschlichen Beziehungen. Er war der unpersönlichste Mensch, den ich je erlebt habe – leidenschaftlich, aber distanziert. Der einzige, von dem ich weiß, daß er vertrauter mit ihm umging, war Nehemya Argov, sein Sekretär für militärische Angelegenheiten. Und doch – man lese Ben-Gurions Briefe an seine Frau Paula oder Ruth Dayans Berichte darüber, wie sie ihn mit ihren persönlichen Problemen überfiel... In all den Jahren, die wir zusammen waren, habe ich nicht ein einziges Mal Persönliches mit ihm besprochen, und er zeigte auch nur sehr selten Interesse an diesen Dingen. Er war jedoch voller Anteilnahme für das Schicksal einzelner Soldaten oder noch mehr von Eltern, deren Sohn gefallen war. Er war ein mitfühlender Mann, und es fiel ihm schwer, Soldaten zu militärischen Operationen auszuschicken, die möglicherweise Opfer fordern würden.

Was die sechs Millionen durch die Nazis ermordeten Juden betrifft, so reagierte er nicht nur auf das individuelle Leid, sondern beklagte auch den gewaltigen Substanzverlust des jüdischen Volkes, den Verlust jener ausgeprägten, besonders unter den osteuropäischen Juden entwickelten Intelligenz – vor allem deshalb, weil er wußte, was es für Israel bedeutet hätte, wenn es aus diesem Reservoir hätte schöpfen können. Ben-Gurion hatte das Gefühl, daß zwei Millionen mehr Juden in Israel die Lösung unserer politischen Probleme bedeutet hätten. Für ihn stand an allererster Stelle immer das jüdische Volk. Zwar war es für ihn denkbar, daß die Juden auch ohne Israel existierten, doch nicht umgekehrt Israel ohne die Juden. Diese historische Haltung war typisch für ihn. Für ihn zählten endgültige Resultate – über Sentimentalitäten setzte er sich hinweg.

Ein paarmal habe ich versucht, an ihn heranzukommen und herauszufinden, wie er in Wirklichkeit über andere dachte. Einmal, im Jahre 1959, versuchte ich, die sehr strapazierte Beziehung zwischen Ben-Gurion und Moshe Sharett, den ich sehr hoch schätzte, wieder einzurenken. Ich lud beide ein paarmal zu mir nach Hause ein. Unmittelbar vor seinem letzten Besuch hatte Ben-Gurion öffentlich geringschätzig über Sharetts Anteil bei der Waffenbeschaffung für die israelischen Verteidigungsstreitkräfte gesprochen und behauptet, Sharett halte nichts von bewaffneter Stärke. Diese Äußerung war für den endgültigen Bruch zwischen den beiden verantwortlich. Sharett war bereits seit etlichen Jahren nicht mehr im Amt, und alles, worauf ich hoffen konnte, war eine Mäßigung der bitteren Gefühle zwischen ihnen.

Als ich sie einlud, sagte Ben-Gurion: »Selbstverständlich werde ich kommen.« Sharett hingegen sagte nur widerstrebend zu. Ich fuhr sie in unsere Wohnung, steckte sie in ein Zimmer, schloß die Tür hinter ihnen und ließ sie allein. Aber sie konnten keine gemeinsame Sprache finden. Hinterher sagte Ben-Gurion immer wieder: »Moshe? Ich habe nichts gegen ihn. Er ist ein guter Mann. Sehr aufopferungsvoll. War nur nicht der richtige für das Außenministerium, das ist alles.« Er hatte Sharett auch das Amt des Erziehungsministers und andere Positionen angeboten. Doch Sharett war verletzt und kochte: »Ben-Gurion begreift nicht mal, was er mir angetan hat.«

Mit Sharetts Ausscheiden aus der Regierung im Jahre 1956 geschah es meines Wissens zum erstenmal, daß ein wichtiges Kabinettsmitglied seinen Posten zur Verfügung stellte, ohne sofort ein anderes öffentliches Amt zu übernehmen. Eine praktische Konsequenz des Rücktritts war, daß Sharett aus seiner offiziellen Residenz ausziehen mußte. Er hatte lange zuvor seine Wohnung verkauft, besaß kein Auto und verfügte über keinerlei Mittel außer seiner Pension. Einige von uns fühlten sich persönlich für ihn verantwortlich. Wir sorgten dafür, daß jemand eine Wohnung kaufte und sie Sharett zur Verfügung stellte. Wir halfen ihm noch auf vielerlei andere Weise, bis er zum Vorstandsvorsitzenden der *Zionistischen Organisation* und der *Jewish Agency* gewählt wurde – eine Stellung, die er bis zum letzten Tag seines Lebens bekleidete.

Zu einer ähnlichen Situation kam es Jahre später, als Ben-Gurion selbst nicht mehr im Amt war. Er lebte im Kibbuz Sdeh Boker im nördlichen Negev, doch wurden ihm weder Auto noch Sekretärin zur Verfügung gestellt oder andere Erleichterungen geboten. Zwar hatte der Sicherheitsdienst entschieden, daß Ben-Gurion immer noch bewacht werden müsse, weshalb der Wagen, der ihm folgte, von der Regierung bezahlt wurde; doch das Auto, in dem er selbst reiste – er war damals fast achtzig und hatte niemals Autofahren gelernt –, und sein Fahrer wurden von Freunden bezahlt. Erst einige Jahre nach Ben-Gurions Rücktritt überredete ich den Finanzminister, ehemaligen Präsidenten und Ministerpräsidenten Aufwandsentschädigung für Postgebühren, Sekretärin und Reisespesen zuzugestehen.

Ich habe Moshe Sharetts Tagebücher, die nach seinem Tod von seinem Sohn Ya'akov (Koby) herausgegeben wurden, nie gelesen. (Die erste Folge des Vorabdrucks in einer unserer Zeitungen verärgerte mich einigermaßen, und ich bin sicher, daß Sharett sie nicht in dieser Form veröffentlicht hätte.) Aber viele haben mir berichtet, daß ich praktisch der einzige sei, der in dem Kapitel über die sich immer weiter verschlechternde Beziehung zwischen Sharett und Ben-Gurion erwähnt werde und ungeschoren davonkam. Dabei hatte ich Sharett unmißverständlich klargemacht, daß ich, was die sachliche Seite des Streits anging, voll und ganz auf Ben-Gurions Seite stünde. Ich erklärte einmal auf einer öffentlichen Versammlung, ich glaubte an ein System, in dem ein Premierminister einen Minister um seinen Rücktritt bitten könne – ähnlich wie das in England möglich ist –, und daß Ben-Gurion im Falle Sharetts von diesem Recht Gebrauch gemacht habe. Später schrieb Koby Sharett mir und beschwerte sich, mir als Beamten sei es untersagt, bei politischen Kontroversen Partei zu ergreifen. Er erklärte mir, sein Vater sei wegen meiner Äußerungen sehr verletzt. Ich ging zu Sharett, erklärte ihm meine Position im Prinzip und ging dann zu Ben-Gurion und bot ihm meinen Rücktritt an. Sharett verstand das und schrieb mir einen Brief in diesem Sinne – sonst wäre ich in seinen Memoiren wohl kaum so gut weggekommen –, und Ben-Gurion nahm meinen Rücktritt nicht an.

Obwohl ich Ben-Gurions Haltung im Prinzip unterstützte, mußte ich an die vielen Gelegenheiten denken, bei denen er rücksichtslos gewesen war und Sharett unnötig beleidigt hatte. Im Dezember 1953, als Ben-Gurion zurücktrat und nach Sdeh Boker ging, um dort zurückgezogen und in relativer Ruhe und Ungestörtheit eine Reihe von nationalen Problemen zu studieren, wurde Sharett gegen Ben-Gurions Willen Ministerpräsident. Die Partei hatte sich für Sharett entschieden, wohingegen Ben-Gurion Eshkol als seinen Nachfolger hatte sehen wollen. Sharett war Außenminister geworden, weil er vor der Staatsgründung die politische Abteilung der *Jewish Agency* geleitet hatte. Aber Ben-Gurion hatte nie geglaubt, daß Sharett etwas von außenpolitischer Strategie verstand. Er hielt ihn für einen Beschwichtiger, der daran glaubte, Außenpolitik durch gute persönliche Beziehungen machen zu können, eine Methode, die Ben-Gurion entschieden ablehnte. Sharett meinte, nur eine geordnete Diplomatie, die sich auf anerkannte Prozeduren und Regeln gründe, könne den Interessen des Staates förderlich sein. Offenbar gab es keinen Mittelweg, auf dem diese beiden Männer mit grundverschiedenen politischen Vorstellungen und Temperamenten sich hätten treffen können.

Kurz vor Sharetts Tod, als er noch in seiner Stellung als Vorsitzender des Exekutivkomitees der Zionistischen Weltorganisation aktiv war, fand in Jerusalem ein Zionistenkongreß statt. Sharett hatte vorgehabt, durch seine Ansprache den Grundton des Kongresses festzulegen. Unglücklicherweise mußte er ins Krankenhaus und war nicht in der Lage, die eindrucksvolle Zeremonie der Kongreßeröffnung persönlich mitzuerleben. Seine Ansprache mußte vorgelesen werden. Im letzten Augenblick beschloß ich, statt in die Kongreßhalle zu gehen, den Abend bei Sharett im Hadassah-Hospital zu verbringen und mir gemeinsam mit ihm die Radioübertragung anzuhören. Ich erwartete, viele Freunde in seinem Zimmer vorzufinden, aber seine Frau Ziprora und ich waren die einzigen, die bei ihm waren.

Was immer Sharett geglaubt haben mag, ich bin nicht der Meinung, daß Ben-Gurion es besonders auf ihn abgesehen hatte. Ben-Gurion neigte dazu, führende Persönlichkeiten vor den Kopf zu stoßen, aber ich habe nie erlebt, daß er unfreundlich zu einem einfachen Bürger war. Es brachte mich auf, wie er Männer wie Sharett anfauchte oder mit Zionistenführern wie Nahum Goldman oder Abba Hillel Silver umsprang. Für die Leute, die sich ihrerseits ihm gegenüber rücksichtslos verhalten hatten, wie Golda Meir und Zalman Aranne, hatte er jedoch geradezu eine Schwäche. Es stimmt, daß er sich zu ihnen bisweilen verletzend benahm, aber boshaft war er dabei nie. Ich erinnere mich an Gelegenheiten, wo er mit Golda, Shimon Peres (der für

Golda ein rotes Tuch war), Moshe Dayan, ein oder zwei anderen und mir zusammensaß. Bei aller Hochschätzung Golda gegenüber gab Ben-Gurion ständig jüngeren Leuten wie Peres und Dayan den Vorzug, wenn es um Kleinigkeiten ging wie etwa, wer zuerst das Wort ergreifen sollte. Auch Sitzordnungen waren ihm gleichgültig. Solchen Einzelheiten gegenüber war er völlig verständnislos, dabei waren sie anderen wichtig, und das schürte das Feuer zusätzlich, wenn die Situation ohnehin schwierig war.

Eine der großen Gestalten in der Geschichte des Zionismus war Ze'ev Jabotinsky, ein ausgezeichneter Schriftsteller und wahrscheinlich der bedeutendste Redner, den die Zionistische Bewegung hervorgebracht hat. Jabotinsky hatte die *Revisionistische Bewegung* gegründet, eine rechtsstehende Gruppe mit einigen antisozialistischen, ja, wie wir meinten, sogar faschistischen Zügen. Trotz alledem hatte Ben-Gurion Mitte der dreißiger Jahre eine Reihe von Übereinkommen mit Jabotinsky ausgehandelt, um die ständigen Reibungen zwischen der *Histadrut,* dem Gewerkschaftsverband, dessen ideologisches Rückgrat die Arbeiterparteien waren, und Jabotinskys Revisionistischer Arbeiterbewegung abzubauen, doch Ben-Gurions eigene Partei hatte diese Vorschläge verworfen. Danach rückten die Revisionisten noch weiter nach rechts, bis schließlich die beiden ›Terroristen‹-Bewegungen, die *Irgun Zvai Leumi* und die *Stern-Gruppe,* aus ihnen hervorgingen.

Jabotinsky starb während des Zweiten Weltkrieges in New York. In seinem Testament hatte er darum gebeten, daß – sobald es zur Gründung eines jüdischen Staates komme – seine sterblichen Überreste durch offiziellen Beschluß dorthin überführt werden sollten. Ben-Gurion weigerte sich, diesen letzten Wunsch seines Gegenspielers auszuführen. Ich versuchte vergeblich, ihn umzustimmen. Als Eshkol Ministerpräsident wurde, lehnte er gleichfalls ab, zum Teil aber nur deshalb, weil er einen Zusammenstoß mit dem bereits zurückgetretenen Ben-Gurion vermeiden wollte. Aber selbst die jüngeren *Mapai*-Leute hegten politische Animositäten: »Sein Grab könnte zu einem Wallfahrtsort werden, das könnte die Jabotinsky-Anhänger stärken«, behaupteten sie. Vor allem Peres war dagegen. Ich empfand ihre Haltung als unklug. Jabotinsky war Teil unserer Geschichte, ganz gleich, was wir von seinem politischen Testament und von seinen Erben hielten. Wegen Ben-Gurions Opposition bewog ich Eshkol, die Sache vors Kabinett zu bringen. Heute ruht Jabotinsky auf dem Herzl-Berg an einem Platz, den wir zusammen mit einer Abordnung seiner Anhänger ausgesucht haben. Das Gefühl, Unrecht erlitten zu haben, hätte der Opposition mehr Auftrieb gegeben als unser Entschluß, ihr den Willen zu tun.

So eigensinnig er auch war, einer der Charakterzüge, die ich an Ben-Gurion besonders mochte, war seine grundsätzliche persönliche Bescheidenheit. Mag er auch distanziert und unpersönlich gewesen sein, er war durch und durch Demokrat. Er besaß sämtliche Eigenschaften, die einen redlichen Mann ausmachen, und gab niemals vor, ein Übermensch zu sein. Ben-Gurion beging ein gerüttelt Maß an Fehlern, aber er bewies auch immer und immer wieder eine unvergleichliche Vorausschau und Weitsicht. Einer seiner Kabinettskollegen, Pinhas Rosen, der ursprünglich aus Deutschland stammte, beschrieb diese Begabung, für die er kein passendes hebräisches Wort fand, mit dem deutschen Adjektiv ›unheimlich‹.

Wir waren in vielen Dingen verschiedener Meinung, und Ben-Gurion behielt letztlich immer recht. Er glaubte an das Potential des amerikanischen Judentums und die Tapferkeit der palästinensischen Juden. Wie recht er hatte, als er für eine Masseneinwanderung von 120000, 130000, ja 200000 pro Jahr eintrat, während viele von uns dachten: Lassen wir es langsam anlaufen – dreißigtausend pro Jahr, höchstens vierzigtausend. Ich glaubte, unsere Hauptsorge sollte der Erschaffung eines lebensfähigen gesellschaftlichen und wirtschaftlichen Organismus gelten, und es werde zuviel Wert auf politische und militärische Dinge gelegt. Ben-Gurion war der einzige, der voraussah, daß die Zeit auslief, und daß man die irakischen und syrischen Juden, wenn sie jetzt nicht kämen, niemals herauslassen würde. Er hatte sich nie von dem historischen Trauma der Ermordung von sechs Millionen Juden erholt. Seiner Meinung nach war bei der Massenvernichtung der kräftigste Ast vom Stamm der Nation getrennt worden. Die Gefahr einer ebensolchen Vernichtung sah er sich in arabischen Ländern wiederholen. Er war derjenige, der darauf drängte, diese Juden rasch herauszubringen. Ben-Gurion erkannte das Problem der organischen Integrierung von Einwanderern als entscheidend, lange bevor es andere überhaupt als Problem begriffen. Er drückte seine Überzeugungen in Form von Schlagworten aus: »Sobald unser Volk einen jemenitischen Stabschef hat, wird es wirklich zu einer Einheit verschmelzen.« Diesem Problem widmete er eine Menge Zeit und Kraft.

Seine ungeduldige Entschlossenheit, was die Ausrufung des Staates Israel betraf, als kluge Männer wie General Marshall noch zur Vorsicht rieten: »Machen Sie es Schritt für Schritt«, zeigte seine Größe als Staatsmann. Ben-Gurion erwiderte: »Dies ist unsere einzige Gelegenheit. Diese politische Konstellation kommt vielleicht in tausend Jahren nicht wieder.« Er glaubte, daß wir das Tauziehen um die Gewährung der Unabhängigkeit und auch den nachfolgenden Krieg gewinnen würden; aber Sieg hin oder her, die Gelegenheit mußte beim Schopf ergriffen werden. Das war Größe im Verein mit Demut.

Ben-Gurion achtete die Spielregeln der Demokratie. Ob alle seine Gegner das gleichfalls taten, bezweifle ich. Da wurden Parteisekretäre auf lokaler Ebene, *Histadrut*-Beamte und sonstiges Parteifußvolk ›gekauft‹. Ob nun Ben-Gurions Kollegen dies selber taten oder die Schmutzarbeit Mittelsmännern überließen, die Gekauften wußten jedenfalls ganz genau, woher der Reichtum kam und daß sie nur dann weiterkommen konnten, wenn irgendein Parteibeamter aus der engeren Umgebung von Pinhas Sapir, dem starken Mann der *Mapai* und späteren Finanzminister, sie empfahl. Ben-Gurions Gefolgsleute hingegen hatten sich nie ähnlicher Vorteile durch ihn erfreuen können. Das war auch der Grund, warum er schließlich in seiner eigenen Partei abgewählt wurde. Die Mitglieder der *Mapai* wußten, daß er sich niemals aus persönlichen Gründen für einen Kandidaten einsetzte. Ben-Gurions Unterstützung konnte man immer nur für Konzepte, nie für Personen gewinnen – selbst wenn die betreffenden Personen ihn selber unterstützten. Ben-Gurion ernannte Beamte ausschließlich entsprechend ihrer Qualifikationen. Oft kannte er nicht einmal die Parteizugehörigkeit eines Kandidaten, und wichtig war sie ihm gewiß nie. Regierungs- und Parteipolitik hielt er stets säuberlich getrennt, was nicht bedeutet, daß er mit seinen Ernennungen immer Erfolg gehabt hätte.

Große Achtung hegte er auch für die Knesset, unser Parlament – auf jeden Fall wesentlich mehr Hochachtung, als Regierungsangehörige ihr in späteren Jahren zollten. Er war tief vom Wert parlamentarischer Prozeduren überzeugt. Ich war wie er davon überzeugt, daß das Wahlsystem geändert werden müsse. Vor den ersten Wahlen sprach ich das Konzept mit ihm durch, und beide gaben wir dem Persönlichkeitswahlrecht – wie dem englischen – den Vorzug. Damals ließ sich das nicht verwirklichen, und später trat ich mit dem bekannten Kompromiß an Ben-Gurion heran, die Prozentklausel zu erhöhen, was zwar größere Parteien zur Folge gehabt, nicht aber zu einer Direktvertretung geführt hätte. Ich gab zu, daß es nicht das war, was wir eigentlich gewollt hatten, aber ich hielt es immerhin für eine Verbesserung, weil dadurch eine eindeutige Regierungsmehrheit und eine klar definierte Opposition entstanden wäre. Auf jeden Fall hätte der Kompromiß mit den auf unsicheren Beinen stehenden Koalitionsregierungen aufgeräumt. Ben-Gurion sagte: »Nein! Das will ich nicht. Wenn schon, dann gleich das englische System. Aber keinen Kompromiß.«

Ich glaube, eines der Dinge, die es den Menschen mit Ben-Gurion schwermachten, war sein Mangel an Humor. Er hatte keine Freude an Witzen und erzählte selber nie welche. Einmal hörten wir bei einer Sendung zu, die *Drei Mann in einem Boot* hieß, ein Programm politischer Satire, und er reagierte überhaupt nicht. Er hatte einfach kein Gespür dafür. Er selbst ging mit der Schärfe des Schwertes gegen seine Feinde vor. Wenn Ben-Gurion auch keinen Sinn für Humor hatte, war er deswegen aber auf keinen Fall ein kalter Mensch – ganz besonders Kindern gegenüber war er warmherzig und interessierte sich immer für das, was sie zu sagen hatten, was sie von der Vergangenheit wußten und bis zu welchem Grad sie Geschichte lebten und erfuhren. Als unser Sohn Amos noch klein war, fragte Ben-Gurion ihn stets danach, was er in der Schule lerne und welches seine Lieblingsgestalt in der Bibel sei. Auch das Hebräische lag ihm am Herzen. Unsere Tochter Osnat lehrte er, um sich im Hebräischen exakt auszudrücken, müsse man ›gewiß‹ (*bewadai*) statt ›sicher‹ (*betach*) sagen. Als sie drei Jahre alt war, pflegte sie das jeden Abend wie ein Schlaflied vor dem Schlafengehen zu wiederholen.

Am 29. Oktober 1957 warf ein Verrückter eine Granate in die Knesset. Für gewöhnlich begleiteten Nehemya Argov, Yitzhak Navon oder beide Ben-Gurion, wohin er auch immer ging. Aber ausgerechnet an diesem Tag war Yitzhak in Südamerika, und Nehemya, ein Mann, der nur für Ben-Gurion lebte und atmete, fühlte sich zufälligerweise nicht wohl und kam daher nicht mit. Glücklicherweise wurde Ben-Gurion nur leicht am Fuß verwundet. Wenige Tage darauf, als Ben-Gurion noch im Krankenhaus lag, beging Nehemya Selbstmord. Ich weiß noch, wie ich ganz Jerusalem nach ihm absuchte. Wir fanden ihn schließlich in seiner Wohnung in Tel Aviv, wo er sich erschossen hatte. Unser erster Gedanke war natürlich, daß er es aus Selbstvorwürfen heraus gemacht hatte, weil er nicht bei Ben-Gurion gewesen war, um ihn zu beschützen. Aber die Tatsachen waren viel verwickelter. Kurz nachdem Ben-Gurion verwundet worden war, hatte Nehemya einen Fußgänger angefahren. Ob Nehemya nun aufgrund der psychischen Belastung die Kontrolle über das Steuer verloren hatte, wird niemand je erfahren. Offenbar glaubte er, das Opfer seines Autounfalls sei tot; dabei erlitt der Mann keine größeren Verletzungen und erholte sich rasch wieder. Dafür war Nehemya inzwischen tot. Es war tragisch.

Ben-Gurion, der immer noch im Krankenhaus lag, schien sich zuerst nicht gut zu erholen, und wir wollten ihn mit dieser Nachricht nicht aufregen. Deshalb riefen wir sämtliche Zeitungen an – Ben-Gurion war ein unersättlicher Zeitungsleser – und baten sie, für Ben-Gurion eine besondere Kopie ihrer Ausgabe für den nächsten Tag zu drucken, in dem der Bericht über Nehemyas Selbstmord fehlte. Gemeinsam mit Moshe Dayan brachte ich Danny Kaye (der gerade eine seiner Tourneen durch Israel machte) zu Ben-Gurion ins Krankenhaus. Wir meinten, Danny könnte Ben-Gurion vielleicht ein wenig aufheitern. Aber früher oder später mußte er es erfahren. Und in der nächsten Woche, als er wieder auf dem Weg der Besserung war, gingen Yigael Yadin und ich hin, um ihm die Nachricht von Nehemyas Tod beizubringen. Als wir es ihm berichteten, sagte er kein Wort. Er drehte sich zur Wand und weinte.

Solange ich mich erinnern kann, hat Ben-Gurion sein Amt als Ministerpräsident gehaßt. In all den Jahren hat er immer wieder gesagt:

»Dies ist der schlimmste Job, den man sich denken kann – viel schlimmer als Zwangsarbeit im Zuchthaus. An dem Tag, an dem ich von hier fortgehe, werde ich erleichtert aufatmen.« Damals war ich mir nicht so sicher, ob sein Ausscheiden wirklich eine Erleichterung für ihn bedeuten würde. Solange er jedoch im Amt war, spürte er zweifellos, daß er an einer furchtbaren Bürde trug, die über die Fähigkeit eines normalen Menschen weit hinausging. Und als Ben-Gurion schließlich zurücktrat, war er ganz gewiß erleichtert.

11
Verlorene Schlachten

In all den Jahren im Ministerpräsidentenamt hatte ich kaum etwas mit Parteipolitik zu tun. Allerdings erfuhr ich eine Menge über die Leute, die durch unsere Räume hindurchgingen. Eine meiner interessantesten Beobachtungen war, daß Ben-Gurion oft keine Ahnung von den erbitterten Machtkämpfen hatte, die um ihn herum ausgetragen wurden. So nahm er zum Beispiel eine politisch und wirtschaftlich offene Haltung gegenüber Deutschland ein, trotz seines tiefen Verständnisses für Israels natürliche emotionale Voreingenommenheit (natürlich konnte er gar nicht anders, als sie ebenfalls zu teilen). Als Staatsmann jedoch war er bereit, mit den Deutschen zu verhandeln. Diese offene Haltung machten sich jene zunutze, die ihn stürzen wollten.

Golda Meir, Sharetts Nachfolgerin als Außenminister, machte keinen Hehl aus ihren anti-deutschen Gefühlen und griff Ben-Gurions ›pro-deutsche‹ Politik oft an. Levi Eshkol arbeitete damals nicht gegen Ben-Gurion und wollte ganz bestimmt nicht in seine Fußstapfen treten. Dazu war Eshkol viel zu bescheiden und hatte auch zu große Angst vor der Verantwortung. Aber im wesentlichen waren die ›großen Drei‹ – Eshkol, Golda und Zalman (›Ziama‹) Aranne – von den späten fünfziger Jahren an alle gegen Ben-Gurion. Sie waren die Führer des ›zweiten Glieds‹. Sie alle gehörten zur Generation Ben-Gurions in der *Mapai*-Partei, und ihre Feindseligkeit entwickelte sich, als Ben-Gurion anfing, die ›Jüngeren‹ vorzuziehen.

Wenn ich von den ›Jüngeren‹ rede, so meine ich im allgemeinen die Angehörigen meiner eigenen Altersgruppe und einige noch etwas

jüngere. Im ersten Jahrzehnt nach der Staatsgründung war ich politisch nicht aktiv. Als Chef des Ministerpräsidentenamtes besaß ich zwar keinen Ministerrang, war jedoch der ranghöchste Beamte im Land. Das bewahrte mich davor, in die politische Schußlinie zu geraten. Außerdem konnte ich der Politik nicht viel Geschmack abgewinnen und vermied es, mich in irgend etwas hineinziehen zu lassen. Doch Ben-Gurion ernannte Shimon Peres zum stellvertretenden Verteidigungsminister und verhalf Moshe Dayan, Abba Eban und anderen zu hohen Ämtern, ohne sich mit Angehörigen des ›zweiten Gliedes‹ auch nur beraten zu haben. Das mußte bei ihnen die Sorge wecken, er könne sie übergehen, beim nächstenmal noch mehr junge Minister ernennen und die ältere Generation zuletzt ganz hinausdrängen. Das ›zweite Glied‹ hatte auch schon vor 1959 gereizt auf Ben-Gurion reagiert. Einige beschwerten sich, daß er sie nie zum Kaffee und einem Plausch einlud. Tatsache ist, daß er auch sonst nie jemand einlud; trotzdem fühlten sie sich brüskiert. Zwar schlossen sie sich nicht richtiggehend gegen Ben-Gurion zusammen, verbreiteten jedoch ein Gefühl allgemeinen Unbehagens.
Jahre zuvor, kurz nach der Staatsgründung, hatte ich Ben-Gurion gesagt, bei all ihren hervorragenden Qualitäten könne Golda dem Land unermeßlichen Schaden zufügen – und bei dieser Meinung bin ich all die Jahre geblieben. Das ändert nicht im geringsten etwas daran, daß Golda eine bewunderungswürdige und liebenswerte Frau war, vielleicht sogar die eindrucksvollste Frau, die ich je kennengelernt habe. Ihre Erscheinung war wahrhaft königlich, sie war eine stolze Vertreterin Israels und besaß die unvergleichliche Gabe, Sammelaktionen für gute Zwecke zu aktivieren und Gefühle in klingende Münze zu verwandeln. Ihr Arbeitseifer und Pflichtbewußtsein kannten keine Grenzen. Golda war keine schöpferische Denkerin, doch sie verstand es meisterhaft, bereits existierende Ideen populär zu machen. Als Frau mußte sie heftigere Kämpfe bestehen als ein Mann, um sich in ihrer Stellung zu behaupten. Das stärkte natürlich nur ihre Entschlossenheit und Charakterfestigkeit. Nach Ben-Gurions Tod hat sie oft erklärt, niemand in ihrer eigenen Generation könne sich, was Weitsicht und politische Phantasie betreffe, mit Ben-Gurion vergleichen. Dabei unterschied sie sich von ihm in ihren Grundvorstellun-

gen vom Staatswesen beträchtlich.
Für Ben-Gurion stand das Prinzip des Staates immer an erster Stelle. Mit seiner Ansicht, daß die Partei, die *Histadrut*, der Gewerkschaftsbund, und alles andere sich dem Interesse des Staates unterordnen müsse, stand er nahezu allein da. Ben-Gurion hatte sich völlig vom Familienklüngel und der Beschränktheit des jüdischen *Schtedtls* in Osteuropa samt seiner ganzen vertrauten Wärme und Menschlichkeit emanzipiert. Das aber war eine Atmosphäre, in der Männer wie Pinhas Sapir und Levi Eshkol aufblühten, und Golda trug das Ihre dazu bei, sie auch in Israel zu erhalten. Allzu oft und leider auch in kritischen Augenblicken kamen Partei und *Histadrut* für Golda zuerst. In ihren Augen waren beide Organisationen die lebenswichtigsten Instrumente für den Staat, und in solchen Augenblicken traten die ureigensten Bedürfnisse des Staates in den Hintergrund. Ich glaube, daß diese Haltung, die viele andere teilten, die Wurzel von sehr viel innerem Streit und Hader in Israel ist.
Nachdem ich 1952 aus Washington zurückgekehrt war, um das Ministerpräsidentenamt zu übernehmen, nahm ich Ben-Gurion mit zu einem zwanglosen Treffen einiger Regierungsbeamten aus dem inneren Kreis. Ich fand es wichtig, daß er einmal hörte, wie wir über die Art und Weise dachten, in denen die Staatsgeschäfte geführt wurden. Ich persönlich übte heftig Kritik daran, wie Golda an manche wichtige Probleme heranging. Ben-Gurion hatte sie von ihrem Posten als erste israelische Botschafterin in Rußland zurückbeordert und sie zum ersten israelischen Arbeitsminister ernannt. In dieser Eigenschaft war sie verantwortlich für die Einwandererlager, und ich fand, daß sie das ganze Einwandererproblem völlig falsch anpackte. Man impfte diesen Neuankömmlingen ein, es gebühre ihnen etwas ohne jede Gegenleistung ihrerseits – einzig und allein deshalb, weil sie Juden waren und in Irak, in Kurdistan, im Yemen oder in europäischen Konzentrationslagern eine Menge durchgemacht hatten. Sie hatten tatsächlich gelitten – wer wollte das leugnen? Trotzdem glaube ich nicht, daß sie das automatisch zu einer Entschädigung durch den Staat Israel berechtigte. Ich wußte, eines Tages würden wir teuer für diese Politik bezahlen müssen, und ich glaube, heute ernten wir, was damals gesät wurde – bei den Streiks in den Häfen und Flughäfen und den ständi-

gen Arbeitskonflikten im ganzen Land. Die Vorstellung, man könne soziale und wirtschaftliche Probleme statt durch persönliche harte Arbeit einfach dadurch überbrücken, daß man mehr verlangt und schlicht darauf vertraut, daß die andere Seite schon zahlen werde, ist letzten Endes selbstmörderisch. Das Problem sollte durch Arbeit, nicht durch öffentliche Wohlfahrt gelöst werden. Ja, schlimmer noch: Wir brachten den Menschen nicht nur bei, daß sie nicht zu arbeiten brauchten, es ging sogar so weit, daß sie erwarteten, die Partei – in diesem Fall die *Mapai* – werde für alle ihre Bedürfnisse aufkommen. Als sie ihre Erwartungen immer höher schraubten und die Partei nicht mehr imstande war, sie zu erfüllen, kehrte das Volk sich schließlich gegen sie. Die Wahlen vom Mai 1977 stellen in dieser Beziehung einen überzeugenden Beweis dar.
Bereits 1952 erklärte ich Ben-Gurion, daß Golda mit ihrem ›Jiddische-Mamme‹-Gehabe, ihrem dogmatischen Festhalten an überholten Schlagworten und ihrer Schwarz-Weiß-Seherei sowohl im Innern als auch in auswärtigen Angelegenheiten unsere Unabhängigkeit nicht fördere. Außerdem sagte ich ihm schon damals, daß sie zu den ersten unter seinen engsten Mitarbeitern gehören werde, die sich einmal gegen ihn wenden würden. Aber Ben-Gurion glaubte mir nicht. In Goldas Fall gerieten die Auseinandersetzungen noch deshalb besonders heftig, weil sie Peres nicht ausstehen konnte. (Ben-Gurion benutzte Peres für Verhandlungen mit Frankreich und Deutschland, die eigentlich in ihr Ressort als Außenministerin gefallen wären.) Doch all das beunruhigte Ben-Gurion nicht. Vielleicht war er sich des Problems nicht einmal bewußt, das er verursachte. Hierarchie und Kompetenzfragen bedeuteten ihm nichts.
Während in den fünfziger Jahren politische Rivalitäten reiften, keimte im Hintergrund bereits drohend die Saat zu Israels dramatischster Kontroverse: der Lavon-Affäre. Sie war es, die Ben-Gurions politische Karriere schließlich und letzten Endes untergrub. Die Vorgeschichte geht auf das Jahr 1954 zurück, als Ben-Gurion nicht an der Spitze der Regierung stand. Sharett war Ministerpräsident und Pinhas Lavon Verteidigungsminister. In Kairo plazierte Agenten hatten den Auftrag erhalten, Zwischenfälle zu provozieren, die zu einer Verfeindung zwischen Ägypten und den Vereinigten Staaten sowie

anderen Westmächten führen sollten. Sie legten Bomben in der Bibliothek des Kairoer Amerikahauses und anderen strategischen Punkten, doch wurde die ganze Operation so jämmerlich vorbereitet und durchgeführt, daß die Agenten bald von den Ägyptern gefaßt wurden. Eine solche Operation sollte – wenn überhaupt – ganz gewiß nicht ohne Einverständnis des Ministerpräsidenten durchgeführt werden, doch war sie nie auf dieser Entscheidungsebene autorisiert worden. Später stritt man sich darüber, ob sie auf Anordnung von Verteidigungsminister Lavon vom Chef des Geheimdienstes, Benyamin Gibli, durchgeführt worden war, oder ob Gibli die Befehle dazu aus eigenem Ermessen erteilt habe. Die Tatsache, daß Lavon etliche andere abenteuerliche Operationen geplant und autorisiert hatte, ohne den Ministerpräsidenten zu konsultieren, verstärkte den Verdacht, daß er auch mit diesem Unternehmen zu tun gehabt habe.

Nach der Pleite in Ägypten ernannte Sharett eine Zwei-Mann-Kommission (die aus dem früheren Stabschef Ya'akov Dori und dem Richter am Obersten Gerichtshof, Yitzhak Olshan, bestand), um die Angelegenheit zu untersuchen und herauszufinden, wer dafür verantwortlich sei. Die Folge davon war, daß Lavon zurücktrat und Ben-Gurion als Verteidigungsminister wieder in die Regierung eintrat (später wurde er auch wieder Ministerpräsident).

Im Jahre 1960 kam die ganze Angelegenheit abermals zur Sprache, als ein Bezirksgericht – das in einem Fall zu ermitteln hatte, der damit gar nichts zu tun hatte – Hinweise darauf erhielt, daß Unterlagen gefälscht worden seien und Geheimdienstbeamte vor der Olshan-Dori-Kommission falsch ausgesagt hätten. Lavon, der mittlerweile Generalsekretär der *Histadrut* geworden war, wandte sich an Ben-Gurion und verlangte, daß sein Name von jedem Verdacht reingewaschen werde. Ben-Gurion sagte, er sei nicht in der Position, irgend jemanden anzuklagen oder freizusprechen. Daraufhin trug Lavon die Sache dem Knesset-Ausschuß für Außenpolitik und Sicherheit vor und behauptete, er sei ein Opfer falscher Anschuldigungen und unwahrer Zeugenaussagen. Da erst wurde die ganze Angelegenheit in vollem Umfang publik, und das ganze Land geriet in Aufruhr.

Lavon fuhr weiter fort, ›Foul‹ zu schreien, und verlangte, daß sein

Name offiziell von jedem Makel befreit werde. Ben-Gurion jedoch vertrat die Auffassung, nur ein ordentliches Gericht habe die Kompetenz, eine Untersuchung in die Wege zu leiten und in einem solchen Fall ein Urteil zu sprechen. In der Hoffnung, zu einem Kompromiß zu gelangen, legte sich Levi Eshkol ins Mittel und schlug die Schaffung eines ministeriellen Untersuchungsausschusses vor, der die Fakten noch einmal durchsehen und darüber entscheiden solle, ob eine unabhängige staatliche Untersuchungskommission wirklich nötig sei. Dieser Untersuchungsausschuß ist unter dem Namen ›Komitee der Sieben‹ bekannt geworden (weil er aus sieben Ministern bestand, darunter Eshkol selbst). Einige der angewandten Praktiken zur Beschaffung von Beweismaterial und Zeugenverhör waren einigermaßen fragwürdig. Offenbar sah Eshkol sein Ziel vornehmlich in einer raschen Unterdrückung der Affäre. Die Aufdeckung der Wahrheit schien offenbar weniger wichtig, als die ganze leidige Angelegenheit überhaupt aus der Welt zu schaffen. Das Komitee kam im Dezember 1960 einstimmig zu dem Beschluß, daß Lavon nicht den Befehl für die fehlgeleitete Operation in Ägypten gegeben habe. Trotz aller Untersuchungen und Ermittlungen versäumte es das Komitee jedoch zu sagen, wer es denn nun gewesen sei. Ben-Gurion blieb weiterhin bei der Überzeugung, nur ein ordentliches Gerichtsverfahren könne Schuld oder Unschuld eines Menschen feststellen und es gebe keinen Grund, warum ein hoher Beamter oder ein Kabinettsmitglied darin eine Ausnahme bilden solle. Deshalb war er gegen eine Entscheidung durch einen ministeriellen Untersuchungsausschuß.

Der Beschluß des ›Komitees der Sieben‹ setzte der Kontroverse, die Israels politisches Leben – und in gewisser Hinsicht auch Israels Beziehungen zum Ausland – in den Grundfesten erschüttert hatte, jedoch kein Ende. Das ganze Land nahm an dieser Auseinandersetzung teil. Je weniger einer die Fakten kannte, desto mehr fühlte er sich befugt, seine eigene Version der sich widersprechenden Gerüchte als die einzig richtige hinzustellen. Viele reagierten mit einer Leidenschaft, die in Haß umschlug oder zu purer Bosheit ausartete. Wer hatte den Befehl gegeben? Mehr noch als die Kastner-Affäre trug dieser Zwischenfall zu dem Verlust des Vertrauens in die Führung des Landes

bei und führte zu einem allgemeinen Skeptizismus, der noch heute eine zentrale Rolle in unserem öffentlichen Leben spielt. Ben-Gurion meinte, sich in dieser Sache auf keinen Kompromiß einlassen zu können, und reichte seinen Rücktritt ein. Danach setzte er sich weiter unermüdlich für eine ordentliche gerichtliche Untersuchung ein, selbst wenn das unbequem sei und zu Peinlichkeiten führe. Er fand, Eshkol (den er als seinen Nachfolger empfohlen hatte) habe ihn im Stich gelassen, als er sich nicht damit einverstanden erklärte, den Fall vor ein ordentliches Gericht zu bringen. Die Beziehung zwischen den beiden Männern verschlechterte sich zusehends, und meine Versuche, die beiden wieder zusammenzubringen, verliefen im Sande.
Jahre später enthüllte Pinhas Rosen, der Vorsitzende des ›Komitees der Sieben‹, wie Eshkol ihn seiner Meinung nach dazu verleitet habe, eine politische statt einer rechtlichen Entscheidung zu fällen. Eshkol habe zu ihm gesagt: »Lavon ist uneinsichtig und wird sich das niemals gefallen lassen; aber Ben-Gurion ist weise und wird Verständnis dafür haben, wenn wir diesen Kurs einschlagen.« Dahinter stand die Ansicht, daß bei Entscheidungen nicht die Ermittlung des Sachverhaltes ausschlaggebend sein sollte, sondern die Überlegung, wie der Betroffene auf eine bestimmte Entscheidung reagieren würde. Das erhellt den grundlegenden Unterschied in der Staatsauffassung zwischen Eshkol und Ben-Gurion.
Die Lavon-Affäre ist wahrscheinlich die meistkommentierte und am wenigsten verstandene politische Kontroverse in Israels kurzer Geschichte. Jedenfalls lieferte sie Ben-Gurions Feinden eine Handhabe, um sich seiner zu entledigen. Ich glaubte – und glaube auch heute noch –, daß Ben-Gurion in der ganzen Angelegenheit den einzig richtigen Standpunkt vertrat. Nur faßte er sie ungeschickt an. Ja, ungeschickt waren wir alle – Colonol Chaim Ben-David (Ben-Gurions Militärberater), Yitzhak Navon und ich selbst. Wir waren der Gewalt des Sturms einfach nicht gewachsen. Ben-Gurion gewann einige Schlachten, verlor aber den Krieg, und die Folge davon war, daß das Land ein paar weitere Jahre seiner Führung verlor, die notwendig gewesen wären, um den Staat zu konsolidieren.
Plötzlich erhob sich eine Flut von Groll und Haß von Leuten, die fanden, daß Ben-Gurion ihnen Unrecht getan habe. Seine Größe war ih-

nen einfach zuviel. Manche Menschen werden eines Mannes müde, der immer einen Schritt weiter ist als sie, der zu oft seine eigene Meinung durchsetzt. Ben-Gurion neigte dazu, sich rücksichtslos über die Ansichten anderer hinwegzusetzen, selbst in seiner eigenen Partei, und machte manchen seiner Kollegen durch seine Kompromißlosigkeit Angst. Selbst sein unbegrenztes Vertrauen in Israels militärische Stärke empfanden manche Parteimitglieder als Bedrohung. Folglich ergriffen seine politischen Feinde innerhalb und außerhalb der Partei die Gelegenheit beim Schopfe, ihn zu Fall zu bringen. Mit ihnen verbündeten sich die großen Freiheitskämpfer unter den Professoren an der Hebräischen Universität, die damals dem wirklichen Leben bereits genauso entfremdet waren, wie es die meisten von ihnen heute noch sind. Ich glaube nicht, daß wir die Situation damals wirklich verstanden haben. Mir selbst war so tief bewußt, was dieses Land Ben-Gurion schuldete, daß ich über die Heftigkeit der Reaktion fassungslos war. Ich hatte nicht aus ähnlichen Beispielen meine Lehren gezogen – falls man das, was mit Churchill in England und zu manchen Zeiten mit de Gaulle in Frankreich geschehen war, vergleichen kann.

Einer der Gründe, warum die Lavon-Affäre mißverstanden wurde, ist darin zu suchen, daß Ben-Gurions Verhalten dermaßen viel Wichtigkeit beigemessen wurde, daß man das eigentliche Problem darüber aus den Augen verlor. Ben-Gurion ging es darum, daß kein Mensch über dem Gesetz stehen dürfe. Er bestand darauf, daß nur die Gerichte urteilen dürften. Für ihn war das keine isolierte Laune. Es war Teil seiner Grundüberzeugung, daß Israel nur dann weiterexistieren werde, wenn es uns gelänge, unsere moralischen Werte als Volk des Gesetzes zu bewahren. Allergrößte Angst hatte er vor einer ›Levantinisierung‹ Israels, und auch das zeigt wieder einmal seinen Weitblick. Ben-Gurion glaubte oft, sobald er ein Problem formuliert und analysiert habe, sei es Aufgabe der anderen, eine Lösung dafür zu finden. Folglich beweist die Tatsache, daß er die Lavon-Affäre ganz auf seine Kappe nahm – ob er sie nun richtig anfaßte oder nicht –, wie ernst er dies Problem nahm.

Wenn wir damals über das Konzept von einem ›Volk des Gesetzes‹ lachten, mußten wir später doch erleben, wie wahr seine Vision und wie wichtig es war, seiner Führung zu folgen. Ben-Gurion wußte,

daß wir immer nur drei bis fünf Prozent der uns umgebenden arabischen Bevölkerung ausmachen würden und daß wir ohne unsere moralische und intellektuelle Redlichkeit niemals imstande wären, uns gegen unsere Gegner durchzusetzen. Im Fall der Lavon-Affäre gelang es ihm jedoch nicht, der Öffentlichkeit klarzumachen, daß es im Grund genommen nur darum ging und um nichts anderes. Es entstand vielmehr der Eindruck, er trage eine persönliche Fehde mit Pinhas Lavon aus, und seine Feinde innerhalb der Partei sorgten dafür, daß dieser Eindruck noch verstärkt wurde. Je mehr Ben-Gurion an Boden verlor, desto frustrierter wurde er und desto weniger gelang es ihm, seinen Standpunkt überzeugend darzustellen. Uns, die damals um ihn waren, gelang es nicht, daran etwas zu ändern.
Die Lavon-Affäre zog sich in die Länge und bewirkte eine Veränderung in Ben-Gurion. Er verlor viel von seinem Selbstvertrauen und seiner Kontaktfähigkeit. Er wußte, daß er für eine gerechte Sache stand, doch als er erkannte, daß er andere nicht davon überzeugen konnte, verzweifelte er. In seiner Verbitterung begann er, seine Gegner persönlich anzugreifen, und das bewirkte im Juni 1963 schließlich seinen Sturz. Es war peinlich, ihn so reden zu hören und mitanzusehen, wie er sich in solche Niederungen herabließ. Man konnte seine Angriffe nicht akzeptieren – insbesondere nicht, wenn er über Leute herfiel, die er selbst in die Höhe gebracht hatte, wie etwa Eshkol. Und jedesmal, wenn Ben-Gurion Lavon persönlich angriff, verlor er weiter an Kredit. Das Gezeter über die Lavon-Affäre ging über zwei Jahre lang weiter und isolierte Ben-Gurion nach und nach in seiner eigenen Partei. 1963 trat er endgültig zurück, weil er spürte, daß er jede Unterstützung durch seine alten politischen Genossen verloren hatte. Das war der eigentliche Grund für seinen Rücktritt. Der aktuelle Anlaß aber war wohl die Auseinandersetzung mit Isser Har'el, dem Leiter des *Mossad.*
Jahrelang hatte ich heftig gegen die Art und Weise opponiert, wie die Beziehungen zwischen dem Geheimdienst und dem Amt des Ministerpräsidenten gehandhabt wurden. Isser erstattete Ben-Gurion persönlich und vertraulich Bericht – und niemandem sonst. Es gab keine Möglichkeit zu prüfen, ob seine auf den Berichten des Geheimdienstes beruhende Einschätzung der Lage richtig war oder nicht, da dies-

bezüglich die ganze übrige Regierung im dunkeln tappte. Selbst Ben-Gurions grenzenloses Vertrauen zu Isser rechtfertigte eine solche Praxis nicht. Andere, die Isser gut kannten, teilten meine Auffassung. Allerdings hatte die ganze Sache nichts mit Isser persönlich zu tun; es handelte sich vielmehr um eine Frage des korrekten Vorgehens. Ich bestand immer wieder darauf, daß ein verantwortlicher Dritter bei allen Besprechungen zwischen dem Leiter des Geheimdienstes und dem Ministerpräsidenten zugegen sein müsse. Ich fand, die Fakten müßten zumindest ansatzweise überprüft werden, vor allem jedoch die Schlußfolgerungen, die man daraus zog.

Zum Bruch zwischen Ben-Gurion und Isser Har'el kam es anläßlich der Geheimdienstmeldungen, nach denen angeblich deutsche Wissenschaftler supermoderne Atomwaffen in Ägypten herstellten. Isser war in diesem Falle zu einer rein persönlichen und nahezu hysterischen Einschätzung der Situation gelangt. Das lag unter anderem daran, daß Isser monatelang alle seine Kräfte darauf konzentriert hatte, den kleinen Yossele Schumacher zu finden, einen Jungen, der durch eine Gruppe von jüdischen Ultrareligiösen, der *Neturei Karta,* entführt worden war. (Die *Neturei Karta* stand in Verbindung mit den Großeltern des Kindes, die ihm eine ultrareligiöse und antizionistische Erziehung zuteil werden lassen wollten.) Ben-Gurion war zu Recht der Meinung, eine Kindesentführung könne nicht geduldet werden, und das Kind wurde auf der ganzen Welt gesucht, bis man es schließlich in New York aufstöberte. Während man damit beschäftigt war, mußten aus Mangel an Mitarbeitern bei dem *Mossad* andere wichtige Aktivitäten vernachlässigt werden, worauf Ben-Gurion nicht aufmerksam gemacht wurde. Wäre ihm klargewesen, daß die Fahndung nach Yossele nur auf Kosten der Beobachtung feindlicher Aktivitäten ging, hätte er sich vermutlich dagegen ausgesprochen oder die Suche nach dem Kind zumindest an die zweite Stelle verwiesen. Als Yossele endlich gefunden worden war – und wie konnte Isser es sich leisten, ihn nicht zu finden, wo er doch mit Erfolg Eichmann aufgespürt hatte –, wurde Isser plötzlich mit Geschichten über deutsche Wissenschaftler in Ägypten konfrontiert, und das jagte ihm Angst ein.

Als Ben-Gurion Issers Einschätzung der Situation in Ägypten nicht

teilte, lief Isser herum und versuchte, andere Kabinettsmitglieder zu überzeugen. Aber Ben-Gurion, der aus verläßlicher deutscher Quelle unterrichtet worden war, konnte sich trotzdem nicht zu Issers Auffassung durchringen. Das war Isser noch nie zuvor geschehen, und seine Antwort darauf war sein Rücktritt. Dieser vergrößerte die Spannung zwischen Ben-Gurion und seinen Kollegen dermaßen, daß er letztlich auch zum Rücktritt Ben-Gurions führte.
Eines Nachmittags hatte ich mich gerade für ein paar Minuten auf der Couch in meinem Arbeitszimmer ausgestreckt, als die Tür aufging und Ben-Gurion eintrat. Er wollte nicht, daß ich aufstand, setzte sich auf einen Stuhl neben mich und fing an, über die Beziehung zwischen dem Ministerpräsidenten und den Geheimdiensten zu sprechen. Er wollte die Möglichkeiten einer klaren Definition von Befehlsgewalt und Kompetenzbereich eruieren. Ich schlug ihm vor, ein Komitee zu gründen, das Vorschläge erarbeitete, was er ein paar Tage vor seinem Rücktritt auch tat. Das Komitee setzte sich aus Yigael Yadin und Ze'ev Sharef zusammen. Ihr Vorschlag, einen Sonderberater des Ministerpräsidenten für Geheimdienstfragen zu ernennen, wurde unterbreitet, als Ben-Gurion schon nicht mehr im Amt war. Levi Eshkol, der sein Nachfolger geworden war, wollte die Befürwortung dieses Vorschlags nicht erzwingen und sah sich nach einem Kompromiß um. Obwohl ich mit diesem Kompetenzbereich des Ministerpräsidenten nichts zu tun hatte, beschlichen mich böse Ahnungen, und diese Angelegenheit war schließlich einer der Hauptgründe, warum ich mich später entschloß zurückzutreten.
Am 15. Oktober 1963, dem Samstagabend vor Ben-Gurions Rücktritt, brachte ich Golda Meir in Ben-Gurions Wohnung. Die Unterhaltung drehte sich um die deutschen Wissenschaftler in Ägypten und andere Aspekte unserer Beziehung zu Deutschland. Ich habe nie angenommen, daß Ben-Gurion den Entschluß zu seinem Rücktritt an diesem Abend fällte, doch spürte ich seine Verzweiflung darüber, daß er es nicht schaffte, Golda in dieser Sache zu überzeugen. Die Kontroverse wäre nicht so heftig ausgefallen, wenn die Spaltung nicht schon vorher dagewesen wäre. Die Unterredung endete nicht mit einem Ausbruch. Das Ganze hatte mehr etwas von einer zunehmenden Entfremdung, einem Abgrund, der sich zwischen ihnen beiden auf-

tat. Ben-Gurion konnte sich der Einschätzung der Lage, die ihm unterbreitet wurde, nicht anschließen. Er hielt die Situation nicht für gefährlich und glaubte nicht, daß die Wissenschaftler – falls es überhaupt welche gab – mit Unterstützung und Billigung der deutschen Regierung arbeiteten. Ben-Gurion hatte Carlo Schmid kennengelernt, den Vizepräsidenten des Deutschen Bundestages und eine Schlüsselfigur der Sozialdemokratischen Partei Deutschlands, der immer ein Freund Israels gewesen war. Als Schmid mit einer Botschaft von Adenauer nach Jerusalem kam und schwor, daß an diesem Vorwurf nichts Wahres sei, wußte Ben-Gurion, daß er ihm glauben konnte. Die ganze Kampagne war jedoch von Ben-Gurions Feinden über das Presseamt organisiert worden. Dazu gehörte es, Reporter durch die ganze Welt zu schicken und gegen Deutschland und die Wissenschaftler zu polemisieren, und das trieb Ben-Gurion zur Weißglut.

Am Morgen nach dieser Unterredung mit Golda Meir kam Uri Lubrani (der vorübergehend an Yitzhak Navons Stelle getreten war) völlig außer sich in mein Arbeitszimmer und erklärte, Ben-Gurion sei dabei, die Parteiführung zusammenzurufen und seinen Rücktritt bekanntzugeben. Ich war wie vom Donner gerührt. Natürlich wußte ich, daß Ben-Gurion sein Amt verleidet war, aber ich hatte nie daran gedacht, daß er wirklich gehen könnte. Im Laufe dieses Tages bestürmten wir ihn, es sich noch einmal zu überlegen, aber es nützte nichts. Er war nicht mehr von seinem Entschluß abzubringen.

Vielleicht waren viele Bürger und Staatsmänner in Israel und in der ganzen Welt gleichermaßen erleichtert, daß der eigensinnige alte Mann abtrat, weil sie glaubten, jetzt müßten leichtere Zeiten kommen. Vielleicht hatten sie auch gehofft, jetzt würde das dringend benötigte junge Blut in die israelische Politik kommen. Da ich jedoch Eshkol und die Gruppe um ihn herum gut kannte, wußte ich, daß das nicht geschehen würde. Israel verlor einen großen Führer, und es war niemand da, an seine Stelle zu treten. Die nächste Generation von Führungskräften – Eshkol, Pinhas Sapir, Zalman Aranne –, von denen man keinen als ›junges Blut‹ bezeichnen konnte, besaß im Grunde kein wirkliches Verständnis dafür, was es bedeutete, ein souveräner Staat zu sein. Sie benahmen sich immer noch, als lebten sie in einem vergrößerten *Schtedtl*, und blieben den Vorstellungen verhaftet, die sie aus Osteuropa mitgebracht hatten. Wäre Ben-Gurion noch ein paar Jahre länger am Ruder geblieben, hätte vielleicht die dritte Generation – Dayan, Peres und andere Leute, die eine wesentlich differenziertere Vorstellung von der Politik hatten – die Führung übernehmen können. Doch als diese Generation endlich ans Ruder kam, hatten sich die Verhältnisse inzwischen sehr verschlimmert, und sie hatten keinen Ben-Gurion, um sie wenigstens eine Zeitlang zu führen.

Ich weiß nicht, ob man in Israel inzwischen begriffen hat, daß es bei dem Kampf Ben-Gurions wegen der Lavon-Affäre um einen Grundsatz ging, ohne den keine Demokratie existieren kann. Obwohl man sich heute des Problems der Korruption sehr bewußt ist, bezweifle ich, daß wir uns heute wesentlich anders verhalten würden, wenn es zu einem ähnlichen Zwischenfall käme. Ich fürchte, die Leute in diesem Land haben bis heute noch nicht verstanden, wie wichtig der Standpunkt war, den Ben-Gurion damals einnahm. Im Grunde dasselbe Prinzip vertrat ich in meinem langjährigen Kampf gegen das, was ich ›Sapirismus‹ nenne.

Ich bin der Ansicht, daß der langjährige Finanzminister und vorübergehende Sekretär der *Mapai*, Pinhas Sapir, einen schlechten Einfluß auf den Staat hatte. Bei allen guten Absichten und seiner gewaltigen Erfahrung, seinen großen Erfolgen in praktischen Dingen scheint er es nie fertiggebracht zu haben, bewußtseinsmäßig den Schritt von der Mandatszeit zur staatlichen Unabhängigkeit zu tun. Natürlich haben wir im Palästina des Jahres 1936, als wir für das Bauamt der britischen Mandatsregierung arbeiteten, Werkzeug gestohlen und mehr ›Überstunden‹ aufgeschrieben, als wir tatsächlich ableisteten, um mehr Geld in den Kibbuz heimzubringen. Wem nahmen wir es denn schließlich weg? Einer fremden Regierung, die unseren Zielen keineswegs wohlwollend gegenüberstand und uns immer wieder an ihrer Verwirklichung hinderte. Und wem kam es zugute? Der Gemeinschaft, der Zukunft. Keiner von uns bereicherte sich persönlich – Eigennutz war so gut wie unbekannt. Wir kämpften für die künftige Unabhängigkeit von einer Macht, die in allererster Linie darauf bedacht war, ihre eigenen Interessen zu wahren und zu schützen. Unter britischer Herrschaft fühlten wir uns alle berechtigt zu betrügen. Warum sollten wir Steuern zahlen, wenn wir schmuggeln konnten? Diese Haltung wurde gang und gäbe. Man durfte stehlen, sofern es für die öffentliche Hand geschah. All das basierte selbstverständlich auf einer früheren, bereits zur zweiten Natur gewordenen Einstellung den Regierungen Polens, Rußlands und anderer Länder gegenüber, die so erbarmungslos mit ihrer jüdischen Bevölkerung umgesprungen waren.

Als es dann zur Staatsgründung kam, konnten manche Leute sich nicht an die neue Situation gewöhnen. Eine von Ben-Gurions bemerkenswerten Eigenschaften war, daß er von seinem ersten Tag in Palästina an begriff, was ein Staatswesen erfordert. Manchmal schien er der einzige zu sein, der sich darüber Gedanken machte. Eshkol zitierte einmal das Bibelwort: »Du sollst dem Ochsen, der da drischt, nicht das Maul verbinden«, und bezog sich damit auf unbedeutendere Fälle, in denen Beamte ihre Stellung mißbrauchten, um in die eigene Tasche zu wirtschaften. Das hätte ein Mann in einem so hohen Staatsamt nicht sagen dürfen, vor allem keinesfalls im Zusammenhang mit einem Volk, das jahrhundertelang nur als Bürger zweiter Klasse gelebt und bis jetzt noch keine Tradition des staatsbürgerlichen Bewußtseins entwickelt hatte. Man hat mir erzählt, Eshkol habe es später bedauert, diesen Ausspruch getan zu haben.

Da allzu viele von unseren Führern auch in der Folgezeit nicht imstande waren, zwischen dem Überlisten einer Kolonialmacht und dem Betrug der eigenen Regierung zu unterscheiden, leidet Israel heute unter einer lokalen Abart levantinischer Korruption. Es geht nicht um gelegentliche Bestechungen, sondern vielmehr um einen allgemeinen Verfall von öffentlicher oder bürgerlicher Moral. Man nehme zum Beispiel die Lohnverträge. Um Lohnsteigerungen ohne entsprechende Steuererhöhungen zu ermöglichen, gewährte man von der Steuer absetzbare Kilometergelder für Autos, die gar nicht existierten. Dabei argumentierte man folgendermaßen: »Ihr Einkommen um hundert israelische Pfund zu erhöhen, müßten wir Ihnen fünfhundert Pfund geben, damit Sie Ihre Einkommenssteuer bezahlen können – deshalb zahlen wir Ihnen lieber Kilometergeld.« Es gab auch steuerfreie Pauschalen für Lehr- und Fortbildungsbücher, ob diese nun wirklich angeschafft wurden oder nicht. Auf diese Weise erhielten Angestellte zusätzliche Einkünfte, ohne daß diese auf ihren Gehaltsabrechnungen in Erscheinung traten. Zweck dieses Systems war es, Lohnforderungen in anderen Erwerbszweigen und damit das Ansteigen des Lebenshaltungsindex zu verhindern, was wiederum der Wirtschaft zugute kam. Aber diese ›krummen‹ Praktiken reflektierten die Mentalität Osteuropas, wo man die Regierung als Feind betrachtete. Und das nenne ich ›Sapirismus‹.

Sapir war Generaldirektor der Finanzen gewesen, dann Handels- und Industrieminister und später Finanzminister und Sekretär der Arbeiterpartei; damit hatte er zwei Posten inne, die ihm eine enorme politische Machtfülle verliehen. Zuletzt wurde er zum Vorsitzenden der *Jewish Agency* ernannt. Er war ein kräftiger, großer, kahlköpfiger Mann, der Kojak ähnlich sah. Im großen und ganzen mochte ich ihn recht gern. Außerdem ist zu Recht behauptet worden, daß es praktisch keine Aufbauarbeit, kein Entwicklungsvorhaben, keinen Industriebetrieb und kein wissenschaftliches Institut gäbe, mit denen Sapir nichts zu tun gehabt und denen er nicht geholfen hätte. Niemand stand früher auf und arbeitete härter, beständiger und hingebungsvoller als er. Er war unermüdlich, und vor allem ging es ihm um den wirtschaftlichen Fortschritt in Israel. Er trieb enorme Gelder auf, und die Menschen hatten Vertrauen zu ihm.

Es ist heute, so kurze Zeit nach seinem vorzeitigen Tod, sehr schwierig, sich ihm gegenüber kritisch zu äußern. Aber ohne den Einfluß zu analysieren, den er auf das Land ausübte, kann man die Zustände hier nicht begreifen, geschweige denn ändern. Sapir war auch schon vor seinem Tod seit langer Zeit eine umstrittene Figur gewesen, und während der letzten Monate seines Lebens mußte er sich viele Vorwürfe wegen der katastrophalen wirtschaftlichen Lage des Landes und der niedrigen Arbeitsmoral gefallen lassen. Es wurde Kritik an dem ›Sapir-System‹, dem ›Sapir-Fonds‹ und vielen anderen Aspekten der Wirtschaft laut. Meine eigene Beziehung zu Sapir war zwiespältig. Ich hegte größte Hochachtung vor seiner Tüchtigkeit und seiner Fähigkeit, sich über die Bürokratie hinwegzusetzen, rasch Entscheidungen zu fällen und dafür zu sorgen, daß sie auch ausgeführt wurden. Trotzdem berechtigte ihn das meiner Ansicht nach nicht dazu,

Weichen für die künftige Entwicklung der israelischen Wirtschaft zu stellen. Sapirs praktische Errungenschaften waren bemerkenswert, doch die juristische, administrative und besonders die moralische Basis seiner Transaktionen ließ leider sehr zu wünschen übrig.

Ich habe Sapir bei den verschiedensten Gelegenheiten öffentlich kritisiert, häufig sogar in seinem Beisein. (Ich muß übrigens sagen, daß das unsere persönliche Beziehung in keiner Weise beeinträchtigte und daß ich jederzeit bei ihm aus- und eingehen konnte, selbst wenn er sehr beschäftigt war.) Mein Streit mit Sapir war nicht persönlicher Natur; es ging um das ›Sapir-System‹. Er beurteilte viele Dinge nicht nach objektiven Gesichtspunkten, sondern danach, wer die betreffende Sache vor ihn gebracht hatte oder wie sie ihm dargelegt worden war. So konnte es vorkommen, daß eine wichtige Angelegenheit zurückgestellt wurde, nur weil die ›falsche‹ Person sich für sie einsetzte, wohingegen eine schlechte Politik seine Zustimmung fand, bloß weil sie von jemand vertreten wurde, der Sapir nahestand und bereit war, ihn in seiner bescheidenen Wohnung aufzusuchen und ihm die Idee bei einem Glas Tee nahezubringen. Zu dem ›Sapir-System‹ gehörte es auch, daß Sapir persönliche Entscheidungen auf einer Ad-hoc-Basis traf, zumal es dem Handels- und Industrieministerium und dem Finanzministerium an klaren Leitlinien und Maßstäben mangelte, wie man mit dem ›big business‹ umging. Für die Industriellen lohnte es sich mehr, bei den Ministerialbeamten oder bei Sapir persönlich gut angeschrieben zu sein, als die Produktion zu verbessern oder die Gestehungskosten zu verringern.

Dieselbe Haltung führte zu einigen Unkorrektheiten in Verbindung mit dem ›Sapir-Fonds‹, obwohl ich überzeugt bin, daß der Fonds, soweit es um Sapir persönlich ging, mit aller Redlichkeit verwaltet wurde. Sapirs Name wurde im Zusammenhang mit einigen obskuren Machenschaften genannt, obgleich seine Integrität über jeden Zweifel erhaben war. Nicht einmal seine erbittertsten Kritiker – von denen die meisten seit seinem Tod mit ihrer Kritik zurückgehalten haben – haben je behauptet, daß er persönlich von diesen Machenschaften profitiert hätte. Aber darum geht es nicht. Nicht der Mensch Sapir war das Problem, sondern das System. Und das System blieb nicht auf den Minister allein beschränkt.

Grundsätzlich bin ich immer dafür gewesen, im Rahmen von Spendensammel-Kampagnen spezifische Projekte auf dem Gebiet der Erziehung oder überhaupt des Allgemeinwesens anzubieten. Das gestattete den Geldgebern, die Früchte ihrer Großzügigkeit zu sehen. Unter Sapir jedoch hatten Regierungsbeamte es mit Leuten zu tun, die in Israel investierten und bauten, die Schenkungen anboten und sich gleichzeitig um bestimmte Konzessionen bewarben. Verband man Stiftungen mit der Sapir-Geschäftsmethode, war die Katastrophe unvermeidlich. Prioritäten zu setzen war bei einem System unmöglich, das sich für die Verhältnisse in einer Kleinstadt eignet, wo der Bürgermeister jeden kennt und die Geschäfte gleichsam aus der Westentasche heraus führt. Der Finanzminister selbst eines so kleinen Staates wie Israel muß ein Staatsmann sein.
Was Jerusalem betrifft, so unterstützte Sapir viele Jerusalemer Institutionen, nicht jedoch die Stadt als Ganzes. Jedesmal, wenn ich deswegen bei ihm vorstellig wurde, zeigte er mir eine lange Liste von industriellen und bildungspolitischen Institutionen, die reichlich mit Geldern bedacht wurden. Er hatte einfach kein Verständnis für die Tatsache, daß man nicht hundert Millionen in den Bau eines Universitäts-Campus stecken kann, ohne auch den Bau von Straßen zu finanzieren, die zu dieser Universität hinführen. Das gleiche gilt zweifellos auch für die neuen Vororte, die um die Stadt herum entstehen, und, parallel dazu, den Ausbau der Innenstadt. Wir haben diese negative Tradition bis jetzt leider immer noch nicht überwunden. Es war sehr schwer, sich gegen Sapir zu behaupten, und es ist erstaunlich, daß es uns trotz seiner Einstellung gelang, von der Regierung zunehmend Unterstützung für unsere Vorhaben zu gewinnen und auch aus eigenen Kräften so viel zu schaffen.
Die größte Gefahr bestand jedoch darin, daß man dem Volk nicht gleich nach dem Yom-Kippur-Krieg nahegelegt hatte, seinen Lebensstandard drastisch zu senken. Sapir fand ratsamer, auch weiterhin auf die Spenden der Diaspora-Judenheit zu hoffen, als die Politik daheim zu ändern. Ich bin fest davon überzeugt, daß in ein paar Jahren kein Mensch mehr begreifen wird, wie wir so viele Jahre lang unter Sapirs kurzsichtiger wirtschaftlicher Diktatur überhaupt haben überleben können.

Grundsatzfragen dieser Art waren es auch, die eine entscheidende Rolle in der Lavon-Affäre spielten – jener Schlacht, die Ben-Gurion verlor. Als er im Juni 1963 zurücktrat, wollte er, daß Levi Eshkol seine Nachfolge anträte, und selbstverständlich unterstützten Ben-Gurions Freunde seine Wahl. Ich kannte Eshkol seit langem und hatte während seiner Zeit als Finanzminister eng mit ihm zusammengearbeitet. Für gewöhnlich besuchte ich ihn am Samstagmorgen, um die Ereignisse der Woche mit ihm durchzusprechen und seine und Ben-Gurions Arbeit zu koordinieren. Während der Lavon-Affäre führten wir zahlreiche Unterhaltungen. Er meinte, Ben-Gurion übertreibe die Wichtigkeit der Affäre, stand jedoch aus einer ihm völlig natürlichen Loyalität zu ihm. Er wußte, daß es außerordentlich schwer sein würde, Ben-Gurions Nachfolge anzutreten, und der Mitarbeiterstab des Ministerpräsidentenamtes tat sein möglichstes, sich Eshkol anzupassen und ihm zu helfen. Yitzhak Navon, Ben-Gurions persönlicher Sekretär, war mit einem Auftrag in Lateinamerika unterwegs, als Ben-Gurion zurücktrat. Uri Lubrani, der für arabische Angelegenheiten zuständig gewesen war, hatte Navon vorübergehend ersetzt und fungierte in den ersten Wochen von Eshkols Amtszeit als sein Sekretär. Bald stellte es sich jedoch heraus, daß Eshkol einen Stab seiner eigenen Wahl brauchte.

Eshkol holte ein paar Leute in sein Büro, die Ya'akov Arnon, der Generaldirektor des Finanzministeriums, ihm empfohlen hatte; ich blieb in meiner wenig genau definierten und vielseitigen Rolle als Generaldirektor des Ministerpräsidentenamtes. Doch der Arbeitsstil änderte sich völlig. Im Laufe der Monate begann Eshkol, sich zunehmend für die einzelnen Vorgänge zu interessieren, die im Büro abgewickelt wurden – weit mehr, als Ben-Gurion es jemals getan hatte. Abgesehen von prinzipiellen und politischen Entscheidungen schaltete er sich selbst in die geringsten Angelegenheiten ein. Ja, mehr noch: Man konnte sich mit ihm über eine bestimmte Entscheidung einigen und erlebte am nächsten Morgen, nachdem er die Angelegenheit mit jemand anders durchgesprochen hatte, daß er es sich anders überlegt hatte. Gelegentlich vergaß er sogar, es einem zu sagen. Trotzdem war es unmöglich, Eshkol nicht gern zu haben, und wir standen persönlich immer auf gutem Fuß.

Nachdem er Ministerpräsident geworden war, heiratete Eshkol wieder (seine Frau war gestorben). Es gab eine ganze Reihe von Anwärterinnen auf seine Hand, doch Miriam war die Glückliche. Die Trauzeremonie wurde rasch noch in seinen übervollen Terminkalender eingeschoben, denn Eshkol war ein sehr viel beschäftigter Mann geworden. Binnen weniger Stunden mußte ein Rabbiner herbeigeholt werden. Ich erinnere mich noch, wie Eshkol scherzhaft sagte: »Vielleicht sollen wir die Trauung verschieben?« Es widerstrebte ihm stets, endgültige Entscheidungen zu treffen. »Irgendwann müssen Sie sich entscheiden«, sagten wir unisono. Schließlich – um elf – wurde beschlossen, daß die Trauung um zwölf Uhr mittags stattfinden solle. Ich machte, daß ich nach Hause kam, Tamar packte einen halben Kuchen und eine Flasche Champagner ein, und dann feierten wir in sehr kleinem Kreis in Eshkols Wohnung eine wunderbare Hochzeit. Die Ehe ist sehr glücklich geworden. Miriam übte großen Einfluß auf Eshkol aus, nur lenkte sie ihn meiner Meinung nach beim Bruch mit Ben-Gurion in die falsche Richtung. Offenbar fand sie, Eshkol müsse sich durchsetzen, um dem Land zu beweisen, daß er wirklich eine Führerpersönlichkeit war. Das mag von ihr aus ein berechtigter Standpunkt gewesen sein, doch hätte man es seiner eigenen Entscheidung überlassen, wäre Eshkol vielleicht doch zu einem Kompromiß mit Ben-Gurion bereit gewesen. Eine solche Regelung hätte vielleicht die Spannungen verringert, die schließlich zu einer Spaltung der *Mapai* führten, was auf lange Sicht einen negativen Einfluß auf die innenpolitische Entwicklung Israels hatte. Obgleich die beiden Parteien sich ein paar Jahre darauf wieder vereinigten, heilte die Wunde nie ganz. Manchmal kann ein kleiner Stein auf den Schienen einen ganzen Zug zum Entgleisen bringen.
Daß ich schließlich meinen Posten im Ministerpräsidentenamt aufgab, war letztlich die Folge der ständigen Auseinandersetzung über die absolut geheime, persönliche Berichterstattung des Geheimdienstchefs dem Ministerpräsidenten gegenüber. Eshkol ernannte Meir Amit, einen ehemaligen General und stellvertretenden Stabschef, einen außerordentlich intelligenten und fähigen Mann, zum Leiter des *Mossad.* Ich versuchte den Ministerpräsidenten zu bewegen, die Empfehlungen des Yadin-Sharef-Komitees zu verwirklichen

und einen ständigen Verbindungsoffizier im Ministerpräsidentenamt zu ernennen. Mir ging es sogar darum, das zu einer Bedingung der Ernennung Amits zu machen. Aber Amit widersetzte sich diesem Vorschlag als nicht der Tradition des Geheimdienstes entsprechend, und Eshkol gab nach.
Ich fürchtete, daß diese Situation, wie bereits in der Vergangenheit, eines Tages verheerende Folgen zeitigen könne. Obwohl ich persönlich für diesen Bereich nicht verantwortlich war, wollte ich nicht in meinem Amt verbleiben, wenn das bisherige Arrangement fortgesetzt würde. Zuletzt beschloß ich, meinen Abschied zu nehmen. Eshkol unternahm etliche Versuche, mich zum Bleiben zu bewegen (im allgemeinen liebte er keine drastischen Veränderungen), doch ich fand, daß ich nicht mehr von Nutzen sein könne. Spätere Entwicklungen haben meinen Standpunkt gerechtfertigt.
Einige Zeit nach der Ablösung Ben-Gurions durch Eshkol hatte ich eine lange Unterhaltung mit Isaiah Berlin über den Unterschied zwischen den beiden Regierungsformen. Isaiah versuchte mir zu erklären, es sei an der Zeit, die ›heroische Periode‹ zu beenden. Wir könnten nicht immer weiter Heroismus vom Volk verlangen, wie Ben-Gurion es tat. Das Land müsse die Möglichkeit haben, ein wenig zur Ruhe zu kommen, und wir sollten – ungeachtet aller persönlichen Gefühle – froh sein, daß diese Verschiebung in Richtung Entspannung stattgefunden habe. Ich wiederum versuchte ihn davon zu überzeugen, daß unsere Wurzeln noch nicht sehr tief griffen und weitere vier Jahre unter Ben-Gurions Führung außerordentlich vorteilhaft für uns gewesen wären. Heute, nach vielen Jahren, vertrete ich diese Meinung noch immer.

12
Zwei Siege

Als ich am 1. Januar 1965 aus dem Ministerpräsidentenamt ausschied, stand der Bau des Israel-Museums kurz vor der Vollendung. Ich hatte bereits unter Ben-Gurion damit zu tun gehabt. Zwar fiel das Museum kaum in den Bereich meiner ›offiziellen‹ Tätigkeiten (immerhin ist es ja eine private Institution), aber die Vorstellung von einem großen Kunst-Museum in Israel, in Jerusalem, hatte für mich etwas überaus Erregendes. Die Wurzeln für diese Leidenschaft reichen vermutlich bis in meine Kindheit zurück. Ich war in einer wunderschönen Stadt aufgewachsen und hatte es als Junge genossen, die Miniaturen, antiken Gläser und kleinen silbernen Schnupftabakdosen zu betrachten, die mein Vater sammelte. Auch nahm er mich häufig mit in die Wiener Museen, und wenn ich selbst auch nie irgendwelche künstlerischen Talente entwickelt habe, so hatte ich doch einen ausgeprägten Schönheitssinn. Ich konnte mir nicht vorstellen, in einem Land zu leben, in dem man keinen Sinn für solche Dinge hatte.

Die Geschichte des Israel-Museums reicht weit zurück in die Zeit der Finanz- und Wirtschaftshilfe, die wir Anfang der fünfziger Jahre von den Vereinigten Staaten erhielten. Damals richtete das amerikanische Amt für Wirtschaftshilfe sogenannte *counterpart funds* (Gegenkonten) ein und sammelte die Israelischen Pfund, die der amerikanischen Regierung für Warenlieferungen und Dienstleistungen gezahlt wurden. Die Amerikaner gingen mit diesen Summen sehr großzügig um und verwendeten sie für Dinge, die wiederum Israel zugute kamen. So besaß Israel damals keine Devisenreserven. 1952 konnten

wir nicht einmal Bücher, Schallplatten oder Zeitungen im Ausland kaufen. Andererseits wurden beträchtliche Büchermengen aus Rußland und anderen Ländern hinter dem Eisernen Vorhang kostenlos nach Israel geschickt. Es handelte sich um Bücher in englischer und deutscher Sprache – beide Sprachen waren die in Israel am meisten gelesenen –, und diese füllten unsere Buchhandlungen. Aber wir besaßen keine Devisen, um von den westlichen Ländern zu kaufen.
Damals befand sich der kalte Krieg auf seinem Höhepunkt, und den Amerikanern war daran gelegen, dem Zustrom von Büchern aus kommunistischen Ländern Kultureinflüsse aus dem Westen entgegenzusetzen. Andere Länder wie etwa Indien befanden sich in der gleichen Lage. Aus diesem Grunde starteten die Amerikaner ein Programm, für das sie nach meiner Erinnerung zehn Millionen Dollar zur Verfügung stellten. So bekamen wir große Mengen amerikanischer Bücher, Zeitschriften und Schallplatten. Alles Geld, das aus diesen Verkäufen erzielt wurde, sammelte man auf einem bestimmten Konto, das für kulturelle Zwecke in Israel bestimmt war.
Dann wurde das Programm für Israel gestoppt, zum Teil deswegen, weil unsere kleine Bevölkerung mehr westliche Bücher und Zeitschriften kaufte als alle anderen ähnlich bedachten Länder ohne Dollarreserven – darunter Indien und Pakistan. Als das Programm jedoch auslief, verdienten wir genug Devisen, um auch Dinge zu kaufen, die über das Allernotwendigste hinausgingen. Doch innerhalb dieser zwei oder drei Jahre hatte sich der Gegenwert von fünf oder sechs Millionen US-Dollar in Israel-Pfund auf dem ›Gegenkonto‹ angesammelt. Deshalb kam 1954 oder 1955 Bernard Katzen aus den Vereinigten Staaten angereist, um diese Gelder auf verschiedene kulturelle Projekte im Land zu verteilen.
Katzen war von John Foster Dulles zu einer Art US-Kultur-Weihnachtsmann ernannt worden und verkündete aller Welt, er komme, um Geld zu verteilen, woraufhin selbstverständlich im Handumdrehen jeder in Israel hinter ihm her war. Es dauerte nicht lange, und die ganze Angelegenheit geriet außer Kontrolle, und wir hatten Angst, das viele Geld würde für wenig solide Programme draufgehen. Daher beschlossen wir, Katzen ein vom Ministerpräsidentenamt erarbeitetes Programm vorzulegen. Ich suchte ihn zwei Tage nach seiner An-

kunft auf, und ihm schien ein Stein vom Herzen zu fallen, als er sich unsere Vorschläge ansah. Zwar war er schon Verpflichtungen in Höhe von ein paar tausend Israelischen Pfund eingegangen, doch der Rest des Geldes wurde entsprechend unserem Programm auf folgende Projekte verteilt: auf die ›Übersetzung von Klassikern ins Hebräische‹, woran Ben-Gurion besonders interessiert war; das Weizmann-Institut; die Hebräische Universität in Jerusalem (damals existierten noch keine anderen Universitäten); das Mann-Auditorium in Tel Aviv; und eine Reihe von anderen Projekten in Städten und Dörfern. Der Löwenanteil war jedoch für das Israel-Museum bestimmt, und so fingen wir an.

Das Museum war von Anfang an als unabhängiges Projekt geplant worden. Ich fand, Jerusalem brauchte ein wirklich bedeutendes Museum. Zunächst einmal kamen Tag für Tag wichtige archäologische Funde ans Licht. Wo immer eine neue Siedlung gebaut wurde oder ein Pflug den Boden aufriß, fand man neue Artefakte, doch gab es leider keinen Ort, diese Dinge auszustellen. Abgesehen davon hatte das gesamte Land ein Nationalmuseum nötig. Die Mehrzahl der jungen Leute in Israel kann es sich nicht leisten, ins Ausland zu reisen und schöne Kunstwerke zu betrachten, wie es für die Kinder Europas etwas ganz Selbstverständliches ist. Wir brauchten unbedingt ein Museum, in dem die hervorragendsten Leistungen verschiedenster Kulturen gezeigt werden konnten, und sei es auch nur in kleinen Beispielen. Außerdem hoffte ich, daß viele der bedeutenden Kunstsammlungen in jüdischem Besitz außerhalb Israels irgendwann einmal ihre Heimat in Jerusalem finden würden – wenn erst einmal ein geeignetes Museumsgebäude existierte. Ein solches Museum würde gleichsam einen Ausgleich für das kulturelle Inseldasein unseres kleinen Landes bilden. Außerdem konnte man aus dem Museum, insbesondere aus dem archäologischen Teil, eine Touristenattraktion machen.

Wir erhielten ein Viertel der auf den ›Gegenkonten‹ angesammelten Gelder für das Museum – damals eine ungeheure Summe –, und die Pläne für das Projekt nahmen rasch Gestalt an. Ich sprach mit Eshkol, der damals Finanzminister war, und wir bekamen ein regierungseigenes Grundstück zwischen der Hebräischen Universität und dem

Blick auf das Israel-Museum, das wie ein mittelmeerisches Dorf in den Bergen geplant ist (Foto Keren Or)

Oben: Bei der Eröffnung einer neuen Feuerwehrwache. Teddy hat den Hut mit Rabbi Porush getauscht (Foto Ross)

Rechte Seite: Teddy neben den »berühmtesten Beinen der Welt« (Foto Michael Maor)

Oben: Sprengung der Mauer, die Jerusalem teilte (Foto Ross)
Unten: 1970 zusammen mit Axel Springer bei der Jungfernfahrt der Bus-Linie ins Jüdische Viertel von Jerusalem (Foto H. Pinn)

›Tal des Kreuzes‹ zugewiesen. Nachdem ich aus dem Ministerpräsidentenamt ausgeschieden war, verwendete ich den größten Teil meiner Zeit darauf, den Bau des Museums und seine ersten Aktivitäten zu überwachen. Seit seiner Gründung war ich Aufsichtsratsmitglied des Israel-Museums, und bis zum Juni 1965 arbeitete ich ganztägig freiwillig für das Museum.

Jahrelang hatte ich mit meinem einzigen Schulfreund aus Wien, den ich noch hatte, einem Mann namens Gad (ursprünglich Goldberg), den wir jedoch alle Hego nannten, über meine Vorstellung von einem Museum diskutiert. Hego war ein bekannter Architekt geworden und hatte sich in Tel Aviv niedergelassen. Zusammen mit seiner Frau Dora spezialisierte er sich auf Innenarchitektur. So hatte ich zum Beispiel gleich nach der Staatsgründung Hego und Dora gebeten, ein Haus, das als offizielle Residenz unseres Außenministers in Tel Aviv dienen sollte, zu renovieren und einzurichten. Beide hatten ihre Sache glänzend gemacht, und auch sonst haben sie Großartiges in ihrem Fach geleistet.

Von Zeit zu Zeit setzte ich mich mit Hego und Dora hin und sprach mit ihnen über meinen Traum von einem Museum. In meiner Vorstellung sollte es sich einen der Hügel Jerusalems hinaufstaffeln wie ein mediterranes Dorf. Ein solches additives Konzept würde uns ermöglichen, weitere Pavillons hinzuzufügen, sobald neue Sammlungen erworben wurden und mehr Geld zur Verfügung stand. Hego starb sehr jung. Zu seinen letzten Arbeiten zusammen mit Dora und dem Haifaer Architekten Professor Mansfeld gehörte die Innenausstattung von zwei kleineren israelischen Passagierschiffen und ganz zuletzt der ›Shalom‹. Ich war zwar gegen diese kostspieligen Passagierschiffe und fand, daß sie weder den Tourismus förderten noch der ›Zim‹, unserer größten Reederei, große Einnahmen einbrachten. Zu meinem Bedauern sollte ich mit dieser Meinung recht behalten, doch waren es sicher die bequemsten und am schönsten ausgestatteten Schiffe, die damals die Meere befuhren. Aber wie dem auch sei: Als der Wettbewerb für das Museum ausgeschrieben wurde, rief ich Dora an und sagte: »Warum beteiligt ihr euch nicht daran? Wir haben mit Hego so viele Ideen durchgesprochen.« Schließlich reichten die beiden und Mansfeld ihre Entwürfe für das Museum ein. Ich saß zwar nicht mit in der Jury, aber als man mir das Modell des Siegers zeigte, wußte ich, von wem es stammte.

Mit dem Bau wurde 1961 begonnen. Der erste Kunstsammler, an den ich mich wandte, war Billy Rose, der eine bedeutende Sammlung von Skulpturen zusammengetragen hatte. Auch Nahum Goldman und Gershon Agron waren vor langer Zeit bereits einmal an Billy herangetreten, doch als Agron Bürgermeister von Jerusalem war, gab es noch kein Museum, ja noch nicht einmal einen Bauplatz. Jetzt hatten wir das Grundstück, das Geld und die Baugenehmigung – und Billy ließ sich das nicht zweimal sagen. Seine Schenkungen benötigten Raum, und wir beschlossen, ihm dafür zwei von den insgesamt zweiunddreißig Hektar zur Verfügung zu stellen. Die Erdarbeiten, die für die Anlage nötig waren, versprachen ziemlich aufwendig zu werden, und es wurden eine Reihe von Besprechungen mit Billy Rose in New York und in Jerusalem abgehalten. Er wollte, daß andere Stifter sich an dem Projekt beteiligten. Er selbst stellte uns großzügig die erlesensten Stücke seiner Sammlung zur Verfügung. Billy beauftragte Isamo Noguchi, den japanisch-amerikanischen Bildhauer und Gartengestalter, mit der Anlage des Gartens, und nun ging es voran.

Am 7. Mai 1965 fand die Galaeröffnung des Israel-Museums in Jerusalem statt. Ein paar Tage zuvor sah alles noch chaotisch aus, und die Leute schlossen Wetten darüber ab, ob das Museum rechtzeitig fertig werden würde oder nicht. Ich selbst war überzeugt, daß wir es doch schaffen würden, nahm jede Wette an – und gewann sie. Alles fügte sich zu einem harmonischen Mosaik zusammen, selbst Maisonne und mildes Wetter stellten sich ein. Es war ein hinreißender Festakt, der schönste dieser Art, den ich jemals erlebt habe. Auf dem Museumsplatz hatten wir eine beschränkte Zahl von Sitzgelegenheiten aufgestellt – rund tausend –, aber wir hatten mindestens fünftausend Nachfragen um Einladungen. Allein die Tatsache, daß Tausende kommen wollten und nicht eingelassen werden konnten, entfachte Neugier, Erregung und ein Gefühl großer Erwartungen. Aus ganz Israel und aus dem Ausland kamen Massen von Menschen nach Jerusalem. Sie alle nahmen Unbequemlichkeiten und lange Anreisen in Kauf, um dabeizusein. Und all das für ein Museum! Es war herrlich!

Bis auf die kleinsten Kleinigkeiten war alles sorgfältig geplant. So ließen sich zum Beispiel die Einladungskarten zu Sonnenhüten zusammenfalten. Am Vorabend der Eröffnung gab das Israelische Symphonieorchester im Kongreßzentrum von Jerusalem ein festliches Konzert. Bei der Eröffnung selbst überreichten wir jedem, der auf tatkräftige Weise seinen Teil zum Gelingen beigetragen hatte (bis zu einem der Bauarbeiter, der sich während der Bauarbeiten selbst übertroffen hatte – heute ist er selbständiger Bauunternehmer in Jerusalem), eine Goldmedaille von Samuel Bronfman (dessen Kinder über eine Million Dollar für den archäologischen Flügel gestiftet hatten). Sogar die Reden waren brillant. Eshkol sprach sehr eindrucksvoll, und Bernard Katzen war eloquenter denn je. Außerdem erhielten wir eine lange, herrliche Botschaft von Präsident Johnson. (Damals war es noch eine Seltenheit, von einem Präsidenten der Vereinigten Staaten eine Botschaft zu bekommen, vor allem für die Eröffnung eines Kunstmuseums in einem fremden Land.)
Unsere Eröffnungsausstellung umfaßte fünfzig große Kunstwerke, deren gemeinsames Thema die Illustration von Bibelszenen war – von Rembrandts Moses, der die Gesetzestafeln vom Berge Sinai herunterbringt, bis zu einem wunderschönen emaillierten Schmuckkästchen des 16. Jahrhunderts aus Limoges mit Szenen aus dem Leben Josephs. Die aus allen Teilen der Erde stammenden Kunstwerke waren Leihgaben der besten Museen der Welt, stammten aber auch aus Privatsammlungen. Diese Meisterwerke aus Wien, New York, Philadelphia, Chicago, den Niederlanden, Deutschland und Washington hinterließen einen unbeschreiblichen Eindruck.
Zufälligerweise wurden zur selben Zeit auch an zwei anderen Orten in der Welt Museen eröffnet. Das eine ist wahrscheinlich sogar das größte Museum unserer Generation: das Mexikanische Museum für Anthropologie des bedeutenden Architekten Ramirez Vazquez. Dieses völkerkundliche Museum, das in einem eindrucksvollen Park gelegen ist, wurde von der mexikanischen Regierung finanziert. Das andere, das County Museum von Los Angeles, eine der reichsten Städte der Welt, wurde von Pereira, einem bekannten kalifornischen Architekten, entworfen. Auch dies ist ein sehr schönes Museum, aber ich meine, das Israel-Museum kann es mit beiden aufnehmen. Viel-

leicht sollte ich noch hinzufügen, daß unser Museum mit einem viel geringeren Kostenaufwand gebaut wurde als die beiden anderen. Insgesamt gaben wir für den fertiggestellten Teil etwas mehr als acht Millionen Dollar aus. Das Los-Angeles-Museum kostete sechzehn Millionen Dollar und das Mexikanische Museum noch weit mehr. Die Lage des Israel-Museums auf der Hügelkuppe über dem ›Kloster des Kreuzes‹ läßt sich mit nichts vergleichen, und die Qualität der Kunstwerke und der archäologischen Exponate ist erlesen.
Das ist vor allem den strikten Auswahlkriterien zuzuschreiben, an die wir uns von Anfang an hielten. Zunächst einmal nahmen wir nur Werke von allererster Qualität auf, ungeachtet der Herkunft oder Religion des Künstlers. Zu Anfang wurde beträchtlicher Druck auf uns ausgeübt, den Hauptakzent auf Werke jüdischer Künstler zu legen – und immerhin gibt es ja einige sehr bedeutende jüdische Künstler, etwa Modigliani oder Chagall. Aber sie sind nicht in erster Linie jüdische, sondern europäische Künstler. Hätten wir uns vor allem um israelische und jüdische Künstler bemüht, würde das Museum einen recht provinziellen Anstrich bekommen haben, und seine Wertmaßstäbe wären verwischt worden. Aber trotz allem gingen die Auseinandersetzungen darüber, wieviel und was an israelischer Kunst ausgestellt werden solle, über die Jahre weiter. Zuletzt konnten wir eine ganze Reihe Pavillons – allerdings immer noch zu wenige – für Dauerausstellungen israelischer Maler und Bildhauer bauen und außerdem auch noch zeitlich begrenzte Ausstellungen zusammenstellen. Hätten wir jedoch israelischer Kunst unverhältnismäßig viel Raum gegeben, wären die großen Schenkungen, die heute zu den bedeutenden nationalen Schätzen des Landes gehören, niemals nach Israel gekommen.
Es war aber noch aus einem anderen Grunde wichtig, einen erstklassigen Museumsbau zu errichten. Hier muß ich noch einmal bis in die fünfziger Jahre ausholen, als Tamar, Amos und ich in Washington lebten. Damals starben zwei wohlbekannte jüdisch-amerikanische Kunstsammler, Maurice Wertheim und Sam Lewisohn (ein weitläufiger Verwandter von Tamar). Wertheim hinterließ all seine Bilder dem Fogg Museum in Harvard, und Lewisohn die seinen dem Metropolitan Museum in New York. Obwohl Wertheim sich für Israel

interessiert hatte, persönlich mit Ben-Gurion befreundet und Vorsitzender des *American Jewish Committee* gewesen war, hatte er niemals daran gedacht, uns auch nur ein einziges seiner Bilder zu vermachen. Ähnlich war es mit Sam Lewisohns Familie, die schon immer Bedeutendes für die Allgemeinheit getan hatte (so bauten sie zum Beispiel unter anderem das Lewisohn-Stadion in New York), aber es wäre ihm nie in den Sinn gekommen, Israel auch nur ein einziges Bild zu vererben.

Anfangs wunderte ich mich darüber. Als ich jedoch einige von diesen Sammlern besser kennenlernte, wurde mir klar, daß ein Sammler zu seinen Bildern ein ähnliches Verhältnis hat wie ein Vater zu seinen Kindern. Hat er erst einmal eine bedeutende Sammlung zusammengebracht, sind seine eigenen Kinder aller Wahrscheinlichkeit nach bereits erwachsen und aus dem Haus. Jedenfalls kann er ihnen nicht mehr befehlen, was sie tun sollen. Über seine Bilder ist er jedoch absolut Herr, und für sie wünscht er nun so ziemlich das gleiche, was er auch seinen Töchtern wünschen würde: daß sie in einem anständigen Stadtviertel wohnen, nette Männer heiraten und sich in der besten Gesellschaft bewegen. Das ist der Grund, warum ein Sammler seine Bilder niemals einem zweitrangigen Museum überläßt. Er möchte, daß sie in der Gesellschaft anderer guter Bilder hängen – möglichst der allerbesten. Und wie er möchte, daß seine Familie zusammenhält, so sollen auch seine Bilder zusammenbleiben – eine starke und bemerkenswerte Gruppe bilden und auf diese Weise seinen Namen bewahren –, genauso, wie er diesen durch gute und anhängliche Söhne und Enkel bewahrt sehen möchte.

Abgesehen von den Exponaten ist natürlich auch die Qualität der Architektur entscheidend für den Rang des Museums – der Bau muß schön und modern sein und über gute Beleuchtung sowie Temperatur- und Feuchtigkeitskontrolle verfügen. Dieser Standard war vor allem am Anfang von größter Wichtigkeit, bevor wir unseren Ruf begründeten, nur das Allerbeste zu zeigen.

Freilich: Diese beiden Dinge zusammenzubringen – einen makellosen Grundstock von Kunstwerken und ein Museumsgebäude von Format –, das braucht seine Zeit. Wir mußten jedoch noch etwas berücksichtigen, das nicht warten konnte. Viele von unseren potentiellen Wohltätern waren schon fortgeschrittenen Alters. Leute in diesen Steuerklassen haben astronomische Erbschaftssteuern zu erwarten. Familienmitglieder, die eine schöne Kunstsammlung vermacht bekommen, erben gleichzeitig auch Steuern in katastrophaler Höhe, die sie sich häufig nicht leisten können. Die einzige andere Alternative für einen Sammler ist daher, seine Sammlungen öffentlichen Institutionen zu schenken oder testamentarisch zu vermachen. Eines jedenfalls war sicher: Die meisten der existierenden Privatsammlungen – zumindest in Ländern wie den Vereinigten Staaten und England – würden in Museen enden. Es war wichtig, daß unser Museum zu jenen öffentlichen Institutionen gehörte, die davon profitieren konnten. Deshalb brauchten wir das Gebäude bald. Noch zehn oder fünfzehn Jahre, und es wäre zu spät gewesen. Jenes Argument, das stets herhalten muß – daß es besser sei zu warten, bis wir – in einer Woche, in einem Monat, in einem Jahr – über eine ganz besonders schwierige Situation hinwegwären –, verfängt hier nicht. Israel muß zwar Einwanderer aufnehmen und braucht Waffen, aber es ist auch darauf angewiesen, kulturell seinen angemessenen Ausdruck zu finden. Sonst können wir nicht überleben.

Als ich 1952 aus den Vereinigten Staaten zurückkehrte, beschäftigte ich mich eingehend mit der Museums-Frage. Andere hatten auch schon darüber nachgedacht. Mordechai Narkiss, der Kurator des kleinen Bezalel-Museums (das sich hauptsächlich auf Beispiele jüdischer Zeremonialkunst spezialisierte), hatte versucht, einige Bilder von allgemeinem Interesse aufzunehmen, jedoch nur in bescheidenem Maße Erfolg gehabt. Archäologen wie Benjamin Mazar und Yigael Yadin hatten über ein archäologisches Museum gesprochen; bei unseren Grabungen waren zwar sehr interessante Funde zutage gefördert worden, nur hatten wir kein Gebäude, um sie zu zeigen. Und dann waren da selbstverständlich noch die Schriftrollen vom Toten Meer, die im Keller der Hebräischen Universität ausgestellt wurden. Hinzu kam noch, daß einige von unseren Orientalisten gern islamische Kunst gesammelt und ausgestellt hätten.

So schlossen wir uns zu einer Arbeitsgruppe zusammen, der Narkiss, Mazar, Yadin, der Orientalist Professor Leo Ary Mayer und ich angehörten. Wir forderten Gershon Agron, den Bürgermeister von Jerusalem, auf, sich uns anzuschließen. So kamen wir zusammen, redeten, planten und entwickelten schließlich die Idee von einem universalen Museum, das Beispiele der größten Leistungen des menschlichen Schöpfergeistes aus der ganzen Welt umfassen sollte einschließlich eines Traktes für biblische Archäologie. Zu diesem Konzept steuerte Karl Katz vom Bezalel-Museum noch die Idee bei, die Jugend des Landes durch gezielte Aktivitäten anzuziehen und durch sie auch jene Teile der älteren Generation zu erreichen, welche der Kunst gleichgültig gegenübergestanden oder jedenfalls noch nie in ihrem Leben ein Museum betreten hatten.

In den frühen fünfziger Jahren maß unsere politische Führung dem Wunsch nach einem Kunst-Museum noch keinerlei Bedeutung bei. Sie fanden, in einer vergleichsweise so frühen Phase unserer nationalen Wiedergeburt sei Kunst ein Luxus. Sie wären nie auf den Gedanken gekommen, daß ein Museum ein lebenswichtiges Organ in einem Gesellschaftskörper sein kann. Während der Schmelztiegeljahre unserer sich formierenden Gesellschaft übernahm das Museum eine Vielzahl von Aufgaben und war durchaus nicht nur ein Hort für große Kunstwerke. Kinder brachten ihre Eltern, die in ihren Ursprungsländern nicht einmal das Wort ›Museum‹ je gehört hatten. Plötzlich sahen diese Menschen festliche Trachten aus Marokko, eine schöne antike Thorarolle aus dem Jemen oder Irak, eine alte Chanukka-Lampe aus Tunis oder Kurdistan, und all dies mit derselben Sorgfalt und demselben Geschmack ausgestellt wie niederländische Malerei oder Skulpturen aus Frankreich. Es erfüllte die Menschen mit Stolz und dem Gefühl dazuzugehören, Dinge, die ihnen aus ihrer Heimat vertraut waren, hier in einer solchen Umgebung ausgestellt zu sehen.

Im Jahre 1960 kam Charles Bronfman mit Leo Kolber, einem leitenden Manager von ›Seagrams‹, aus Kanada nach Israel. Ich hatte Charles in den Vereinigten Staaten bereits ein paarmal bei seinem Vater, Samuel Bronfman, dem Gründer des Seagrams-Spirituosen-Imperiums, gesehen. Sam war von jeher sehr aktiv in jüdischen Angelegenheiten gewesen und galt als anerkannter Führer der kanadischen Judenheit. Über ›Seagrams‹ besaß er eine Fülle von Geschäftsverbindungen in den Vereinigten Staaten. Zum erstenmal besuchte ich ihn 1950 oder 1951; damals half er uns, Kontakt zu einigen Kongreßab-

geordneten und Senatoren herzustellen, die uns in unserer Bemühung um Wirtschaftshilfe aus Washington unterstützen sollten. Seither war ich insbesondere mit Sam und seiner Frau Saidye in Verbindung geblieben, hatte aber auch ihre Kinder kennengelernt. Charles und die drei anderen Bronfman-Kinder, Edgar, Minda und Phyllis, wollten ihrem Vater zum siebzigsten Geburtstag gern gemeinsam ein Geschenk machen. Hier hatte das Schicksal seine Hand im Spiel. Unsere kleine Gruppe verlor keine Zeit, sondern machte den vieren klar, was man einem Menschen schenken konnte, der eigentlich alles besaß. »Hat er schon einen archäologischen Trakt in einem Museum in Jerusalem?« fragten wir.
Die Bronfmans reagierten spontan auf unseren Vorschlag. Sie dachten daran, uns zwei- oder dreimal soviel zu geben wie die Million Dollar, die wir schließlich erhielten, wenn wir das gesamte Museum ›Bronfman-Museum‹ nennen würden. Wir sahen jedoch bald alle ein, daß es nicht klug wäre, das zu tun, und sei es auch nur, weil das andere Gönner verprellen könnte. So nannten wir das Museum schließlich ›Israel-Museum‹, was ja dem längst formulierten Grundkonzept am ehesten entsprach. Jetzt konnten wir durchaus zu Recht Teile des Museums separat benennen wie etwa: den Bronfman-Flügel, den Crown-Platz, die Goldman-Halle, die Gruss-Galerie, den Billy-Rose-Skulpturen-Garten und so weiter. Selbstverständlich hing der Erfolg des Museums letzten Endes von der hervorragenden Gruppe hochqualifizierter Kuratoren ab, an deren Spitze ursprünglich Karl Katz und dann Elisheva Cohen stand, die später weiterhin in beratender Funktion dem Museum verbunden blieb.
Mit Marc Chagall verband das Museum eine unglückliche Liebe. Er hatte ein paar wunderschöne Dinge für Jerusalem geschaffen. Ich lernte ihn in den frühen sechziger Jahren kennen, als er an den zwölf Glasfenstern für die Synagoge des Hadassa-Krankenhauses arbeitete. Später schuf er wunderbare Wandteppiche für das Knesset-Gebäude, die wir mit seiner Erlaubnis vor kurzem auf unseren Briefmarken reproduzierten. Die meiste Zeit über kamen Chagall und ich sehr gut miteinander aus. Die Schwierigkeiten begannen, als wir einen besonderen Chagall-Pavillon schaffen wollten. Chagall war nicht einmal konsequent in seiner Ablehnung dieses Vorschlags. Einmal erklärte

er, er sei einverstanden, wenn wir ihm ein eigenes Gebäude widmeten, aber sobald wir zusagten, überlegte er es sich doch wieder anders.
Chagall ist eine komplexe Persönlichkeit. Obgleich wir seine Bilder, Leihgaben von anderen Museen, besonders günstig gehängt hatten, schien er bei der Eröffnung des Museums verstimmt. Ich habe den Verdacht, daß er sich über das ähnlich repräsentative Display der Skulpturen von Jacques Lipchitz ärgerte. Zwar hat er sich immer dagegen verwahrt, als ›jüdischer Künstler‹ abgestempelt zu werden – aber einen jüdischen Konkurrenten mochte er natürlich nicht in seiner Nähe dulden. Selbstverständlich ist er stolz auf sein Judentum, ist sich seiner tiefen Verwurzelung in der jüdischen Tradition wohl bewußt, aber eine zu starke Identifikation mit Israel – so befürchtet er wohl – könne seinem Ruf als großer, universaler Künstler Abbruch tun. Wie immer die Welt Chagall auch in einigen Jahrzehnten beurteilen mag, Israel wird ihn höher schätzen als jedes andere Land. Immerhin hat er eine der erschütterndsten Erfahrungen unserer jüngeren Geschichte für die Nachwelt festgehalten: das kleine jüdische *Schtedtl* in Rußland, eine Lebensform, die völlig verschwunden ist. Sie existiert zwar noch in den Beschreibungen einiger unserer Schriftsteller; sichtbar wird sie jedoch nur in den Bildern von Chagall.
Wütend war Chagall auch – und das vielleicht mit Recht –, weil seine farbigen Glasfenster nicht gut plaziert sind. Der kleine Synagogenbau des Hadassa-Krankenhauses in Jerusalem entsprach nicht seinen Erwartungen. Die Fenster stehen zu dicht beieinander; jahrelang haben wir versucht, die Fehlplanung zu korrigieren, konnten ›Hadassa‹ jedoch nicht dazu bewegen, auf die Fenster zu verzichten. Gemeinsam mit Chagall machten wir immer wieder andere Vorschläge; er wollte kleinere, passendere Fenster für das Hadassa-Hospital gestalten, und die Fenster mit der Darstellung der Zwölf Stämme sollten in einer eigens für sie zu planenden Synagoge untergebracht werden. Aber wir kamen nicht weiter. Trotzdem sind die Fenster selbstverständlich so schön wie eh und je. Und als Chagall bei seinen letzten Besuchen sah, wie sehr sich die Menschen über die Fenster freuten, hat er seine Meinung dann auch zum Positiven hin geändert.

Die Einstellung des Bildhauers Jacques Lipchitz zu Israel war wesentlich weniger kompliziert. Er betrachtet sich in allererster Linie als Jude. In seinen letzten Lebensjahren schloß er sich den Chassidim des Lubawitcher Rebbe an. Er fand Wurzeln und Urquell des heutigen Judentums in Israel und verbrachte viel Zeit im Land. Sein letztes, unvollendetes Werk war die Gipsform für eine sieben Meter hohe Skulptur, die vor dem wiederaufgebauten Hadassa-Hospital auf dem Scopus-Berg aufgestellt werden sollte. Diese Skulptur betrachtete er als den Höhepunkt seines Schaffens. Nach vielen Bemühungen seiner Frau Yulla wurde die Skulptur jetzt fertiggestellt und Jacques' letzter Wunsch damit erfüllt. Das Israel-Museum ist stolzer Besitzer einer Reihe von bedeutenden Bildwerken von Lipchitz, etlichen Zeichnungen und – womöglich noch wichtiger – von hundertunddreißig Modellen für Bronzeplastiken, die dem Museum von Jacques' Bruder Reuben vermacht worden sind. In gewisser Hinsicht sind sie bisweilen interessanter als die endgültigen Plastiken selbst; denn an ihnen sieht man wirklich noch den Fingerabdruck des Meisters. Diese umfassende Sammlung von Werken eines der bedeutendsten Künstler unserer Zeit ist ein wichtiger Schatz in der Sammlung des Israel-Museums.

Die englischen Rothschilds machten damals gleich zu Anfang ebenfalls eine bedeutende Schenkung. Sie hatten das Museum gesehen, es hatte ihnen gefallen, und sie teilten unsere Überzeugung, daß wir von Anfang an kompromißlos strengste Wertmaßstäbe setzen sollten. Sie gaben ihrer Überzeugung durch Stiftung von fünf Gemälden Ausdruck – zwei Van Goghs, einem Cézanne und zwei Gauguins. Diese Bilder waren ursprünglich einem entfernten armen Verwandten hinterlassen worden, doch kauften die Rothschilds sie für das Israel-Museum zurück.

Eine ähnliche Einstellung bewies vor einigen Jahren Baron Edmond de Rothschild in Paris, der ein sehr guter Freund von mir ist. Er und seine Frau Nadine übergaben dem Museum eines unserer hervorragenden Einzelstücke – einen französischen Salon des 18. Jahrhunderts, der als der schönste seiner Art außerhalb Frankreichs gilt. Diese Stil-Interieurs (und es handelte sich bei dem Rothschildschen Salon nur um das erste Beispiel; später wurden uns noch mehrere dazu geschenkt) besitzen eine besondere Bedeutung für die vielen Israelis, die keine Gelegenheit haben, ins Ausland zu reisen. Edmond ist Vorsitzender des *International Board of Governors* des Museums und leitet unsere jährlichen Sitzungen in Jerusalem mit großem Sachverstand. Sein persönlicher Einsatz verleiht dem Museum natürlich ein beträchtliches Prestige; außerdem gestattet uns sein Wissen als Sammler, gegebenenfalls auf sein ausgezeichnetes Urteil zurückzugreifen.

Nach einem Jahrzehnt im Bürgermeisteramt bin ich immer noch Aufsichtsratsvorsitzender des Museums und erscheine fast jeden Tag in meinem dortigen Büro, das für mich wie ein zweites Zuhause ist. Aber ich eile der Zeit voraus. Ich habe mich mittlerweile so sehr daran gewöhnt, Bürgermeister zu sein, und vergesse manchmal, daß ich mich in dieser Rolle durchaus nicht immer so wohl gefühlt habe. Aber wie ich Bürgermeister von Jerusalem wurde, ist an sich schon eine ungewöhnliche Geschichte.

Nachdem ich von meinem Posten als Chef des Ministerpräsidentenamtes unter Eshkol zurücktrat, war ich eine Weile arbeitslos – bis auf meine Arbeit als unbezahltes Mitglied des Museumskomitees. Doch bei dieser Aufgabe handelte es sich ausschließlich um eine Liebhaberei, die mich allerdings ein paar Monate ganz ausfüllte. Es war mir jedoch völlig klar, daß ich einen richtigen Beruf brauchte, und ich zeigte mich daher interessiert, als Elie Kirschner mit einem geschäftlichen Vorschlag an mich herantrat – für meine erste reine Erwerbstätigkeit.

Elie, Rechtsanwalt in Tel Aviv und ein wichtiger Mann in der *Africa-Israel Investment Company*, bot mir den Posten des Präsidenten dieser Gesellschaft an. Ich zögerte, vornehmlich deshalb, weil die Stellung bedeutet hätte, daß Tamar und ich früher oder später Jerusalem verlassen und in das Prominentenviertel Savyon bei Tel Aviv, eines der Hauptinvestitionsobjekte der Firma, umziehen mußten. Zuletzt beschloß ich jedoch, das Angebot anzunehmen und das Problem mit dem Umzug auf mich zukommen zu lassen. Eines der Unternehmen der Gesellschaft war das ›Tiberias Hot Springs‹, gegenüber von Ein Gev, auf der anderen Seite des Sees Genezareth, was sowohl für Tamar als auch für mich einen zusätzlichen Reiz bedeutete. Ich bat Meir

Sherman, der mittlerweile wieder nach Israel gekommen war, meinen Vertrag auszuhandeln. Gehalt und Zulagen waren für die damalige Zeit sehr hoch. Trotz galoppierender Inflation in Israel erreichte mein Gehalt als Bürgermeister von Jerusalem erst zehn Jahre später die nominale Höhe meiner damaligen Bezüge.

Das war zu Beginn des Jahres 1965, und die Firma erlebte eine Flaute. Sie hatte ihr Kapital in Grundbesitz in und um Tel Aviv und rund um den See Genezareth angelegt, doch plötzlich fielen in Israel wegen einer ernsten Wirtschaftsrezession sämtliche Aktien. Ich blieb acht oder neun Monate hindurch Präsident der *Africa-Israel Investment Company*. Während dieser Zeit konnte die Firma durchaus einige kleinere Erfolge verbuchen, wiewohl ich nicht glaube, daß ich sehr viel damit zu tun gehabt hatte. Obwohl ich meinen Präsidentenposten ein bißchen langweilig fand, hatte ich durchaus die Absicht durchzuhalten. Ich wollte mich – bis auf die Museumsarbeit – aus dem öffentlichen Leben zurückziehen. Fürs erste lebten Tamar und ich weiterhin in Jerusalem, was mir erlaubte, jeden Abend zum Museum hinüberzugehen und mit den wichtigen Entwicklungen in der Anfangsphase verbunden zu bleiben.

In mancher Hinsicht hatte sich dadurch, daß ich nun nicht mehr in Regierungsdiensten stand, gar nichts geändert. Ich war nie ein aktives Parteimitglied gewesen und hatte der Politik auch nie viel Geschmack abgewinnen können. Aus Überzeugung hatte ich der größten Arbeiterpartei, der *Mapai*, angehört, doch verspürte ich nicht die geringste Lust, mich auf irgendeinen Posten wählen oder von der Partei ernennen zu lassen. Während der dreizehn Jahre, die ich unter Ben-Gurion seinem Amt vorgestanden hatte, war ich kaum jemals zu irgendwelchen Parteiversammlungen gegangen.

Auch gehörte ich nicht zu den Ministerkandidaten. De facto war ich immer der Meinung gewesen, daß die Parteipolitik eine allzu große Rolle im Lande spielte. Der Vorteil meiner Stellung als Chef des Ministerpräsidentenamtes war ja gerade gewesen, daß ich eine ganze Reihe von Dingen hatte tun können, ohne durch politische Kleinarbeit für dieses Privileg zahlen zu müssen. Außerdem hatte ich bei jeder sich bietenden Gelegenheit klargemacht, daß ich keine langjährige Stellung im Ausland annehmen würde. Gelegentlich wurde in der Presse darüber berichtet, daß ich zum Botschafter in Washington ernannt werden sollte, aber das wäre nie mein Wunsch gewesen. Das Botschafterdasein ist eine Lebensform, für die ich mich nicht besonders geeignet halte, und ich bin überzeugt, daß Tamar sich sogar noch weniger daraus gemacht hätte als ich.

Als dann Ben-Gurion, der sich nach Sdeh Boker zurückgezogen hatte, 1965 mit der *Mapai* brach, folgte eine Minderheit von *Mapai*-Mitgliedern und rief eine neue Arbeiterpartei ins Leben, die *Rafi*. So recht begeistert war ich eigentlich gar nicht von der Idee, doch lag mir an Ben-Gurion und einigen anderen, die sich um ihn scharten, und ich wollte, daß sie sich durchsetzten. Der Hauptgrund dafür, daß ich mich der *Rafi* anschloß, war, daß sich die alte Garde der *Mapai* – Eshkol, Golda, Aranne und alle anderen – Ben-Gurion gegenüber ganz abscheulich benahm. Nicht, daß er ihnen keinen Grund gegeben hätte, ihn zu kritisieren, doch hatte er meiner Ansicht nach grundsätzlich recht. Ein weiterer Hauptgrund für mich, die *Mapai* zu verlassen, war meine Überzeugung, daß man den wachsenden Einfluß Pinhas Sapirs und des ›Sapirismus‹ bekämpfen mußte. Ich gehörte nicht zu den allerersten, die zur *Rafi* stießen. Dayan allerdings kam noch später dazu als ich. Nachdem er sich der neuen Partei jedoch einmal angeschlossen hatte, schien er optimistischer als ich. »Wir werden es ihnen zeigen«, sagte er. »Wir bekommen mehr als zehn oder zwölf Sitze in der Knesset – mindestens zwanzig.« (In der Knesset gibt es insgesamt 120 Sitze.)

Ich hegte aber auch vor anderen *Mapai*-Dissidenten große Hochachtung. Zu ihnen gehörte Shimon Peres, selbst wenn er in seinem tiefen Glauben an die Größe des jüdischen Volkes unsere Stärke und Bedeutung bisweilen überschätzt hat. Er glaubte, wir könnten eine ultramoderne Industriewirtschaft aufbauen, prägte das Schlagwort »Ein Auto für jeden Arbeiter« und glaubte, die Franzosen hätten ein echtes, über ihre zeitweiligen Schwierigkeiten mit Algerien hinausgehendes Interesse an einem bleibenden Bündnis mit Israel. Zwischen den Kriegen von 1967 und 1973 hielt Peres uns sogar für das stärkste Land zwischen Europa und Japan, weil wir mehr Elektrizität pro Kopf der Bevölkerung und mehr chemische Düngemittel als Indien oder jedes andere Land in Asien verbrauchten. Diese tiefsitzende Überzeugung von unserer Stärke verzerrte bisweilen sein politisches Urteil. Was mich jedoch immer beeindruckt hat, das war Peres' Loyalität, insbesondere Ben-Gurion gegenüber. Als er Ben-Gurion folgte und gleichfalls zur *Rafi* überging, war das seiner persönlichen Karriere ganz bestimmt nicht förderlich. Er hätte ohne weiteres stellvertretender Verteidigungsminister unter Eshkol bleiben können, wenn er bereit gewesen wäre, sich von Ben-Gurion zu trennen. Auch hinderte ihn seine Loyalität Dayan gegenüber nach dem Yom-Kippur-Krieg, für die *Rafi*-Leute – und für sich persönlich – mehr zu erreichen, als er sich Dayans Rücktrittsangebot widersetzte. Die israelische Regierung hatte keinen besseren Sprecher für ihre Politik als Shimon Peres. Er gehört zweifellos zu den guten Männern, die das Land hat.

Als im Sommer 1965 der Wahlkampf begann, betätigte ich mich zum erstenmal in meinem Leben politisch aktiv. Ich wollte nicht selbst irgendein Amt erringen, mich vielmehr für die *Rafi*-Partei in ihrem ersten Wahlkampf auf nationaler Ebene nützlich machen. Im wesentlichen reiste ich von einer Kundgebung im Lande zur anderen, und selbstverständlich sprach ich auch auf Veranstaltungen in Jerusalem. Der letzte Tag für die Nominierung von Partei-Kandidaten war gegen Ende des Laubhüttenfestes im frühen Herbst. Ich fuhr über die Feiertage nach Ein Gev hinauf, unterbrach die Fahrt in Tel Aviv und aß mit Moshe Dayan, Shimon Peres und Yitzhak Navon zu Mittag. Sie wollten mich dazu überreden, mich als Kandidat der *Rafi* um einen Sitz in der Knesset zu bewerben, aber ich war nicht interessiert, ich habe mich selbst nie in der Rolle eines Gesetzgebers gesehen. Selbst als sie immer wieder davon redeten, daß die *Rafi* in ihrem ersten Wahlkampf eine Vorwärtsstrategie verfolgen müsse und mein Name von Wert sei, erklärte ich ihnen, das Gesetzemachen sei nichts für mich. Was mir vorschwebe, sei ein tätigeres Leben, und alle meine Erfahrungen lägen nun mal in der Exekutive und in der Verwaltung.

Daraufhin kamen sie zum erstenmal auf den Gedanken, ich solle mich um das Bürgermeisteramt von Jerusalem bewerben. Sie glaubten, ich müßte in Jerusalem beträchtlichen Rückhalt bei den Wählern haben und daß jeder, der für mich stimmte, auch bei den allgemeinen Wahlen für die *Rafi* stimmen und damit die Basis dieser Partei in der Knesset vergrößern würde. Ich machte Ausflüchte und schlug Dov Joseph vor. Dov kannte Jerusalem gut und war während der schweren Zeit der Belagerung im Jahre 1948 Zivilgouverneur der Stadt gewesen. In letzter Zeit hatte er als Justizminister unter Ben-Gurion und für kurze Zeit auch unter Eshkol gedient. Dov Joseph lehnte das *Rafi*-Angebot jedoch ab. In der Zwischenzeit war ich weitergefahren nach Ein Gev, wo mich Amos Manor besuchte, ein sehr alter Freund, den ich seit 1934 kannte, als ich die Jugendbewegung in Rumänien besucht hatte. Er ist viele Jahre jünger als ich – ein großer, kräftiger Mann, einer der wenigen, die Auschwitz überlebt haben – und wurde, nachdem er jahrelang unter Isser Har'el gearbeitet hatte, Leiter des *Shin Bet* (Innerer Sicherheitsdienst). Manor und ich sahen viele Dinge im gleichen Licht. Und er drängte mich, die Kandidatur für das Bürgermeisteramt von Jerusalem anzunehmen. Dasselbe taten auch noch viele andere, die mich damals zufällig besuchten.

Zuletzt überzeugten sie mich. Nicht, daß ich mich besonders für Probleme der Stadtverwaltung interessiert hätte – viele von uns im öffentlichen Dienst glaubten, daß ein guter ernannter Beamter eine Stadt viel besser verwalten kann als ein gewählter Bürgermeister, und bis auf Abba Khoushy, den Bürgermeister von Haifa, schienen unsere Bürgermeister nicht gerade Glanzleistungen zu vollbringen. Ich kam manchmal mit Mordechai Ish Shalom zusammen, der nach dem Tod von Gershon Agron Bürgermeister von Jerusalem geworden war. Er hatte sich hilfesuchend an den Ministerpräsidenten gewandt, als orthodoxe Juden samstags am Mandelbaum-Tor Steine auf Busse mit christlichen Pilgern aus Jordanien warfen, die ihre Sabbatruhe störten. Ish Shalom hatte nicht mehr ein noch aus gewußt. Es gab viele ähnliche Beispiele für die Untüchtigkeit der Verwaltung in der Stadt. Ish Shalom und seinen Leuten fehlte jedes Profil. Einmal hatte ich versucht, sie für die Idee des Israel-Museums zu erwärmen, und wandte mich mit einer Ansprache an sie, doch mittendrin hörte ich einfach auf weiterzusprechen. Das ganze schien mir nur Zeitverschwendung. Und deshalb empfand ich es jetzt als reine Ironie, daß ausgerechnet ich in der Stadtverwaltung landen sollte.

Allerdings glaubte ich nicht, auch nur die geringste Chance zu haben, mich gegen die mächtige Parteimaschinerie der *Mapai* in Jerusalem durchzusetzen, die noch immer gesiegt hatte. Der tiefere Grund, warum ich mich überhaupt aufstellen ließ, war, daß ich meine Loyalität Ben-Gurion gegenüber demonstrieren wollte, selbst wenn keinerlei Aussicht auf Erfolg bestand. Tamar glaubte gleich mir, daß aus der ganzen Sache nichts werden würde. Mein Bruder Paul, der die Bürgermeisteridee ebenfalls für ein totgeborenes Kind hielt, warnte mich sogar ausdrücklich davor, mich auf Abenteuer einzulassen, die von vornherein zum Scheitern verurteilt seien. Vermutlich sah er als Geschäftsmann für mich eine bessere Chance in der Privatwirtschaft. Die Haltung meines Sohnes verriet noch weniger Begeisterung, seine Kritik war noch spezifischer: »Und was passiert, wenn du gewinnst? Wirst du dann Chef der Müllabfuhr?« Damit drückte er ziemlich genau meine eigene Vorstellung vom Bürgermeisteramt aus. Aber die Zeit wurde knapp, und ich mußte mich entscheiden. Als ich am letzten Tag vor Ablauf der Frist für die Kandidatur Ein Gev verließ und nach Jerusalem zurückkehrte, hatte ich beschlossen, mich aufstellen zu lassen.

Ich betrat das schäbige *Rafi*-Hauptquartier in einer Seitengasse von Jerusalem und unterzeichnete alle nötigen Papiere, stellte eine Liste von Mitstreitern zusammen und war schon mitten im Wahlkampf. Da ich außerdem immer noch meinen Posten bei der *Africa-Israel Investment Company* innehatte, waren die Tage ziemlich ausgefüllt. Jeden Morgen um sechs fuhr ich in mein Büro in Tel Aviv und arbeitete dort bis zwei oder drei Uhr nachmittags. Dann fuhr ich zurück nach Jerusalem, verbrachte eine Stunde im Museum und arbeitete von fünf bis spät in die Nacht an meinem Wahlkampf. Wann ich aß oder schlief, weiß ich nicht mehr, und das ist für mich höchst ungewöhnlich. Im King-David-Hotel richteten wir ein eigenes Wahlkampfbüro ein. Zwei jüngere Männer, die ich schon seit Jahren kannte, Meron Benvenisti und Uzi Michaeli, setzten sich mit allen Kräften und sehr umsichtig für mich ein. Selbst mein skeptischer Sohn, der im Begriff stand, zur Armee zu gehen, opferte ein paar Stunden in der Woche für Wahlhelferdienste. Wenn ich heute jedoch daran zurückdenke, finde ich, daß wir alles ziemlich laienhaft anpackten. Aber schließlich glaubte ich ja im Grunde gar nicht daran, daß ich überhaupt eine Chance hätte.

Eshkol war fassungslos, als ich von der *Mapai* zur *Rafi* übertrat; ganz besonders verunsicherte es ihn jedoch, als er erfuhr, daß ich mich um das Bürgermeisteramt bewarb. Er warnte mich etliche Male davor – in meinem eigenen Interesse. Als gerade rechtzeitig zu den Wahlen ein Buch über Eshkol erschien, schickte er es mir mit folgender Widmung: »Mit Freundschaft und Liebe, aber auch voll Angst und Sorge.« Und das war durchaus ehrlich gemeint. Eshkol war eine der wenigen führenden Persönlichkeiten in der *Mapai,* mit denen ich auch dann noch reden konnte, als ich bereits zum Bürgermeister gewählt worden war. Viele andere, darunter alte Freunde, mieden mich wie die Pest, nachdem ich der *Rafi* beigetreten war.

Da war zum Beispiel Abba Eban, den ich schon vor der Zeit kannte, als er 1942 als britischer Offizier nach Palästina kam. Im Jahre 1946 drang ich in Moshe Sharett, ihn zur *Jewish Agency* zu bringen. Ein Jahr später gehörte ich zu denen, die ihn überredeten, in Palästina zu bleiben und für einen zukünftigen jüdischen Staat zu arbeiten, statt sich in England einer diplomatischen oder akademischen Karriere zu verschreiben, und 1948 setzte ich mich dafür ein, daß Eban unser erster Mann bei den Vereinten Nationen würde, während Sharett meinte, er sollte Nummer Zwei werden. In Washington arbeitete ich sehr eng mit Eban zusammen – damals war er sowohl israelischer Botschafter in den Vereinigten Staaten als auch unser wichtigster Mann bei der UNO. Persönlich standen wir uns zwar nie besonders nahe, doch ich hatte stets größte Hochachtung vor seinen Fähigkeiten gehabt und bedauerte, daß man sie in den letzten Jahren nicht immer zum Nutzen der Nation eingesetzt hatte.

Mitten im Wahlkampf 1965 griff Eban mich persönlich an und erklärte rundheraus, was ich in meinen Wahlkampfansprachen behauptete, sei zum großen Teil erlogen und nichts als Prahlerei. Als irgendein Journalist mich anrief und wegen Ebans Behauptung ausfragte, sagte ich: »Ich kann den Wahrheitsbeweis antreten, nur müßte ich dabei ein paar Geheimnisse ausplaudern, die für die Regierung peinlich sein könnten. Wenn Eban seine Behauptung jedoch nicht zurückzieht, bleibt mir keine Wahl. Ich kann nicht zulassen, daß man mich einen Lügner nennt.« Eban zog seine Behauptung zurück, hörte jedoch mit seinen allgemein gehaltenen Angriffen nicht auf. In gewisser Weise war er ein Neuling, der noch nicht recht in der Parteipolitik zu Hause war. Wahrscheinlich wollte er sich so seine Sporen verdienen.

Der Wahltag rückte näher. Ich kann mit gutem Gewissen wirklich nicht behaupten, daß mir auch jetzt, kurz vor dem Ende, noch alles egal war. Eine Kandidatur für ein öffentliches Amt wird unweigerlich zu einer sehr persönlichen Herausforderung. Wer möchte schließlich, daß Familie und Freunde einen als Verlierer dastehen sehen; man kann einfach nicht den Unbeteiligten spielen. Ich, der ich immer gegen Parteipolitik und indirekte Wahlen gewesen war, hatte zunehmend das Gefühl, daß das Rennen in Jerusalem auf eine ganz einzigartige Weise entschieden werden würde: Hier kämpfte ein Einzelner gegen eine mächtige Parteimaschinerie. Als mir das aufging, war das für mich ein zusätzlicher Anreiz zu gewinnen. Gemäß dem damals gültigen Gemeindewahlsystem wählte die Öffentlichkeit Parteilisten und nicht bestimmte Kandidaten. Diejenige Liste, welche die meisten Stimmen auf sich vereinigte, bekam Gelegenheit, notfalls (und das war immer der Fall) eine Koalitionsregierung zu bilden und die führende Persönlichkeit auf der Parteiliste zum Bürgermeister zu machen. Unsere Knessetwahlen funktionieren bis auf den heutigen Tag nach diesem System (wohingegen die Bürgermeisterwahlen heute Direktwahlen sind), und die Städte hatten dieses System einfach kopiert.

Ich war von Anfang an gegen indirekte Wahlen gewesen – ein System, das den Wahltraditionen von mitteleuropäischen und osteuropäischen Demokratien der Zeit nach dem Ersten Weltkrieg nachgebildet war – und war immer für die Direktwahl von Einzelpersönlichkeiten eingetreten. Nicht, daß politische Konzepte, Ideen oder Streitfragen bei Wahlkämpfen keine Rolle spielen sollten. Das allerwichtigste für die Wähler ist jedoch zu wissen, *wen* sie wählen, und für den Gewählten, unmittelbaren Kontakt zu einer klar umrissenen Wählerschaft zu haben und ihre Interessen zu vertreten. So wie die Dinge heute laufen, werden die Kandidaten für die Knesset von Parteisekretären ausgesucht, und zwar zumeist eher aufgrund von Loyalität als aufgrund von Fähigkeit, wobei die Wünsche der Wähler überhaupt nicht berücksichtigt werden. Rückt die nächste Wahl nä-

her, haben die Wähler, falls sie meinen, daß ein bestimmter Abgeordneter der Knesset besonders gut oder auffällig schlecht war, keinerlei Möglichkeiten der Einflußnahme. Sie können den Stellenwert des Betreffenden auf der Parteiliste nicht ändern.
Außerdem vertreten Knessetabgeordnete derselben Partei oft ganz unterschiedliche Ansichten, so daß die Wähler nicht wissen, welche Politik denn nun eigentlich verwirklicht werden wird. Das System produziert außerdem eine große Anzahl kleiner Parteien und schließt die Wahl einer verantwortlichen Mehrheitspartei vollständig aus.
Als ich mich 1948 mit Ben-Gurion über Direktwahlen unterhielt, an die er noch überzeugter glaubte als ich, sah ich leider noch nicht alle Gefahren des Systems voraus, das sich da entwickelt und unsere Demokratie tatsächlich zu einer Farce gemacht hat. Was wir in Israel haben, ist politische Freiheit und Meinungsfreiheit. Doch Demokratie – in dem Sinn, daß die Staatsbürger Einfluß auf die gesetzgebende Körperschaft ausüben – haben wir nur sehr wenig.
Im Falle der Gemeindewahlen war das System womöglich noch unzulänglicher. Indem der Wähler sich für eine bestimmte Liste entschied, identifizierte er sich mit der Politik der betreffenden Partei auf Staatsebene, statt seine Aufmerksamkeit auf die spezifischen Probleme seiner eigenen Stadt zu richten. Die Positionen jedoch, die eine bestimmte Liste im Bereich der Außenpolitik oder der Wirtschaftspolitik bezieht, haben keine oder nur sehr wenig Relevanz für städtische Probleme. Trotzdem, der Wähler, der seinen Stadtrat wählen wollte, hatte keine anderen als diese inadäquaten Kriterien zur Hand, um sich zwischen der einen oder der anderen Partei zu entscheiden.
Grundsätzlich geht es darum, das der Gewählte seinen Wählern gegenüber direkt verantwortlich sein muß. Das ist bei städtischen Wahlen besonders wichtig. Ein Bürgermeister muß sich meiner Meinung nach einfach als Einzelkandidat der Wahl stellen und darf nicht über eine anonyme Liste zu seinem Amt kommen. Es ist wichtig, daß er die einzelnen Stadtviertel besucht, mit den Bürgern zusammentrifft, sich ihre Beschwerden anhört und für seine Wähler grundsätzlich erreichbar ist. Heute haben wir infolge öffentlichen Drucks eine Art Kompromiß zwischen dem, was die Leute wirklich wollen, und dem, was die Parteien ihnen zugestehen. Die Bürgermeisterwahlen sind di-

rekt und persönlich, wohingegen die Stadtverordneten immer noch nach Parteilisten gewählt werden – was bedeutet, daß die ganze Stadt einen einzigen Wahlkreis bildet und einzelne Bezirke nicht ihre eigenen Vertreter wählen können. Ich glaube, daß diese Modifikation – die immer noch nicht völlig zufriedenstellend ist – nur deshalb zustande kam, weil der Druck von seiten der Öffentlichkeit übermächtig wurde. Er nahm seinen Ausgang im Jahre 1965 von Jerusalem, erreichte dann Tel Aviv und später verschiedene kleinere Städte. Mit der Reform des Systems der Gemeinderatswahlen hat die Knesset dem Volk einen Knochen zur Beruhigung der Gemüter hingeworfen. Ich hoffe jedoch weiter, daß die Öffentlichkeit einen Weg findet, eine Reform des Systems der Knessetwahlen gleichfalls zu erzwingen.

Ich sollte laut einer Meinungsumfrage auf drei von einundzwanzig Sitzen im Stadtrat kommen, womit ich eigentlich meine Hoffnungen auf das Bürgermeisteramt begraben konnte. Mordechai Ish Shalom, der damalige Amtsinhaber und Kandidat der *Mapai,* war überzeugt, daß er gewinnen würde. Am Ende hatte ich mehr Erfolg als erwartet. Ich bekam fünf Sitze und die *Mapai* fünf, eine Pattsituation. Freilich half mein Erfolg der *Rafi* bei den Knessetwahlen nicht in dem Maße, wie wir erhofft hatten. Es bestand eine beträchtliche Diskrepanz zwischen dem Stimmenanteil der *Rafi* auf nationaler und städtischer Ebene. Die Gemeindewahlen waren doch bis zu einem gewissen Grade personal und Ausdruck des allgemeinen Wunsches nach Direktwahlen bei der Bürgermeisterwahl.

Als ich sagte, daß ich vergleichsweise gut abschnitt, stimmte das nur im Verhältnis zu meinen eigenen geringen Erwartungen. Ich hatte keinen rauschenden Sieg errungen, aber immerhin war zum erstenmal die Parteimaschinerie der *Mapai* geschlagen worden. Bürgermeister wurde ich schließlich deshalb, weil ich eine arbeitsfähige Koalition zustande brachte. Ich hatte von Anfang an immer wieder darauf hingewiesen, daß es für die Stadtverwaltung nötig sei, eine wesentlich breitere Koalition zu bilden als bisher. Die Hauptlisten, die an der Wahl teilgenommen hatten, waren die der *Mapai,* der *Rafi,* der religiösen Parteien und die der rechtsgerichteten *Herut*-Partei, die heute einen Teil des *Likud*-Blockes bildet. Auf Landesebene hätte ich mich geweigert, mit der *Herut* zusammenzuarbeiten. Sie trat für eine radi-

kal andere Außenpolitik ein, selbst in sozialen Fragen stand sie rechts. Während ihrer ganzen Geschichte waren die ›Revisionisten‹ (später *Herut*) eine Partei gewesen, die doktrinäre und demagogische Pamphlete produzierte und sich für einige Zeit sogar dem Terrorismus verschrieben hatte, was ein womöglich noch dramatischerer Ausdruck derselben Geisteshaltung ist. Menachem Begin ist nicht in der antiklerikalen russischen Aufklärung verwurzelt (wie sein Mentor Jabotinsky), sondern im Polen Pilsudskis, einem damals von einer Offizierskaste regierten Land, von der man gesagt hat, sie sei zwar bereit, heldenmütig fürs Vaterland zu sterben, jedoch niemals dafür zu arbeiten. Zumindest in ihren Ursprüngen hatte die Arbeiterbewegung daran geglaubt, Acker für Acker, Siedlung für Siedlung das Land aufzubauen und die große Mehrheit der jungen Leute in einer volkstümlichen, das ganze Land umfassenden Verteidigungsstreitmacht zusammenzufassen – kurz, an persönliche Leistung ohne große Worte. Ich habe immer daran geglaubt, daß der jüdische Staat nicht aufgrund von Terrorakten entstanden ist, sondern infolge der intensiven Besiedelung des gesamten Landes, durch die große Zahl von ›illegalen‹ Einwanderern, die von der *Hagana* ins Land gebracht wurden, und als Ergebnis der unauffälligen diplomatischen Arbeit von Weizmann und Ben-Gurion.
Die Briten zogen sich nicht wegen ein paar Bomben oder Attentaten aus Palästina zurück. Terrorismus ist für jede Regierung unangenehm, aber wo immer es zu Terrorakten kommt, ist die Folge vor allem Gegendruck (das trifft heute genauso zu wie damals). Unhaltbar wurde die Situation, als die Mandatsbehörden den Arabern nachgaben und anfingen, Überlebende der Menschenvernichtung aus dem einzigen Land zu deportieren, das bereit war, sie aufzunehmen. Die massive, von der *Hagana* – und nur zu einem ganz kleinen Teil von der *Irgun Zwai Leumi* – organisierte ›illegale‹ Einwanderung sowie die fortgesetzte Gründung von neuen Siedlungen trotz aktiven Eingreifens britischer Truppen erzeugte internationalen Druck (insbesondere von seiten der Vereinigten Staaten), dem die Briten nicht standhalten konnten. Jabotinskys Freunde und Anhänger verharmlosten all dies und glauben aufrichtig und zutiefst an die Macht großer Worte und politischen Handelns. Trotzdem zögerte ich keinen Mo-

ment, in einer Stadtverwaltung mit der *Herut* zusammenzuarbeiten, und es hat sich erwiesen, daß sie sehr konstruktive Partner sein können. Da sowohl *Rafi* als auch *Mapai* im Stadtrat jeweils fünf Sitze gewonnen hatten, mußte einer von uns eine Koalition bilden. Die *Herut* wäre mit der großen *Mapai* genauso gerne eine Koalition eingegangen wie mit uns, doch waren die *Mapai*-Leute Gefangene ihrer eigenen Doktrinen und zogen diese Möglichkeit niemals auch nur in Erwägung. Aber wie dem auch sei: Es war das erstemal, daß die *Herut* von irgend jemand aufgefordert wurde, eine Koalition zu bilden, und deshalb gaben sie sich sogar mit uns zufrieden.

Die eigentlichen Koalitionsverhandlungen wurden von Yitzhak Navon geführt. Aus seiner Zeit als Ben-Gurions Sekretär besaß er Verbindungen zu allen religiösen Parteien. Die stärkste religiöse Partei in Jerusalem war gleichzeitig auch die orthodoxeste, die *Agudat Jisrael.* Keine Stadtverwaltung in Jerusalem konnte ohne sie zurechtkommen. Sie war bis dahin noch in jeder Stadtverwaltung vertreten, und Rabbi Porush war jahrelang stellvertretender Bürgermeister gewesen. Ich mußte das Vertrauen der Aguda gewinnen, und Yitzhak erwies sich als ein brillanter Mittelsmann. Er nahm mich mit zu Besuchen bei einigen ihrer großen Rabbiner. Das war eine völlig neue Erfahrung für mich. In mancher Hinsicht war ich für die religiösen Parteien vermutlich annehmbarer als irgendein Pseudoreligiöser. Bei mir wußten sie jedenfalls, woran sie waren.

Doch noch ein anderer, völlig unerwarteter Faktor half mir, ihr Vertrauen zu gewinnen. Ich hatte Tamars Großvater, Rektor Aryeh Adolph Schwarz, der als große Autorität dem Rabbinerseminar in Wien vorgestanden hatte, kaum gekannt. Auch Tamars Vater kannte ich nicht gut, da er praktisch sofort nach seiner Ankunft in Palästina im Jahre 1938 erkrankt und bald darauf gestorben war. Als ich die Koalitionsverhandlungen mit den religiösen Parteien einleitete, wurden meine Vorfahren jedoch gründlich unter die Lupe genommen (was ich freilich erst viele Jahre später erfuhr). Wie sich herausstellte, war eine ganze Reihe von bedeutenden Rabbinern in Jerusalem Schüler von Tamars Großvater gewesen oder hatten brieflich mit ihm in Verbindung gestanden; und viele andere hatten ihren Vater noch erlebt. Damit war ich ›koscher‹.

Vielleicht sollte ich noch hinzufügen, daß meine Haltung der Religion gegenüber sich im Laufe meiner Tätigkeit als Bürgermeister nach und nach gewandelt hat. Ich war weitgehend mit antireligiösen Gefühlen groß geworden, zuerst in einer sozialistischen Jugendbewegung und dann in einem sozialistischen Land. Wir drückten unser Judentum dadurch aus, daß wir unsere (zumeist gutbürgerlichen) Elternhäuser verließen, um in Palästina Landwirtschaft zu betreiben, in der Hoffnung, daß dies zur Schaffung einer gesunden, in einem eigenen Staat lebenden jüdischen Gesellschaft führen würde. Für die Mitglieder unserer Bewegung war das ein stärkerer Ausdruck der Identifikation mit dem Judentum, als es die Beachtung religiöser Vorschriften gewesen wäre, wie etwa am Sabbat keine Elektrizität zu benutzen oder nicht Auto zu fahren. Und ich glaube auch heute noch, daß man ein guter Jude sein kann, selbst wenn man nicht alle 613 Gebote befolgt. Ganz zweifellos ist ein Kibbuznik, der an der syrischen Grenze lebt, ein nicht weniger getreues Mitglied des jüdischen Volkes als ein *Yeshiwa*-Schüler, der am Sabbat Steine auf fahrende Autos wirft.

Meine erste engere Bekanntschaft mit religiösen Kreisen in Israel entwickelte sich noch während meiner Tätigkeit im Ministerpräsidentenamt, als ich im Rahmen meiner Arbeit mit den religiösen Parteien – innerhalb und außerhalb der Regierungskoalition – zu tun hatte. Die Folge dieser Begegnungen war eine Bestärkung meiner ursprünglichen Überzeugung, daß Religion und Politik getrennt werden sollten. Die Vorstellung, daß man um religiöse Grundsätze feilschen müsse, um eine Koalition zustande zu bringen, hatte ich von jeher als einen Widerspruch zum Wesen von Religion und Glauben betrachtet. Dazu stehe ich auch heute noch, ja, ich sehe hier sogar das Grundproblem der israelischen Gesellschaft. Der Religion in einem modernen und demokratischen jüdischen Staat ihren Platz zuerkennen, ist wahrhaftig kein einfaches Problem, es sollte jedoch kaum Gegenstand von Koalitionsverhandlungen sein.

Andererseits habe ich im Laufe der Jahre begriffen, daß das Festhalten an religiösen Bräuchen nicht nur eine vorübergehende Phase in der jüdischen Geschichte ist. Es ist ein elementares Mittel zur Erhaltung des jüdischen Volkes – und das allein stellt für meine Begriffe schon einen Wert an sich dar. Wenn eine religiöse Familie unfähig ist, ihre Kinder ihrem Glauben gemäß zu erziehen, so entstehen daraus häufig nicht freie, moralisch gefestigte und aufgeklärte junge Leute, sondern eine wurzel- und ziellose Jugend, die unfähig ist, ihre verlorengegangenen religiösen Überzeugungen durch irgend etwas anderes zu ersetzen, und bisweilen sogar in die Jugendkriminalität abrutscht. Außerdem nötigen mir nicht nur einige der religiösen Politiker – hervorragende und grundanständige Männer – Achtung ab, sondern auch die vielen frommen Juden in Jerusalem, die unter größten wirtschaftlichen Schwierigkeiten kinderreiche Familien unterhalten und es trotzdem schaffen, ihre Wertvorstellungen zu bewahren. Diese Familien repräsentieren eine Kraft und eine Würde, der meine größte Bewunderung gilt. Selbstverständlich müssen wir uns immer noch darum bemühen, größeres gegenseitiges Verständnis und Toleranz zwischen den orthodoxen und nichtpraktizierenden Teilen unserer Bevölkerung zu entwickeln, und das habe ich versucht, seit ich Bürgermeister bin. Während meiner Amtszeit wurden mehr Synagogen und Bekenntnisschulen gebaut und mehr Straßen in religiösen Vierteln für den Sabbatverkehr gesperrt als in irgendeiner anderen Periode der Stadtgeschichte. Daß absichtlich jemand am Sabbat durch ein orthodoxes Stadtviertel fährt, kommt heute so gut wie nicht mehr vor. Derlei Übereinkommen lassen sich jedoch nur dann aufrecht erhalten, wenn beide Seiten Verständnis ihren andersdenkenden Mitbürgern gegenüber aufbringen.

Das Koalitionsabkommen für die Stadtverwaltung von Jerusalem kam am 12. November um sechs Uhr morgens zustande – und zwar unter dem Druck meines geplanten Abfluges in die Vereinigten Staaten zwei Stunden später. Meine Amtszeit sollte erst am 1. Dezember beginnen, und ich hatte in den Vereinigten Staaten Verschiedenes zu erledigen, unter anderem Dinge, die das Museum betrafen. In New York aß ich in Bennett Cerfs Wohnung mit John Lindsay zu Abend. Lindsay war am selben Tag wie ich zum Bürgermeister gewählt worden – allerdings nicht von Jerusalem, sondern von New York. Darüber witzelten wir und versprachen uns gegenseitig Asyl, falls wir jemals vor unseren Wählern Schutz suchen müßten. Aber auf dieser Reise erhielt ich auch die ersten bescheidenen Spenden für die Stadt

Jerusalem. Eine Spende vor allem war für den ersten Kleinstpark bestimmt, der unter meiner Administration entstehen sollte: eine kleine Grünfläche mit Spielplatz. Hinzu kam noch eine Gazelle aus Stein, auf der Kinder sitzen und reiten konnten; diese kleine Grünanlage ist zum Prototyp von über hundert solcher Miniparks geworden, die in der ganzen Stadt, vor allem aber in den ärmeren Vierteln, entstanden.

Meinen ersten Abend im Rathaus erlebte ich unmittelbar nach meiner Rückkehr aus den Vereinigten Staaten. Ich hatte keine Ahnung, was es bedeutete, Bürgermeister zu sein, und die Vorstellung ängstigte mich. Ich wußte, daß die *Mapai*-Regierung und ein Teil der Stadtverwaltung gegen mich waren. Selbst der Himmel war grau und das Wetter unerfreulich. Ich schaute zu Ish Shalom hinein (offiziell war er schließlich immer noch Bürgermeister). Er saß nur da und sah traurig aus. Meine erste Stadtratssitzung sollte ein paar Minuten später beginnen. Wir verfügten über eine große Mehrheit – sechzehn von einundzwanzig Sitzen –, und unsere einzige Opposition war die *Mapai*.

Bei dieser Stadtratssitzung übernahm ich offiziell die Amtsgeschäfte von Ish Shalom. Die Zeremonie war sehr bedrückend. Er hielt seine Abschiedsrede, ich meine Antrittsrede. An diesem Abend waren die Chagalls unsere Gäste. Sie waren jedoch nicht mit ins Rathaus gekommen. Als Tamar und ich in unsere Wohnung zurückkehrten, stellten wir fest, daß Marc Chagall alle seine Bücher und Mappen aus meinen Bücherregalen herausgenommen und in jedes einzelne eine kleine Skizze hineingezeichnet hatte – das war seine Art, mich zu trösten. Außerdem stellte eine solche Geste von diesem unberechenbaren Künstler ein ganz besonderes Zeichen von Zuneigung dar, und ich hänge unbeschreiblich an diesen Büchern.

Zwei Wochen nach den Wahlen wurde unser Sohn Amos Soldat, und während der nächsten drei Jahre sah ich nur sehr wenig von ihm. Das war schon in seiner Kindheit nicht viel anders gewesen. Er war ein sehr verschlossener Junge, und ich hatte wenig freie Zeit. Es war nicht leicht, miteinander in Kontakt zu kommen. Während seiner Soldatenzeit ging mir auf, daß wir eigentlich nie richtig miteinander gesprochen hatten. Deshalb unternahmen wir im Herbst 1968 nach seiner Entlassung aus der Armee eine Reise durch Europa. Wir mieteten uns in Genf ein Auto, fuhren durch Frankreich, Italien und machten unterwegs Station, um die Chagalls in ihrem Haus in der Nähe von Nizza und Jacques Lipchitz und seine Frau in der Nähe von Lucca zu besuchen. Zum erstenmal hatten wir Zeit, miteinander zu reden. Ich kehrte hinterher nach Israel zurück, während er noch in Europa blieb.

Eines Tages, als es im Nahen Osten wieder einmal kriselte, rief Amos uns von London aus an und fragte, ob es wohl zu einer Mobilmachung für die Reservisten käme und er zurückkommen solle. Wir meinten, er solle sich keine Sorgen machen, es sehe nicht so aus. Am Ende des Gesprächs sagte er: »Übrigens habe ich gestern geheiratet.« Seine Braut, Regina, war aus der Schweiz nach Israel gekommen, und zwar auf Anraten ihrer Schwester, der es bei einem längeren Aufenthalt in Israel gefallen hatte. Regina beschloß, sich hier niederzulassen; Amos und sie hatten einander in Jerusalem kennengelernt und sich dann in Europa wiedergetroffen.

Bald danach kehrten sie nach Jerusalem zurück. Regina war keine Jüdin und auch nicht zum mosaischen Glauben übergetreten. Sowohl Amos als auch sie fürchteten aus Rücksicht auf mich, es könnte mir als Bürgermeister von Jerusalem peinlich sein, eine *Schickse* (Nichtjüdin) zur Schwiegertochter zu haben. Regina erbot sich zu konvertieren, doch ich hütete mich, sie in irgendeiner Weise zu beeinflussen. Ich setzte ihnen bei verschiedenen Gelegenheiten auseinander, daß die Entscheidung darüber einzig und allein bei ihnen liege. Regina nahm über einen ziemlich langen Zeitraum hinweg Unterricht bei einem Rabbiner, aber die Schwierigkeiten, die sich ihrem Übertritt in den Weg stellten, waren so frustrierend, daß sie es schließlich aufgab.

Amos begann Bücher zu schreiben. Sein erster Roman *Don't Ask Me If I Love* (deutsch »Nach Liebe fragt ihr nicht«) kam ursprünglich in New York heraus, wurde dann ins Hebräische übersetzt und hielt sich ein paar Monate auf Platz eins der israelischen Bestsellerliste. Es handelte sich um einen Roman mit autobiographischem Einschlag, in dem er recht kritisch mit seinen Eltern umsprang. Insbesondere ich fühlte mich karikiert. Allerdings war das Buch sehr lesbar, und ich

freute mich, daß Amos einen Verleger gefunden hatte und seinen Weg ohne meine Hilfe gegangen war.
Lange schien Amos' und Reginas Ehe sehr glücklich zu sein. Beim Ausbruch des Yom-Kippur-Krieges waren sie im Ausland, schafften es jedoch binnen achtzehn Stunden zurückzukommen. Die Hälfte der Zeit hatten sie auf dem Flugplatz Heathrow herumgehangen und versucht, eine Maschine nach Hause zu bekommen. Um drei Uhr morgens klingelte es, und sie standen vor der Tür. Früh am nächsten Morgen war Amos in Uniform und stieß zu seiner Einheit an der syrischen Grenze. Aber die Ehe hielt nicht, und bald danach gingen sie auseinander. Im Sommer 1974 lernte Amos eine sehr attraktive amerikanische Jurastudentin kennen, die Hebräisch studierte und die Tenniswelt von Jerusalem zu Turnieren herausforderte. Er heiratete Janet Kanarek zwei Jahre später. Von Zeit zu Zeit teilt Janet mir brieflich ihre Einfälle zur Verschönerung von Jerusalem mit – manchmal sind sie haarsträubend, aber immer faszinierend.
Amos und ich haben niemals darüber gesprochen, aber ich glaube, er hat darunter gelitten, daß ich mich so intensiv ins öffentliche Leben mit all seiner Hektik geworfen habe. Die dreizehn Jahre jüngere Osnat paßte sich dem wesentlich müheloser an. Als kleines Mädchen schien sie es sogar zu genießen, die Tochter des Bürgermeisters zu sein. Aber im Laufe der Jahre änderte sie ihre Haltung, und sie fand es wesentlich weniger anregend als früher, zumal unser häusliches Leben mehr und mehr von meinem Beruf geprägt wurde.
Kein Zweifel, Jerusalem war schon ein harter Brocken! Meine Erinnerungen an die Anfangszeit sind ziemlich verschwommen, doch weiß ich noch, daß ich mindestens einmal jeden Monat zurücktreten wollte. Ich hatte einige Wahlversprechen gemacht, was die Sauberkeit der Stadt und die Infrastruktur außerhalb gelegener Neubaugebiete betraf. Mein alter Freund Ya'akov Yanai versuchte, mich mit seinem gesunden Menschenverstand zu trösten. »Warum solltest du dich wegen Jerusalem zu Tode schinden?« sagte er, »schließlich ist Jerusalem seit tausend Jahren verdreckt; das kannst du nicht von einem Tag auf den anderen ändern.« Tamar bestärkte mich immer wieder, ich dürfe nicht aufgeben. Sie ermahnte mich, ich könne die Leute, die meinetwegen die *Rafi*-Liste gewählt hatten, nicht im Stich lassen.

Ohne ihren Zuspruch und ihre Beharrlichkeit hätte ich vielleicht doch alles hingeworfen.
Die ersten Tage waren die schlimmsten, und die Opposition von seiten der *Mapai* war so widerwärtig, wie man es sich schlimmer nicht vorstellen kann. Bei den Stadtratssitzungen war Ish Shalom der einzige Anständige unter ihnen. Er hielt sich bis zu einem gewissen Grade zurück und gab sich als der erfahrene Staatsmann. Aber es war schon hart. Nach ihrer jahrelangen Mißwirtschaft attackierten mich die Stadtverordneten der *Mapai* ausgerechnet in bezug auf die Probleme, die sie in all den Jahren nicht bewältigt hatten. Das war nicht einmal von ihrem Standpunkt aus gute Politik! Aber sie waren sehr erbittert darüber, aus dem Amt vertrieben worden zu sein. Das war ihnen noch nie zuvor passiert – nirgendwo. Und abgesehen davon, erwarteten uns auch noch Komplikationen von seiten der Regierung.
Damals herrschte in Israel ein allgemeines Mißverständnis von städtischen Lebensformen. Meine eigenen Gefühle diesbezüglich sind sehr aufschlußreich. Meine Erfahrungen bestanden aus einigen Jahren Kibbuz-Leben gefolgt von Regierungsarbeit, und ich muß zugeben, daß ich Bürgermeistern und Stadträten gegenüber eine recht überhebliche Einstellung hatte. Ich war davon überzeugt, daß existierende Probleme der Stadtverwaltung nichts weiter seien als die Folgen mangelnder verwaltungstechnischer Fähigkeiten seitens der städtischen Behörden.
Aber es brauchte nicht lange, und ich wurde eines besseren belehrt. Plötzlich ging mir zum Beispiel auf, daß achtzig Prozent unserer Bürger in Städten leben und es die Städte waren, in denen wir die Möglichkeiten unseres Volkes entfalten und zu einer Erneuerung kommen mußten. In den Augen des Regierungsestablishments hingegen stellte Israel immer noch ein hauptsächlich durch Kibbuzim und andere landwirtschaftlichen Siedlungen geprägtes Land dar. In der Tat waren ja praktisch sämtliche Kabinettsmitglieder aus diesen Siedlungen hervorgegangen und verbrachten auch heute noch ihre Wochenenden und Ferien dort. Zwar konnten einige von ihnen immerhin noch auf zusätzliche Erfahrungen bei der Armee verweisen, doch war kein einziger aus einer Stadtverwaltung hervorgegangen. Fügt man diesem Umstand noch die Überlegung hinzu, welches Gewicht Pro-

bleme der Außenpolitik und der Sicherheit im israelischen Leben besitzen, wird man verstehen, wie es zu einer so einseitigen und unausgewogenen Ansicht kommen konnte, die zur Folge hatte, daß städtische Probleme nie richtig für voll genommen wurden. Jerusalem war in dieser Hinsicht ganz besonders vernachlässigt worden. Es gab immer noch einen gewissen Stolz auf Tel Aviv, die erste jüdische Stadt, die am Ufer des Mittelmeers aus den Dünen gestampft worden war und demographisch gesehen das Herz des Landes bildet. Aber Jerusalem, wenngleich Hauptstadt, lag bis 1967 am Ende eines schmalen Korridors, dessen Straßen nirgendwohin führten.

Ich glaube, dieses gebrochene Verhältnis zur Stadt beinhaltete zugleich ein grundsätzliches Unverständnis für die Belange von Stadtbewohnern, insbesondere der Arbeiterklasse. Das führte letztlich zu einer allmählichen Entfremdung der politischen Führung von dem im Wachstum begriffenen städtischen Wählerpotential, das seinerseits die sozialistischen Kibbuzim als eine elitäre Bewegung und häufig sogar ziemlich hartgesottene Arbeitgeber betrachtete.

Das Leitmotiv der *Rafi*-Partei war der alte Ben-Gurion-Slogan gewesen: »Was für das Land gut ist, ist auch gut für die Partei.« Diesem Prinzip folgend, kamen für mich stets die Belange der Stadt an erster Stelle. Aber das war nicht immer leicht gewesen. In unserem öffentlichen Leben ist es üblich, sich eine parteiinterne Hausmacht von Leuten aufzubauen, die einem für in der Vergangenheit erwiesene Gefallen Loyalität schulden. Ich habe derlei *Mafia*-Praktiken nie gemocht und wollte da nicht mitspielen. Zweifellos hatte ich Positionen bekleidet, die mir ermöglichten, vielen Leuten manchen Gefallen zu erweisen. Aber ich habe nie jemandem geholfen, um ihn zu meinem Schuldner zu machen. Ich mag nicht, daß irgendwelche Leute als ›meine Jungen‹ angesehen werden. Ein- oder zweimal hatte man Meron Benvenisti, Ronny Feinstein und ein paar anderen von meinen engsten Mitarbeitern den Spitznamen ›Teddy Boys‹ gegeben. Ich erinnere mich nicht ganz genau, wann diese Bezeichnung aufkam. Jedenfalls verschwand dieser Name schnell wieder; da er nicht zutraf, setzte er sich auch nicht durch.

An meinem ersten Amtstag bot mir der Assistent meines Vorgängers, Ronny Feinstein, den Rücktritt an. Ich erklärte ihm, daß es noch kein Grund zum Rücktritt sei, wenn er es ideologisch mit der Opposition hielte. Was mir zu denken gab, war seine offensichtlich nicht sehr erfolgreiche Rolle als Wahlkampfmanager von Ish Shalom – sonst hätte die *Mapai* die Wahlen ja nicht verloren. Ich sagte Ronny, von mir aus sei er willkommen, er solle doch versuchen zu bleiben. Er erwies sich als ausgezeichneter und tüchtiger Administrator, der beste, den ich je irgendwo kennengelernt habe. Er wurde der erste – und bisher einzige – ›City Manager‹ von Israel – ein Aufgabenbereich, den wir aus dem munizipalen System der Vereinigten Staaten entlehnten.

Eines der ersten Probleme meiner Amtszeit war die Frage: Von wo aus soll Jerusalem regiert werden? Die vorige Stadtverwaltung hatte nämlich beschlossen, ein neues Rathaus zu bauen. Vor 1948 hatte das Rathaus nicht weit vom Jaffa-Tor im Zentrum der Stadt gelegen. Aber nachdem Jordanien im Unabhängigkeitskrieg die halbe Stadt annektiert hatte, fand sich unser Rathaus in ziemlich peripherer und prekärer Lage auf der Demarkationslinie wieder – im Schußfeld der arabischen Legion auf den Altstadtmauern. Die völkerrechtswidrige jordanische Annektierung und die damit verbundene Teilung der Stadt zog sich bereits siebzehn Jahre hin, und Ish Shalom hatte sich vermutlich längst mit ihr als endgültigem Zustand abgefunden. Er und seine Leute hatten ein neues Rathaus gewollt, in zentraler und sicherer Lage. Sie hatten ein Grundstück im Zentrum des israelischen Teils der Stadt erworben und einen Architektenwettbewerb ausgeschrieben. Als ich die Amtsgeschäfte übernahm, fand ich ausgearbeitete Entwürfe und Modelle vor, die eine Stange Geld gekostet hatten.

Ich beschloß, das Projekt fallenzulassen, die bereits investierten Gelder abzuschreiben und zu bleiben, wo wir waren. Mein Hauptargument war, daß der Auszug aus dem alten Rathaus einer Anerkennung der Teilung der Stadt als Dauerlösung gleichkäme. Unser Ausharren unmittelbar an der Grenze war jedoch der sichtbare Ausdruck unseres Glaubens an eine künftige Wiedervereinigung von Jerusalem. Natürlich hatte ich keine Ahnung, daß ein Krieg den Traum von der Wiedervereinigung schon so bald verwirklichen würde. Damals erfüllte mich mehr eine Art von historischer Zuversicht.

Es gab jedoch noch einen anderen Grund, nicht aus dem Rathaus auszuziehen. Seit 1950 hatten sich viele von den Neueinwanderern – zumeist aus arabischen Ländern, aber auch aus Europa, vornehmlich aus Rumänien – gerade in dem Streifen entlang der Grenze niedergelassen. Ich hielt es moralisch nicht für vertretbar, Tausende von Neueinwanderern an so verwundbarer Stelle zu belassen, während die Stadtväter selbst unter großem Kostenaufwand aus der Gefahrenzone abzogen und sich in Sicherheit brachten. Außerdem hätte ein Neubau des Rathauses Millionen gekostet, und dieses Geld konnte für die Befriedigung dringenderer Bedürfnisse weit besser angelegt werden.
Die Lage in Jerusalem war unvorstellbar schwierig. Wenn man irgendeine Straße oder Seitengasse hinunterfuhr, stieß man fast unweigerlich auf ein Zeichen: »Stop! Gefahr! Vorsicht Grenze!« Es gab kaum einen Monat, in dem an der Grenze nicht jemand erschossen, verwundet oder zumindest von einem Stein getroffen wurde, der von der Altstadtmauer heruntergeschleudert worden war. Beschwerten wir uns bei den Jordaniern darüber, hieß es in entschuldigendem Ton: »Ein Soldat hat die Nerven verloren!« Die Stadt wurde durch fünf bis sieben Meter hohe Mauern und durch Streifen von Niemandsland überall dort geteilt, wo zuvor Durchgangsstraßen existiert hatten. Es gab nur einen einzigen Übergang, das sogenannte ›Mandelbaum-Tor‹, obgleich es sich keineswegs um ein ›Tor‹ handelte. Der Übergang befand sich in der Nähe eines Hauses, das einst einem Herrn Mandelbaum gehört hatte, dessen Name sich dann auf die einzige nicht vermauerte Straße mit dem Schlagbaum quer darüber übertrug. Anfang 1964, kurz vor dem Papst-Besuch, bauten wir ein Dach über einen Teil des Grenzübergangs, damit der scheidende Papst selbst bei regnerischem Wetter aus seinem Auto aussteigen und sich von den ihn begleitenden Menschen verabschieden könne. Damit bekam der Übergang schließlich ein Aussehen, das den Ausdruck ›Tor‹ einigermaßen rechtfertigte.
Geistliche, Diplomaten und UNO-Personal durften durch das Tor von einem Teil der Stadt in den anderen überwechseln. Touristen, die weder Israelis noch Jordanier waren, konnten gleichfalls hindurch, freilich nur in einer Richtung – sie durften nicht wieder zurück. Nach jahrelangem Druck von seiten westlicher Länder durften schließlich

israelische Christen Weihnachten und Ostern ihre heiligen Stätten besuchen und auch wieder zurückkehren. Wir mußten den Jordaniern Namenslisten vorlegen, die die Jordanier dann noch weiter zusammenstrichen. Die Erlaubnisscheine für den Grenzübertritt galten nur für sechsunddreißig bis achtundvierzig Stunden. An dem ersten Weihnachtsfest während meiner Amtszeit begleitete ich den israelischen Bezirkskommissar bis zu der Stelle zwischen den beiden Polizeiwachen am Mandelbaum-Tor. Ohne daß wir etwas davon ahnten, schoß ein Journalist ein Foto von uns, wie wir mit dem jordanischen Gouverneur, Anwar el-Khatib, zusammenstanden. Dieses Foto erschien in der *New York Times* und trug dem Gouverneur einen Haufen Schwierigkeiten ein; schließlich traf er sich hier nicht nur mit seinem offiziellen Widerpart, sondern auch noch mit dem Bürgermeister des jüdischen Jerusalem.

Ich hatte von Zeit zu Zeit Kontakt mit Geistlichen in Jordanien, insbesondere mit dem Patriarchen der griechisch-orthodoxen und der armenischen Kirchen, die jederzeit befugt waren, zu uns herüberzukommen. Gelegentlich kam auch ein in Amman stationierter amerikanischer oder britischer Diplomat herüber, und wir waren selbstverständlich stets daran interessiert, mit ihnen zu sprechen. Aber den einzigen formellen Kontakt zwischen den beiden Seiten hielten nur die beiden Gesundheitsbehörden in ihrem gemeinsamen Kampf gegen streunende Hunde und Moskitos, die sich im Niemandsland rapide vermehrten. Das Niemandsland selbst war vermint. Ich erinnere mich an einen tragischen Zwischenfall, der erkennen läßt, wie schwierig es war, diesen Streifen zu überqueren. Ein bekannter Baptistenprediger, Dr. Lindsey, lebte seit vielen Jahren in West-Jerusalem, hatte aber auch im jordanischen Teil der Stadt eine Gemeinde. Offenbar hatte er beschlossen, einen kranken Jungen durch das Niemandsland zu schmuggeln, um ihm in Israel eine bessere medizinische Versorgung angedeihen zu lassen. Er wußte, daß die Jordanier ihn mit dem Jungen nicht durch das Mandelbaum-Tor hindurchlassen würden, und so versuchte er, das Niemandsland bei Nacht zu durchqueren, wobei er auf eine Mine trat und ihm ein Fuß abgerissen wurde.

Diese zweigeteilte Stadt war – mit Ausnahme der Grenz-Kibbuzim –

der einzige Ort in Israel, wo man ständig die Atmosphäre des Krieges und die Nähe des Feindes spürte. Kehrte ein Bewohner von Tel Aviv nach Absolvierung seines Reserve-Militärdienstes nach Hause zurück, wurde er rasch wieder Zivilist. Im geteilten Jerusalem hingegen hatte man das Gefühl, zweiundfünfzig Wochen im Jahr Militärdienst zu absolvieren. Die Menschen waren froh, daß sie überhaupt lebten, und fingen erst nach dem Krieg 1967 an, über ihre schlechten Wohnungen und viele andere Dinge nachzudenken. Erst als die Jerusalemer sich sicher fühlten, begannen sie, sich umzusehen und einige der guten Dinge im Leben auch für sich haben zu wollen. Erst nach und nach fing die Regierung an, ihre und meine Belange zu berücksichtigen. Doch trotz beschleunigter Befriedigung der dringendsten Bedürfnisse haben wir auch bis jetzt noch nicht nachgeholt, was zwischen 1948 und 1967 versäumt worden war.

Ich fing an, nach Mitteln und Wegen zu suchen, Jerusalem auf die internationale Landkarte zu bringen. Erst einmal sorgte ich dafür, daß etwas für das diplomatische Korps in der Stadt getan wurde, etwa jedes Jahr ein Essen für sämtliche Botschafter sowie eine Weihnachtsfeier, um dem UNO-Personal das Gefühl zu geben, daß es gern gesehen sei. Dann stellte ich fest, daß ich wieder Gastgeber für einen Strom von international bekannten Persönlichkeiten spielen mußte, wie ich es schon im Ministerpräsidentenamt getan hatte. Jetzt jedoch, als Bürgermeister von Jerusalem, nahm diese Rolle bisweilen eine unerwartet ironische Wendung. So kam zum Beispiel 1966 Marlene Dietrich nach Jerusalem, um sich auf eine *Israel-Bonds*-Tour durch die Vereinigten Staaten vorzubereiten. Sie gab ein wunderschönes, gefühlvolles Konzert und zog vor allem die ältere Generation der deutschsprechenden Juden an, die kamen, um Lieder aus ihrer und Marlenes Jugend zu hören. Am nächsten Nachmittag kam Marlene zum Tee zu uns. Unser Wohnzimmer war gesteckt voll, und da es nicht genug Stühle gab, nahm ich als Gastgeber auf dem Boden Platz. Zufällig war ein Fotograf zur Stelle, der Aufnahmen machte, und irgendwie gelangte eines von diesen Fotos – auf dem ich neben Marlenes Beinen zu sehen war – auf die Titelseite der Wochenendausgabe der Zeitung *Ha'aretz*.

Ehe ich mich's versah, stand bei einer Sitzung des Stadtrats über das

Jahresbudget einer der religiösen Stadtverordneten auf und hielt eine flammende Rede: »Da haben wir einen Bürgermeister, einen Mann, der das Ansehen Jerusalems und aller seiner Bürger, einschließlich der religiösen, repräsentieren und die Moral im allgemeinen hochhalten sollte! Man sehe ihn sich an, wie er hier zu Füßen einer Schauspielerin sitzt, die berüchtigt für ihre Beine ist!« Indigniert schwenkte er das Titelbild und zeigte es den anderen Stadtverordneten. »Sehen Sie sich das Bild doch einmal genau an, und beachten Sie vor allem den Ausdruck auf meinem Gesicht«, entgegnete ich. »Da sitze ich neben den berühmtesten Beinen der Welt – mache ich deshalb einen glücklichen Eindruck? Genieße ich dieses Vorrecht? Ich sehe nicht einmal hin! Und warum nicht? Warum dieser Ernst auf meinem Gesicht? Weil ich einfach an nichts anderes denke als an unseren Jahreshaushalt! Ich wünschte, Sie täten das gleiche, statt weitere Zeit damit zu verschwenden, sich diese Beine anzusehen!« Damit war das Thema erledigt.

1966, kurz nachdem ich zum Bürgermeister gewählt worden war, besuchte Axel Springer Israel zum erstenmal. Ich kannte ihn nicht, doch der israelische Botschafter in Bonn hatte mir Springer als einen Mann mit einer Anti-Nazi-Vergangenheit beschrieben, die über jeden Zweifel erhaben sei. Vor dem Aufstieg Hitlers waren er und seine Familie Verleger gewesen, und nach dem Krieg hatte er seine Vorkriegskarriere wieder aufgenommen. Einmal erzählte er mir eine Anekdote aus dieser Zeit. Die Alliierten suchten nach einem Mann, der nach dem Krieg die erste deutsche Zeitung herausgeben sollte, und die Bewerber wurden von einem britischen Offizier in Berlin interviewt. Selbstverständlich versuchten sämtliche hoffnungsvollen Lizenzbewerber das Vertrauen des betreffenden Offiziers dadurch zu gewinnen, daß sie ihm erzählten, wie sie Widerstand gegen die Nazis geleistet und unter ihnen gelitten hätten. Offenbar war der britische Offizier dieser Beteuerungen müde, und als der junge Springer in sein Arbeitszimmer kam, fragte er ihn: »Und unter wem haben Sie gelitten? Wer war hinter Ihnen her?« Woraufhin Springer sagte: »Nur die Mädchen.« Er bekam die Presselizenz und fing an, sein weltbekanntes Zeitungsimperium aufzubauen. Springer übernahm später auch den Ullstein-Verlag in Berlin, den die Nazis zusammen

mit dem größten Teil seiner jüdischen Besitzer liquidiert hatten. Die Überlebenden der Verlegerfamilie übertrugen ihm schließlich die Besitzrechte. Ich hatte auch gelesen, daß er die berühmte Propyläen-Kunstgeschichte, die einst bei Ullstein erschienen und von den Nazis verbrannt worden war, neu auflegen wollte.
Ich mochte Springer auf Anhieb. Wir stiegen gemeinsam aufs Dach des Rathauses, und ich zeigte ihm die Trennmauer zwanzig Schritte vor uns und das nächste jordanische MG-Nest achtzig Meter dahinter. Dabei äußerte ich die Hoffnung, daß Jerusalem eines Tages wiedervereinigt werde, und erklärte ihm, warum ich beschlossen hätte, das Rathaus im Zentrum der gesamten Stadt zu belassen. Damals wußte ich noch nicht, daß Springer aus ähnlichen Gründen beschlossen hatte, sein eigenes Verwaltungsgebäude unmittelbar an der Berliner Mauer zu errichten. Vielleicht war es diese Parallele, die ihn bewog, Jerusalem eine Spende anzubieten. Da ich immer noch intensiv mit unserem kaum flügge gewordenen Museum zu tun hatte, schlug ich vor, er solle ihm eine Bibliothek für Kunst und Archäologie stiften. Er bat sich Zeit aus, um über meinen Vorschlag nachzudenken, und am Abend rief er von Tel Aviv aus an und bat um ein Treffen mit mir. Am nächsten Tag war eine Stiftung von einer Million Dollar für einen Flügel des Museums mit Bibliothek und Vortragssaal perfekt. Bedingungen waren keine daran geknüpft. Springer hatte das Geld nicht gestiftet, um seinen Namen zu verewigen, sondern weil ihm Jerusalem, aber auch die Welt der Kunst und des Buches etwas bedeuteten und weil er die Stiftung für angebracht hielt.
Als ich den Aufsichtsrat des Museums von dieser Schenkung unterrichtete, deuteten zwei Ratsmitglieder an, sie wollten die Schenkung nur unter der Bedingung annehmen, daß Springers Name nicht erwähnt werde. Da Springer Deutscher war, wollten sie die Schenkung als einen anonymen Beitrag behandeln – als ob das Geld von den Nazis gekommen wäre! Ja, mehr noch: Wegen lokaler politischer Rivalitäten wollten sie die Gelegenheit nutzen und mich als Mann ohne Grundsätze brandmarken, dem es nur ums Geld geht. Ihre Engstirnigkeit schockierte mich ungeheuer, und ich weigerte mich, die Schenkung unter diesen Bedingungen anzunehmen. Daraufhin kam es zu einem Riesenkrach. Ziama Aranne, damals Erziehungsmini-

ster, wurde gebeten zu vermitteln und stimmte ihnen zu (vielleicht, weil auch er ihre politischen Gefühle mir gegenüber teilte). Die Auseinandersetzung fand sogar in der Presse ihren Niederschlag. Im großen und ganzen waren die Zeitungen auf meiner Seite, wie auch die Mehrheit des Kuratoriums, Yigael Yadin eingeschlossen.
Schließlich verkündeten wir öffentlich und in aller Form, daß die Bibliothek ein Geschenk von Springer sei. Die Bibliothek trägt keinen besonderen Namen, sondern wird einfach ›Museums-Bibliothek‹ genannt. Aber am Eingang wurde eine kleine Tafel angebracht – genau wie all die übrigen im Museum, auf denen zu lesen ist, daß dieser Flügel von den Bronfmans oder der Französische Salon des 18. Jahrhunderts von Baron Edmond de Rothschild gestiftet worden ist – und auf dieser Tafel steht, daß die Bibliothek eine Stiftung von Axel Springer ist. Springer selbst, der für die antideutschen Gefühle tieferes Verständnis hatte als ich, schickte aus Berlin ein sehr hochherziges Telegramm: »Ich hatte niemals die Absicht, daß ein Gebäude mir zu Ehren benannt würde. Ich wollte nichts weiter als meinen Beitrag zum Aufbau von Jerusalem leisten.«

13
Das wiedervereinigte Jerusalem

Nach dem Gregorianischen Kalender wurde am 14. Mai 1948 der Staat Israel proklamiert. Der Jahrestag der Staatsgründung wird aber in Israel gemäß der hebräischen Zeitrechnung gefeiert, und danach fällt dieser Tag nur alle neunzehn Jahre auf den 14. Mai. Da die beiden Daten im Jahre 1967 zusammenfielen, wollten wir zu diesem besonderen Anlaß die offiziellen Feierlichkeiten in Jerusalem stattfinden lassen. Das jedoch war wegen der traditionellen Militärparade nicht so einfach. Es gab eine Resolution der Vereinten Nationen, derzufolge in Jerusalem keine Waffen und keine militärische Ausrüstung zugelassen seien, und unser Außenministerium hatte Hemmungen, die Kritik der UNO herauszufordern. Wir überwanden jedoch alle Bedenken, und so wurde der Unabhängigkeitstag in Jerusalem gefeiert.

Jahre zuvor, als ich noch dem Ministerpräsidentenamt vorstand, hatten einige von uns beschlossen, den allgemeinen Feierlichkeiten am Unabhängigkeitstag noch ein nationales Lieder-Festival anzuhängen. Organisiert wurde dieses Festival von *Kol Yisrael,* dem israelischen Rundfunk, und 1967 kam der Direktor von *Kol Yisrael* zu mir nach Jerusalem, um das diesjährige Festival mit mir durchzusprechen. Da der Unabhängigkeitstag in Jerusalem gefeiert werden sollte, schlug ich vor, zusätzlich zu dem allgemeinen Wettbewerb noch ein Lied über die Hauptstadt schreiben zu lassen. Naomi Shemer, eine bekannte Dichterin und Komponistin, erhielt den Auftrag, und am 15. Mai 1967, drei Wochen vor dem Sechstagekrieg, wurde *Jerusalem of Gold* zum erstenmal gesungen. In diesem herrlichen Lied ist von Jerusalem, der Altstadt, dem Tempelberg und den damit verknüpften Träumen und Sehnsüchten die Rede – und es wurde auf Anhieb ein Erfolg. Drei Wochen später begleitete es die Soldaten während des Sechstagekrieges.

Krieg war jedoch das allerletzte, woran wir während der Vorbereitungen für diesen Unabhängigkeitstag dachten. Auf dem Programm für die Eröffnungsfeier stand auch die Rezitation eines bekannten Gedichtes von Natan Alterman, dem vermutlich populärsten Dichter Israels. Es war ein hohes Lied auf den Unternehmungsgeist und das Freiheitsstreben unseres Volkes, enthielt jedoch auch die Warnung an die Araber, daß wir blitzschnell zurückschlagen würden, wenn sie uns angriffen. Während das Programm im Stadion der Hebräischen Universität einstudiert wurde, rief Ministerpräsident Eshkol den damaligen Generalstabschef, Yitzhak Rabin, zu sich, da er befürchtete, das Gedicht könne feindselige Gefühle in unseren Nachbarn wecken und sogar eine kriegerische Auseinandersetzung auslösen! Nach langen Diskussionen wurde beschlossen, die Strophe des Gedichtes mit dem warnenden Unterton zu streichen. Die Ironie des Schicksals wollte es, daß wir vor dem Unabhängigkeitstag keine Anung davon hatten, daß Präsident Nasser schon mit Kriegsvorbereitungen beschäftigt war, während wir Umzüge und Gedichtrezitationen probten. Wir ließen die betreffende Strophe in dem Gedicht aus, weil wir die Araber nicht reizen wollten. Doch ausgerechnet am Unabhängigkeitstag erhielt unser Generalstab die ersten Nachrichten über ägyptische Truppenkonzentrationen im Sinai, was ganz offensichtlich die Eröffnung von Feindseligkeiten bedeutete. Rückblickend meine ich, wir hätten die Strophe vielleicht doch besser dringelassen.

In den Tagen nach dem 15. Mai, als sich die Spannung mit Ägypten weiter steigerte und Nasser die Meerenge von Tiran an der äußersten Spitze der Sinai-Halbinsel sperrte, hoben wir Gräben aus und bauten Schutzbunker. Die Bewohner der Stadtviertel an der Grenze waren besonders gefährdet, und vielleicht würde unsere erste Aufgabe im Kriegsfall die Evakuierung dieses Teils der Bevölkerung sein. Grundsätzlich wußten die Beamten der Stadtverwaltung, was sie zu tun hatten; wir erhielten auch gute Ratschläge von Moshe Dayan, der Eshkol und Rabin um seine Reaktivierung gebeten hatte und der jetzt im ganzen Land herumfuhr und den Stand der Bereitschaft inspizierte. (Das war selbstverständlich vor der Zeit, da er zum Verteidigungsminister ernannt wurde.) Des weiteren machten wir uns in der Stadt Gedanken über die Versorgung mit Grundnahrungsmitteln und kauften Vorräte aus dem Landesinneren auf, von wo aus sie vor allem per Bahn nach Jerusalem geschafft wurden. Dann organisierten wir Träger, Freiwillige, ausländische Studenten sowie Männer mittleren Alters, die noch nicht einberufen worden waren, damit sie die Lebensmittel auf Vorratslager in der ganzen Stadt verteilten. Ganz zu Anfang war es zu einigen nervösen Hamstereinkäufen gekommen, und nur eine reibungslose Versorgung mit Nahrungsmittel konnte diese Ängste gegenstandslos machen. Nacht für Nacht besuchte ich die Lager und Verteilungsstellen, um mich zu vergewissern, daß alles glatt lief.

Während dieser Vorbereitungen bewiesen die Bewohner von Jerusalem eine bemerkenswert gute Haltung. Jeder packte mit an – sogar die ultraorthodoxen jungen Männer, die in den antizionistisch eingestellten *Yeshivot,* den Talmudakademien, studierten. Eines Abends stattete ich der *Yeshivat Mir* (die während des Krieges getroffen wurde) einen Besuch ab und wurde voller Begeisterung empfangen. In dieser Stätte orthodoxer Gelehrsamkeit hätte man mich normalerweise einfach ignoriert, doch jetzt waren die *Yeshivat Mir*-Schüler eifrig dabei, Sandsäcke zu füllen. Dabei war es keineswegs einfach, Sand herbeizuschaffen. Sämtliche Lastwagen und Lastwagenfahrer der Stadt waren bereits eingezogen worden. Es war ja so, daß in jedem Notfall praktisch die gesamte Versorgung unserer Armee von Zivilfahrzeugen abhing. Wir taten jedoch unser Bestes mit dem, was uns noch geblieben war. Gleichzeitig hielten wir Übungen in ziviler Verteidigung und im *Magen David Adom* (unserem Roten Kreuz) ab, das in Jerusalem besonders aktiv war. Zehntausende spendeten Blut für mögliche Notfälle. Wir bereiteten Ausweichquartiere für die Einwohner der in der Nähe der Grenze gelegenen Stadtgebiete vor und statteten sie mit Wolldecken und Nahrungsmitteln aus. Um Wasserknappheit vorzubeugen, wiesen wir die Bewohner an, in allen Zisternen Wasser zu sammeln und sämtliche Reservoire der Stadt aufzufüllen. Selbstverständlich gab es tausend verschiedene Dinge, um die man sich kümmern mußte. So gingen Instruktionen heraus, daß die Scheinwerfer an den Autos blau überpinselt und alle Fenster mit Klebestreifen überklebt werden mußten, damit sie bei Detonationen nicht zersprangen. Am Sonntag, dem 4. Juni, wiesen wir die Kuratoren des Israel-Museums an, sämtliche Schätze des Museums in den Keller zu bringen. Natürlich führte ich regelmäßig Besprechungen mit den örtlichen Armeebefehlshabern und General Uzi Narkiss, dem Oberkommandierenden der Streitkräfte in unserem Militärbezirk, der sich die meiste Zeit über in Jerusalem aufhielt.

Am 1. Juni, nachdem wir unserer Meinung nach alles Notwendige getan hatten, rief ich Dov Joseph an, der während der Belagerung 1948 Zivilgouverneur von Jerusalem gewesen war. Ich fuhr mit ihm durch die Stadt, zeigte ihm die Gräben, die Schutzunterstände und alles andere. Sein Kommentar: »All dies nützt nichts.« Er warnte uns vor Gaskrieg und andern Eventualitäten und fand, daß fast alle unsere Vorkehrungen sinnlos und mangelhaft seien. Das war keine besonders ermutigende Stunde, doch war es zu spät, noch etwas zu ändern. Als der Krieg einige Tage später tatsächlich ausbrach, stellte sich zum Glück heraus, daß unsere Vorbereitungen im großen und ganzen doch zufriedenstellend gewesen waren.

Ich muß gestehen, daß wir bei aller Arbeit und aller Sorge insgeheim hofften, es werde in Jerusalem genauso ruhig bleiben wie während des Sinai-Feldzugs. Schließlich war Jerusalem doch eine heilige Stadt. Niemand konnte daran gelegen sein, dieses Zentrum der drei großen Weltreligionen zu zerstören. Außerdem waren die Angreifer genauso exponiert wie die Verteidiger. Wir waren uns nicht ganz sicher, wann genau der Krieg ausbrechen würde – und ob überhaupt –, kam es aber tatsächlich dazu, so glaubten wir, würde Jerusalem verschont bleiben. Trotzdem trafen wir natürlich unsere Vorbereitungen, insbesondere für die Evakuierung der dicht besiedelten Grenzgebiete.

Samstag, den 3. Juni (zwei Tage vor Kriegsbeginn), kam eine kleine Gruppe amerikanischer Freunde nach Jerusalem, um uns Mut zu machen und Eindrücke zu sammeln. Sie wollten in Amerika Geld auftreiben und die öffentliche Meinung mobilisieren. Unter ihnen befanden sich zwei Männer, die immer da waren, wenn wir in Schwierigkeiten waren: Sam Rothberg und Lou Boyar, beide erfolgreiche Geschäftsleute, die, wenn es um Israel ging, immer großzügig mit ihrer Zeit und mit ihrem Geld umgegangen waren. Am Nachmittag besuchten wir gemeinsam den Grenzbezirk Abu Tor. Dort lebten die Leute direkt neben den vordersten Stellungen, und die Kinder spielten nur eine Straßenbreite von der Front entfernt. Es war klar, daß wir diese Menschen im Falle eines Krieges evakuieren mußten. Schon jetzt hatten wir Gräben ausgehoben und die Fenster mit Tausenden von Sandsäcken verbarrikadiert. Aber wir wußten auch, daß das niemals reichen würde. Immer noch blieb jedoch die Frage: Würde wieder um Jerusalem gekämpft werden?

Am Nachmittag desselben Samstag kam Stabschef Rabin für ein paar Stunden in die Stadt, und einige meiner Mitarbeiter und ich stießen im Jerusalemer Armee-Hauptquartier zu ihm, um die Lage zu besprechen. Rabin verriet uns nicht, daß der Krieg Montag beginnen würde, und das war auch durchaus in der Ordnung: Wir waren schließlich Zivilisten. Allerdings spürten wir alle, daß es geschehen mußte, ja, die meisten von uns meinten sogar, es hätte schon vor ein paar Wochen losgehen müssen. Wir fürchteten, daß Nassers schleichende Aggression uns schließlich so lähmen würde, daß uns nichts anderes übrig blieb, als uns zu ergeben. Die Mobilmachung dauerte nun schon drei Wochen, und viele von uns fanden, daß wir uns durch das Abwarten unter dieser äußersten Anspannung in eine immer schwierigere Ausgangsposition hineinmanövrierten.

Wir Zivilisten waren nicht so optimistisch wie die Armee. Uns kam es so vor, als beruhe Eshkols Zögern, den Befehl zum Angriff zu geben, auf Schwäche und nicht auf Klugheit. Später gaben seine Anhänger staatsmännische Gründe für das endlose Zögern bekannt: Wir hätten der Welt zeigen müssen, wie friedlich unsere Absichten seien, wir wären bereit gewesen, die größten Risiken einzugehen und Amerikanern wie Briten jede Chance zu geben, Marineeinheiten durch die Meerenge von Tiran zu schicken. (Dabei hätte man die Meerenge selbst nach dem Passieren amerikanischer oder britischer Einheiten ohne weiteres wieder sperren können.) All das machte sich zwar sehr vorteilhaft in Leitartikeln und trug uns ein paar freundliche Worte im amerikanischen Fernsehen ein – aber die Vereinigten Staaten hätten keine Spur anders reagiert, wenn wir bereits am 15. Mai losgeschlagen hätten. Zugegeben, es ist nicht leicht, den Befehl zu einem Präventivschlag zu geben. Aber Eshkols Zögern schien uns wie eine Ewigkeit. Daß alles dann so gut ausging, war sein Glück und die Folge von Moshe Dayans Führung und der Bereitschaft der Armee.

Freitag, den 2. Juni, war das Verteidigungsministerium Moshe Dayan übertragen worden – nach Wochen öffentlichen Aufruhrs, der in Tel Aviv in einer Demonstration der Frauen und Mütter unserer Soldaten gipfelte. Bis dahin war Eshkol sowohl Ministerpräsident als auch Verteidigungsminister gewesen – ein Relikt aus der Zeit Ben-Gurions, der in Personalunion beide Ämter bekleidet hatte. Doch Anfang Juni gaben Eshkol und Golda Meir, die verzweifelte Manöver unternommen hatten, um Dayan den Posten des Verteidigungsministers vorzuenthalten, notgedrungen nach – und zwar zu den Bedingungen Dayans. Mit seiner Ernennung gewann das Land sein Selbstvertrauen wieder zurück.

Montag, der 5. Juni, begann wie jeder andere Tag. Wie gewöhnlich war ich früh im Büro, mit dem Unterschied, daß mein Fahrer zu den Waffen gerufen worden war, so daß mich jetzt ein älterer Mann fuhr, der ein Magengeschwür hatte. Wir fuhren eine Zeitlang in der Stadt umher und überzeugten uns davon, daß die Arbeiten an den Sicherheits- und Verteidigungsvorkehrungen noch in vollem Gange waren. Ich war sicher, daß es zum Krieg kommen würde, dachte dabei jedoch an Tage, nicht an Stunden. Als wir zum Rathaus zurückkehrten, erreichte mich dann die Nachricht: Wir befanden uns im Krieg mit Ägypten. Ein paar Augenblicke saß ich einfach auf meinem Schreibtischstuhl und tat gar nichts. Der Kriegsschauplatz war fern, irgendwo in der Wüste Sinai. Dennoch war es mir ein Ding der Unmöglichkeit, mich meiner Routinearbeit zuzuwenden. Ich beschäftigte mich ein bißchen mit diesem und mit jenem. Leute steckten den Kopf zur Tür herein, Journalisten kamen (es hielten sich zu der Zeit bereits Hunderte von Journalisten im Lande auf, die tagaus, tagein nach Jerusalem herauffuhren).

Dann – es war immer noch Vormittag – begann die Beschießung Jerusalems. Wir konnten es hören und sehen. Von anderen Kampfhandlungen war nichts zu hören, nirgends schossen Soldaten mit

Gewehren; nur Geschützfeuer von der arabischen Seite. Ich gab meinem Stab Anweisung, sämtliche Schulen anzurufen und die Kinder so schnell wie möglich nach Hause zu schicken. Wo das unmöglich war, hatten wir andere Vorbereitungen getroffen, um die Kinder zu schützen und keine Panik aufkommen zu lassen. Ich machte mich sofort auf, sämtliche Schutzunterstände sowie die weiter draußen gelegenen Viertel unserer Stadt zu besuchen. Dabei kam ich am Israel-Museum vorüber. Eines der ersten Geschosse überhaupt war dort eingeschlagen (vermutlich war es für die nahegelegene Knesset bestimmt gewesen), und einige der Museumsfenster waren zersprungen und ein Dach eingebrochen. Die meisten Kunstwerke befanden sich jedoch bereits im Keller in Sicherheit, und Wertvolles erlitt keinen Schaden. Auch um unser Haus herum gingen ein paar Granaten nieder (vielleicht waren sie für das Haus von Ministerpräsident Eshkol bestimmt, der ganz in der Nähe wohnte). Ich eilte für einen Moment ins Haus, um nachzusehen, ob auch alle Bewohner, darunter Tamar und die damals siebenjährige Osnat, in den Luftschutzkeller unter dem Haus gegangen waren. Amos, unser neunzehnjähriger Sohn, war bei der Armee.

Das Allernotwendigste im Augenblick war, dafür zu sorgen, daß in den Schutzräumen, Häusern und Schulen die Moral aufrechterhalten wurde und sich infolge der Beschießung keine Niedergeschlagenheit breitmachte. Für gewöhnlich hätte ich mich übers Radio an die Bevölkerung gewandt, doch hatte die Armee absolute Funkstille befohlen, damit der Feind keine wichtigen Informationen abfangen konnte, die ein Nebenprodukt fast jeder Verlautbarung sind. Unser Schweigen wirkte sich vorübergehend vorteilhaft für die Araber aus, weil sie mit ihren Berichten über einen sensationellen Sieg nach dem anderen den Äther beherrschten – doch all das war reine Schaumschlägerei. Dem mußte ich entgegenwirken, indem ich von einem Schutzbunker zum anderen ging und den Insassen erklärte, daß die Ägypter sich alles aus den Fingern gesogen hätten und daß in Wirklichkeit unsere Lage sehr vielversprechend sei. In der Tat war es ja so, daß die gesamte ägyptische Luftwaffe an diesem Vormittag von unseren Bombern vernichtet worden war, doch davon wußte ich noch nichts. Uns blieb nichts anderes übrig, als zu hoffen, daß die Radiosendungen des Feindes tat-

sächlich reine Lügnerpropaganda waren.
Die Jerusalemer Bevölkerung verhielt sich außerordentlich ruhig und sehr diszipliniert. Kaum ein Mensch war auf der Straße. Jeder ging still seiner Arbeit nach oder tat, was ihm befohlen wurde. Die Disziplin war allgemein und nicht auf bestimmte soziale Schichten, ethnische oder Altersgruppen beschränkt. Bei meinen Rundfahrten in der Stadt bekam ich nur sehr wenige deprimierende Bilder zu sehen: in den Luftschutzräumen der Schulen zusammengedrängte Schulkinder, die nicht rechtzeitig nach Hause hatten kommen können; verbarrikadierte Fenster und Türen; leere Straßen (alle gesunden Männer zwischen siebzehn und fünfzig waren einberufen worden). Die Beschießung war inzwischen heftiger geworden. In den drei Tage andauernden Kämpfen wurden in Jerusalem rund tausend Wohnungen durch Artilleriefeuer beschädigt.
Kurz vor Mittag ging ich schnell nach Hause, um mein weißes Hemd gegen etwas Dunkleres einzutauschen und nicht ein so leichtes Ziel zu bieten. Als ich in mein Büro zurückkam, hörte ich, daß die feindliche Luftwaffe auf einen Schlag vernichtet worden sei. Aber uns war in diesem Augenblick nicht nach Jubel zumute. Ganz in der Nähe des Rathauses hatten sich schwere Kämpfe entwickelt, und wir befanden uns mitten in der Frontlinie. Auf der anderen Seite der Straße, genau gegenüber dem Rathaus, stand ein altes Gebäude, das immer mehr heruntergekommen war. Die siebzehn oder achtzehn jüdischen Familien, die dort gehaust hatten, waren wenige Stunden zuvor evakuiert worden. Gleich nebenan standen noch die Ruinen eines alten französischen Klosters, Ste. Marie Réparatrice. Kloster und Wohngebäude boten unseren Maschinengewehren Deckung und einen guten Blick auf die jordanischen Stellungen, die sich oben auf der knapp zwanzig Meter entfernten Altstadtmauer befanden. Bald jedoch nahmen die Jordanier einen Stellungswechsel vor und richteten sich auf dem Dach des Collège des Frères ein, ein wenig höher und unmittelbar hinter der Mauer. Ich wollte sehen, was geschah, und ging, durch das Rathaus einigermaßen gedeckt, an die Ecke. Doch dann mußte ich die Straße überqueren, die von den Jordaniern sporadisch mit Maschinengewehrgarben bestrichen wurden. Ich wartete also auf die nächste Feuerpause, bis ich über die Straße rannte. Fünfzehn oder

zwanzig Minuten verbrachte ich in der israelischen Stellung und spähte hinüber auf die andere Seite. Zu meiner Überraschung stellte ich fest, daß einige von den Familien in diesem alten Gebäude in ihren Wohnungen geblieben waren. Unter den augenblicklichen Umständen würde eine Evakuierung viel zu gefährlich sein, und es war sicherer für sie, im Schutz von Gräben und Sandsäcken zu bleiben, zumal sie von unserer Seite Feuerdeckung bekamen.

Ich betete darum, daß unsere Entscheidung, sie nicht zu evakuieren, sich als richtig erweisen möge, manövrierte mich durch das Feuer zurück und suchte das Hauptquartier des Zentralkommandos auf, wo ich erfuhr, daß die Jordanier den ehemaligen Gouverneurspalast, seit 1948 Sitz der Vereinten Nationen in Jerusalem, besetzt hatten. Dann ging es weiter zu einer Schule, wo man es nicht geschafft hatte, die Schüler rechtzeitig nach Hause zu schicken, und im Anschluß daran fuhr ich herum, um einige der Eltern zu informieren, daß mit den Kindern alles in Ordnung sei. Ich hatte ein paar Journalisten mit mir im Auto, und so fuhren wir an eine Stelle, von der aus wir ein wenig beobachten konnten, wie es um die Kämpfe beim Gouverneurspalast stand. Ich saß vorn neben dem Fahrer, auf dem Rücksitz saß Arthur Veysey von der *Chicago Tribune,* Dalia Shchori (eine israelische Journalistin) sowie ein australischer Journalist, an dessen Namen ich mich nicht mehr erinnere. Als wir einen freiliegenden Hügel hinauffuhren, wurde der Wagen von drei Kugeln getroffen; eine davon ging nur um eine Handbreit an Mr. Veysey vorbei. Nie habe ich den Fahrer so schnell reagieren sehen – weder vorher noch nachher.

So rasch wie möglich fuhren wir in eine Wohngegend zurück, um einigen bereits sehr besorgten Eltern Nachricht von ihren Kindern zu bringen. Eine Granate war in einen Garten in der Nachbarschaft eingeschlagen und eine weitere in eines der kleinen Häuser. Menschen waren nicht zu Schaden gekommen, doch da die Eltern in Gefahr waren, fürchteten sie natürlich auch um ihre Kinder. In der ganzen Gegend funktionierten die Telefone nicht, und sie hatten keine Ahnung von dem, was draußen vorging, bis ich erschien. Ich berichtete den Eltern und eilte dann zurück in die Schule, um auch den Kindern zu sagen, daß ihren Eltern nichts geschehen sei. Im ganzen Hin und Her und der Aufregung der ersten Kriegsstunden ging mir nicht einen

Augenblick auf, wie absurd es eigentlich war, daß der Bürgermeister einer Stadt unter Feindbeschuß zwischen Eltern und Kindern hin- und herflitzte, um Botschaften zu übermitteln, da das Telefon nicht funktionierte. Die Wahrheit ist jedoch, daß ich nichts Besseres zu tun hatte, und ich meine auch heute noch, daß es wesentlich konstruktiver war, einen persönlichen Beitrag zur Aufrechterhaltung der Ruhe in der Stadt zu leisten, als am Schreibtisch zu sitzen und bedeutend zu wirken.

Trotz der Schießerei und der allgemeinen Bedrängnis, in der Jerusalem sich befand, waren die Erfolgsnachrichten, die im Laufe des Tages von den Kriegsschauplätzen telefonisch einliefen, einfach überwältigend. Inzwischen trafen Moshe Dayan und andere führende Persönlichkeiten, darunter Ben-Gurion, in Jerusalem ein und versammelten sich in der Knesset. Am Nachmittag des 5. Juni sollte Dayan als Verteidigungsminister vereidigt werden, und abgesehen davon mußten weitreichende Entscheidungen getroffen werden. Gegen drei Uhr rief Ruth Dayan an, um zu sagen, daß sie mit ihrem Wagen festsitze; ob ich sie nicht bei einer Tankstelle in der Nähe des King-David-Hotels abholen könne. Ich fand sie im Restaurant ›La Régence‹, dem sichersten Ort im Hotel. Es liegt zwei Stockwerke unter der Hotelhalle, und die wenigen kleinen Fenster waren mit Sandsäcken gesichert. Trotz der seit dem Unabhängigkeitstag immer größer werdenden Spannung hatte das Restaurant die angenehme Atmosphäre eines Luxushotels bewahrt. Die wenigen Touristen, die in Israel geblieben waren, Journalisten und ausländische Abgesandte, füllten den Raum.

Ruth und ich erreichten das Knessetgebäude gegen fünf. Die Stimmung, die dort herrschte, war gesammelt und erregt zugleich. Minister, Knessetabgeordnete, Parteiführer und Journalisten drängten durcheinander, und es hieß, es werde jeden Augenblick eine Kabinettssitzung einberufen. Überall wurde diskutiert, ob unsere Armee einen Gegenangriff starten und Ost-Jerusalem besetzen sollte. In den jordanischen Sektor der Stadt einzurücken, stellte selbstverständlich mehr ein politisches als ein militärisches Wagnis dar. Jeder von uns wußte im tiefsten Herzensgrunde: Wenn wir die Altstadt einmal besetzt hätten, konnten wir sie nie wieder aufgeben. Es handelte sich also wirklich um eine Entscheidung von größter Tragweite, die an

diesem Tag gefällt werden mußte. In der Halle des Knessetgebäudes war Ben-Gurion von Menschen umlagert, die ihn um seine Meinung dazu fragen wollten. Er trat ganz unmißverständlich für die Besetzung der Altstadt ein.
So merkwürdig es klingen mag: den Bürgermeister der heiligen Stadt der Menschheit, deren Schicksal hier entschieden wurde, erfüllte an diesem Nachmittag vor allem das Gefühl einer grenzenlosen Müdigkeit, die an Erschöpfung grenzte. Nächtelang war ich auf den Beinen gewesen, um militärische und zivile Vorkehrungen zu inspizieren, und war auch noch den ganzen Tag herumgehetzt. Mir war einfach nicht danach, eine Meinung über diese verwickelte internationale Frage zu vertreten. Selbstverständlich war ich immer für ein wiedervereinigtes Jerusalem gewesen, doch in diesem Augenblick wollte ich nichts sagen, nichts entscheiden, nichts tun.
Obgleich Eshkol nicht kam und Dayan wieder in sein Hauptquartier fuhr (vereidigt wurde er erst zehn Tage später), hielten sich viele von uns bis nach Einbruch der Dunkelheit im Knessetgebäude auf, von wo aus wir die Leuchtspurgeschosse und den Kampf in der Ferne verfolgten. Als es Nacht wurde und die ganze Stadt verdunkelt dalag, sah es für einen Augenblick so aus, als ob auch das Knessetgebäude unter Beschuß kommen würde. Plötzlich ging nämlich direkt unter uns ein Licht an – ausgerechnet jener starke Scheinwerfer, den wir installiert hatten, um das Kreuzkloster nachts anzustrahlen. Das hell erleuchtete Kloster auf der anderen Straßenseite machte das Knessetgebäude zu einer idealen Zielscheide. Warum der Scheinwerfer nicht abgeschaltet worden war, konnte keiner sagen. Vermutlich wurde er von einem anderen Stromkreis gespeist. Zuletzt gab jemand Befehl, ihn einfach auszuschießen. Dann wandten wir unsere Aufmerksamkeit wieder dem Kampf in der Ferne zu, bis wir erfuhren, daß die Araber sich zurückgezogen hätten.
Diese Nacht und die nächsten anderthalb Tage bis Mittwochmittag ging es im wesentlichen so weiter. Es gab einen Zeitpunkt, wo ich vor Müdigkeit nervlich so überdreht war, daß ich einfach keine Ruhe finden konnte. Ich schaute immer wieder ins Rathaus hinein, doch zwischendurch besuchte ich das Zentralkommando und kletterte Beobachtungsstände hinauf, um die Beschießung zu beobachten. Ich

sah unsere Fallschirmjäger in den jordanischen Teil der Stadt eindringen und wurde später Zeuge der traurigen Szene, wie Gefallene zurückgebracht wurden. Ich rotierte immer weiter: noch einen Schutzunterstand, noch eine Behelfsunterkunft für Evakuierte. Nach Haus ging ich so gut wie überhaupt nicht. Ein paarmal kam ich an unserem Haus vorüber, in dem Tamar und Osnat mit den anderen Hausbewohnern im Luftschutzkeller saßen, aber heim kam ich nur morgens, und auch dann nur, um mich zu rasieren und zu essen. Einmal hatte ich sechzig Stunden hintereinander nicht geschlafen, und gegen Ende des Krieges schlief ich in meinem Arbeitszimmer ein paarmal ein. Diese Tage waren so übervoll von Ereignissen, daß ich mich nur auf sehr impressionistische Weise an sie erinnere. Nur eines weiß ich genau: daß ich nirgends in Jerusalem so etwas wie Panik erlebte.
Dienstag, den 6. Juni, traf eine Panzerbrigade in Jerusalem ein, die, durch die Luftwaffe gedeckt, Ost-Jerusalem angriff. Sie hatte Befehl, in der Altstadt nichts zu beschädigen und dafür zu sorgen, daß sämtliche heilige Stätten unversehrt blieben. In dieser Nacht schafften unsere Fallschirmjäger den Durchbruch und rückten vor. Mittwochmittag hatten die Ereignisse einen Punkt erreicht, wo mir nichts anderes übrig blieb, als eine Sitzung der Stadtverwaltung einzuberufen; es galt, sich auf die Aufgabe vorzubereiten, für eine plötzliche rapide gestiegene Bevölkerung zu sorgen. Am selben Tag wurde Chaim Herzog, ein Reservegeneral, der durch seine Radiokommentare in diesen Tagen einen hervorragenden Eindruck gemacht hatte, zum Militärgouverneur des Westufers ernannt und richtete sich im Ambassador-Hotel in Ost-Jerusalem ein. Ich fuhr hin, um ihn zu besuchen, und in der Halle des Ambassador-Hotels kam mir der amerikanische Konsul entgegen und stellte mich Ruhi el-Khatib, dem Bürgermeister von Ost-Jerusalem, vor, der einen recht verstörten Eindruck machte. Später erfuhren wir von einigen einheimischen Arabern, daß er sich ein paar Tage vor Kriegsbeginn damit gebrüstet hatte, er werde sie achtundvierzig Stunden nach Ausbruch des Krieges im Hilton-Hotel von Tel Aviv auf einen Drink einladen. Diese Stimmung schien im arabischen Teil von Jerusalem vorherrschend gewesen zu sein; eigentlich hätte man erwarten sollen, daß die Jordanier, die vom Ölberg oder von den Zinnen der Altstadtmauer aus in den israelischen Teil

von Jerusalem hinüberschauen konnten, das israelische Potential richtiger einschätzten und daß ihnen außerdem bewußt war, was die Stadt für Israel bedeutete.
Ein solcher Schicksalsschlag – eine Niederlage statt des erwarteten großen Sieges – hätte wohl jeden aus der Fassung gebracht, und el-Khatib war sichtlich erschüttert. Wie wir später sahen, war seine Administration – wenn auch nicht gerade fortschrittlich – so doch in vieler Hinsicht adäquat gewesen. Trotzdem hatte man ihn als Bürgermeister nicht gemocht. Daß er aus den Wahlen für den Stadtrat nur als fünfter hervorgegangen war und seine Stellung einer Ernennung von König Hussein verdankte, war nur einer der Gründe dafür. Die arabischen Jerusalemer fanden, ihre Stadt sei von den haschemitischen Herrschern vernachlässigt worden, und dieser Vorwurf treffe die Stadtverwaltung genauso wie die jordanische Regierung.
Erst auf der Rückfahrt vom Ambassador-Hotel, beim Passieren des Mandelbaum-Tors, wurde mir plötzlich bewußt, daß ich seit 1948 zum erstenmal auf der verbotenen ›anderen Seite‹ gewesen war. Plötzlich packte mich eine ungeheure Erregung. Als Bürgermeister hatte ich bestimmte praktische Entscheidungen in bezug auf den Straßen- und Wohnungsbau und so weiter treffen müssen, bei denen ich nie die Möglichkeit außer acht gelassen hatte, daß die Stadt eines Tages wiedervereinigt sein könnte. Das war ein Traum gewesen, der sich vielleicht in der nächsten Generation erfüllen würde – und jetzt hatte ich diesen Tag erlebt! Das Hochgefühl, das mich in diesem Augenblick beflügelte, verdrängte jeden Gedanken an die Probleme, die uns bevorstanden.
Später an diesem Tag rief mich Dayan an und forderte mich auf, zu ihm zu kommen. Im Kommandowagen fuhren wir vom Hauptquartier des Zentralkommandos zum Löwen-Tor (St.-Stephans-Tor), wo die berühmte Aufnahme von Dayan, Yitzhak Rabin und Uzi Narkiss gemacht wurde, wie sie die Altstadt betraten. Unter einem Tor, das zum Tempelberg führte, lag in einer Nische ein Haufen jordanischer Waffen, die im Bereich des Tempelberges gefunden worden waren – man hatte nicht die geringste Rücksicht darauf genommen, was für eine Gefahr das für die nahe gelegenen Moscheen hätte bedeuten können. Volle Munitionskisten, Maschinengewehre und Patronen-

gürtel lagen überall auf den Bürgersteigen. Eine israelische Flagge wehte über der Omar-Moschee, doch glücklicherweise wurde sie sofort wieder eingeholt. Ein Foto der Moschee mit dieser Flagge, die in der ersten Euphorie von einem übereifrigen israelischen Soldaten gehißt worden war, hat jahrelang der arabischen Propaganda gute Dienste geleistet. Dann durchschritten wir das Moghrabi-Tor (das Mauren-Tor) und stiegen über die (heute nicht mehr existierende) Treppe in die schmale Gasse vor der Westmauer des ehemaligen Tempelbezirks, der ›Klagemauer‹, hinab. Einer jahrhundertealten Sitte entsprechend kritzelte Dayan einen Wunsch auf einen Zettel und steckte ihn in einen Spalt der Mauer. Es war ein Gebet um Frieden.

An diesem Abend nahm ich an einer Besprechung in Herzogs Hauptquartier teil, wo die Zuständigkeiten zwischen der Zivilverwaltung und der Armee aufgeteilt wurden, und am Donnerstagmorgen gingen wir an die Arbeit, wozu unter anderem die Bestattung der Toten – Araber wie Juden – gehörte, die noch auf den Straßen lagen. Als ich am Donnerstag den Fuß auf den Scopus-Berg setzte, war ich mehr erschöpft als erleichtert. Doch dann begannen die Pressekonferenzen: dreißig oder vierzig – meist ausländische – Journalisten hefteten sich an meine Fersen und versammelten sich alle paar Stunden in meinem Arbeitszimmer, während wir immer noch Granaten explodieren und Schüsse einschlagen hörten. Die Einzelheiten dieser hektischen Aktivitäten sind mir nicht mehr genau in Erinnerung. Meine Mitarbeiter standen ständig mit dem Militär in Kontakt, und ich wurde laufend über alles informiert, was mit Sicherheitsproblemen, der Wasser-, Strom- und Lebensmittelversorgung und der zivilen ärztlichen Betreuung zu tun hatte. Ich versammelte mindestens einmal am Tag meinen gesamten Mitarbeiterstab, und wir sprachen das Tagesprogramm und die Kommunikationsmöglichkeiten durch. Wo der Schaden groß war, mußten wir mit fieberhafter Geschwindigkeit improvisieren, insbesondere dann, wenn es darum ging, Menschen zu evakuieren. Alles in allem bewährten sich sowohl unsere Vorbereitungen als auch unsere Improvisationen.

Und zwischen all diesen Noteinsätzen immer wieder nicht enden wollende Pressekonferenzen; hinzu kam noch, das ich alle die Wohltäter zu bewillkommen hatte, die jetzt einzutreffen begannen. Edmond de

Rothschild und eine französische Delegation wollten ihre Solidarität bekunden und gleich am Montag, zu Beginn des Krieges, nach Israel fliegen, doch da keine Maschine zu bekommen war, kamen sie erst am Donnerstagmorgen nach Jerusalem. Axel Springer kam in Begleitung von Ernst Cramer. Springer wanderte einen Tag lang oder zwei – morgens, mittags, abends – in der wiedervereinigten Stadt umher, überreichte mir vor seinem Abflug einen Scheck und sagte: »Den werden Sie für Ihre allerersten Ausgaben brauchen.« Er hatte recht – seine Spende erwies sich als unschätzbare Hilfe bei allen Notfällen, die keinen Aufschub – durch Diskussionen in Komitees etc. – duldeten. Die Straßen waren immer noch nicht sicher; es wurde aus dem Hinterhalt geschossen und gelegentlich eine Handgranate geworfen. Über die Altstadt war Ausgehverbot verhängt, die Läden waren geschlossen, und nichts funktionierte. Das Militär kontrollierte die Situation mit unaufdringlicher Umsicht.
Trotz des Andrangs Tausender von Juden konnte man ohne Passierschein der Westmauer noch keinen Besuch abstatten. Am Donnerstagmorgen besuchten Tamar und ich, die Rothschilds aus Paris sowie eine Gruppe aus England zusammen mit Ben-Gurion die Mauer, und hinterher fanden sich alle in unserer Wohnung zu einem improvisierten Mittagessen ein. Ben-Gurion war tief bewegt. Selbstverständlich waren alle in Hochstimmung, besonders die alten Jerusalemer unter uns. Doch Ben-Gurions Reaktion war ganz anderer Art und ist schwer zu beschreiben. »Was jetzt?«, fragte ihn jemand. Die allgemeine Meinung war, daß es Frieden gäbe. Vielleicht ist das heute schwer zu glauben, doch damals dachten wir alle: »Jetzt wird es bestimmt Frieden geben. Die Araber haben endlich gelernt, daß sie nicht gegen uns kämpfen und gewinnen können.« Dennoch lautete Ben-Gurions Antwort: »Das ist noch nicht das Ende des Krieges. Eine solche Niederlage und Demütigung können die Araber nicht einstekken. Damit werden sie sich nie abfinden.« Für uns war das eine kalte Dusche.
Nachdem an einem israelischen Sieg nicht mehr zu zweifeln war, fingen die Araber an, in hellen Scharen aus Jerusalem zu fliehen. Offenbar erwarteten sie von uns, daß wir sie so behandeln würden, wie sie mit uns hatten umspringen wollen. (Unter den Dokumenten, die wir

in verschiedenen Posten der Arabischen Legion fanden, entdeckten wir detaillierte Befehle, wie die jüdische Bevölkerung liquidiert werden sollte.) Doch nach ein oder zwei Tagen, als die Araber sahen, daß ihnen nicht nur kein Leid geschah, sondern sie sogar sehr zuvorkommend behandelt wurden, fingen sie an, wieder zurückzukehren. Offenbar sind alle wiedergekommen; zumindest fanden wir keine leeren Häuser (mit Ausnahme der Konsulate der verschiedenen arabischen Länder). Auch glaube ich, daß die Araber seit 1948 eine bittere Erfahrung gemacht haben: Es ist besser, unter israelischer Herrschaft zu leben, als Flüchtling in einem arabischen Land zu sein. Außerdem bemühten wir uns, unseren guten Willen zu zeigen und das Leben in der Stadt möglichst schnell wieder in seine gewohnten Bahnen zu lenken. Am Donnerstag fingen wir an, frische Milch und Wasser im arabischen Teil der Stadt zu verteilen. Am nächsten Tag begannen wir, die Wasserleitungen der Altstadt an die unseren anzuschließen. Ich stattete dem Ost-Jerusalemer Rathaus und Ruhi el-Khatib einen Besuch ab. Sieben oder acht seiner zehn Stadträte waren dort, und wir diskutierten über Möglichkeiten einer Zusammenarbeit. Sie waren noch völlig benommen von dem Schock der Niederlage. Wir hatten bei unserer Ankunft schon festgestellt, daß draußen vor ihrem Rathaus unsere Stadtflagge wehte.

An dem Tag, da die Atstadt fiel, wurde mir auch klar, daß etwas mit den kleinen Slumhäusern geschehen müsse, die bis unmittelbar an die Westmauer des Tempels heranreichten, das Moghrabi-Viertel. Gerade jener Bereich, der weiträumig und lichtdurchflutet hätte sein sollen, war verbaut und düster. In der ganzen Welt hängt in jüdischen Wohnungen an prominenter Stelle ein Bild von der ›Klagemauer‹. Als einziger Überrest des Tempelbezirks, den Titus vor fast zweitausend Jahren zerstörte, ist diese Mauer gleichbedeutend mit dem Fortbestand eines Volkes, war sie jahrhundertelang ein Brennpunkt der Hoffnung. Eine der Abmachungen im Waffenstillstandsabkommen, das 1949 mit Jordanien unterzeichnet wurde, besagte, daß die Juden freien Zugang zur Mauer haben sollten. Doch dieses Übereinkommen wurde von den Jordaniern nicht eingehalten, und neunzehn Jahre lang hat man den Juden den Zugang zu ihrer einzigen heiligen Stätte verwehrt. Zu Beginn des Krieges war in einem zentral gelegenen Wohnviertel West-Jerusalems die Wand einer Wohnung von einer Granate getroffen worden und zusammengestürzt. In der Bresche hatte man ein großes Bild aufgestellt, auf dem es hieß: »Wir haben eine Mauer verloren, aber auch eine Mauer gewonnen.« Das drückte die allgemeine freudige Erregung darüber aus, wieder Zugang zur Mauer zu haben.

Am 7. Juni, kurz nachdem unsere Truppen die Westmauer erreichten, eilten Menschen aus der gesamten Stadt dorthin, und es war für die Soldaten schwierig, sie zurückzuhalten, bis der Waffenstillstand in Kraft trat. Als wir beschlossen, am nächsten Mittwoch, an dem *Schawuot* (Offenbarungsfest) gefeiert wurde, zum erstenmal nach neunzehn Jahren den Zugang zur Mauer freizugeben, erwarteten wir Hunderttausende von Menschen. Die aufgestauten Gefühle einer ganzen Generation mußten sich im Wunsch ausdrücken, die Steine der Mauer wieder zu berühren, und an dieser heiligsten der heiligen Stätten zu beten. Doch wie sollten diese Menschenmassen die Mauer durch die gefährlichen engen Gassen erreichen können?

Die einzige Lösung des Problems war der Abriß der Elendsquartiere des Moghrabi-Viertels. Ich bekam grünes Licht von Herzog, Narkiss und Dayan und bat Ya'acov Yanai, Yigael Yadin, den Architekten Arieh Sharon und noch ein paar andere zu einer Besprechung. Ein dominierndes Gefühl erfüllte mich: Es muß getan werden – so soll es jetzt geschehen, bevor es zu spät ist. Um zu einem formellen Beschluß zu kommen, wandte ich mich an meine eigene Verwaltung, die genauso dafür da war. Dann zogen die Archäologen und anderen Fachleute zur Mauer und zeichneten genau auf, was abgerissen werden sollte und was nicht. Wir fanden passende Wohnquartiere für die Leute, die in den Elendshütten gehaust hatten. Samstagabend, den 10. Juni 1967, begannen wir mit der Planierung des Moghrabi-Viertels. Nach zwei Tagen war die Arbeit geschafft – fertig, sauber!

Nachdem die Mauer wieder für die Allgemeinheit zugänglich war, wälzte sich ihr ein endloser Strom festlich gestimmter Massen entgegen. Nach der Planierung der Moghrabi-Gegend war das Nächstdringliche eine Straße von West-Jerusalem zur Mauer. Wir ließen eine provisorische Straße über den Zionsberg anlegen, über die man unter Umgehung des arabischen Teils der Stadt, in dem noch verein-

zelt Scharfschützen ihr Unwesen trieben, zur Mauer gelangen konnte. Am Sonntag, den 11. Juni, ordnete ich den Bau der Straße an und sorgte für ihre Fertigstellung bis Schawuot drei Tage später. Vom Beginn des Festes mit Eintritt der Abenddämmerung an strömten an diesem Tag trotz des unerträglich heißen Wüstenwindes *(Chamsin)* mehr als 200000 Menschen zur Mauer.
Irgendwann während der ersten Woche nach der Wiedervereinigung schlug Ben-Gurion den Abriß der Altstadtmauern vor. Ich habe mit ihm nie über seine Beweggründe gesprochen, aber ich stelle mir vor, daß er die Mauern als trennendes Element ansah, das einer wirklich physischen Wiedervereinigung der Stadt immer im Weg stehen würde. Aus kulturhistorischen und ästhetisch-architektonischen Überlegungen heraus empfand ich den Vorschlag als abstrus – aber solche Überlegungen zogen nicht bei Ben-Gurion. Er war ein Mann mit geradezu prophetischem Weitblick. Er sah voraus, daß einer der Reibungspunkte in unseren Beziehungen mit den Arabern die heiligen und historischen Stätten sein würden. Solange diese von West-Jerusalem getrennt blieben, wäre eine volle Wiedervereinigung nicht möglich. Ich konnte diesen Standpunkt jedoch nicht akzeptieren. Wir ließen die Stadtmauern stehen und machten uns an das große Projekt der Wiedervereinigung der Stadt – für die jetzt ich verantwortlich war. Ich hätte mir nie träumen lassen, daß mir diese Aufgabe einmal zuteil werden würde. Damit begann die erregendste Periode in meinem Leben.

14
Die Mauern fallen

Als der Krieg sich dem Ende näherte, hatten wir alle das Gefühl, jetzt breche ein neues Zeitalter an, und wir beschlossen, es mit Musik willkommen zu heißen. Das erste bedeutendere kulturelle Ereignis nach dem Krieg war ein Konzert auf dem Scopus-Berg, der bislang eine israelische Enklave im jordanischen Teil Jerusalems gewesen war. Wir wollten der Welt unser wahres Gesicht zeigen und uns nicht zu Militaristen stempeln lassen, bloß weil wir uns auf dem Schlachtfeld bewährt hatten. Ganz besonders jedoch wollten wir, daß Jerusalem zu einem Sinnbild friedlichen und zivilisierten Lebens würde.

So merkwürdig es auch klingt, aber wir hatten selbst während der spannungsgeladenen Tage unmittelbar vor dem Krieg an Konzerte gedacht. Trotz aller Probleme – das Füllen und Stapeln von Sandsäkken, Bau von Schutzbunkern, medizinische Versorgung, Schulunterricht, Wasser- und Elektrizitätsversorgung – hatten wir für Freitag, den 2. Juni, eine Konzertmatinee angesetzt. Damals wußte kein Mensch, daß der Krieg nur drei Tage später ausbrechen würde, aber das hätte wohl auch nichts daran geändert. In diesem Konzert traten als Solisten der Pianist Barenboim und die Cellistin Jacqueline du Pré auf, die kurz danach heirateten; die gesamten Einnahmen aus dieser Veranstaltung gingen an den Soldatenwohlfahrtsfond. In den Wochen unmittelbar vor Kriegsbeginn hatten außerdem Barenboim, Roberta Peters, Jan Peerce, Richard Tucker und andere, die eigens zur Truppenbetreuung nach Israel gekommen waren, vor unseren Soldaten musiziert. Ein paar Tage später sollte ein weiteres Konzert von Erich Leinsdorf dirigiert werden. Doch die verschiedenen ausländischen Konsulate hatten ihre Landsleute davor gewarnt, nach Israel zu kommen, und Leinsdorf war in die Vereinigten Staaten zurückgekehrt. In dieser Zeit sagte jedoch Zubin Mehta, den von jeher eine besondere Beziehung mit Israel verbunden hatte, sämtliche anderen Verpflichtungen ab und kam nach Israel. Er traf kurz nach Kriegsausbruch ein und übernahm das Konzert, das am Samstagabend, dem letzten Kriegstag, stattfand. Dieses Konzert war ein bewegendes Ereignis und eine Krönung der Siegesfreude und des Gefühls der Erleichterung, die im ganzen Lande herrschten.

Als das Galakonzert auf dem Scopus-Berg stattfinden konnte, war Zubin Mehta bereits nach Hause geflogen. Doch Leonard Bernstein, Isaac Stern und Jennie Tourel kamen eigens dafür angereist, und zusammen mit ihnen trat die israelische Sängerin Netanya Dovrat auf. Das Amphitheater der Hebräischen Universität auf dem Scopus war noch nicht wiederhergestellt, trotzdem gab es an diesem Nachmittag keinen einzigen freien Platz. Und alle, alle kamen – Ben-Gurion und seine Frau Paula, Eshkol, Golda Meir, Moshe Dayan; es war ein wahrhaft historisches Ereignis. Das Konzertprogramm – ›*Hatikva* auf dem Scopus-Berg‹ und eine Mahler-Symphonie – wurde auf Platten aufgenommen; um zu demonstrieren, welche Prioritäten wir in Zukunft zu setzen gedachten, wurden die Einnahmen aus dem Konzert (über 25000 Dollar) für arabisch-jüdische Jugendaktivitäten gestiftet. Dasselbe Programm wurde abends noch einmal im Nationalen Kongreß-Zentrum wiederholt, und abermals spielten die Musiker vor ausverkauftem Haus. Auch diese Aufführung wurde aufgenommen, denn die schlechte Akustik des Amphitheaters sowie das Bellen streunender Hunde im vormaligen Niemandsland taten der ersten Aufnahme einigen Abbruch. Doch die Version der Nationalhymne (*Hatikva*), die auf die Platte aufgenommen wurde, war natürlich die Originalversion des Scopus-Konzerts, die den Freudentaumel der Anwesenden dokumentierte.

Am 28. Juni stand der Scopus-Berg wieder im Mittelpunkt der Aufmerksamkeit; an diesem Tag verlieh die Hebräische Universität in einem Festakt eine Reihe von Ehrendoktoraten. Ich persönlich habe nur einen kleinen Teil dieser Feier miterlebt, denn der 28. war ein außerordentlich ereignisreicher Tag für mich. Es war die Entscheidung gefallen, daß am nächsten Tag Jerusalem auch de jure wieder vereinigt werden sollte, und meine Hauptsorge war, daß der Zusammenschluß sich harmonisch, friedlich und ohne Zwischenfälle vollziehen möge. Den ganzen Juni hindurch hatte es keinen freien Verkehr zwischen den beiden Sektoren der Stadt gegeben. Die Armee übte die Kontrolle aus, die Barrikaden standen noch, es gab überall Kontrollposten, und man brauchte einen Erlaubnisschein, um von einem Sektor der Stadt in den anderen zu gelangen. Ich befürchtete, daß die plötzliche Aufhebung all dieser Einschränkungen gefährlich sein könnte. Wer konnte wissen, ob nicht plötzlich ein schwelender Haß aufflammen würde, wenn man den Juden Zugang zur Altstadt gab und den Arabern gestattete, sich ungehindert in den Westteil der Stadt zu begeben? Aber genau das hatte Dayan vorgeschlagen: vom nächsten Morgengrauen an die gesamte Stadt allen Einwohnern zu öffnen. Mich beunruhigte diese Vorstellung – womit ich nicht allein dastand –, und so gingen wir auf dem Scopus-Berg zwischen Käppchen und Talaren umher und suchten den Innenminister. Ich wollte ihn mit Dayan, dem Generalinspektor der Polizei und dem Bezirkskommandanten der Polizei zusammenbringen und einen praktikablen, ›gesunden‹ Schritt-für-Schritt-Plan ausarbeiten. »Nicht alles auf einmal«, dachte ich, »vielleicht am ersten Tag zunächst einmal freien Verkehr für eine begrenzte Zeit gestatten – sagen wir für zwei Stunden – und zusehen, was passiert. Dann die Leute allmählich daran gewöhnen.« Jeder andere Weg schien mit ungeheuren Risiken verbunden.

Endlich brachte ich Dayan und eine Reihe von anderen auf der Terrasse des King-David-Hotels zusammen. Als Verteidigungsminister trug Dayan die gesamte Verantwortung für die Verwaltung der besetzten Gebiete, doch er zögerte nicht, den kühnen Plan zu befürworten. Wir beschworen ihn, die Sache langsam anlaufen zu lassen, doch Dayan lehnte sich einfach zurück, legte die Füße auf den Tisch und gab nicht einen Zoll nach. Nach und nach erkannten wir, daß seine Haltung keine Halsstarrigkeit war, sondern der Überzeugung entsprang, daß die Araber ganz anders als erwartet regieren würden, sobald man sie vor ein ›fait accompli‹ stellte. Als er uns erklärte, warum er Racheakte von seiten der Araber und Vergeltungsmaßnahmen der Juden für unwahrscheinlich halte, war seine Argumentation nicht von der Hand zu weisen, und so rangen wir uns schließlich alle zu der Überzeugung durch, es wagen zu können. Ich erinnere mich noch an ein Gespräch im King-David-Hotel mit ein paar intelligenten jungen Leuten aus Bob Kennedys Gefolge nach dem Treffen mit Dayan. Als ich diesen liberalen amerikanischen Demokraten erzählte, daß Jerusalem am nächsten Morgen auf einen Schlag wiedervereinigt werden sollte, glaubten sie nicht, daß wir den Mut dazu aufbringen würden. »Unmöglich«, erklärten sie.

Von dem Augenblick der Entscheidung an nahm ich deren gründliche und reibungslose Ausführung in die Hand. Die nach außen sichtbaren Konsequenzen waren das Niederreißen von Mauern, Zäunen und Barrieren. Ich erinnerte mich an den ›Jerusalem-Plan‹ des britischen Stadtplaners Kendall, der während der Mandatszeit veröffentlicht worden war. Dieser Plan hatte mich seinerzeit durch seine vernünftigen Überlegungen und durch seine Einfachheit beeindruckt. Man erzählte mir, die Engländer hätten zwar voll und ganz hinter diesem Plan gestanden, jedoch weder den Mut noch das Geld gehabt, ihn zu verwirklichen. Jetzt wurde mir klar, daß der 29. Juni genau der richtige Zeitpunkt sei, einige von den Empfehlungen dieses Plans und noch einiges mehr in die Tat umzusetzen. Unabhängig von der Sprengung sämtlicher Mauern und Zäune, welche die Stadt teilten, beschlossen wir, auch Slumgebiete zu bereinigen, die schon allzulange Schandflecke auf der Karte Jerusalems gewesen waren.

Es kam der große Morgen der Tat: Wir rissen Zäune ab, bauten Kontrollposten ab und begannen, die Trennmauern zu sprengen – zuerst die beiden großen in der Nähe des Rathauses, welche Jaffa Road und Suleiman Street blockiert hatten. Zusammen mit den Betonwällen fielen die häßlichen Hütten, die während des 19. Jahrhunderts an die alte Stadtmauer geklebt worden waren, zusammen mit anderen verslumten Gebäuden entlang der Demarkationslinie. Am Ende kostete es zwar eine Menge Geld, die Eigentümer für ihre abgerissenen Häuser zu entschädigen, aber das Ergebnis war jedes Opfer wert: Die schöne Altstadtmauer war wieder zu sehen, und wir hatten Platz für einen Grüngürtel rund um die Altstadt. Fast hätten wir unsere Sache allzu gut gemacht. Mir klingen jetzt noch die Unterhaltungen der Armeetechniker in den Ohren: »Hier braucht man soundso viel Kilo

Sprengstoff; aber um ganz sicherzugehen, sollte man noch fünfzig Prozent drauflegen«, und die einzelnen Sprengeinheiten taten von sich aus noch einmal etwas dazu. Die Folgen waren in weitem Umkreis zerbrochene Fenster, die wir ersetzen mußten.

Alle Entscheidungen wurden ausschließlich auf der Ebene der Stadtverwaltung getroffen. Ich diskutierte sie mit meinen Kollegen vom Stadtrat und selbstverständlich mit den zuständigen Beratern, doch Außenseiter konsultierte ich nicht. Mir war klar, daß so eine Blitzaktion notgedrungen auch ihre Schattenseiten haben müsse, doch ich war bereit, das Risiko auf mich zu nehmen. Ich beschloß, viele von den verlassenen Häusern im Niemandsland, in dem Tal neben dem Jaffa-Tor und in den anderen ehemaligen Grenzgebieten abzureißen, um zu verhindern, daß sich dort *Squatter* (illegale Ansiedler) einnisteten.

Noch während wir bei der Arbeit waren, vollzogen sich in beiden Sektoren der Stadt Entwicklungen, die ans Wunderbare grenzten. Es war ein großer Tag, nicht nur in unserer Geschichte, sondern in der Geschichte der Menschheit. Der 29. Juni 1967 ging als euphorischer Tag in die Geschichte ein: Juden wie Araber bewegten sich ungehindert und mehr von Neugier getrieben als von Groll oder gar Haß durch die wiedervereinigte Stadt. Zuerst überschritten nur ein paar wenige zögernd und zaghaft die ehemaligen Grenzen. Zwar war überall Polizei und Militär postiert, aber sie hielten sich als Zuschauer im Hintergrund. Dann am Nachmittag setzte – allen Voraussagungen zum Trotz, bis auf die von Dayan – ein ungeheurer Zustrom von Menschen ein. Viele Juden hatten Angst davor gehabt. Manche hatten gefürchtet, daß Familien mit halbwüchsigen Töchtern wegen der Araber nicht mehr in Jerusalem leben könnten. Alle möglichen unheilvollen Prophezeiungen hatten die Runde gemacht. Nichts von alledem trat ein.

Ein einziger strahlender Tag genügte, um zu beweisen, daß Dayan recht behalten hatte. Die Araber staunten, als sie im israelischen Teil der Stadt umhergingen und sich die Häuser ansahen, in denen sie zuvor gelebt hatten. Sie klopften an, wurden auf eine Tasse Tee hineingebeten und berieten sich mit ihren jüdischen Gastgebern über Rückerstattung ihres Eigentums oder mögliche Entschädigung. Das gleiche taten Juden im jüdischen Viertel der Altstadt. Beide Seiten glaubten, alle Probleme ließen sich leicht aus der Welt schaffen. Ich gab ein Interview für eine ausländische Fernsehanstalt. Während ich, die Westmauer im Rücken, Rede und Antwort stand, traten in New York die Vereinten Nationen zusammen, um lauthals ihre Mißbilligung kundzutun. Mein einziger Kommentar dazu lautete: »Wenn die UNO-Delegierten sehen könnten, wie das hier klappt, würden sie ganz anders reden. Wenn sie uns in Ruhe ließen, würden wir immer so in Jerusalem zusammenleben.«

Ein paar Monate lang gab es nichts als lärmende UNO-Proteste. Im Herbst wurde Botschafter Ernest Talman vom UN-Generalsekretär nach Jerusalem geschickt, um die Situation unter die Lupe zu nehmen. Wir bereiteten uns sehr sorgfältig auf seinen Besuch vor, und es war ein sehr intensives Treffen. In gewisser Weise war es der erste internationale Test der Wiedervereinigung. Talman prüfte alles und jedes, von der Kanalisation bis zu den Schulen, von der Religionsfreiheit bis zur Straßenreinigung. Mittlerweile hatten wir eine Menge für Straßenbau, Wasserversorgung und Schulwesen getan und Gesetzesvorlagen eingebracht, die es dem Ostteil der Stadt ermöglichen sollten, weitgehend so weiterzuleben wie bisher. Diese Bemühungen bildeten die Grundlage von Botschafter Talmans recht positivem Bericht. Wir freuten uns darüber, und in gewisser Hinsicht gab er uns den Anstoß, so weiterzumachen wie bisher und unseren Fall der Welt zu präsentieren.

Als Talman eintraf, hatten wir bereits eine Menge produktiver Arbeit geleistet. Die allerwichtigste Aufgabe war jedoch immer noch, fruchtbare Beziehungen zu unseren arabischen Nachbarn in Jerusalem herzustellen. Es war klar, daß der Aufbau solcher Beziehungen sehr, sehr lange dauern würde. Wir begannen mit der Lösung von Alltagsproblemen – realen und psychologischen, großen und kleinen – wie etwa der gleichzeitigen Verwendung von Hebräisch und Arabisch in allen offiziellen Verlautbarungen. Zum Glück hatten wir während der neunzehn Jahre andauernden Trennung bei unseren Straßenschildern die hebräisch-englisch-arabischen Beschriftungen beibehalten. So wurde zum Beispiel mit Hilfe von arabischen Hinweisplakaten die bürokratische Prozedur der Ausstellung von Perso-

nalausweisen oder von Passierscheinen für die Jordanbrücke erläutert, was die damals so unerträglich langen Warteschlangen verkürzen half.
Freilich beschränkten sich unsere Bemühungen keineswegs nur auf bürokratische Details. Uns ging es von Anfang an um Zusammenarbeit auf breitestmöglicher Ebene. Die Mehrzahl der ehemaligen arabischen Stadträte war in Jerusalem geblieben, und wir forderten sie auf, als eine Art Beratergremium der neuen Stadtverwaltung zu fungieren. Unser Innenministerium ging etwas anders an die Dinge heran. Sie wollten die Araber zu offiziellen Stadträten ernennen und den Stadtrat entsprechend vergrößern. Auf diese Weise sollten die Araber der Stadt offiziell die Wiedervereinigung Jerusalems unter israelischer Hoheit anerkennen. Diesen Plan, und das, wofür er stand, konnten und wollten die Araber jedoch nicht akzeptieren; das wußten wir von der Stadtverwaltung von vornherein, ohne sie erst fragen zu müssen. Unser Plan hingegen hätte den arabischen Stadträten gestattet, offiziell eine unabhängige Gruppe zu bleiben, und doch der Stadt ihre Erfahrung und ihren guten Willen zugute kommen zu lassen. Doch das Innenministerium wollte die offizielle Zusammenarbeit mit den Arabern erzwingen. Die Folge davon war, daß es auf der Ebene der gewählten Vertreter überhaupt nicht gelang, irgendeine Beziehung herzustellen. Allerdings konnten wir auf anderen Ebenen mit einigen Erfolgen aufwarten. So vereinigten wir die Stadtverwaltung, indem wir Hunderte von jordanischen Beamten unserer Verwaltung eingliederten; das Polizeiministerium übernahm sämtliche Ost-Jerusalemer Polizisten geschlossen in seinen Dienst und unterstellte sie der Jerusalemer Polizeibehörde.
Gleich nach dem Krieg mußten wir auch mit dem Beginn des Schuljahres im arabischen Teil der Stadt fertig werden. Zugegebenermaßen wußten wir nur sehr wenig über die Situation in den arabischen Schulen außer der Tatsache, daß zwölf- oder dreizehntausend Kinder die städtischen Grundschulen und die beiden höheren Schulen der Stadt – eine für Jungen und eine für Mädchen – besuchten. Bald zeigte es sich, daß einige von den älteren arabischen Lehrern beschlossen hatten, nicht mit uns zusammenzuarbeiten, teils aus nationalistischen Gründen, teils und hauptsächlich jedoch, weil sie Angst

hatten, ihre jordanischen Pensionen zu verlieren. Auf der anderen Seite waren wir entschlossen, die Schulen wieder zu eröffnen, und das schafften wir auch, indem wir Studenten als Lehrer einstellten. Es fehlte ihnen zwar an Lehrerfahrung, doch waren sie ausbildungsmäßig durchaus in der Lage, die erfahrenen Lehrer zu ersetzen.
Wenn auch manche Probleme wochenlang nicht gelöst werden konnten, schafften wir es schließlich doch, die arabischen Schulen am selben Tag wie die jüdischen zu eröffnen. Was uns überhaupt nicht gefiel, war der bauliche Zustand, den wir in den arabischen Schulen vorfanden. Hunderte von Klassen wurden in kleinen Räumen angemieteter Wohnungen unterrichtet, und Kindergärten gab es überhaupt nicht (nach israelischem Gesetz sind Kinder zwischen fünf und sechs Jahre vorschulpflichtig). Andererseits entsprach das jordanische System genau dem, das wir erst kurze Zeit vorher durch unsere Schulreform eingeführt hatten: sechs Jahre Grundschule, drei Jahre Mittelstufe und noch einmal drei Jahre Oberstufe. Der einzige Unterschied bestand darin, daß nach jordanischem Recht der Schulbesuch kostenlos war, in West-Jerusalem hingegen nur bis zur neunten oder zehnten Klasse. Wir beschlossen daher, die Schulgeldfreiheit in den arabischen Schulen beizubehalten, um die Verhältnisse nicht zu verschlechtern, und über einen Zeitraum von drei bis vier Jahren auch noch ein Netz von Kindergärten aufzubauen.
Das allerschwierigste Problem stellte der Lehrplan dar. Bereits im Juni 1967, als Ost-Jerusalem noch unter Militärverwaltung stand, begannen wir darüber zu diskutieren. Ich trat auf einer Konferenz mit Dayan, Vertretern des Erziehungsministeriums und einigen anderen für die Beibehaltung desselben Lehrplans ein, der für die besetzten Gebiete beschlossen worden war, also im Grunde den alten jordanischen Lehrplan unter Streichung jener Unterrichtsstoffe, die wir als antiisraelische Propaganda betrachteten. Das Erziehungsministerium beschloß jedoch, den seit langem für arabische Schulen in Israel maßgebenden Lehrplan einzuführen, obwohl er in Israel als dem Stoff nach zu jüdisch kritisiert worden war. Es wurden zu viele Unterrichtsstunden auf hebräische Dichter und israelische Geschichte verwandt und zu wenig Zeit auf arabische Geschichte und Kultur. In diesem Punkt mußte ich der Kritik zustimmen und war entschieden der

Meinung, daß dieses System für Jerusalem ungeeignet sei. Doch Dayan vertrat nachdrücklich den Standpunkt des Erziehungsministeriums, und so wurde ich überstimmt.

Diese Entscheidung betrachtete ich als sehr negativ. Schließlich hatten die israelischen Lehrpläne für die arabischen Schulen den arabischen Nationalismus nicht daran gehindert, kräftig ins Kraut zu schießen, obgleich – oder möglicherweise gerade weil – arabische Kultur und Geschichte in diesem Erziehungssystem entschieden zu kurz kamen. Die Folge davon: bei einer Vielzahl von israelisch-arabischen Schulabsolventen Minderwertigkeitskomplexe, die leicht in Haß umschlagen können. Das Ministerium hatte jedoch entschieden, und die Araber in Ost-Jerusalem reagierten rasch: Unsere arabischen Oberschulen verloren praktisch alle ihre Schüler. Sie meldeten sich in den Schulen benachbarter Städte in den besetzten Gebieten an, etwa in Ramallah und Bethlehem – und die Gründe dafür lagen auf der Hand. Die an Universitätsstudien interessierten Oberschüler aus Ost-Jerusalem wollten offensichtlich später arabische Universitäten in Amman, Alexandria, Damaskus, Kairo oder Beirut besuchen. Das konnten sie jedoch nur mit Abiturzeugnissen, die von der arabischen Liga anerkannt wurden und auf arabischen Lehrplänen beruhten. Unser System schnitt sie also von den Universitäten arabischer Nachbarländer ab. Ohne weiterführende Studien auf diesen Universitäten konnten sie aber nicht auf Stellungen in den sich rasch entwickelnden Ölstaaten hoffen, die traditionellerweise palästinensischen Arabern Arbeitsplätze bieten. Diese Anomalie trat schmerzlich zutage. Unser System gestattete es ihnen, in Jerusalem ein Zulassungsexamen in Englisch oder Französisch für eine europäische Universität abzulegen, nicht jedoch ein arabisches Examen. Trotzdem dauerte es mehrere Jahre, den Erziehungsminister und dann auch noch das Ministerialkomitee für Jerusalem davon zu überzeugen, das zu tun, was wir bereits 1967 vorgeschlagen hatten.

Mit Zustimmung des Erziehungsministeriums ernannten wir zuletzt ein städtisches Erziehungskomitee, das einen für alle Seiten annehmbaren Lehrplan erarbeiten sollte. Das Komitee bestand aus einigen arabischen Schuldirektoren, einem arabischen Journalisten, der gleichfalls Lehrer war, etlichen jüdischen Pädagogen und Vertretern des Erziehungsministeriums sowie der Stadtverwaltung. Vorsitzender dieses Komitees war Matti Peled, ein ehemaliger israelischer General, der nach seiner Pensionierung mit einer Dissertation über den modernen ägyptischen Dichter Mahfus promoviert hatte. Die Araber waren beeindruckt, daß ein israelischer General, und noch dazu einer, der am Sechstagekrieg teilgenommen hatte, ihnen und ihrer Kultur solche Hochachtung zollte. Ein Aspekt der Ernennung dieses Komitees war bezeichnend für die Komplexität arabischen Bewußtseins mit allen seinen unter der Oberfläche schlummernden Ängsten: Die arabischen Mitglieder des Komitees – alles gebildete Leute, die großes Ansehen unter ihrem eigenen Volk genossen – verlangten, daß ihre Namen nicht veröffentlicht würden, obgleich ihre Zusammenarbeit mit uns lediglich der Ausdruck ihrer Sorge um die Erziehung ihrer eigenen Kinder war.

Das vom Komitee erarbeitete Konzept sah einen kombinierten Lehrplan vor, der die Schüler gleichermaßen für arabische und israelische Hochschulen vorbereitete. Das bedeutete die Einführung von zusätzlichen Unterrichtsstunden in der Woche, und nach kurzer Zeit war zu erkennen, daß die Schüler mit dieser doppelten Belastung unmöglich fertig werden konnten. Deshalb wurde 1975 beschlossen, in den Oberschulen zwei völlig verschiedene Lehrpläne nach Wahl anzubieten – erstens den ›Jerusalem-Plan‹, der aus dem Unterrichtsstoff bestand, den ich gleich nach der Wiedervereinigung der Stadt vorgeschlagen hatte (im wesentlichen der modifizierte jordanische Lehrplan, wie er in den besetzten Gebieten gilt) plus zusätzlichem Unterricht in Hebräisch und israelischer Staatsbürgerkunde, und zweitens den offiziellen israelischen Lehrplan für arabische Schulen. Demzufolge muß sich ein Schüler drei Jahre vor dem Abitur entscheiden, wo er seine weiterführenden Studien betreiben will. Wie kaum anders zu erwarten, entscheiden sich für den Parallelkurs, der auf den Besuch israelischer Universitäten vorbereitet, nur eine kleine Zahl von Jugendlichen, vornehmlich Schüler aus Familien, die bereits seit 1948 im israelischen Teil von Jerusalem oder in der näheren Umgebung gelebt hatten (diese Araber sind israelische Staatsbürger und haben folglich keinerlei Chance, an einer Universität in einem arabischen Land angenommen zu werden). Bis auf den heutigen Tag bedaure ich es, daß unsere Regierung nicht von Anfang an eine vernünftige Lösung anbot. Statt dessen hatte sie an einer praxisfernen, dogmatischen Politik festgehalten, nur um am Ende dann doch arabischem Druck nachzugeben. Es ist in diesem Zusammenhang ganz unwichtig, daß einige von uns von Anfang an einer Meinung mit den Arabern waren. Innere israelische Diskussionen sind irrelevant; in den Augen der Araber gibt es nur ›sie‹ und ›wir‹.

Ein weiteres Problem, mit dem wir uns unmittelbar im Anschluß an den Sechstagekrieg befassen mußten, war das Stagnieren der arabischen Wirtschaft. Wir wollten, daß das Wirtschaftsleben in Ost-Jerusalem florierte, doch hatten sämtliche arabische Banken (deren Hauptverwaltungen sich in Amman befanden) zugemacht, und die Kaufleute konnten keine Kredite bekommen. Oft befand sich überhaupt ihr gesamtes Kapital in Amman, und sie konnten daran nicht heran. Um mit dieser Situation fertig zu werden, riefen wir eine Kreditgesellschaft ins Leben, ein Gemeinschaftsunternehmen des Finanzministeriums und der Stadtverwaltung sowie einer Reihe von israelischen Banken. Hinzu kam noch, daß viele von diesen Geschäftsleuten Kompagnons hatten, die im feindlichen Ausland lebten. Dem Gesetze nach hätte daher ein Teil ihres Eigentums von unserem Treuhänder für Ausländerbesitz übernommen werden müssen. Doch gelang es uns, diese sehr komplizierte juristische Situation durch eine rasche und einschneidende Aktion des Justizministers praktisch aus der Welt zu schaffen; dieser veröffentlichte nämlich einen Gerichtsentscheid, der es Arabern gestattete, ihre Geschäfte und – sofern es sich um akademische Berufe wie Ärzte, Anwälte und Apotheker handelte – ihre Praxen unter ihren jordanischen Lizenzen weiterzuführen. Den Israelis gegenüber diesen Schritt zu rechtfertigen war nicht immer leicht. Ein jüdischer Rechtsanwalt, der aus England oder Amerika einwandert, muß in Israel noch einmal ein Examen ablegen, um bei Gericht zugelassen zu werden, wohingegen ein arabischer Rechtsanwalt – der das israelische Gesetz selbstverständlich genausowenig kennt – weiter seine Praxis ausüben darf. Ein aus Rußland eingewanderter Zahnarzt muß einen Auffrischungskurs mitmachen, ehe er seine Lizenz bekommt, wohingegen ein arabischer Zahnarzt, der seine Ausbildung in Kairo erhalten hat, dem Gesetz nach nur sein

Firmenschild aufzuhängen braucht, und schon ist er im Geschäft (wenn er auch natürlich vor allem Araber als Patienten hat).

Doch die Gleichschaltung von Ost- und West-Jerusalem konnte nicht immer automatisch vollzogen werden. So fanden wir zum Beispiel nur achtundsiebzig Empfänger von Wohlfahrtsunterstützungen im arabischen Teil von Jerusalem vor, und bei denen handelte es sich hauptsächlich um Angehörige einflußreicher Familien, denen es finanziell schlecht ging und die ihre Beziehungen dazu ausnutzten, diese Zuwendungen zu bekommen, die von Jordanien für solche Fälle bewilligt wurden. Wir machten die Berechtigung zum Anspruch auf öffentliche Wohlfahrtsleistungen von objektiven Informationen abhängig: Einkommen, Zahl der Abhängigen, körperliche Gebrechen und so weiter, und erreichten damit schließlich eine Liste von zweitausend Unterstützungsberechtigten. Dennoch legten wir für Ost-Jerusalem nicht automatisch dieselben Maßstäbe an, die für den Westteil der Stadt galten. In Israel gibt es zwei verschiedene Wohlfahrtszuschüsse: einen für das Stadt-, den anderen für das Landgebiet. Wir beschlossen, in Ost-Jerusalem die für das Land geltenden Sätze zu zahlen, die niedriger waren als die Stadtbezüge; hätten wir es umgekehrt gemacht, hätten die Wohlfahrtsempfänger in vielen Fällen mehr bekommen als den Durchschnittslohn, den arabische Arbeitgeber zahlen. Die Folge davon wäre gewesen, daß viele überhaupt nicht mehr gearbeitet, von der Unterstützung gelebt und ihre Tage in den Cafés verbracht hätten – eine unerträgliche Situation.

Wer versucht ist, in dieser Entscheidung eine Diskriminierung und finanzielle Schlechterstellung der Bevölkerung von Ost-Jerusalem zu sehen, irrt sich gründlich. Es wurden nämlich die für die städtische Wohlfahrt geltenden Sätze zur Verfügung gestellt, doch statt diese durch Direktzahlungen den Bedürftigen zukommen zu lassen, steckten wir die Differenz zwischen den ländlichen und städtischen Bezügen in allgemeine Wohlfahrtseinrichtungen der Stadt wie Krankenhäuser, Jugendprogramme, Sanierung und so weiter. Wir versuchten nicht, am arabischen Bevölkerungsanteil Geld zu sparen, sondern legten nur andere Maßstäbe an ihre besondere Lage an.

Ein weiteres Beispiel einer durch die spezifische Jerusalemer Situation bedingte Differenzierung ist die Besteuerung. Aus einer Vielzahl von Gründen gaben wir für Ost-Jerusalem mehr Geld aus als für den Rest der Stadt. So besuchen in Ost-Jerusalem zum Beispiel Knaben und Mädchen verschiedene Schulen, was zur Folge hatte, daß wir für den arabischen Bevölkerungsteil vergleichsweise mehr Schulen bauen mußten als für den jüdischen. Andererseits ist es so, daß die Araber grundsätzlich zwar diegleichen Steuern zahlen sollen wie die Israelis, in der Praxis jedoch häufig etwas weniger zahlen. Irgendwann wird sich das einmal ausgleichen, doch sind die Araber schon erbost über diese (im Vergleich zu den Israelis) geringe Besteuerung, weil selbst diese noch sehr viel höher liegt als die frühere jordanische. (Selbstverständlich ging die geringere Besteuerung des jordanischen Jerusalem Hand in Hand mit einem wesentlich niedrigeren Niveau von Dienstleistungen.) Außerdem führen die Araber ins Feld, daß ein Teil der Steuern, die sie (an den Staat, nicht an die Stadt) zahlen müssen, für Verteidigungszwecke verwendet wird, die sie nicht unterstützen möchten. Was jedoch letzten Endes zählte, war die Tatsache, daß die arabische Gesellschaft in Ost-Jerusalem normal weiterfunktionierte wie bisher; eine mögliche Quelle für Spannungen in der Stadt wurde ausgeschaltet, und bisher haben diese ›Ungerechtigkeiten‹ – und damit wir und das Justizministerium – die Kritik auch überlebt.

Zu manchen Zeiten war allerdings diese Kritik rasiermesserscharf – wobei sich ein Teil besonders gegen meinen persönlichen Referenten, Meron Benvenisti, richtete. Ich kannte Meron schon seit sehr langer Zeit. Wir hatten vor der Gründung des Fremdenverkehrsministeriums bereits im Staatlichen Israelischen Verkehrsbüro zusammengearbeitet, und später war Meron mir bei meinem ersten Wahlkampf eine unschätzbare Hilfe gewesen. Danach hatte er hin und wieder mit Angelegenheiten der Stadtverwaltung zu tun gehabt, doch zur eigentlichen Entfaltung seiner Fähigkeiten kam es erst unmittelbar nach dem Sechstagekrieg, als er die Verantwortung für die Probleme des arabischen Sektors von Jerusalem übernahm. Seine Ideen waren stets originell und erregten oft Widerspruch. Da es Meron nicht besonders um persönliche Beliebtheit ging und er oft recht scharf sein konnte, war er häufig in heftige Auseinandersetzungen und Streitereien verwickelt. Seine Brillanz, seine wohldurchdachten Ideen und

seine grundsätzliche Fairneß wogen jedoch alle diese Komplikationen auf.
Daß Meron rasch die Initiative ergriff und versuchte, den Arabern die gleichen Lebensbedingungen zu verschaffen wie der jüdischen Bevölkerung, wurde von seinen Kritikern irrigerweise – vielleicht auch absichtlich – als »proarabisch« hingestellt; dabei ist dies ganz ohne jeden Zweifel die proisraelischste und projüdischste Haltung, die man überhaupt einnehmen kann. Als Fürsprecher der Araber geriet er heftig unter Beschuß; man warf ihm sogar vor, er würde Jerusalem am liebsten ›verkaufen‹, und wer zögerte, mich direkt anzugreifen, wandte sich statt dessen gegen ihn. Glücklicherweise hat Meron ein dickes Fell und ist gegen derlei Angriffe gefeit. Heute ist er stellvertretender Bürgermeister, und sein besonderer Aufgabenbereich ist die Stadtplanung, wiederum ein äußerst heikles Problem, über das heiß diskutiert wird.
Die Jerusalemer Araber haben aber auch ihre eigenen Probleme, mit denen sie fertig werden müssen. Höchst aufschlußreiche Einblicke in die Ambivalenz ihrer Lage bekam ich im Laufe meiner Freundschaft mit Musa Alami. Dies ist ein sehr verdienstvoller und hochgebildeter Mann, der einer alten Jerusalemer Familie entstammt und während der Zeit des britischen Mandats ›Advocate General‹ und damit der höchste einheimische Beamte (unter Juden wie Arabern) in Palästina war. Obwohl Alami ein glühender arabischer Nationalist ist, hat er doch gleichzeitig immer getrachtet, vernünftige Beziehungen zwischen seinem Volk und uns zu unterhalten. Jahrelang hat er versucht, eine gemeinsame Sprache zwischen Ben-Gurion und dem Mufti von Jerusalem zu finden, und er war der einzige Araber, der nach 1948 einen konstruktiven Weg ging: Er gründete in Jericho eine Landwirtschaftsschule für arabische Kriegswaisen des Unabhängigkeitskrieges. Daraus entwickelte sich allmählich eine hervorragende Schule, und ihre Absolventen haben die Landwirtschaftsmethoden in der gesamten arabischen Welt verbessert. Experten der Beiruter Universität sowie der *Ford Foundation* hatten vorausgesagt, daß Alamis landwirtschaftlicher Betrieb niemals etwas erreichen könne, da der Boden zu salzig sei und dieser oder jener Faktor entgegenstehe. Er jedoch wollte seinem Volk Stolz einimpfen und beweisen, daß Araber ebenso

erfolgreich Landwirtschaft betreiben konnten wie ein Kibbuz in Israel oder ein landwirtschaftliches Unternehmen in Europa – und das ist ihm gelungen. Mein erster direkter Kontakt mit Alami war telegrafischer Natur und kam während des Sechstagekrieges zustande. Zuvor hatten wir uns 1948 nur flüchtig kennengelernt, doch wußte ich von ihm durch seine Bewunderer, vor allem durch zwei arabische Brüder, die ich seit dem Zweiten Weltkrieg kannte, Albert und Cecil Hourani, von denen der eine, mit dem ich zwischen 1948 und 1967 von Zeit zu Zeit zusammengetroffen war, in Oxford lehrte. An einem dieser spannungsgeladenen Tage des Sechstagekrieges erhielt ich ein Telegramm von Alami aus London. Da sämtliche Kontakte mit seiner bei Jericho – und damit in besetztem Gebiet gelegenen – Farm unterbrochen waren, bat er mich, ob ich mich nicht um seine Farm kümmern und dafür sorgen könne, daß kein sinnloser Schaden angerichtet werde. Ich stellte fest, daß die Farm von der Elektrizitätsversorgung abgeschnitten worden war, kein Treibstoff mehr vorhanden war und sämtliche Lastwagen von der Armee konfisziert worden waren. Die Melkmaschine konnte ohne Elektrizität jedoch nicht arbeiten, und es gab einfach nicht genug erfahrene Leute, die ohne Maschinen mit einer so großen Milchkuhherde fertig werden konnten. Die Folge davon war, daß einige von den Kühen eingegangen und andere krank waren. Ich sorgte dafür, daß der Anschluß an das Elektrizitätsnetz wiederhergestellt, Treibstoff angeschafft und die Lastwagen, die die Armee ja nicht mehr brauchte, zurückgegeben wurden. Das tat ich mit um so größerer Freude, als ich mir Alamis früherer Beziehung zu Ben-Gurion sehr wohl bewußt war. Ich erinnerte mich an die Geschichte, wie sie sich rein zufällig einmal in einem Londoner Hotel getroffen, sich umarmt und zusammen hingesetzt hatten, um stundenlang miteinander zu reden, und jetzt war mir sehr daran gelegen, mit diesem Mann zusammenzukommen und ihn besser kennenzulernen.

Dazu sollte es jedoch erst sehr viel später kommen, und zwar aufgrund eines psychologischen Fehlers, den Ben-Gurion gleich nach der Wiedervereinigung Jerusalems beging. Er rief Alami in London an und lud ihn nach Jerusalem ein. Doch aufgrund einer Aufforderung eines prominenten Israelis (selbst wenn Ben-Gurion damals nicht mehr Ministerpräsident war) zurückzukehren wäre ein folgenschwerer Schritt gewesen, solange anderen palästinensischen Flüchtlingen nicht gleichfalls die Rückkehr gestattet wurde. Daher vergingen noch zwei Jahre, ehe Alami und ich uns zuerst 1969 in New York und dann später nach seiner Rückkehr auf seiner Farm bei Jericho trafen.

Bei unserem Treffen in New York regte er die Aufnahme politischer Gespräche an. Sein Grundgedanke war, daß unsere Armee vom Westufer abgezogen und das Gebiet fünf oder zehn Jahre unter UNO-Mandat gestellt werden sollte. Danach sollten die Araber vom Westufer per Volksentscheid selbst über ihre Zukunft bestimmen. Eines seiner Argumente gegen die Beibehaltung des Status quo war: »Unsere Generation kennt euch mit euren Fehlern und Vorzügen, wie auch ihr uns aus früheren Zeiten kennt. Für uns wäre es leichter zusammenzukommen als für die nächste Generation, die auf beiden Seiten sehr viel extremistischer sein wird.« Die Geschichte wird entscheiden, ob er damit recht hatte oder nicht. Aber wie dem auch sei, Alami repräsentierte niemanden außer sich selbst, und unser Außenministerium und andere Regierungsmitglieder meinten, es lohne sich nicht, große Anstrengungen zu unternehmen, um ihn kennenzulernen. Zwar wurde in New York auf ›neutralem‹ Boden ein Treffen zwischen ihm und Abba Eban arrangiert, doch am Ende meinten unsere Sicherheitsexperten, es könne sich doch um eine Falle handeln, und so wurde daraus nichts. Schade!

Kurz nach Alamis Rückkehr nach Jericho suchte er mich auf, um Fragen der Wasser- und Elektrizitätsversorgung einer neuen Geflügelfarm zu besprechen, die er innerhalb der Stadtgrenzen von Jerusalem für ein arabisches Waisenhaus aufbauen wollte. Ich war ein wenig beunruhigt über diesen Besuch. »Ihre Landsleute werden meinen, Sie wären hergekommen, um ein geheimes politisches Abkommen mit mir zu treffen«, warnte ich ihn. Um ganz auf Nummer Sicher zu gehen, ließ er daher in einer Lokalzeitung eine Notiz veröffentlichen, in der es hieß, er habe über Fragen der Wasser- und Elektrizitätsversorgung für das Waisenhaus mit mir verhandelt. Ein paar Tage darauf kam er, um unser Abkommen abzuschließen, und sagte mir: »Jetzt bin ich für mein Volk ein Kollaborateur.« – »Warum?« fragte ich. »Weil ich mich Ihrer Wasser- und Stromversorgung bediene.« Auf meine Frage, wie er denn auf diesen Vorwurf reagiert habe, antwortete er: »Ich habe mich erkundigt, was für Wasser sie denn benutzten. Sie sagten: dasselbe, nur würde darüber nicht in der Zeitung geschrieben.«

Diese Episode gibt Aufschluß darüber, wie die Geschäfte zwischen der Stadtverwaltung und den Arabern in Jerusalem geregelt werden. Sie sind sogar recht erpicht darauf, mit uns zusammenzuarbeiten und halten uns wahrscheinlich für ganz vernünftige Partner; sie scheuen aber das Übernehmen von Verantwortung, und schon gar nicht in aller Öffentlichkeit. Um diese Haltung zu überwinden, wird es einer generationenlangen komplizierten psychologischen Anpassung und einer unendlichen Geduld bedürfen. Die Araber sind ein sieggewohntes Volk, das seinerzeit einen bedeutenden Teil der Welt erobert und jahrhundertelang unangefochten beherrscht hat. Dann traf sie ein Schlag nach dem anderen – was einem Vielfachschock gleichkommt: Sie wurden geschlagen von den Türken, von Napoleon, den Franzosen, den Briten und schließlich von uns. Freilich gibt es da einen Unterschied. Die Briten zum Beispiel waren als Mandatsträger nur für eine begrenzte Zeit hier; wir hingegen sind hier für immer.

Zugegebenermaßen sind auch wir nicht frei von jenem Hochmut, der sich mit der Gewißheit paart, ›heimgekommen‹ zu sein, ›sich von niemand mehr vertreiben zu lassen‹. Das wird deutlich an der Sache mit den Kriegergedenktafeln. Am ersten Jahrestag des Krieges von 1967 gedachten wir unserer Gefallenen dadurch, daß wir Steintafeln an verschiedenen Stellen in der Stadt aufstellten, an denen Kämpfe stattgefunden hatten. Alles in allem errichteten wir zehn oder zwölf solcher Gedenktafeln, auf denen mit einem einzigen Satz auf das hingewiesen wurde, was hier geschehen war; dann folgten die Namen der Toten, die an dieser Stelle gefallen waren. Im Monat darauf tauchten eine Menge ganz ähnlicher arabischer Gedenktafeln auf. Der einzige Unterschied zwischen ihren und unseren Gedenksteinen war, wie sich herausstellte, daß viele Araber – arabischer Tradition entsprechend – im nächstgelegenen Garten oder dem nächstbesten freien Platz bestattet worden waren, wo sie eben gefallen waren. Wir kannten diese Tradition nicht und hatten keine Ahnung, wo die Gräber lagen, das wußten nur die Menschen, die sie begraben hatten.

Nach und nach entstanden Dutzende von kleinen Steinhaufen an den unmöglichsten Stellen, jeder geschmückt mit einer Tafel und einem Koranvers. Das Ganze wurde zu einem echten Problem. Was, wenn wir in ein paar Jahren beschließen würden, eine Straße zu bauen? Überall verstreut gab es solche Gräber. Wir verhandelten mit der *wakf* (der moslemischen religiösen Stiftung) und arbeiteten einen Plan aus, sämtliche verstreut bestatteten Toten in einem Massengrab beizusetzen; wir erklärten uns bereit, die Errichtung eines Denkmals für die arabischen Gefallenen zu genehmigen. Diese Lösung war nur deshalb möglich, weil die Araber eine Begräbnisstelle nicht als heiligen Boden betrachten, der nicht entweiht werden darf. Einfach war die ganze Sache jedoch nicht. So war die *wakf* zum Beispiel in den Fällen nicht verhandlungsbevollmächtigt, in denen eine Familie bereit war, die Verantwortung für ein Grab zu übernehmen. In vielen Fällen lebten die Familien jedoch weder in Jerusalem noch in Israel, noch im besetzten Gebiet. Selbst wenn ihre Adresse in den arabischen Ländern bekannt war, würde es schwierig sein, sie zu erreichen. Dennoch verlangte das Problem nach einem raschen und entschiedenen Eingreifen, wenn wir die Stadt vor einem ernsten städtebaulichen Problem bewahren wollten.

Ehe wir jedoch etwas unternahmen, wollten wir uns der Zustimmung unserer Regierung vergewissern, denn immerhin hatten wir es mit arabischen Soldaten und Zivilisten zu tun, die im Kampf gegen uns gefallen waren, und das war etwas, was man nicht auf die leichte Schulter nehmen konnte. Wir erhielten vom Sicherheitskomitee, das die beteiligten Ministerien und Regierungsstellen repräsentierte, einen zustimmenden Bescheid und schickten Durchschläge mit den Einzelheiten an sämtliche Kabinettsmitglieder, die ihrerseits mit größtem Verständnis darauf reagierten. Ich kann mich nicht erinnern, daß auch nur ein einziger etwas gegen unseren Vorschlag einzuwenden gehabt hätte, und das Jerusalem-Komitee, das eigens innerhalb des Kabinetts geschaffen worden war, sagte uns seine Unterstützung zu. Auf dieser Grundlage nahmen wir die Sache in Angriff und ließen die *wakf* die über zweihundert arabischen Gefallenen umbetten. Die Leute von der *wakf* arbeiteten unauffällig, nachts, und ohne jedes Aufheben. Ein paar Monate später, als die Pläne für das

Mahnmal fertig waren, erteilte ich die Erlaubnis, es aufzustellen. Es steht in der Nähe eines arabischen Friedhofs an einer Ecke der Altstadtmauer, wo man es schon von weitem sehen kann.
In den zwischen Entscheidung und Durchführung liegenden Monaten war es jedoch zu Terrorakten gekommen, und die Gefühle vieler Juden den Arabern gegenüber hatten sich erheblich verhärtet. Viele fingen an, in den Arabern nicht nur Soldaten zu sehen, die 1967 gegen uns gekämpft hatten, sondern Terroristen und Mörder. Plötzlich gab es eine lautstarke Opposition gegen das Mahnmal, und der Widerstand fing im Stadtrat an. Selbstverständlich ist es für politische Parteien völlig legitim, derlei Probleme zur Imagepflege auszunutzen, selbst wenn das zur Folge hat, daß Gefühle der Allgemeinheit verletzt werden. Die Argumente, die sie ins Feld führten, waren nicht überzeugend. Wo, wurde ich gefragt, gebe es denn in Frankreich oder England ein Denkmal für die Deutschen? Ich erklärte, die Situation lasse sich überhaupt nicht vergleichen. Schließlich lebten die Araber in Jerusalem.
Die Sitzungen des Stadtrats über diese Frage waren vermutlich die hitzigsten, die ich in den zwölf Jahren meiner Amtszeit erlebt habe. Alle, die ursprünglich für die Idee eingetreten waren, machten plötzlich Rückzieher. Die Minister hüllten sich entweder in Schweigen oder ließen sich verleugnen. Die einzigen, die in dieser Situation hinter mir standen, waren Ben-Gurion und Dayan, die öffentlich erklärten, daß das Mahnmal nicht nur zugesagt worden war, sondern auch vollkommen berechtigt sei. Im Laufe der Jahre hat es sich herausgestellt, daß alle – echten oder vorgetäuschten – Befürchtungen, dieses Mahnmal würde zu einem Demonstrationsherd, einer Brutstätte der Rebellion gegen die israelische Herrschaft, einem Symbol des Aufruhrs werden, unbegründet waren. Von Zeit zu Zeit kann man dort schwarzgekleidete Angehörige sehen, die einen Kranz niederlegen, doch das ist alles. Ich weiß nicht, ob die Errichtung des Mahnmals auf lange Sicht viel Gutes bewirkt hat. Geschadet hat sie jedenfalls nicht. Aber auch heute noch, nach so vielen Jahren, bin ich stolz darauf, daß wir genug Taktgefühl und Mut aufbrachten, um auf der Durchführung unseres Beschlusses zu bestehen. Zwar hat uns das keine sonderlichen Sympathien seitens der Araber eingetragen, doch herrschte

in der Folgezeit eine Atmosphäre gegenseitigen Verständnisses in wenigstens einer Beziehung: Unsere eigenen Gedenktafeln, von denen viele in arabischen Vierteln angebracht sind, werden ebenfalls respektiert.

Während wir noch dabei waren, die äußere Gestaltung des Mahnmals zu planen, nahmen die Ereignisse in der Stadt eine alarmierende Wendung. Zum ersten Terrorakt kam es eines Abends im Sommer 1968, als an mehreren Stellen in der ganzen Stadt Bomben hoch gingen und eine Reihe von Menschen verwundet wurden.

Am selben Abend gerieten einige junge Israelis außer Rand und Band, warfen ein arabisches Auto um und schlugen das Schaufenster eines arabischen Geschäftes ein. Fast wäre es den Terroristen gelungen, ihr Ziel zu erreichen, Spannung zwischen den beiden Volksgruppen in der Stadt zu erzeugen. Am nächsten Morgen hatten die Araber Angst, zur Arbeit zu kommen, und die Juden zögerten, in arabischen Geschäften einzukaufen. An diesem Tag waren der Polizeiminister, Eliahu Sasson, und ich von morgens bis abends damit beschäftigt, von einem Geschäft ins andere zu gehen und ein Café nach dem anderen zu besuchen, um zu demonstrieren, daß nichts zu befürchten sei. Unser Erscheinen half, die psychologische Wirkung der Bomben zu neutralisieren und das Leitmotiv der friedlichen Kooperation zu betonen. Außerdem versuchten wir, der jüdischen Bevölkerung klarzumachen, daß eine gewalttätige Reaktion genau das wäre, worauf die Terroristen hofften.

Der nächste Zwischenfall war eine Bombe, die im Zion-Kino versteckt, aber zum Glück noch rechtzeitig entdeckt worden war. Am nächsten Tag kam Uri Zohar, der Star des Erfolgsfilms, der im Zion lief, mit anderen Berühmtheiten aus Tel Aviv herüber, um bei einer Mitternachtsaufführung im Theater mitzuwirken. Wir machten das zu einer Galaaufführung; ja, es kamen so viele Tausende, daß wir die Vorstellung aus dem Kino ins Freie auf den Platz davor verlegen mußten. Große Menschenmengen blieben bis zwei Uhr morgens, und das Ganze war eine trotzige Geste, die besagte: »Wir lassen uns nicht einschüchtern und davon abhalten, ins Kino zu gehen!

Gegen Ende November kam es zu der tragischen Explosion in Mahaneh Yehuda, dem offenen Markt in West-Jerusalem, auf dem immer ein großes Gedränge herrscht. Ich war damals gerade in New York, doch als ich um vier Uhr morgens telefonisch davon unterrichtet wurde, nahm ich die nächste Maschine nach Hause. Elf Menschen waren getötet worden, darunter zwei Araber, und über Nacht hatte Jerusalem sich verwandelt. Die Parteien der Rechten und alle anderen Nationalisten schrien Zeter und Mordio, und die Stadt mußte mit fester Hand und viel Geduld dem zwar verständlichen, aber dabei nicht weniger gefährlichen Aufwallen antiarabischer Gefühle Einhalt gebieten.

Seit 1968 ist es in Jerusalem sporadisch immer wieder zu Terroranschlägen gekommen, doch finden diese bei der überwiegenden Mehrheit der arabischen Bevölkerung Jerusalems keinerlei Unterstützung. Das liegt nicht etwa daran, daß die Araber uns liebten oder etwa wünschten, wir sollten weiterhin die Stadt beherrschen, sondern einfach daran, daß sie jetzt ein einigermaßen erträgliches Leben leben. Ihr Slogan heißt *sumud* (Anhänglichkeit, Bindung), was bedeutet, daß sie Jerusalem verbunden bleiben wollen, um den arabischen Charakter ihres Stadtteils zu bewahren. Grundvoraussetzung dafür ist jedoch, in Jerusalem zu bleiben, und um hier zu bleiben, brauchen sie eine florierende Wirtschaft. Touristen kommen nicht, wenn in der Stadt dauernd Bomben hochgehen. Dann würden auch die Juden arabische Geschäfte meiden und aufhören, arabische Arbeitskräfte einzustellen. Die Folge davon wäre ein unvermeidlicher Massenauszug, und Jerusalem würde seine arabische Bevölkerung verlieren. Aus diesen höchst pragmatischen Gründen bildet die arabische Bevölkerung von Jerusalem keinen Nährboden für den Terrorismus.

Was ihre Haltung politischer Zusammenarbeit gegenüber betrifft, so ist das etwas völlig anderes. Zwei Jahre nach der Wiedervereinigung der Stadt bereiteten wir uns wieder auf die Gemeindewahlen vor, die im November 1969 stattfinden sollten. Wir hätten gern gesehen, wenn sich Araber um öffentliche Ämter beworben hätten; doch von ihnen aus gesehen war das genauso tabu wie alles andere, das man als öffentliche Anerkennung der israelischen Herrschaft hätte auslegen können. Trotzdem wäre es uns ums Haar gelungen, ein oder zwei seriöse arabische Kandidaten für den Stadtrat zu gewinnen. Wir wollten Stadtverordnete auf unsere Liste, die sich für das öffentliche

Wohl einsetzen und ihre arabischen Mitbürger vertreten sollten. Bisweilen wird in Israel Politik mit einem Auge auf die Reaktionen des Auslandes, insbesondere Amerikas, betrieben; unsere Beweggründe hier waren jedoch rein bürgerorientiert. Wir suchten keinen fotogenen Alibiaraber mit einer malerischen *keffieh.* Dazu hätten wir mit Leichtigkeit zwei oder drei Leute aus den ländlichen Gebieten Jerusalems finden können, die über keinerlei politische Erfahrung verfügten und es als große Ehre empfunden hätten, wenn sie Stadträte geworden wären. Dann wären auf jedem Foto und jeder Fernsehübertragung des Stadtrats die Araber sichtbarlich vertreten gewesen. Aber wir wollten wirklich niemand etwas vormachen – schon gar nicht unseren arabischen Wählern. Wir wollten gebildete und dem öffentlichen Wohl verpflichtete Persönlichkeiten gewinnen, und wir waren bereit, sie mit Respekt und Rücksicht zu behandeln. Mit einem oder zwei solcher Männer waren wir in Verhandlungen begriffen, und ich glaube, daß sie sich als Kandidaten hätten aufstellen lassen, wenn es am 29. August nicht zu der unseligen Brandstiftung in der El-Aqsa-Moschee gekommen wäre.

Das Feuer brach zweieinhalb Monate vor der Wahl aus, und die Wogen der Gefühle schlugen hoch. Selbstverständlich wußten die Araber in Jerusalem, daß wir in keiner Weise für das Unglück verantwortlich waren, doch tief in ihrem Herzen wollten sie glauben, daß wir schuld daran waren. Letztlich interpretierten sie den El-Aqsa-Brand als göttliche Strafe, weil die heiligen Stätten unter der Herrschaft von Ungläubigen standen. Die fraglichen Ungläubigen waren in diesem Fall Juden, doch wäre es genau dasgleiche gewesen, wenn die Briten, die UNO oder der Papst in Jerusalem regiert hätten. Das Schicksal wollte es, daß der Brand von einem geistesgestörten Christen aus Australien namens Rohan gelegt wurde. Wenn die Moschee niederbrannte, so glaubte Rohan in seinem Wahn, würden die Juden den Tempel wiederaufbauen und der Messias kommen.

Ich nahm gerade an einer Besprechung teil, als die Nachricht eintraf, die El-Aqsa-Moschee stehe in Flammen. Als ich am Unglücksort anlangte, war die Feuerwehr bereits an der Arbeit (obgleich rasch Gerüchte ausgestreut wurden, die Feuerwehr habe ihr Eintreffen absichtlich hinausgezögert). Die Araber versuchten, die Flammen mit

Wassereimern und Emotionen zu löschen, und das Bild von den Flammen mit Tausenden weinender Moslems davor war herzzerreißend. Am Nachmittag kehrte ich mit Golda (die damals Ministerpräsidentin war) und Dayan zur Moschee zurück. Beide versprachen Hilfe, doch weder das Angebot der einen noch des anderen wurde von den Arabern offiziell angenommen. Und dennoch, immerhin kamen sämtliche Lieferungen für die Restaurierung – Marmor aus Italien und ähnliche Schenkungen – zollfrei und ohne Einfuhrgebühren ins Land herein. Wir stellten auch den Zement zur Verfügung – ausgerechnet zu einer Zeit, in der Zementknappheit herrschte. Die Reparaturen an der Moschee wurden von Fachleuten hervorragend ausgeführt. Selbst alte Handwerkskünste wurden zu diesem Zweck wiederbelebt, insbesondere das Schneiden der Gipsfenster in einem ganz bestimmten Winkel, damit die Sonne, wenn sie zu verschiedenen Zeiten durch das farbige Hebron-Glas scheint, verschiedene Farbkombinationen hervorruft, die von einer ganz besonderen Schönheit sind. Der alte Mann, der dieses Handwerk noch beherrschte, bildete verschiedene jüngere Leute darin aus, und so lebt diese Handwerkskunst jetzt weiter. Allerdings benutzte man die Gelegenheit auch, um die Kreuzfahrerkapitelle in der Moschee durch moderne Kopien von Kapitellen im moslemischen Stil zu ersetzen, um jeden Hinweis auf einen historischen christlichen Einfluß zu eliminieren. Die Erregung über das Feuer legte sich, doch als der Wahltag herankam, wußten wir immer noch nicht, ob die Araber nun tatsächlich zu den Urnen gehen würden. Wie alle anderen Einwohner Israels, die keine israelischen Staatsbürger sind, konnten die Jerusalemer Araber sich zwar an den Gemeinde-, nicht jedoch an den Knesset-Parlamentswahlen beteiligen. Obwohl es in dieser gestörten Atmosphäre ausgeschlossen gewesen war, Bewerber aus der arabischen Bevölkerung zu gewinnen, war uns sehr viel an einer großen Wahlbeteiligung der Araber gelegen. Viele Araber fürchteten, die Teilnahme an der Wahl allein würde in den Augen von anderen als Verrat ausgelegt werden. Deshalb wurden an der Grenze zwischen jüdischen und arabischen Gebieten ›gemischte‹ Wahllokale eingerichtet, wobei wir hofften, daß viele Araber ihre Stimme abgeben würden, man jedoch andernfalls nicht genau sagen konnte, wie viele Juden und wie viele

Araber gewählt hatten. Wie es sich herausstellte, kamen die Araber in Scharen, die selbst unsere optimistischsten Erwartungen weit übertrafen. Über elftausend Araber beteiligten sich an der Wahl, wenngleich nur achttausend Stimmen gültig waren (es gab immer noch technische Schwierigkeiten mit den Namen und Personalausweisen).

Die arabische Wahlbeteiligung sollte weder als Zustimmung für die Wiedervereinigung der Stadt noch als Zeichen des Vertrauens zur israelischen Politik interpretiert werden. Sie war nur Ausdruck der Unterstützung einer Administration, die sich der arabischen Bevölkerung gegenüber hilfsbereit, großzügig und verantwortungsbewußt verhielt und eine ganze Reihe von bisher nicht existierenden Dienstleistungen eingerichtet hatte. Sie war eine Reaktion auf die Tatsache, daß die Verwaltung mehr Arbeitsmöglichkeiten und eine persönliche Beziehung zwischen Bürgern und Behörden geschaffen hatte. Die meisten arabischen Einwohner Jerusalems hatten unter den Jordaniern nie einen Bürgermeister oder auch nur einen Stadtrat mit eigenen Augen gesehen. Wir hingegen gingen zu den Leuten hin und erfuhren aus erster Hand von ihren Problemen, und sie wußten sowohl diese Geste als auch deren konkrete Ergebnisse sehr wohl zu schätzen. Man sollte sich jedoch hüten, zuviel in diese Beziehung hineinzulesen. Auf politische Probleme wirkte sich das alles kaum aus, und mit den grundlegenden Schwierigkeiten werden wir uns noch sehr, sehr lange herumschlagen müssen.

Das Leben im wiedervereinigten Jerusalem führt oft zu teils komischen, teils peinlichen Situationen. Ein Jahr nach dem Sechstagekrieg kamen ein bekannter englischer Lord und seine Frau aus London zu Besuch, und ich lud sie zusammen mit einer Reihe von anderen Gästen zum Abendessen ein. Die englische Lady, die sich am Vormittag Jerusalem und Bethlehem angesehen hatte, lobte fast den ganzen Abend lang ihrem Tischherrn gegenüber die Errungenschaften der Israelis – offenbar hatte sie seinen Namen nicht mitbekommen. »Wie haben Sie nur mit soviel Widrigkeiten fertig werden können? Wie haben Sie es nur geschafft, die Stadt so aufzubauen?« Gegen Ende des Essens erwähnte ihr Tischherr London, was die Lady zu der Frage veranlaßte: »Was haben Sie denn in London gemacht?« Anwar Nus-

seibehs Antwort lautete schlicht: »Ich war jordanischer Botschafter am Hof von St. James.«
Von den vielen Besuchern, die nach dem Sechstagekrieg zu uns kamen, erinnere ich mich besonders an John Kenneth Galbraith. Man hatte mich schon vor Jahren mit Professor Galbraith bekannt gemacht, und ich hatte ihn etliche Male sowohl in Jerusalem als auch in den Vereinigten Staaten getroffen. Eines Nachmittags, im Herbst 1967, rief mich Galbraith vom Flugplatz Lod an. Er war gerade eben gelandet, hatte nur ein paar Stunden Zeit und wollte gern die Altstadt sehen. Während unseres kurzen Rundgangs nutzten wir die letzten Stunden Tageslicht, um die Grabeskirche zu besichtigen. Ich zeigte ihm alles Wichtige in der Kirche, und zuletzt stiegen wir in die Krypta hinunter. Tief über den großen Sarkophag gebeugt, in inbrünstiges Gebet vertieft, kniete dort ein junger Mann. Ken, der sehr groß ist und in der Krypta kaum aufrecht stehen konnte, trat gerade ein, als der junge Mann den Kopf wendete, aufblickte und ausrief: »Jesus Christus, das ist ja Professor Galbraith!« Ich habe diesen Ausruf nie in einer angemesseneren Umgebung gehört.
Auch Teddy Kennedy gehörte zu den regelmäßigen Besuchern und hatte ein besonderes Interesse für das Flüchtlingsproblem und Fragen des Gesundheitswesens in der Region. Ein- oder zweimal kam er mit Angehörigen seiner Familie. Besonders erinnere ich mich an einen Abend, an dem er nach dem Essen den Wunsch äußerte, die Westmauer zu besuchen, die er noch nie gesehen hatte. Mein Sohn Amos war zugegen, und wir fuhren durch die Altstadt zur Mauer. Es war bereits kurz vor Mitternacht, doch man findet dort immer Betende. Ted nahm eine *Yarmulka,* um sich den Kopf zu bedecken, trat dann dicht an die Mauer, sah sich die Steine an und fragte, ob er beten dürfe. Nachdem er sein stummes Gebet bendet hatte, trat er einen Schritt zurück und bekreuzigte sich, wie es für jeden guten Katholiken ganz natürlich ist. Ich dachte damals bei mir: »So etwas gibt es nur in Jerusalem!«
Ja, das Nebeneinander von verschiedenen Religionen in so enger Nachbarschaft gehört zu den anziehendsten Zügen dieser Stadt. Ich vermute, es ist nur allzu natürlich, daß die meisten Menschen ihre besondere Aufmerksamkeit den komplexen Beziehungen zwischen

der jüdischen und moslemischen Gemeinde widmen. Aber es existiert auch eine bedeutende christliche Gemeinde in Jerusalem – arabische und nichtarabische Christen –, und unsere Begegnungen mit ihren Führern gehören zu den interessantesten und positivsten Veränderungen, die sich nach dem Krieg in Jerusalem vollzogen haben. Vielleicht hat meine Jugend in Wien – also einer Stadt, in der abgesehen von den Polen, Kroaten und Juden ›mehr Ungarn als in Budapest und mehr Tschechen als in Prag lebten‹ – mich dazu prädestiniert, in einer polyglotten und heterogenen Stadt zu leben. Wien war – selbst nach der Revolution von 1918 – eine sehr religiöse, streng katholische Stadt. Als Jerusalem 1967 wiedervereinigt wurde und wir es plötzlich mit vielen kirchlichen Würdenträgern zu tun hatten, war ich meinen Kollegen gegenüber ein wenig im Vorteil, weil ich zumindest eine gewisse Ahnung von Kirchenproblemen und klerikaler Denkweise hatte. Dieser Umstand half mir, eine freundschaftliche Beziehung zu Benedictos, dem betagten Patriarchen der griechisch-orthodoxen Kirche, herzustellen, der unter den Patriarchen in Jerusalem der Senior ist, zu Elisha II., dem armenischen Patriarchen und vielen der Erzbischöfe und Bischöfe, den Oberhäuptern der verschiedenen katholischen Kirchen und Klöster sowie den Oberhäuptern der kleineren orientalischen Kirchen. Außerdem hatte ich bereits vor der Wiedervereinigung der Stadt sehr ausgiebig über diese Kirchen gelesen, weil ich mich ganz einfach für die Geschichte Jerusalems interessierte. Ihnen zu helfen war nicht nur verdienstvoll, sondern auch ein Gebot der politischen Klugheit. Außerdem war es von größter Wichtigkeit zu beweisen, daß wir die Stadt toleranter verwalteten als irgendein Herrscher oder Administrator vor uns. Mit der christlichen Gemeinde zusammenzuarbeiten bedeutete in allererster Linie, sämtliche Regeln zu kennen, die für die heiligen Stätten galten.

Traditionen werden in dieser Stadt großgeschrieben, insbesondere die der christlichen Konfessionen, von denen in Jerusalem über dreißig vertreten sind. Die jeweiligen Rechte der Hauptkirchen an den heiligen Stätten wurden zum letztenmal in den Jahren 1852 und 1853 durch einen *firman* geregelt, den der Sultan des Ottomanischen Reiches herausgab. Der Inhalt dieser Verlautbarung wurde damals von Königin Victoria, Kaiser Franz Josef, dem König von Savoyen, Napoleon III., dem König von Preußen und dem Zaren von Rußland anerkannt. Deren Reiche sind längst verschwunden, und ihre Länder haben sich völlig verändert, doch der Status quo, der vor über hundertzwanzig Jahren in besagtem *firman* beschrieben wurde, wird noch heute peinlichst genau beachtet – und zwar in einem solchen Maße, daß selbst die kleinste Abweichung davon zu Konflikten führen kann.

Wir mußten alles Erdenkliche tun, um zwischenkirchliche Streitereien zu vermeiden, die nahezu schon Tradition geworden waren. Tatsache ist, daß ich außerordentlich viel Zeit für christliche Belange aufgewendet habe, zumal kirchliche Zeremonien häufig sehr lange dauern und weit über die Zeit hinausgehen, die man brauchte, um bestimmte Probleme zu diskutieren, zu analysieren und zu lösen. Dennoch ist es unmöglich, die Vorteile guter Beziehungen mit der Uhr in der Hand zu messen, und außerdem gibt es sehr angenehme Begleiterscheinungen bei den Kontakten mit dem Klerus. Eine davon ist zum Beispiel gutes Essen (insbesondere bei den Armeniern und den Griechisch-Orthodoxen), das noch dazu in hinreißender Umgebung serviert wird. Im Sommer mit dem griechisch-orthodoxen Patriarchen im Garten der Akeldema (des kleinen Klosters auf dem Grundstück, das Judas Ischariot für dreißig Silberlinge kaufte) zu Abend zu speisen und bei Mondschein auf Silwan hinabzublicken ist ein unvergeßliches Erlebnis. Was jedoch am allerwichtigsten ist: Einige von diesen bedeutenden Kirchenführern haben die wahre Situation in Jerusalem bei Gelegenheiten bezeugt, wo wir im Ausland kritisiert wurden (wie zum Beispiel in den ersten Jahren nach der Wiedervereinigung Jerusalems vom Papst in einigen seiner Oster-Episteln).

Die Bedeutung der verschiedenen Kirchen in der Welt deckt sich nicht unbedingt mit der Position, die sie in Jerusalem einnehmen, weil bestimmte Kirchen den historischen Vorteil haben, sich hier früher niedergelassen zu haben. Die griechisch-orthodoxe Kirche zum Beispiel repräsentiert nur einen Bruchteil der christlichen Weltbevölkerung und ist geographisch fast ausschließlich auf Griechenland und die slawischen Länder beschränkt. Sie existiert nur als schwacher Abglanz in den Machtzentren der westlichen Welt, wo ansonsten die römisch-katholische Kirche in all ihrer Pracht sichtbar in Erscheinung tritt. In Jerusalem hingegen besitzen die Griechisch-Orthodoxen über die Hälfte der Grabeskirche und mehr als irgendeine andere kirchliche Körperschaft in Gethsemane, auf dem Ölberg in der Geburtskirche in Bethlehem. Das griechisch-orthodoxe Patriarchat ist ganz eindeutig das rangälteste in Jerusalem. Die armenische Kirche, die sich hier im fünften Jahrhundert etablierte, zählt nur sechs Millionen Gläubige in der ganzen Welt, besitzt jedoch ein Drittel aller heiligen Stätten Jerusalems. Die Kopten und Assyrer und Abessinier, die auf den Weltkirchenkonzilen ganz im Schatten stehen, treten in Jerusalem sichtbar in Erscheinung. Die römisch-katholische Kirche hingegen, der nur siebzehn Prozent der heiligen Stätten gehören, setzte sich erst während der Kreuzzüge hier fest und ist daher vergleichsweise ein Nachzügler. Die Protestanten dürfen nur im Hof der Geburtskirche ihre Weihnachtslieder singen, weil sie über keinerlei Besitzrecht in der Kirche verfügen. Gemessen an der Kirchengeschichte des Heiligen Landes sind sie zu spät gekommen. Jedesmal, wenn die Frage nach der Internationalisierung Jerusalems wieder auftaucht, überlege ich, was wohl eine internationale Regierung mit einer Stadt anfinge, in der die Armenier die Katholiken überstimmten und selbst die Assyrer vor den Protestanten rangieren. Dabei ist das relative Gewicht der Moslems überhaupt noch nicht in Anschlag gebracht worden.

Das vermutlich aufschlußreichste Beispiel für die Art unserer Beziehungen zu den christlichen Kirchen ist wohl unser Verhältnis mit den Armeniern. Die Armenier stellen in Jerusalem eine sehr alte, eingesessene Gemeinde dar. Wie die Juden haben die Armenier Unterdrückung und Verfolgung erlebt (vor allen Dingen zu Beginn unseres Jahrhunderts), kennen eine Diaspora und kämpfen gegen die Tendenz zur Assimilation an. Als wir die Jerusalemer Armenier näher kennenlernten, gingen uns über dem Reichtum ihres kulturellen Erbes die Augen über. Die Gemeinde besitzt eine wunderbare Sammlung von Schätzen und Geschenken, die im Laufe der Jahrhunderte von Pilgern mitgebracht wurden, darunter unvergleichlich schöne Kelche, Kirchengewänder und illuminierte Handschriften, die nur mit den besten der Welt zu vergleichen sind. Diese Schätze sind niemals beschrieben worden, ja, außerhalb der Jerusalemer armenischen

Gemeinde wußte man kaum von ihrem Vorhandensein. Wir fanden, sie müßten zur Schau gestellt und veröffentlicht werden, um die ganze Welt – vor allem jedoch die Armenier – auf ihren Reichtum aufmerksam zu machen. Unsere Begeisterung über die Herrlichkeit ihres kulturellen Erbes hat die Armenier, glaube ich, von unserem ehrlichen Bestreben überzeugt, die verschiedenen kulturellen Traditionen Jerusalems weiterzuentwickeln und gleichzeitig zu versuchen, die politischen Meinungsunterschiede zu verringern.

Um ihren guten Willen unter Beweis zu stellen, halfen die Stadtverwaltung und das Israel-Museum, eine Ausstellung des prachtvollen Erbes der Armenier zu organisieren, die in der gesamten armenischen Diaspora großes Interesse weckte. Außerdem überzeugten wir die Jerusalemer Gemeinde, daß viel getan werden müsse und könne, um den Kontakt zu ihrem verstreuten Volk aufrechtzuerhalten; daß die Armenier hier für ihre Brüder in der westlichen Welt das tun könnten, was sie von ihrem Kernland in der Armenischen Sozialistischen Sowjetrepublik aus nicht hatten tun können. Vielleicht war ihnen diese Vorstellung nicht neu, doch jetzt erst handelten sie entsprechend. Sie erlangten sogar die Zustimmung der Muttergemeinde in der Armenischen Sozialistischen Sowjetrepublik und gingen hinaus in die Diaspora, hauptsächlich in die Vereinigten Staaten, um dort Gelder zu sammeln. Mit Hilfe dieser Spenden konnte im Juni 1975 ein eindrucksvolles Seminar auf dem Berg Zion, in dem Lehrer und Priester für die gesamte armenische Welt ausgebildet werden, feierlich eröffnet werden. Zur Eröffnung kamen Armenier aus der ganzen Welt nach Jerusalem, darunter das Oberhaupt der Armenischen Kirche (der *Katholikos* aus der Sowjetrepublik Armenien), welcher das Projekt segnete. Während der Woche, die er in Jerusalem verbrachte, schien die Stadt sich in eine armenische Hauptstadt zu verwandeln, gab es Theatervorführungen, Konzerte, Tanzdarbietungen und Empfänge seitens der Gemeinde und der Stadtverwaltung. Das hätte nirgendwo anders passieren können außer in Jerusalem.

Eine ebenso enge Beziehung verbindet uns mit dem griechisch-orthodoxen Patriarchat, und auf lokaler Ebene ist auch unser Verhältnis zur römisch-katholischen Kirche ausgezeichnet, obwohl wir über die Verlautbarungen aus Rom nicht immer glücklich waren. Einer der

Hauptschritte, den unsere Regierung seit 1967 unternommen hat, war die Abschaffung der jordanischen Gesetze, die den christlichen Institutionen verboten, Land zu kaufen und zu bauen. Noch wichtiger ist es vielleicht, daß wir uns nicht in die Lehrpläne der verschiedenen christlichen Schulen einmischen. Einige Jahre vor dem Sechstagekrieg existierte in Jordanien ein kontrollierter Lehrplan, der die Unterweisung im Koran und anderen islamischen Fächern zur Pflicht machte. Unsere Regierung hat diesen Zwang abgeschafft und mischt sich in die Unterrichtspläne der christlichen Schulen überhaupt nicht ein. Diese Einstellung unterscheidet uns übrigens von fast allen anderen Regierungen im Nahen Osten. Mit Ausnahme der wenigen noch im Libanon verbliebenen Schulen sind sämtliche während des neunzehnten und zwanzigsten Jahrhunderts im ganzen Mittleren Osten gegründeten christlichen Institute – von der Türkei bis nach Ägypten und hinunter in den Sudan und von Nordafrika bis zum Irak und nach Persien – verstaatlicht worden.

Dennoch stellte unsere Toleranz in bezug auf die Lehrpläne der Schulen nur eine Teilantwort auf die Aufgabe dar, eine Basis für das Blühen und Gedeihen der christlichen Gemeinden in dieser Stadt zu schaffen. Seit etwa der Jahrhundertwende sind viele christliche Araber aus Jerusalem – ja, aus dem gesamten Vorderen Orient – zumeist nach Südamerika, später in die Vereinigten Staaten und nach Kanada ausgewandert. Faktisch erleichtert wurde ihnen dieser Schritt durch das hohe Bildungsniveau, das die Missionsschulen vermittelten, die eigentlich dazu gedacht waren, die Kolonialverwaltungen in Palästina, dem Libanon und Syrien mit einheimischen Beamten zu versorgen. Viele dieser Absolventen christlicher Schulen studierten später an Universitäten in Frankreich und England und kehrten nicht wieder in ihre Heimatländer zurück. (Dieses Phänomen läßt sich heute ganz allgemein in vielen neuen Staaten und Entwicklungsländern beobachten.) Wie dem auch sei, nach der Wiedervereinigung der Stadt erfuhren wir, daß die Kirchen sich wegen des zunehmenden Schrumpfens der christlichen Gemeinde Sorgen machten. Unter der jordanischen Herrschaft war sie rascher dahingeschmolzen als jemals zuvor, binnen neunzehn Jahren von rund fünfundzwanzigtausend auf rund zehntausend Mitglieder. Innerhalb dieser Periode gab es kaum ir-

gendwelche attraktiven beruflichen Chancen in Jerusalem; aber die jungen Leute mit einer guten Ausbildung hatten eine Möglichkeit, zu ihren Verwandten ins Ausland zu gehen. Warum also bleiben?
Einer unserer Vorschläge war, weiterführende Bildungsstätten zu schaffen. Entsprechend den Überlegungen, die wir 1968 und 1969 zum Teil in Form von Memoranden dem anglikanischen Erzbischof und dem Apostolischen Nuntius unterbreiteten, wurde der Unterricht an der anglikanischen St. George's School noch einige Jahre über das bisherige Abschlußalter hinaus weitergeführt, und die katholische Kirche gründete ein College in Bethlehem (das seinen Betrieb mitten im Yom-Kippur-Krieg aufnahm). Als erste Lehranstalt von Universitätsniveau auf dem Westufer (abgesehen von Lehrerseminaren) war ihm sehr viel Erfolg beschieden, und eines Tages wird es bis zu tausend Studenten – Christen und Moslems – ausbilden können.
Das soll aber nicht heißen, daß es zu keinen Reibereien in unseren Beziehungen zu den christlichen Gemeinden kam. Ein gutes Beispiel für ein Problem, mit dem wir fertig werden mußten, war ›Notre Dame de France‹, ein imposantes, jahrhundertealtes Kloster gegenüber dem Neuen Tor in der Altstadt. Notre Dame gehörte den Assumptionisten, einem römisch-katholischen Orden, und gerüchteweise hörten wir, daß diese das riesige, veraltete Gebäude verkaufen wollten. Es schien keinerlei sichtbarem Zweck mehr zu dienen und war in den verschiedenen Kriegen stark beschädigt worden. Trotzdem hatte es einen starken Symbolwert, und ich bezweifelte, daß der Vatikan dem Verkauf zustimmen würde. Dennoch erzählte mir jemand, der mit der Hebräischen Universität zu tun hatte: »Wir haben es gekauft! Die Universität kauft es über einen New Yorker Mittelsmann, und wir werden es ein paar Jahre lang als Jugendherberge verwenden. Dann reißen wir es ab und bauen etwas Neues.«
Kurz darauf brachte der Apostolische Delegierte, der intelligente und charmante Monsignor Pio Laghi, einen Besucher aus Rom, der mich sprechen wollte. Wir verbrachten einen angenehmen Samstagnachmittag miteinander, doch spürte ich, daß mein Gast noch etwas auf dem Herzen hatte. Wie es sich herausstellte, ging es um Notre Dame. Die Kirche fühlte sich aus einer ganzen Reihe von Gründen verletzt.

Erstens verlor sie dieses symbolträchtige Gebäude. Zweitens brauchte der Orden die Zustimmung des Heiligen Stuhls, wenn er einen so bedeutenden Besitz veräußern wollte, und die Assumptionisten hatten diese Zustimmung nicht bekommen. Drittens ging im Ausland das Gerücht, einige der Personen, die mit dem Orden in Verbindung standen, hätten persönlich an dieser Transaktion verdient. »Wir haben viele Aufgaben in der arabischen Welt«, erklärte Monsignor Laghi mir. »Heute ist die Kirche nicht nur ecclesia militans, sondern auch ecclesia sociale. Um unseren Aufgaben gerecht zu werden, müssen wir Sozialarbeit leisten. So müssen zum Beispiel in Hospitälern Nonnen als Krankenschwestern arbeiten. Sie mit Ihrem Hadassah-Hospital sind nicht auf katholische Krankenschwestern angewiesen. Aber was unsere Beziehung zu den Arabern angeht, so können wir hier dadurch am besten christlichen Geist zum Ausdruck bringen. Der Verkauf von Notre Dame könnte die Araber zu der Ansicht verführen, daß die Kirche den Zionismus unterstützt, und das wiederum würde bei ihnen zu Vorurteilen unserer anderen Arbeit gegenüber führen.«

Um zu beweisen, daß der Verkauf ohne die Zustimmung Roms zustande gekommen sei, würde die Kirche gerichtliche Schritte unternehmen müssen. Mittlerweile wurde die Situation noch schwieriger dadurch, daß jemand der Presse gegenüber verkündete, der *Jewish National Fund* habe Notre Dame gekauft und den Erwerb als große zionistische Leistung hingestellt. Die römisch-katholische Kirche werde nicht dulden, daß sie mit zionistischen Interessen identifiziert wird, doch würde es offensichtlich einen höchst unharmonischen Ton in unsere ohnehin heiklen interkonfessionellen Beziehungen bringen, wenn die Sache – ganz gleich, wie die Entscheidung auch ausfallen mochte – vor Gericht ausgefochten würde. Ich suchte daher zunächst Präsident Harman von der Hebräischen Universität auf, dann den Justizminister und zusammen mit ihm Ministerpräsidentin Golda Meir; zum Schluß kamen wir überein, den Kauf rückgängig zu machen und das Kloster an den Heiligen Stuhl zurückzugeben. Notre Dame ging also für den Preis, den es gekostet hatte, wieder an die ursprünglichen Eigentümer zurück, obgleich sich die Preise für Immobilien in den Jahren seit dem Verkauf vervierfacht hatten. Jetzt ist der

Vatikan dabei, das Kloster zu restaurieren und eine Pilgerherberge daraus zu machen.

Daß wir uns zu dieser Lösung entschlossen, hatte selbstverständlich seine Auswirkungen auf die öffentliche Meinung in Israel. Der Justizminister und ich wurden als Verräter bezeichnet, weil wir einen so wertvollen Besitz in Jerusalem wieder aufgegeben hatten. Ich hingegen sah darin eine bedeutende Investition an gutem Willen, der sich weder in Dollars und Cents noch in Begriffen wie Nationalstolz ausdrücken läßt. Allerdings ist guter Wille eine der wichtigsten Voraussetzungen für eine blühende Zukunft in dieser Stadt der drei großen Religionen und Dutzender von Völkergruppen.

15
Das neue alte Jerusalem

Ich erinnere mich noch an das Jerusalem in den Tagen der britischen Mandatsherrschaft: eine verschlafene kleine Stadt in den Bergen mit eng aneinandergeduckten Häusern aus grauem Jerusalemer Stein mit roten Ziegeldächern. Es war ein Mosaik von kleinen Nachbarschaften, die irgendwo am Ende schmaler Gassen in verschwiegenen Höfen ein verstecktes Dasein führten. Selbst die Basars und Geschäfte waren dem Lärm und dem Tempo des modernen Lebens vollkommen entrückt. Immer wieder, wenn ich in jenen Tagen in den vierziger Jahren durch diese Straßen ging, fand ich es bemerkenswert, wie eine Stadt, die eine so zentrale Stelle in der Geschichte einnimmt, die drei Weltreligionen als heilig gilt und immer wieder von feindlichen Armeen verwüstet wurde, so still, so provinziell und so in sich ruhend leben könne. Für manche ist Jerusalem schon immer die Heimatstadt gewesen, in der bereits die Vorfahren lebten, in der sie aufgewachsen sind und wo jedes Haus bestimmte persönliche Erinnerungen auslöst. Ich bin nicht in Jerusalem aufgewachsen, doch auch ich hing an jedem einzelnen Haus, weil es eine eigene Geschichte, einen besonderen Charakter und eine organisch gewachsene Schönheit hatte, wie sie nur die Zeit hervorbringt.

Viele Jahre habe ich mir den Luxus gestattet, dies als Bewohner dieser Stadt in mich aufzunehmen. Ganz bestimmt habe ich niemals erwartet, einmal Bürgermeister zu werden und für die Erhaltung und die Weiterentwicklung Jerusalems verantwortlich zu sein. Offen gesagt, ist Jerusalem zu planen und aufzubauen eine gewaltige Bürde, gleichzeitig aber auch die größte Herausforderung, der ich mich je in meinem Leben gegenübergesehen habe. Jerusalem ist nicht New York, London, Paris, ja, nicht einmal Rom. Jerusalem ist nicht einfach eine große oder eine historisch bedeutende Stadt, sondern ein Ort, an dem jeder das Gefühl zu haben scheint, er habe Anteil daran – und das Recht mitzureden. Da Jerusalem eine Stadt ist, die Millionen seit jeher als heilig gilt, ›macht‹ jedes neue Haus Geschichte und wird deshalb oft zum Gegenstand von Kontroversen. Jerusalem, unabhängig von seiner politischen Zukunft, der Menschheit zu erhalten, ist aber für mein Gefühl auch ein menschliches Anliegen, weil es mich jedesmal mit Traurigkeit erfüllt, wenn wieder etwas Altes, Gewachsenes, etwas Schönes und Charaktervolles verschwindet.

Im neunzehnten Jahrhundert haben die Menschen kaum gezögert, die Stadtmauer alter europäischer Städte niederzureißen, um etwas Neues an ihre Stelle zu setzen. Die große Wiener Ringstraße verläuft auf den Ruinen der Mauer, die einst die Stadt umschloß. Sie wurde niedergerissen, weil sie keinen strategischen Zweck mehr erfüllte und Raum schaffen sollte für große Museen und Paläste. Heute betrachten wir diese Dinge mit anderen Augen. 1967 trafen wir auf alte Bauten, die unter jordanischer Herrschaft dem Verfall preisgegeben waren. Die Altstadtmauern hätten nicht viel länger gehalten. Doch der Verfall war nicht das einzige Problem. Die Teilung der Stadt hatte zu einer Reihe von unseligen Fehlern und Fehlkonzeptionen geführt. Hochhäuser und unpassende Bauten wie etwa das Intercontinental Hotel auf dem Ölberg wurden errichtet, während die Stadt geteilt war und kein Mensch eine Ahnung hatte, wie Jerusalem wohl aussähe, wenn es jemals wiedervereinigt werden würde. Jetzt unternehmen wir alles Menschenmögliche, um die Schönheit der Stadt als Ganzes wiederherzustellen. Bei unserer Planung müssen wir ein neues Alt-Jerusalem im Auge haben, eine geschichtsträchtige Stadt, die gleichzeitig eine wachsende Metropole in unserer modernen Zeit ist, und das ist gar nicht so leicht.

Planen heißt nicht nur entscheiden, was wo gebaut wird, was für eine Stadt wir haben wollen, wie rasch sie wachsen und welche Sozialstrukturen sie aufweisen soll, wie man ihre Einkünfte sichert, wie man für Lebensqualität sorgt und wie die Stadt im Jahre 2000 und danach aussehen soll. Selbstverständlich war die Stadtverwaltung im-

mer für alle diese Dinge dagewesen. Doch Jerusalem war eine geteilte Stadt, und bis zu einem gewissen Grade hatten wir im luftleeren Raum gearbeitet. Kurz nachdem ich 1965 Bürgermeister geworden war, hatte man mir eine fundamentale Frage gestellt: »Sollen wir davon ausgehen, daß Jerusalem eines Tages wiedervereinigt wird – was zum Beispiel bedeutet, daß man Straßen von Ost und West, auf die teilende Mauer zu und über sie hinweg planen müßte?« Ich bejahte dies, ohne zu zögern, und irgendwie hatte ich das Gefühl, daß sich meine Meinung eines Tages als richtig erweisen würde. Dennoch war es schwierig, einzig und allein aufgrund von Hoffnungen Stadtplanung zu betreiben. Ich hatte keine Ahnung, daß es so bald schon zur Wiedervereinigung käme, sondern nur das Gefühl, daß es eines Tages so weit wäre. Dann, 1967, wurde der Traum Wirklichkeit, und von einem Tag auf den anderen war ich nicht mehr Bürgermeister einer jüdischen Stadt, der Hauptstadt Israels, sondern eines Weltzentrums. Dieser Wandel war umwerfend, und ich wußte, daß ich eine neue Kategorie von Verantwortung übernehmen und mit allergrößter Sorgfalt vorgehen mußte.
1968 forderte ich eine ungewöhnliche Gruppe von Menschen auf, das ›Jerusalem-Komitee‹ zu bilden. Das Komitee bestand aus insgesamt sechzig oder siebzig prominenten Persönlichkeiten aus aller Welt – Pädagogen, Schriftstellern, Historikern, Philosophen, Theologen, Architekten, Stadtplanern und Künstlern. Das war unsere Art, den universalen Charakter der Stadt zu demonstrieren und zu beweisen, daß wir nicht nur für uns selbst planten und bauten. 1969 trat das Komitee zum erstenmal zusammen, und die erste Sitzung war sehr eindrucksvoll. Späterer Entwicklungen wegen ist es interessant festzustellen, daß in einer seiner ersten Entscheidungen das Komitee uns dazu ermutigte, Grabungen vorzunehmen und archäologische Studien zu treiben, um die Kontinuität zwischen der Vergangenheit und der Zukunftsplanung zu gewährleisten. Wir hätten auch den Slogan des New Yorker Stadtbauamts annehmen können: ›Dig we must!‹ (Graben muß man!) Im Dezember 1970 bildeten wir ein Subkomitee des ›Jerusalem-Komitees‹, dem vornehmlich Stadtplaner und Architekten angehörten. Ich erinnere mich noch an einen Leitartikel über die besten Architekten in der Welt, der ein paar Monate später in

Newsweek erschien. Fast jeder der genannten Namen gehörte unserem Subkomitee an. Selbstverständlich waren sie Gäste der Stadt, doch stellten sie uns ihre Dienste gratis zur Verfügung. Ich glaube, das wäre keiner anderen Stadt der Welt gelungen. Wie ein Mitglied des Subkomitees es ausdrückte: »Jeder von uns hat zwei Städte: seine eigene und Jerusalem.«
Inzwischen hatten wir einen Generalplan für die Stadt erstellt und diesen den Mitgliedern des Subkomitees zur Begutachtung vorgelegt. Während ihres viertägigen Aufenthalts in Jerusalem kritisierten sie ihn aufs Schärfste. Das Komitee befürchtete, daß wir die gleichen Fehler machen würden, die sie in ihren eigenen Städten gemacht hatten. Die typischste Erfahrung hatte vielleicht Göran Sidenbladh gemacht, der für den Stadtplan von Stockholm verantwortlich war. Bis vor ein paar Jahren hatte dieser Plan als das nobelste und mutigste Beispiel der Umwandlung einer alten Stadt in eine moderne Metropole gegolten. Und da die Schweden den großen Vorteil hatten, sowohl Frieden zu haben als auch über große Mittel zu verfügen, konnten sie sich kostspielige Lösungen leisten. Grundprinzip des Stadtplans war, daß jeder Einwohner von seinem Haus bis zu seiner Arbeitsstelle im eigenen Auto fahren könne. Doch stellte es sich heraus, daß dieses Prinzip sich nicht verwirklichen ließ. Den Wettlauf zwischen Straße und Auto kann man nicht gewinnen. Baut man große Verkehrsadern, ziehen sie noch mehr Autos an, und die Verstopfung wird womöglich noch größer. Auf jeden Fall wurde unser Grundplan verdonnert. (Ich meine, daß man ihn allzu scharf kritisiert hat. Er enthielt ein paar sehr gute Gedanken, nur wurden sie schlecht vorgetragen.) Folglich beschlossen wir, den Plan umzumodeln, und ernannten ein aus intelligenten, jungen Leuten bestehendes Stadtplanungsteam.
Inzwischen überschüttete uns die Welt wegen der Konferenz des Subkomitees, die überall mit größtem Interesse verfolgt wurde, mit einem Schwall von Kritik, die manchmal schwer zu schlucken war. Das Gezeter über manche Vorhaben ging auch dann weiter, nachdem wir sie längst verworfen hatten. Wir waren vermutlich die erste Stadt, die sich jemals freiwillig allgemeiner Kritik gestellt hat, und manchmal habe ich den Preis, den wir dafür zu zahlen hatten, als un-

fair empfunden. Da traten plötzlich Leute als selbsternannte Stadtplaner auf, von denen man das nie erwartet hätte. Der Papst und der Erzbischof von Canterbury verwahrten sich sogar gegen Hochhäuser in neuen Wohngebieten der Stadt. Ich bin immer dafür eingetreten, daß diese Kirchenfürsten ein Recht haben, ihre Meinung über die historische Altstadt und deren Umgebung zu sagen, denn immerhin handelt es sich um Jerusalem, eine Stadt, die vielen Menschen auf der ganzen Welt am Herzen liegt. Doch finde ich, daß weder der Papst noch der Erzbischof noch sonst jemand ein Recht darauf hat, sich in den Aufbau des neuen Jerusalem einzumischen, das in beträchtlicher Entfernung von der Altstadt entsteht. Das ist eine rein interne Angelegenheit, die ausschließlich von den Bürgern Jerusalems entschieden werden kann. Immerhin hatten wir gelernt, daß bei der Planung sowohl nationale als internationale Interessen berücksichtigt werden mußten, die oft diametral entgegengesetzt waren. Dazu kamen natürlich noch die politischen, religiösen und historischen Bedenken und Rücksichten, die speziell für Jerusalem gelten – ganz zu schweigen von den üblichen ästhetischen, kommerziellen und sozialen Erwägungen, die überall auf der ganzen Welt in die Stadtplanung einbezogen werden müssen.

Selbst diese ›üblichen‹ Faktoren können in Jerusalem außergewöhnliche Bedeutung annehmen. Sozial gesehen bildet die Stadt ein unglaubliches Mosaik. Wir haben einen höheren Prozentsatz an religiösen Juden und älteren Leuten, Neueinwanderern und jungen Ehepaaren, Moslems und Christen als jede andere Stadt in Israel – und alle müssen berücksichtigt werden. Nach dem Sechstagekrieg zogen so viele Leute nach Jerusalem, daß wir einen unglaublichen Bau-Boom erlebten. Es liegt auf der Hand, warum Juden in das jüdische Viertel der Altstadt zurückwollten, doch Besiedelung neuer Viertel im ehemals jordanischen Sektor wurde aus anderen Gründen gefördert: Man wollte die Enklave auf dem Scopus-Berg durch eine breite Landbrücke sichern, damit sie nicht wieder wie 1948 abgeschnitten werden konnte. Nicht weniger wichtig war wohl auch die Tatsache, daß es überhaupt um Wohnungen in Jerusalem sehr schlecht bestellt war und zu viele Menschen auf viel zu engem Raum zusammenlebten.

Das letzte große Neubauviertel, das vor 1967 entstand, lag unmittelbar an der Grenze zu Jordanien. Fertiggestellt wurde es Anfang der sechziger Jahre; es umfaßt gegen tausend Wohnungen. Die Bewohner waren als Flüchtlinge aus arabischen Ländern nach Israel gekommen und verfügten nur über wenige Habseligkeiten. Die Wohnungen waren überbelegt, und nach ein paar Jahren lebten in manchen bereits drei Generationen zusammen: Großeltern, Eltern und durchschnittlich fünf Kinder auf einer Wohnfläche von etwa fünfundvierzig bis fünfzig Quadratmetern. 1967 hatten sie seit nunmehr zehn oder fünfzehn Jahren unter solchen Bedingungen gehaust. Der Ausblick war auch nicht gerade erhebend: die Mündungen der jordanischen Geschütze auf dem Ammunition Hill. Die Wohnungen wiesen deshalb auf dieser Seite nur schmale Fensterschlitze auf, die der gelegentlichen Schießerei wegen zusätzlich noch mit eisernen ›Fensterläden‹ gesichert werden konnten. Von Zeit zu Zeit wurde jemand verwundet oder sogar erschossen, und während des Sechstagekrieges waren über hundert dieser Wohnungen getroffen und stark beschädigt worden. Nach 1967 wurden genau neben diesem Viertel sehr schöne Wohnhäuser gebaut. Die neuen Wohnungen waren um die Hälfte größer und wurden vor allem von kleineren Familien erworben, von denen viele Neueinwanderer waren. Unweigerlich entstanden aufgrund dieser Mißverhältnisse Ressentiments unter den Menschen, die so lange unter Gefahren und schlechteren Lebensbedingungen gelebt hatten. Noch mehr als bisher wurde Planen und Bauen zu einem großen sozialen Problem, und die Spannungen stiegen immer weiter.

Das Wohnungsproblem fiel zeitlich mit dem Aufkommen der ›Black-Panther‹-Bewegung in Israel zusammen. Die ›Panther‹ waren junge Leute orientalisch-jüdischer, vor allem marokkanischer Herkunft, die mit ihren sozialen und wirtschaftlichen Verhältnissen unzufrieden waren. Inspiriert wurden sie von Anhängern Paul Aliaskys, eines radikalen Sozialfürsorgers aus Chicago, die seine Theorie aus den Vereinigten Staaten importiert hatten. (Ich glaube, sogar die Bezeichnung ›Black Panther‹ stammt von einem amerikanischen Sozialfürsorger in unserem Wohlfahrtsamt, der darin einen guten Reklametrick sah – und der Name setzte sich wirklich durch.) Der Ruf nach radikalen Lösungen war unserer Situation in Israel nicht wirklich angemessen, und die Demonstrationen der ›Panther‹ waren auch entsprechend kurzlebig. Was jedoch die Dramatisierung des Kontrastes zwischen den verschiedenen Teilen der Bevölkerung betrifft, waren sie mehr als erfolgreich. Es gab eine Zeit, wo jeder, vom Ministerpräsidenten bis zum letzten Knessetabgeordneten oder *Jewish-Agency*-Beamten ein schlechtes Gewissen hatte, wenn er nicht mit einem Mitglied der ›Panther‹ frühstückte oder zu Mittag aß, und die Bewegung erhielt infolgedessen sehr viel Publizität. Andererseits machte der ganze unnötige Wirbel es nur noch schwieriger, mit den praktischen Tagesproblemen fertig zu werden.

Es gab gute Gründe, warum die Spannungen gerade in Jerusalem zur Entladung kamen. Sämtliche Forderungen nach besseren Lebensverhältnissen waren vor 1967 unterdrückt worden, denn schließlich lebten wir an der Grenze in einer Art ständigen Kriegszustands; jetzt brachen sie sich explosiv Bahn. Kein Mensch hat geleugnet, daß die Forderungen der unterprivilegierten Schichten unseres Volkes weitgehend gerechtfertigt waren. Wir gingen daher in zwei Richtungen vor: Verbesserung der Zustände in den bereits bestehenden Vierteln, indem wir, wo das möglich war, Wohnungen zusammenlegten oder durch An- und Umbauten vergrößerten, Jugend- und Gemeindezentren bauten, Spielplätze anlegten und Kindertagesheime einrichteten; und bessere Planung von Neubauten. Beides ging Hand in Hand mit einer Verbesserung der Unterrichtsmethoden und dem Bau neuer, moderner Schulen.

Da wir eine einigermaßen vernünftig geplante Metropole aufbauen wollten, gab es kaum eine andere Möglichkeit, als auch ehemals jordanische Gebiete mit einzubeziehen. Daher beschlagnahmte die Regierung eine ganze Anzahl von Grundstücken, die hauptsächlich Arabern gehört hatten. Enteignet zu werden ist natürlich alles andere als angenehm, und obwohl es sich hier um brachliegendes Land handelte, mußte allein das Anbieten einer Entschädigung den Arabern als unerträgliche Herausforderung der ›Eroberer‹ erscheinen, die wir ja in ihren Augen waren. Es blieb jedoch keine andere Wahl. In manchen Fällen waren die Grundbesitzer unbekannt; in anderen war das Land niemals ordentlich karthographisch aufgenommen und parzelliert worden. Nach der alten ottomanischen Gesetzgebung wurde

Grundbesitz unter den Kindern des Besitzers und danach wieder unter den Kindeskindern aufgeteilt. Da es keine genauen Karten oder Grundbücher gab, existierten Areale, die Hunderten von Nachkommen des ursprünglichen Besitzers gemeinsam gehörten. Jeder wußte zwar genau, wie groß sein Anteil am ursprünglichen Grundstück war, jedoch nicht, wo dieser Teil lag. Da die rechtliche Situation so verworren war, waren die arabischen Staaten, die früher zum Ottomanischen Reich gehörten, schon längst dazu übergegangen, solche Ländereien zu enteignen und den einzelnen Anteilseignern eine entsprechende Entschädigung zu zahlen, sofern eine Klärung der Situation notwendig wurde. Diese fortschrittliche Regelung hatten die Jordanier noch nicht übernommen, so daß wir vor dieser unangenehmen Aufgabe standen und außerdem noch die Entschädigung zahlen mußten. Was von unseren Enteignungen ausgenommen blieb, waren landwirtschaftlich genutztes Land und bebaute Gebiete. Es ging uns vor allem darum, keinen Privatbesitz zu schädigen. Kein einziges Haus und kein Baum wurde zerstört.

Vom politischen Standpunkt aus lohnte sich unsere Mühe kaum, denn die Araber erhoben grundsätzlich Einspruch gegen jede Art von Enteignung, außer bei dem Bau von Schulen oder Straßen. Da jedoch nur wenige Einzelpersonen Schaden erlitten, erzeugten unsere Maßnahmen weniger Spannungen, als es sonst der Fall gewesen wäre. Überdies setzte die Stadtverwaltung sich mit Erfolg für die Rückgabe all jener Ländereien ein, die ursprünglich arabischen Institutionen gehörten. Trotzdem würden die Araber Ost-Jerusalem gern wieder unter arabischer Souveränität sehen, und dazu kann es nicht kommen, wenn das betreffende Gebiet durch neue jüdische Vororte von arabischem Territorium abgeschnitten ist. Viele von ihnen glauben, daß die Grenzen von 1967 doch noch wiederhergestellt werden. Daher wollen die Araber nicht über unsere Pläne für Jerusalem mit uns diskutieren, denn sie sind grundsätzlich gegen die Souveränität über die ganze Stadt. Wir haben eine ganze Reihe von Diskussionen über Planungsfragen abgehalten, manchmal sogar in Anwesenheit ausländischer Journalisten, doch all das führt zu nichts. Das eigentliche Problem ist nach wie vor dasselbe: Die Araber wollen einfach nicht die ganze Stadt von Israel beherrscht sehen.

Das Pendant zu dieser kompromißlosen Haltung der Araber ist das Bestreben nationalistischer jüdischer Kreise, in Mißachtung jeder Planung das ganze Land jüdisch zu besiedeln. Es gab eine Zeit, in der sogar Ben-Gurion auf ihrer Seite war. Ich erinnere mich noch an ein Treffen, das kurz nach dem Sechstagekrieg in unserer Wohnung stattfand. Ben-Gurion, damals noch Mitglied der Knesset, hatte mich gebeten, die Vertreter sämtlicher Parteien und hohe Regierungsbeamte einzuladen. Er plädierte leidenschaftlich dafür, sofort Tausende von Juden in Ost-Jerusalem anzusiedeln – ob in Hütten, Zelten oder sonstwie –, um uns abzusichern und der Welt klarzumachen, daß uns diese Stadt nie wieder genommen werden könne. Mit dieser flammenden biblischen Beschwörung gelang es ihm, seine Zuhörer zu überzeugen. Ich jedoch war dagegen, und zwar sowohl grundsätzlich als auch aus praktischen Gesichtspunkten. Ich vermochte keine unmittelbare Bedrohung des wiedervereinten Jerusalem zu sehen. Ich hielt es jedoch für äußerst riskant, so viele Menschen in provisorische Lager zu stecken, die sie nach der ersten Begeisterung wieder verlassen würden. Meiner Meinung nach hatten wir zumindest einige Jahre Zeit, um funktionierende Wohnviertel zu bauen. Glücklicherweise waren Ben-Gurions Ideen so wenig praktikabel, daß niemand versuchte, sie zu verwirklichen. Ich geriet allerdings über ähnliche Probleme in große Konflikte – sowohl mit dem Wohnungsbauministerium als auch mit den Mitgliedern unseres eigenen Stadtrats.

Ein Gebiet, über das es ernstlich Streit gab, war der sogenannte ›Nebi Samuel-Bezirk‹. Zwar liegt Nebi Samuel nicht innerhalb der Stadtgrenzen, doch wollten die Menschen sich dort aus vielerlei Gründen niederlassen. Einer der Gründe war die Überzeugung, durch Besiedelung ›erobere‹ man sich ein Stück Land und füge es dem jüdischen Besitz hinzu. Nicht weniger wichtiger war jedoch die Tatsache, daß der Blick, den man von Nebi-Samuel aus auf Jerusalem hat, atemberaubend schön ist. Kurz: Wer möchte nicht, daß ihm Jerusalem zu Füßen liegt? Es gab eine Reihe von Interessengruppen, die für eine Besiedelung von Nebi Samuel eintraten: Offiziere, pensionierte Regierungsbeamte, Universitätsprofessoren. Doch meine engeren Kollegen und ich waren entschieden gegen diese Idee. Wir wollten die einmalig schön auf einem Hügel gelegene Moschee Nebi Samuel (der

Am Wahltag 1969 beim Davidsturm. Im Hintergrund potentielle Wähler
(Foto Y. Braun)

Oben: Zusammen mit Ruth Cheshin (links), Mrs. Dorothy de Rothschild und Architekt Dan Tannai auf dem Weg zur Eröffnung des wiederhergestellten Ben-Zakkai-Synagogenkomplexes im Jüdischen Viertel von Jerusalem (Foto Zev Radovan)
Unten: Gemeinsam mit Simone de Beauvoir blickt Teddy über den Platz vor der Klagemauer und der Omar-Moschee auf dem Tempelberg (Foto Rachamin Israeli)

Teddy macht ein Nickerchen neben dem gespannt zuhörenden Yitzhak Navon

Oben: Stadtverwaltung Jerusalem gegen Boy's Town, Jerusalem; Teddy (rechts) beim Fußballspiel, dem Lieblingssport der Nation
Unten: Teddy und Amos Kollek 1976 im Jüdischen Viertel von Jerusalem

Tradition nach das Grab des Propheten Samuel und Hunderte von Jahren hindurch ein vertrautes und weithin sichtbares Wahrzeichen) und die Umgebung als natürlichen Freiraum zwischen Jerusalem und Ramallah im Norden erhalten wissen. In der Nähe, doch in beträchtlicher Entfernung von der Moschee, bauten wir den Vorort Ramot, der ebenfalls umstritten war, da das Wohnungsbauministerium eine hohe Siedlungsdichte befürwortete. Wir setzten uns nachhaltig für eine lockere Bebauung ein, und schließlich einigte man sich auf den Bau von achttausend (anstatt dreißigtausend) Wohnungen. Außerdem argumentierten wir, daß Ramot vom sicherheitspolitischen Standpunkt ein Gewinn sei, Nebi Samuel dagegen nicht.
Darüber hinaus bekämpfte ich die Schaffung von Vororten für die wirtschaftlichen Bessergestellten als ein Verbrechen gegen die Stadtplanung. Wir wollten schließlich nicht die Fehler wiederholen, die man mit Vororten wie etwa Scarsdale und White Plains in New York gemacht hatte. Ich war überzeugt, daß eine besondere Aufgabe für uns darin bestand, die jüdische Gesellschaft zu integrieren. Hinzu kommt noch, daß die Infrastruktur für einen solchen Villenvorort außerordentlich teuer geworden wäre und letzten Endes vom Staat bezahlt werden würde und nicht von den Leuten, die den Blick auf die Stadt genossen. Ich persönlich bin für eine recht dichte und sogar vergleichsweise hohe Bebauung der Stadt (mit Ausnahme der Zone um die Altstadt herum), statt sie sich über das ganze Jerusalemer Bergland ausdehnen zu lassen, bis sie schließlich mit Tel Aviv zusammentrifft und verschmilzt. Ich kann nicht einsehen, warum drei- oder vierstöckige Häuser unbedingt schöner sein sollen als achtstöckige.
Alles in allem sind seit dem Sechstagekrieg über dreißigtausend Wohneinheiten in Jerusalem entstanden, wobei die Neubauten für die arabische Bevölkerung nicht mitgezählt sind, deren Bedürfnisse und Geschmack ganz anders geartet sind. Jerusalems Araber, insbesondere die in der Altstadt, lebten in extrem beengten Verhältnissen. Für sie neue Häuser zu bauen war eine genauso mühselige und verzwickte Aufgabe wie Wohnraum für den gewaltigen Zuzug von Juden in den letzten zehn Jahren bereitzustellen, wenngleich der Bedarf der Araber rein zahlenmäßig viel geringer ist.
Zunächst einmal experimentierten wir. Wir berieten uns mit isra-

elisch-arabischen Architekten aus Nazareth und Haifa und errichteten auf einigen enteigneten Grundstücken eine kleine Neubausiedlung von insgesamt neunundzwanzig Wohnungen. Der Preis für diese Wohnungen war verhältnismäßig gering, und wir bemühten uns, Langzeitkredite zu beschaffen und die Kaufbedingungen nach Möglichkeit zu erleichtern. Es gab aber trotzdem noch Schwierigkeiten. Die Araber wollten nicht in Häuser einziehen, die auf enteignetem Grund lagen, und so dauerte es ziemlich lange, bis alle Wohnungen belegt waren. Danach reduzierten wir die direkte Beteiligung der Regierung an dem Wohnungsbau für Araber auf ein Minimum und sorgten statt dessen für die Finanzierung einer privaten arabischen Baufirma. Wir wurden auf diesem Gebiet noch aktiver, als wir eine arabische Baufirma mit der erforderlichen Kapazität fanden. Der Chef dieser Baufirma, Muhammed Nusseibeh, ein Bruder Anwar Nusseibehs (des früheren jordanischen Erziehungs- und Kriegsministers und ehemaligen Botschafters in England), hatte sich zweifellos vorher die Zustimmung seines Bruders und der jordanischen Regierung eingeholt. Das Wohnungsbauministerium gewährte Nusseibeh die gleichen Vorzugskredite, die es jüdischen Baufirmen bietet, und er begann mit dem Bau von hundert Wohnungen. Es folgten noch 150, und weitere sind geplant. Unsere einzige Bedingung war, daß einige von diesen Wohnungen für den Bedarf der Stadt reserviert wurden – etwa als Alternativwohnungen für Araber, die illegal Wohnungen in der Altstadt okkupierten.
Doch versuchten wir auch andere Wege zu gehen. Zum Beispiel boten wir Arabern, die selber bauen wollten, Hypotheken an. Die Mehrheit dieser Leute wohnte in weiter auswärts liegenden Gebieten, wo Grund und Boden zur Verfügung steht und Großfamilien in weitverzweigten Bauten leben, an die immer wieder neue Räume angebaut werden konnten. Der legale Status der meisten dieser Hypotheken ist etwas fragwürdig. Eine normale israelische Hypothekenbank hätte von den Bewerbern Dokumente verlangt, aus denen die Eigentumsverhältnisse an dem fraglichen Grund und Boden eindeutig hervorgehen. Da die wenigsten solche Dokumente besaßen, gründeten wir einen Sonderzweig der regierungseigenen Hypothekengesellschaft, die mit der Stadtverwaltung zusammenarbeitete und Darlehen prak-

tisch einzig und allein auf Treu und Glauben gewährte. Da die Araber oft den größten Teil der Bauarbeiten selbst ausführen, waren die benötigten Geldbeträge vergleichsweise gering. Diese Methode hat sich außerordentlich bewährt, und wir haben Tausende von solchen Hypotheken vermitteln können. Die Folge davon ist, daß die Bautätigkeit der Araber ständig im Wachsen begriffen ist – für mich nicht nur die Reaktion auf ein praktisches Bedürfnis, sondern auch ein Zeichen von Wohlergehen und Stabilität. Nur wer keine Angst davor hat, infolge eines Krieges oder anderer Ereignisse umziehen zu müssen oder obdachlos zu werden, ist bereit, Geld und Arbeit in seine Wohnung zu stecken.

Bis auf eines fanden alle diese Bauvorhaben – sowohl auf dem arabischen als auch auf dem jüdischen Sektor – außerhalb der Altstadt statt. Die einzige Ausnahme bildete der Wiederaufbau des jüdischen Viertels. 1967 hatten wir bei der Wiedervereinigung der Stadt vom jüdischen Viertel nur noch Ruinen von Häusern und Synagogen vorgefunden, in denen sich Araber eingenistet hatten, die nicht aus Jerusalem stammten, aber Arbeit in der Stadt gefunden hatten. Hier hatte früher eine blühende jüdische Gemeinde existiert. Um die Jahrhundertwende war das jüdische Viertel sogar verhältnismäßig groß, wurde jedoch zunehmend kleiner, da mehr und mehr Juden in Jerusalem Wohnungen außerhalb der Altstadtmauern bezogen. 1948 kämpften die Bewohner des Viertels gegen die Arabische Legion, bis ihnen Munition und Wasser ausgingen und sie sich ergeben mußten. John Phillips, ein Fotoreporter der Illustrierten *Life,* der 1948 bei der Arabischen Legion war, hat das Viertel zur Zeit der Kapitulation fotografiert. Seine Bilder beweisen, daß durch die Kämpfe selbst nur wenig zerstört worden war. Unmittelbar nach der Kapitulation wurde das jüdische Viertel geplündert und noch vor dem Ende des Krieges von den Jordaniern praktisch dem Erdboden gleichgemacht.

Einer unserer ersten Entschlüsse war, das Viertel wiederaufzubauen und Ersatzwohnungen für die Araber zu finden, die sich dort niedergelassen hatten. Es gab nur wenige arabische Familien, die seit ein, zwei Generationen oder vielleicht sogar noch länger im jüdischen Viertel gelebt hatten, und einige davon ließen sich nur widerwillig dazu herbei, es zu verlassen. Doch mit Ausnahme dieser wenigen wa-

ren sämtliche Araber im jüdischen Viertel nur allzu glücklich, eine großzügig bemessene Entschädigung zu erhalten und sich außerhalb der Altstadt niederzulassen. Es verband sie keinerlei besonderes Gefühl mit gerade diesem Viertel. Trotzdem scheint die Evakuierung von Arabern automatisch einen internationalen Aufschrei nach sich zu ziehen. Tatsächlich haben wir im Laufe unserer Planungsaktivitäten viel mehr Juden als Araber evakuiert. (Die Renovierung des Yemin-Moshe-Viertels in der Neustadt ist dafür nur ein Beispiel.) Überdies konnten aufgrund der Neuplanung des jüdischen Viertels auch viele jüdische Institutionen ihren ehemaligen Besitz dort nicht wieder bekommen; ich kann mich jedoch nicht erinnern, daß man dieser ›Ungerechtigkeit‹ wegen überall auf der Welt Zeter und Mordio geschrien hätte. Es ist schon eine sehr merkwürdige Situation. Sobald wir darangingen, die Lebensbedingungen jener arabischen Familien zu verbessern, die in menschenunwürdigen Behausungen lebten, und ein verwüstetes Viertel unserer Stadt wiederaufzubauen, erhob sich ein Sturm des Protests. Als jedoch die Juden 1948 aus ihren Wohnungen vertrieben und das jüdische Viertel zerstört wurde, hatte die Welt nichts zu sagen.
Parallel zu dem Wiederaufbau des jüdischen Viertels wollte ich auch andere Viertel der Altstadt sanieren und trat zu diesem Zweck an einige Kabinettsmitglieder heran, doch gelang es mir nicht, Gelder dafür locker zu machen. Als wir jedoch von persönlichen Freunden im Ausland eine Spende von 200000 Dollar für die ›Jerusalem Foundation‹ bekamen, gingen wir von uns aus an die Arbeit. Diese Initiative demonstrierte unsere Entschlossenheit, die Lebensverhältnisse in allen Teilen der Stadt einander nach Möglichkeit anzugleichen. Das überzeugte die Regierung endlich, uns ihrerseits unter die Arme zu greifen, und seit 1973 haben wir für diese Zwecke jährlich rund anderthalb Millionen US-Dollar erhalten. Diese Gelder haben wir verwendet, um im christlichen und im moslemischen Viertel die Infrastruktur zu verbessern (so auch die Kanalisations- und Entwässerungssysteme, die teilweise bis ins fünfte Jahrhundert zurückgehen, bestenfalls aber bis ins neunzehnte), das Steinpflaster der Straßen wiederherzustellen, wo es in den letzten Jahren einfach mit Asphalt ausgebessert worden war, den Wald von Fernsehantennen auf den

Häusern durch eine Gemeinschaftsantenne zu ersetzen, die Telefonkabel unter die Erde zu verlegen und Häuserfassaden und Straßen in dem arabischen Basarviertel zu verschönern. Wenn wir das augenblickliche Tempo beibehalten, werden wir erst 1983 oder 1984 mit diesem ehrgeizigen Programm fertig sein.

Mit dem Wiederaufbau des jüdischen Viertels wollten wir die jüdische Bevölkerung, insbesondere jene Familien, die 1948 von hier vertrieben worden waren, in die Altstadt zurückbringen. Gleich nach dem Sechstagekrieg waren eine Menge Leute bereit, sofort in das alte Viertel zurückzukehren und in hastig und planlos errichtete Häuser einzuziehen. Statt dessen planten wir diesen Stadtteil langsam und gründlich, um nach Möglichkeit Altes zu bewahren oder wiederherzustellen, antike Bauteile zu integrieren und neue Häuser in angemessenem Größenverhältnis hochzuziehen. Der Plan sieht vor, daß im jüdischen Viertel rund sechshundert Familien sowie *yeshivot* (Talmudakademien) für eine Gesamtbevölkerung von rund 3500 Menschen untergebracht werden. (Es sollte vielleicht erwähnt werden, daß um die Jahrhundertwende fünfzehntausend Juden im jüdischen Viertel lebten; es liegt jedoch auf der Hand, daß der Lebensstandard heute ein anderer ist und wir nicht auf die gleiche Bevölkerungsdichte abzielen, wie sie damals geherrscht hat.) Gleichzeitig beschlossen wir, vor dem Beginn der Bauarbeiten Ausgrabungen durchzuführen, um herauszufinden, was die Archäologie uns über dieses Gebiet zu sagen hatte. Wir fanden Beweise für eine ununterbrochene jüdische Besiedelung, die bis auf das sechste oder siebte vorchristliche Jahrhundert zurückreicht. Zu den ergreifendsten Funden gehörten eine Reihe von recht luxuriösen Häusern, die im Jahre 70 nach Christus zerstört wurden – im selben Jahr also, als die Römer den Tempel niederbrannten. Mächtige Holzbalken waren bei einem Brand heruntergebrochen, der eine dicke Aschenschicht hinterließ, unter welcher zerbrochenes Geschirr und Haushaltsgeräte begraben wurden. In den Trümmern waren sogar noch ein paar Essensreste zu erkennen. Man hatte das tragische Gefühl, der Zerstörung beizuwohnen.

Wir haben vor, nach und nach all diese Funde wiederherzustellen, einige in unterirdischen Gewölberäumen, damit Wohnhäuser über ihnen errichtet werden können. Bis jetzt haben wir nur die Rekonstruktion einiger der frühesten Synagogen der Stadt schaffen können. Diese waren von Juden, die nach ihrer Vertreibung aus Spanien im Jahre 1492 nach Jerusalem zurückkehrten, gebaut und bis 1948 ununterbrochen benutzt worden. Die erste Gruppe von Synagogen, die wir rekonstruierten, war der ›Yohanan-Ben-Zakkai-Komplex‹. Zur Zeit seines Entstehens, also etwa zu Anfang des sechzehnten Jahrhunderts, war ein Edikt in Kraft, dem zufolge kein jüdisches Gebäude ein arabisches Bauwerk in der Nachbarschaft überragen dürfe. Daher gingen die damaligen Planer ›in die Tiefe‹, um trotzdem Räume mit hohen Decken bauen zu können. Es waren gleichsam versenkte Synagogen, und das war der Grund, warum sie gerettet wurden, als das jüdische Viertel 1948 dem Erdboden gleichgemacht wurde.

Beim Wegräumen des Schutts stießen wir auf ein Monument, dem eine gewisse tragische Ironie nicht abzusprechen ist. Nachdem wir sämtliche Schuttschichten abgetragen hatten und in größere Tiefen vordrangen als alle Grabungen der letzten Jahrhunderte, entdeckten unsere Archäologen die Fundamente einer romanischen Kirche mit drei Apsen. Anhand einschlägiger Quellen stellte sich heraus, daß es sich hier um die Kirche ›St. Maria der Deutschen‹ handeln mußte, ein im zwölften Jahrhundert errichtetes Kloster des Deutschritterordens, der sich um diese Zeit vom Johanniterorden abspaltete. Der Deutschritterorden zog sich später aus Palästina zurück und eroberte Ostpreußen von den Slawen. Da hatten wir also eine deutsche Kirche, die mit bestimmten historischen Ereignissen verknüpft war und uns sowohl an die Massaker der Kreuzfahrer erinnerte (die bei der Eroberung Jerusalems unterschiedlos Juden wie Araber niedermachten) als auch an die tragische Rolle, die Deutschland in der jüngsten jüdischen Geschichte spielte. Aber wie dem auch sei: Da es sich um einen Teil der Vergangenheit der Stadt handelte, beschlossen wir, sie zu restaurieren. Einige der religiösen jüdischen Kreise in Jerusalem erhoben Einwände: »Warum sie nicht verschwinden lassen? Wozu brauchen wir auch noch die Überreste einer Kirche auf dem Weg zur Westmauer?« Das waren stichhaltige Argumente; und doch: Wie konnten wir die Geschichte fälschen oder verändern? Ein Großteil der Kirche wurde restauriert, wenn auch nicht genug gefunden wurde, um auch

das Dach wieder aufzubauen; deshalb machten wir eine von Mauern geschlossene Gartenanlage daraus, an der man auf einem der Wege zur Westmauer vorbeikommt.
Das schwierigste Problem stand uns jedoch noch bevor – die Gestaltung des Platzes vor der Westmauer. Wir haben uns bemüht, den Namen ›Klagemauer‹ abzuschaffen. Ich weiß nicht, seit wann man im Englischen anfing, von *western wall* zu sprechen – im Hebräischen jedenfalls hat es immer ›Westmauer‹ geheißen. Eigentlich sollte jetzt, da die Mauer uns seit zweitausend Jahren zum erstenmal wieder gehört, auch das althergebrachte Klagen aufhören, wiewohl viele Juden glauben, daß die Trauer erst dann aufhört, wenn der Tempel wiederaufgebaut ist. Übrigens erhalte ich durchschnittlich dreißig bis vierzig Briefe im Jahr, meist von christlichen Fundamentalisten verschiedenster Konfessionen, in denen wir dringlichst aufgefordert werden, den Tempel wiederaufzubauen, da das als Voraussetzung für die Wiederkehr Christi gilt. Bei Pressekonferenzen werde ich oft gefragt, ob wir vorhaben, den Tempel wieder aufzubauen. Für gewöhnlich antworte ich, daß jüdischer Tradition gemäß der Tempel bereits existiert und sich beim Erscheinen des Messias vom Himmel herabsenken und seinen rechtsmäßigen Platz einnehmen wird – und bis dahin muß man sich eben gedulden.
Die Westmauer (eigentlich die westliche Umfassungsmauer des Herodianischen Tempelbezirks) ist über 365 Meter lang, von denen nur ein sehr kleiner Teil (rund dreißig Meter) zu sehen war und während der letzten tausend Jahre als Gebetsstätte diente. Dieser Teil wurde 1967 auf über sechzig Meter verbreitert, als wir das Gebiet säuberten und Abtritte und andere Baulichkeiten abrissen, die direkt an die Mauer angebaut worden waren. Gleichzeitig gruben wir auch 1,80 Meter tiefer und brachten zwei weitere Reihen der monumentalen Quadersteine des Herodes zutage. Ehe das an die Mauer angrenzende Gebiet gesäubert wurde, hatte man die Mauer aus der Ferne gar nicht sehen können, und es entstand der Eindruck von wesentlich größerer Höhe, wenn man dicht davorstand und emporschaute. Auch bestand in den Tagen, als die Beter sich auf dem engen Raum davor drängten, eine wesentlich innigere Beziehung zur Mauer. Ich persönlich war immer der Meinung gewesen, daß das Abreißen des Gebietes vor der

Mauer erst einen Schritt in Richtung Wiederaufbau darstellen könne. Unsere Generation hat die Aufgabe, den Raum davor zu planen, damit der Zugang zur Mauer wieder etwas Geheimnisvolles und Überraschendes bekommt und das Gefühl unmittelbar angesprochen wird.
Selbstverständlich wurde unsere Arbeit in der Altstadt durch die unglückliche Forderung der UNESCO noch weiter kompliziert, daß sämtliche archäologischen Ausgrabungen in Jerusalem eingestellt werden müßten. Ironischerweise förderten die meisten Grabungen, die wir mit vorbildlicher Sorgfalt durchführten (ganz besonders dort, wo etwa benachbarte Moscheen hätten in Mitleidenschaft gezogen werden können), viele islamische Bauten zutage, insbesondere solche aus der Zeit der Omaijaden. Dabei handelt es sich um eine Epoche der Jerusalemer Geschichte, aus der es nur wenige schriftliche Zeugnisse gibt; die Entdeckungen haben daher weit mehr über die islamische Epoche der Jerusalemer Geschichte enthüllt, als jemals zuvor bekannt gewesen war. Alles in allem ist es wirklich kaum zu verstehen, warum die Araber so großes Interesse daran haben, daß wir mit den Grabungen aufhören. Die einzige Erklärung dafür ist die Nützlichkeit der großen Lüge im politischen Kampf.
Zehn Jahre nach der Wiedervereinigung Jerusalems haben wir immer noch keine ›integrierten‹ jüdisch-arabischen Stadtviertel. Aber es besteht keine Trennung zwischen Juden und Arabern vor dem Gesetz. Nichts hindert einen Araber daran, eine Wohnung in einem sonst von Juden bewohnten Haus zu kaufen oder zu mieten und umgekehrt. Nur geschieht das einfach nicht. Hat ein Araber Kinder, möchte er selbstverständlich, daß sie eine arabische Schule in der Nachbarschaft besuchen; außerdem werden er und seine Frau den gemeinsamen Freunden nahe sein wollen, den Moscheen, den Märkten, den Gerüchen und den Klängen, die ihnen vertraut sind. Das gleiche gilt nicht nur auch für Juden, sondern ebenso für die Armenier und all die anderen Sekten und ethnischen Gruppen. Wenn man vor hundert Jahren durch das Jaffa-Tor nach Jerusalem hereinkam, hatte man ein armenisches Viertel zur Rechten, ein griechisches Viertel zur Linken; dann ging man an einem römisch-katholischen Viertel und den Bezirken kleinerer christlichen Gruppen, wie Kop-

ten, Abessiniern, Assyrern und vielen anderen, vorüber. Schließlich gelangte man in ein großes jüdisches Viertel und ein großes moslemisches Viertel. Kein Armenier wäre damals wie heute auf die Idee verfallen, ein Kopte oder griechisch-orthodox zu werden. Kein Grieche wäre je in das jüdische Viertel gezogen. Die Gemeinden hielten peinlichst genau Abstand voneinander. Jerusalem war ein Mosaik, hatte eine Gesellschaft, die sich aus vielen Kulturen zusammensetzte, war aber niemals ein Schmelztiegel. Jeder gehörte dieser oder jener Gemeinschaft mit einer eigenen Sprache und Tradition an. Das gehört zum traditionellen Jerusalemer Charakter, und daran werden ohne Zweifel auch all die neuen Wohnbauten nichts ändern.

Wenngleich es unser Wohnungsbauprogramm war, das immer wieder Schlagzeilen machte, so bemühte sich die Stadtverwaltung fortwährend darum, Bäume zu pflanzen und Grünflächen zu schaffen. Eine meiner ersten Aktivitäten nach der Amtsübernahme war die Anlage von kleinen Grünflächen und Miniparks im gesamten Stadtbereich. In unserem Klima und bei unseren sehr beengten Lebensverhältnissen sind solche Parks für Kinder, Jugendliche und Erwachsene von größter Wichtigkeit. Acht Monate des Jahres hindurch stellen sie praktisch eine Erweiterung des Wohnraums dar, sobald die Jerusalemer sich daran gewöhnt haben, sie zu benützen, und im Laufe der Jahre nutzten sie sie immer mehr. Wenn alle im Laufe der letzten Jahre gepflanzten Bäume ihre volle Größe erreicht haben, wird Jerusalem zum erstenmal in seiner Geschichte eine grüne Stadt sein.

Darüber hinaus entstehen in Jerusalem ausgedehnte Grüngürtel. So hatte ich zum Beispiel ins Auge gefaßt, in dem geräumten Gebiet entlang der Altstadtmauern einen Nationalpark zu schaffen, um dieses Gebiet abzuschirmen und gleichsam eine Pufferzone zwischen der Altstadt und dem modernen Jerusalem mit seinem hektischen Leben zu schaffen. Bald nach dem Sechstagekrieg beraumte ich im Büro von Ministerpräsident Eshkol ein Treffen mit sieben oder acht Kabinettsmitgliedern an, die meine Vorschläge annahmen; nur wurde freilich nichts unternommen, um diesen Park zu schaffen. Leider gelang es mir auch nicht, eine der nachfolgenden Regierungen zu bewegen, die Sache in die Hand zu nehmen. Trotzdem weigerte ich mich, meine Idee fallen zu lassen, und heute ist die Arbeit an diesem Nationalpark, der eine Fläche von 200 Hektar umfassen wird, ziemlich weit fortgeschritten. Wo die Regierung nichts ausrichten konnte, halfen uns ausländische Freunde durch Spenden für die ›Jerusalem Foundation‹, zu unserer besonderen Freude aber auch die Kirchen, denen Teile des betreffenden Grund und Bodens gehörten, der uns verkauft oder langfristig verpackt wurde.

Dieses Projekt kostete sehr viel Geld. Zunächst einmal mußten wir das Land erwerben, das zum größten Teil den älteren in Jerusalem ansässigen Kirchen gehörte, der griechisch-orthodoxen und der armenischen Kirche. Diese Religionsgemeinschaften bezogen aus diesem Besitz ganz ansehnliche Pachtgelder. Sie sind aber nicht unermeßlich reich und brauchen immer Geld für ihre erzieherischen und sozialen Aktivitäten sowie für den Unterhalt ihrer Kirchen und Klöster. Andererseits haben sie Verständnis für die Bedürfnisse der Stadt und sind aus naheliegenden Gründen daran interessiert, das Prestige Jerusalems zu heben. Daher kauften wir mit ihrer Hilfe rund um die Altstadt herum Land auf und erklärten es zu einem Nationalpark, was laut Gesetz jede zukünftige Verwaltung daran hindert, seinen Charakter jemals zu ändern. Ich glaube, wir sind zur Zeit die einzige Stadt der Welt, in der ein solcher Park im Zentrum der Stadt im Entstehen begriffen ist. Schließlich entstanden der Hyde Park, der Bois de Bologne und der Central Park dadurch, daß man Grünflächen aussparte, und nicht dadurch, daß man zu außerordentlich hohen Preisen Land kaufte und es in Parks verwandelte. Gemeinsam mit dem ›Jewish National Fund‹ sind wir dabei, an den Außenbezirken der Stadt einen zweiten großen Grüngürtel zu schaffen, den *Jerusalem Forest* oder ›Jerusalemer Wald‹.

Nicht alle unsere Freiraumprojekte sind von so gewaltigen Ausmaßen, doch sind mir auch die kleinsten wichtig, weil sie die Lebensqualität in der Stadt verbessern, und zwar in der unmittelbaren Umgebung der potentiellen Benutzer. Das Besondere an diesen kleineren Parks und Spielplätzen ist, daß so viele davon ihr Entstehen individuellen Stiftern verdanken. Genauso, wie wir unsere Pläne für Jerusalem einem internationalen Gremium vorlegten, habe ich versucht, die Entwicklung der Stadt nicht nur den Jerusalemern selbst, sondern auch anderen nahezubringen. Das geschah über die ›Jerusalem Foundation‹, die 1966 in New York gegründet wurde. Bald nachdem ich zum Bürgermeister gewählt worden war, meinten ein paar Freunde von mir, von Zeit zu Zeit brauchte ich wahrscheinlich Geld für ein paar außerplanmäßige Dinge – wie etwa einen Forschungsassistenten oder irgendeine Arbeit, für die ich keinen Extraposten im Haushalt beanspruchen konnte. Das war der Gedanke, der ursprünglich hinter der ›Foundation‹ stand, doch entwickelte sich daraus rasch eine kleine unabhängige Organisation, die eigene Projekte in Jerusalem durchführt. Im Gegensatz zur Stadtverwaltung und zur Regierung sind ihr nicht durch bürokratischen Papierkram die Hände gebunden. Den Vorsitz über die Stiftung führt ein Aufsichtsrat, den prominente Bürger bilden, die auf keinerlei Koalitionsabsprachen oder andere politische Verpflichtungen Rücksicht zu nehmen brauchen und objektiv die wirklichen Bedürfnisse der Stadt beurteilen können. Auf diese Weise können Projekte sehr viel schneller realisiert werden, und die Ergebnisse sind überall in der Stadt sichtbar.

Die ›Foundation‹ ist in mehr als einer Beziehung einzigartig: Zunächst einmal unterhält sie keine einzige bezahlte Kraft im Ausland; alle, die ihre Zeit für sie opfern, arbeiten freiwillig. Sodann ist selbst der Mitarbeiterstab in Jerusalem klein und begrenzt geblieben. Geleitet wird die ›Foundation‹ mit viel Verständnis, Fingerspitzengefühl und tiefer Liebe zu der Stadt, wie sie nur eine Jerusalemerin der siebten Generation aufbringen kann: von Ruth Cheshin. Und was vielleicht am wichtigsten von allem ist: Unsere Spendensammel-Kampagnen finden hier in Jerusalem statt, wo wir unseren Besuchern an Ort und Stelle zeigen, wo Not am Mann ist. Wir bitten nicht um Beiträge, sondern bieten den Spendern Gelegenheit, ganz bestimmte Projekte zu unterstützen, für die der Betreffende dann voll und ganz aufkommt. Dadurch haben die Geldgeber das Gefühl, daß irgend etwas in der Heiligen Stadt ihnen gehört und sie folglich ein Teil von ihr sind.

Eines dieser Projekte, in dem der Geist Jerusalems ganz besonders zum Ausdruck kommt, wurde von einem guten Freund aus Dallas, Texas, initiiert. Er erwähnte mir gegenüber einmal, er würde gern einem Geschäftspartner, einem Baptisten aus Austin, zu Ehren eine Stiftung machen, und da kam mir eine ökumenische Idee: Warum

nicht einen Park auf dem Ölberg anlegen (der jetzt ein moslemisches Viertel ist)? Die Vorstellung, daß ein Jude aus Dallas dem jüdischen Bürgermeister von Jerusalem Geld für einen Park in einem moslemischen Viertel gibt – einem Baptisten zu Ehren –, gefiel mir ausnehmend gut. Mein Freund schlug ein, und im Sommer 1975 wurde in Anwesenheit einer Delegation aus Austin der Park seiner Bestimmung übergeben. So haben wir heute anstelle eines Abfallhaufens einen schattigen Park mit wunderschönen Bäumen, unter denen die Älteren sich entspannen und ihre *narghiles* rauchen können, während die Kinder sich lärmend auf der Rutschbahn vergnügen. Dies ist nur eine der vielen Anlagen, die von der ›Jerusalem Foundation‹ finanziert wurden und die wir stolz anderen ›Wahlbürgern‹ von Jerusalem zeigen, in der Hoffnung, sie durch eine Spende an die ›Foundation‹ zu – ›de facto‹ – Steuerzahlern zu machen.
Die Geschichte von ›Mishkenot Sha'ananim‹ illustriert ebenfalls den wahrhaft internationalen Charakter Jerusalems. Ich hatte mir schon lange gewünscht, Jerusalem zu einer zweiten Heimat für die größten Künstler der Welt zu machen. Ich wollte eine Stätte schaffen, wo sie sich während ihres Aufenthalts in Jerusalem wirklich zu Hause fühlen konnten – eine Bleibe, wo sie sich sowohl erholen als auch arbeiten konnten –, und dafür bot sich ›Mishkenot Sha'ananim‹ (was übersetzt etwa heißt: beschaulich-geruhsame Wohnsitze) geradezu an. Die Mishkenot liegen in dem Yemin Moshe genannten Viertel, vor einem Jahrhundert von Sir Moses Montefiore gegründet wurde. Es war das erste jüdische Gemeinwesen in Jerusalem, das außerhalb der Altstadt errichtet wurde, und nach der Teilung der Stadt 1948 unmittelbar an der Grenze lag und schließlich, da es so exponiert war, ziemlich vernachlässigt wurde. Nach 1967, als die Grenze verschwand, wurde Yemin Moshe rasch wieder zu einer sehr begehrten Wohngegend. Mishkenot Sha'ananim, ein langgezogenes, flaches Gebäude unmittelbar unterhalb der Windmühle (die heute ein kleines Museum zum Andenken an Montefiore enthält), war immer noch das Wahrzeichen des Viertels.
Wenn man alte Gebäude restauriert, muß man ihnen neue Inhalte geben. So hatte die ›Jerusalem Foundation‹ bereits den *Khan*, eine türkische Karawanserei, in ein intimes Kultur- und Vergnügungs-

zentrum mit Theater, Restaurant, Kunstgalerie und Unterhaltungsetablissements verwandelt. Bei Mishkenot Sha'ananim kristallisierte sich schließlich nach einigem Nachdenken die Idee heraus, ein Gästehaus für auswärtige Künstler und Gelehrte daraus zu machen. Die bedeutendste Spende, die uns die Restaurierung und Modernisierung des Gebäudes ermöglichte, kam von demselben Bill Levitt, der schon vor fünfundzwanzig Jahren unserem jungen Staat großzügig beigestanden hatte. Mishkenot wurde restauriert und neun gut aufgeteilte und komfortabel eingerichtete Wohnungen mit Blick auf die Altstadt und das Hinnom-Tal darin untergebracht. Im August 1973 weihten wir das Gebäude mit einer unvergeßlichen Feier ein, an der Pablo Casals, Isaac Stern und Sasha Schneider, Eugene Istomin und Leonard Rose und natürlich Bill und Simone Levitt nebst vielen ihrer Freunde teilnahmen. Wir hatten eine Vollmondnacht für die Feierstunde im Freien ausgesucht. Es sollte das letzte öffentliche Konzert sein, das Don Pablo jemals gab – ein ergreifender, wunderschöner Abend.

Diese Feierstunde war auch die erste von vielen kulturellen Veranstaltungen des Jerusalemer Musikzentrums. Schon als Chef des Ministerpräsidentenamtes hatte ich mich dafür eingesetzt, ein jährliches ›Israel-Festival‹ ins Leben zu rufen, das hauptsächlich ein Musikfestival sein sollte, zu dem aber auch einige Theater- und Balettaufführungen kommen konnten. Durch das ›Israel-Festival‹ lernte ich viele hervorragende Musiker kennen; dabei habe ich persönlich nie ein besonders ausgeprägtes Musikverständnis gehabt. Eine besonders enge Beziehung verband mich später mit Isaac Stern, und zwar nicht nur wegen seiner Musik, sondern auch wegen seiner tätigen Liebe zu Israel. Doch es gab noch viele andere bedeutende Musiker, die ihre Liebe zu Israel durch ihre Kunst bewiesen: Casals, der regelmäßig nach Israel kam; Strawinsky, der mit der *Opferung Isaacs* eigens ein Werk für das Festival komponierte; Sasha Schneider, Violinist, Dirigent und Organisator der ›Casals-Festspiele‹, Arthur Rubinstein, Leonard Bernstein, Gina Bachauer und viele, viele andere.

Ein sehr bewegendes Erlebnis war dem Vorschlag Sashas zu verdanken, die Ruinen des römischen Amphitheaters in Caesarea als Hintergrund für ein Musikfestival auszuprobieren. Was eigentlich nur

ein Test sein sollte, geriet zu einem Gala-Abend. Casals, Stern und das herrliche ›Budapester Quartett‹ mit Sasha Schneider kamen mit, und Stern, Rose und Istomin spielten. Ein paar hundert Gäste saßen auf den Steinstufen, die einst die Sitze des Amphitheaters gebildet hatten. Eine arabische Familie hatte im Laufe der letzten Jahrzehnte nach und nach die letzten Marmorplatten abgebrochen und Gips daraus gebrannt, so daß man recht unbequem saß; aber die Akustik war außergewöhnlich. Im Hintergrund das Mittelmeer, die stille Stunde vor Sonnenuntergang – zu der ursprünglich alle Theateraufführungen in der Antike stattfanden –, all das schuf eine Atmosphäre, wie sie später bei den Abendvorstellungen in dem restaurierten Amphitheater von Caesarea nie wieder ganz eingefangen wurde.
Von diesem Erlebnis führte eine direkte Linie zu dem hervorragenden Musikzentrum, das wir in der Nähe von Mishkenot Sh'ananim geschaffen haben. Diesmal war es Isaac Stern, der davon geträumt hatte. Er befürchtete das Verschwinden der großen Musiktraditionen, die von europäischen Musikern auf der Flucht vor den Nazis – in jüngster Zeit von den russischen Musikern – nach Israel gebracht worden waren. Dieser Entwicklung konnte seiner Meinung nach nur dadurch Einhalt geboten werden, daß wir unsere Lehrmethoden verbesserten und auch Lehrer und Schüler aus dem Ausland herbrachten. Isaac wollte eine besonders hochentwickelte und intensive Lehrmethode entfalten und die Lektionen auf ein Farb-Videoband aufnehmen. Auf diese Weise sollten nicht nur die anwesenden Schüler und Lehrer davon profitieren, sondern Menschen auf der ganzen Welt, die mit Musikerziehung zu tun hätten. Es gelang Isaac, die englischen Rothschilds für diese Idee zu gewinnen. Den Anfang machte Casals, der im Khan-Theater unterrichtete. Inzwischen ist das Jerusalemer Musikzentrum fertiggestellt worden, und die Ergebnisse sind aufregend und eindrucksvoll, zumal die technische Ausrüstung von hervorragender Qualität ist. Die Interviews, die wir mit großen Musikern unserer Zeit aufgezeichnet haben, stellen Dokumente von bleibendem Wert dar.
Zu den Gästen, die seit der Eröffnung in Mishkenot gewohnt haben, gehören Arthur Rubinstein, Isaac Stern, Isaiah Berlin, Simone de Beauvoir, Alexander Calder, Robert Rauschenberg, Bernard Lewis,

John Hersey und viele andere. Saul Bellow blieb ein paar Monate lang und schrieb hinterher ein Buch darüber, *To Jerusalem and Back*, das erschien, kurz nachdem er den Nobelpreis bekommen hatte. Ganz besonders beeindruckt war ich von Bellows Diskussion mit Sartre und den Auffassungen der Neuen Linken dem Zionismus gegenüber. Auch glaube ich, daß Saul Bellow hier zum erstenmal in seinen Schriften seine Identifikation mit Israel zum Ausdruck gebracht hat. Unser ungewöhnlichster Gast war vermutlich jedoch die ägyptische Schriftstellerin Sana Hassan, die um eine Einreiseerlaubnis nachsuchte und sie auch erhielt, um ein Buch über Israel zu schreiben. Sana Hassan war eine lange Zeit hindurch Gast im Mishkenot, und wenn sie auch aus ihren persönlichen Ansichten und ihrer Kritik an Israel keinen Hehl machte, wurde sie doch überall mit großem Interesse aufgenommen. (Es kommt nicht alle Tage vor, daß wir Gäste aus den feindlichen Nachbarstaaten bei uns aufnehmen.) Durch Mishkenot hat Jerusalem eine ganz neue Dimension hinzugewonnen. Ich glaube fest daran, daß es auf lange Sicht einen wertvollen Einfluß sowohl auf Jerusalem als auch auf seine Gäste haben wird, denn worum es hier geht, das ist die Verquickung von Talent mit der Atmosphäre der Stadt.

Ein weiteres Symbol der Universalität Jerusalems ist die alle zwei Jahre stattfindende Jerusalemer Buchmesse. Diese Messe ist eine der schönsten Veranstaltungen, die Israel zu bieten hat, und sie hat eine große Anziehungskraft für Schriftsteller, Verleger und Agenten aus der ganzen Welt. Die erste Buchmesse, die noch in sehr kleinem Rahmen stattfand, jedoch auf einer vorzüglichen Idee basierte, fand 1963 statt, also noch vor meiner Zeit als Bürgermeister. Seither haben diese Buchmessen regelmäßig stattgefunden und sind jedesmal größer geworden. Obgleich unsere Messe noch weit von der riesigen Frankfurter Buchmesse übertroffen wird, ist sie rein umfangmäßig die zweitgrößte der Welt und rangiert vor all den anderen kleinen Buchmessen, die hier und da aufgezogen werden und nach einiger Zeit wieder verschwinden. Und im Gegensatz zu vielen Buchmessen, die für das allgemeine Publikum gesperrt sind, stellt die Jerusalemer Buchmesse für die Israelis, die aus dem ganzen Land nach Jerusalem kommen und zu Tausenden die Messe besuchen, auch noch ein be-

deutendes kulturelles Ereignis dar. Unsere ausländischen Teilnehmer können sich vor Staunen über diesen gewaltigen Publikumsandrang kaum fassen; doch als Volk des Buches ist das Interesse für Bücher bei uns wohl eine Selbstverständlichkeit.
Anläßlich der Messe verleiht die Stadtverwaltung den ›Jerusalem-Preis‹, einen Preis für Literatur, Philosophie und Forschung, wobei das Leitmotiv das Thema ›Freiheit des Individuums in der Gesellschaft‹ ist. Der Preis wird von einer unabhängigen, aus Schriftstellern und Wissenschaftlern bestehenden Jury zuerkannt, und der erste Preisträger war Bertrand Russell. Seither sind Rezipienten aus aller Herren Länder unserem Ruf nach Jerusalem gefolgt, von Borges aus Argentinien und Ignazio Silone aus Italien bis zu André Schwarz-Bart, Max Frisch, Eugène Ionesco und Octavio Paz. 1975 wählten die Preisrichter Simone de Beauvoir. Entsprechend dem üblichen Verfahren wurde ihr der Preis nicht öffentlich angeboten, und erst nachdem sie ihn angenommen und versprochen hatte, ihn persönlich in Jerusalem in Empfang zu nehmen (was zu den Bedingungen gehört), wurde die Verleihung bekanntgegeben.
Simone de Beauvoir ist eine der Lieblingsautorinnen der Neuen Linken, die, mit wenigen Ausnahmen, entschieden antiisraelisch eingestellt ist. Als sie daher kam und in einer bewegenden Ansprache für die Einheit Jerusalems eintrat – dieses Plädoyer war nach anderthalb Tagen Stadtbesichtigung wesentlich dezidierter ausgefallen –, machte dies einen nachhaltigen Eindruck auf die Welt. Begleitet wurde sie bei diesem Besuch von Claude Lanzmann, der sie auch bewogen hatte, den Preis anzunehmen. (Er ist viele Jahre hindurch der literarische Sekretär Sartres gewesen und betätigt sich jetzt als Dokumentarfilm-Produzent.) Er hat Simone de Beauvoir selten emotional so betroffen erlebt wie bei ihrem ersten Besuch in Jerusalem.
Ein Aufenthalt in Mishkenot oder die Entgegennahme des Jerusalem-Preises wird für gewöhnlich zu einer sehr persönlichen Begegnung zwischen dem Künstler und dem Zauber Jerusalems. Zugegebenermaßen ist es eine lange Reise, wenn man nur für einen oder zwei Auftritte herkommt, doch nur wenige Stars schlagen die Aufforderung ab, bei einem Wohltätigkeitskonzert in Jerusalem aufzutreten. Auf diese Weise gelang es uns schließlich, Frank Sinatra wie-

der nach Israel zu holen. Zum erstenmal hatte ich Sinatra 1962 bei einer Konzerttournee durch Israel erlebt, und dann noch einmal 1965, als er in dem Film *Cast a Giant Shadow* (›Der Schatten des Giganten‹) auftrat. Seit ich Bürgermeister geworden war, hatte ich ihn bearbeitet, noch einmal wiederzukommen und ein Wohltätigkeitskonzert zu geben. Grundsätzlich hatte er zwar nichts dagegen, aber er ließ sich auf kein Datum festlegen. Als ich 1972 in Los Angeles war, lief ich ihm in die Arme, als er im Hillcrest Country Club in Beverly Hills (übrigens einem vorwiegend jüdischen Klub), bei dem er Mitglied ist, gerade mit Spiro Agnew Golf spielte. Frank und ich sprachen wieder über ein Konzert in Jerusalem, doch auch diesmal kam wieder nichts Definitives heraus.

Übrigens war ich während dieses Besuches in den Vereinigten Staaten Gast bei der ›Johnny Carson Show‹, und zwar zusammen mit Bürgermeister John Lindsay. Als ich den Warteraum betrat, sah ich dort einen gutaussehenden Schwarzen sitzen. Jemand flüsterte mir zu: »Wissen Sie, wer das ist? Muhammed Ali.« Nicht nur, daß ich wußte, wer er war – unser Sohn Amos bewundert ihn mehr als irgend einen anderen lebenden Menschen. Ali schien ziemlich bewegt, umarmte mich und sagte: »Den Bürgermeister von Jerusalem habe ich schon immer mal kennenlernen wollen!« Drei Jahre sind seither vergangen, doch noch immer kommt es vor, daß Leute auf mich zukommen und mir sagen: »Ich hab' Sie in der ›Johnny Carson Show‹ gesehen!« Offenbar ist das die beste Art, in den Vereinigten Staaten bekanntzuwerden – jedenfalls wird man auf diese Weise wesentlich populärer als durch den Bau von zwanzig Schulen und die Bemühungen, die Straßen Jerusalems sauber zu halten.

Aber wie dem auch sei: Mit Hilfe von Mickey Rudin, einem gemeinsamen Freund und dem Anwalt Sinatras kam Frank schließlich im November 1975 nach Jerusalem, um dort zwei Vorstellungen zu geben. Alle Einnahmen wurden für kulturelle Veranstaltungen für jüdische und arabische Schulkinder gestiftet; es erübrigt sich wohl zu sagen, daß die Konzerte ein phänomenaler Erfolg waren. Nach der ersten Vorstellung gaben wir einen Empfang zu Franks Ehren. Er ging freundlich lachend von einem zum anderen und schüttelte jedem die Hand, den ich ihm vorstellte. Nach dem Dinner kamen wir in seiner

Hotel-Suite zu einem privaten Thanksgiving-Dinner zusammen. Während des Dinners erzählte Frank eine Geschichte, die bis in das Jahr 1948 zurückreicht, als er in der ›Copacabana‹ auftrat. Selbstverständlich wußte er nicht, daß über der ›Copacabana‹ das jetzt nicht mehr existierende Hotel Fourteen lag und wir dort unser *Hagana*-Hauptquartier aufgeschlagen hatten. Jedenfalls bat ein jüdischer Bekannter ihn nach einem Auftritt, eine Aktentasche zu einem bestimmten Pier in Brooklyn zu bringen und sie dort dem Kapitän eines Schiffes zu übergeben. Man sagte ihm, er solle das dritte Taxi am Taxistand weiter unten an der Straße nehmen. Da es halb fünf Uhr morgens war, wußte er, daß es irgend etwas mit Israels Unabhängigkeitskrieg zu tun haben müsse, und deshalb erklärte er sich gern einverstanden. Er fuhr an den Pier, übergab die Aktentasche und sah zu, wie das Schiff in See stach. Als Frank gegen sechs Uhr früh in das Longchamps-Restaurant an der Madison Avenue zurückkehrte, zog einer seiner Kollegen ihn wegen seiner ›Verabredung‹ auf. Freilich hatte es sich um eine ganz andere Verabredung gehandelt, als die Kollegen annahmen. Da wir das Geld dringend zum Schiff bringen mußten, aber alle ständig beobachtet wurden, hatten wir diese Aufgabe jemandem übertragen, der keinerlei Aufmerksamkeit erregen konnte – Frank Sinatra!

Jahre später, als er 1962 zum erstenmal nach Jerusalem kam, stattete er Ben-Gurion in seinem Amt einen Besuch ab. Der Ministerpräsident sah ihn und stellte die für ihn so typische Frage: »Was machen Sie hier?« Dann dankte er Frank, Israel zu einer Schiffsladung Waffen verholfen zu haben. Zuerst wußte Sinatra überhaupt nicht, wovon Ben-Gurion redete. Erst nachdem er das Ministerpräsidentenamt bereits verlassen hatte, fiel ihm das längst vergessene Erlebnis wieder ein, und er begriff, daß es sich bei dem Aktentascheninhalt um die Frachtbriefe für Waffen und Munition nach Israel gehandelt hatte.

Frank Sinatra ist nur einer von den vielen begabten Entertainern, die nach Jerusalem gekommen sind, seit ich Bürgermeister bin. Ich versuche unentwegt, Leute zum Kommen zu verlocken, die nicht nur kraft ihres Talents bekannt sind, sondern auch die entsprechende Ausstrahlung haben. Diese Besuche sind wichtig als Gegengewicht zu der breiten Publizität, die gelegentliche Terroranschläge in Jerusalem erfahren. Da ein Besuch von Frank Sinatra oder Elizabeth Taylor in den Medien fast soviel Aufsehen erregt wie ein Bombenattentat, demonstriert ihre Anwesenheit in Jerusalem den Leuten im Ausland, daß auch sie unbesorgt herkommen können und daß das Leben in Jerusalem nicht von Terrorüberfällen oder den Spannungen zwischen Arabern und Juden beherrscht wird. Die Pflege von Jerusalems Image im Ausland und die psychologische Stimmung in der Stadt gehören für mein Gefühl genauso zum Generalplan Jerusalems wie Baupläne und Entwicklungsvorhaben. Wenn es auch der Vergangenheit verhaftet ist, ist Jerusalem kein Museum, und wir werden alles daran setzen, um zu erreichen, daß es für Bürger wie Besucher gleichermaßen offen und lebendig bleibt.

16
Der Zukunft entgegen

Am 6. Oktober 1973 begann mit einem gleichzeitigen Angriff Ägyptens und Syriens auf Israel der Yom-Kippur-Krieg. Am nächsten Tag machte ich mit einigen Kollegen von der Stadtverwaltung einen Rundgang durch die Altstadt. Wir hatten keine Ahnung, was uns erwartete, doch als wir von einem arabischen Restaurant und Kaffeehaus zum anderen zogen, war die Spannung unverkennbar. Trotzdem kam es nicht zu irgendwelchen Gewalttätigkeiten oder Demonstrationen persönlicher Ressentiments. Im Gegensatz zu 1967 berührte der Krieg diesmal Jerusalem nicht, und die Stadt erlitt keinerlei Schaden. Aber wir empfanden die Spannung der ersten Kriegstage und die Verluste an der Front besonders schmerzlich, denn am Suezkanal war es eine Jerusalemer Reservebrigade, die den ersten Anprall des Angriffs abfing und ganz besonders hohe Verluste hatte – bei denen es sich vor allem um Männer in mittleren Jahren und fast ausnahmslos um Familienväter handelte.
Dann änderte sich im arabischen Sektor die Stimmung. Die Araber meinten, daß ein großer arabischer Sieg unmittelbar bevorstehe, und wurden in den ersten Kriegstagen etwas arrogant. Am zweiten oder dritten Tag, als die Lage besonders kritisch schien, überschüttete ein arabischer Angestellter in einem West-Jerusalemer Hotel den jüdischen Manager mit einem Schwall von Verwünschungen, stürmte hinaus und ließ sich nie wieder blicken. Der von diesem Erlebnis sichtlich mitgenommene Manager kam, mir die Geschichte zu erzählen: »Ich habe diesen Mann verwöhnt«, sagte er. »Sehen Sie, wieviel er verdient hat und wie gut er behandelt wurde. Und jetzt hat er Farbe

bekannt.« Ich persönlich habe mir diesbezüglich nie etwas vorgemacht und mir nie eingebildet, daß die Araber uns sonderliche Sympathien entgegenbrächten. Im Gegenteil, ich war sicher, daß die Araber in Jerusalem sofort versuchen würden, uns loszuwerden, falls sich eine Gelegenheit dazu böte. Bessere wirtschaftliche Verhältnisse fallen weniger ins Gewicht als nationalistische Gefühle.
Obwohl derlei im einzelnen unwichtige Zwischenfälle nach ein paar Tagen aufhörten, hatten die Araber seit 1948 zum erstenmal das Gefühl, daß Israel nicht unbesiegbar sei. Sie hatten zwar geglaubt, die Israelis würden irgendwann einmal geschlagen werden, jedoch für die unmittelbare Zukunft noch keine Entwicklung erwartet, wie sie die Anfangserfolge der arabischen Armeen erhoffen ließen. Dieser Stimmungsumschwung ließ mich an ein Erlebnis mit Mahmud Abu Zuluf denken, den Verleger von *El Kuds* (einer arabischen Tageszeitung, die in Jerusalem erscheint). Als Flüchtling aus Jaffa hatte er unter jordanischer Herrschaft in Ost-Jerusalem gelebt, und ein- oder zweimal war seine Zeitung verboten und er selbst wegen Kritik an Husseins Regime verhaftet worden. Nach dem Sechstagekrieg hatte Zuluf weiter seine Zeitung herausgebracht. Da er ein Mann von Überzeugungen und keineswegs ein Kollaborateur ist, gefallen viele seiner Artikel uns ganz und gar nicht. Daß in Israel aber auch solche Zeitungen Pressefreiheit genießen, ist meiner Meinung nach von größter Wichtigkeit für die arabisch-israelische Koexistenz, zumal Israel das einzige Land im Vorderen Orient mit einer freien arabischen Presse ist.
Mich verbindet ein herzliches Verhältnis mit Abu Zuluf. Eines Nachmittags im Jahre 1970 war er zusammen mit Ben-Gurion Gast bei uns. Beide kannten sich – und zwar seit 1946 aus Kairo, wo Ben-Gurion Abu Zuluf ein Interview gegeben hatte –, und sie fingen ihr Gespräch genau dort wieder an, wo sie vor einem Vierteljahrhundert aufgehört hatten. Ben-Gurion wiederholte seine Meinung, die er auch 1946 schon vertreten hatte, daß es zu seinen Lebzeiten zu keinem Frieden kommen würde, dafür jedoch noch zu Lebzeiten Abu Zulufs, der wesentlich jünger war als Ben-Gurion. Doch je länger es dauern würde, sagte Ben-Gurion, desto schwerer würde es den Arabern fallen, die Friedensbedingungen anzuerkennen.

Einige Zeit später, nach dem Tod des Muftis von Jerusalem, Haj Amin el-Husseini (dessen Politik während der Unruhen gegen die Engländer und Juden während des Britischen Mandats zu mehr Ermordungen von Arabern durch Araber führte als es Juden oder Engländern das Leben kostete und der seit 1948 in Beirut gelebt hatte), veröffentlichte Abu Zuluf einen Artikel, in dem er sich sehr kritisch über den Mufti äußerte. Ein paar Tage danach setzte er sich in einem weiteren Artikel dafür ein, daß die Zukunft der Palästinenser von jenen Arabern entschieden werden sollte, die in Palästina geblieben waren (etwa eine Million Menschen), obwohl diese im Augenblick unter einer Besatzungsmacht lebten, und nicht von den im Ausland lebenden Palästinensern. Dieser Artikel wurde ein paarmal vom Sender der *El Fatah* kritisiert, und eines Tages wurde Abu Zulufs Auto in Brand gesteckt. Am nächsten Morgen kam er zu mir, um sich zu beschweren: »Ich habe sechs Kinder. Heute ist es mein Auto, morgen ist vielleicht mein Sohn an der Reihe. Wenn Sie mich nicht schützen können, wie soll ich weiter frei meine Meinung sagen? Warum verhindert die Polizei den Terror nicht?« Das war vor dem Krieg 1973 gewesen, als die Araber die Israelis für allmächtig hielten. Ich glaube nicht, daß Abu Zuluf heute zu uns käme und um Schutz vor arabischem Terror bäte.

Jahrelang hatten die Palästinenser in den Tag hinein gelebt und gehofft, daß andere – die UNO, die Russen, die Amerikaner, die arabischen Länder – die Probleme Jerusalems lösen und ihnen die Stadt wiedergeben würden. Jetzt gewannen sie nicht nur Vertrauen in das militärische Potential der arabischen Länder, sondern begannen, sich selbst als Teil von ihnen zu begreifen. Sie ließen sich von der arabischen Euphorie dermaßen anstecken, daß sie die eigentliche Lektion nicht zur Kenntnis nahmen, die ihnen dieser Krieg erteilte. Ägypten und Syrien waren auf dem Schlachtfeld entscheidender geschlagen worden als im Sechstagekrieg, wo der Überraschungseffekt auf unserer Seite gewesen war. Da sie die Augen vor der Wirklichkeit verschlossen, kam es zu einer neuen Selbstsicherheit unter den Arabern, die sich freilich auf das tägliche Leben in Jerusalem überhaupt nicht auswirkte. Wie früher würden sie auch heute von sich aus nichts unternehmen. Im Gegenteil, sie blieben, wo sie waren, trugen ihren

Teil zur wirtschaftlichen Entwicklung bei, damit keine Arbeitslosigkeit aufkam und keine Araber die Stadt verlassen mußten, und sorgten dafür, daß der arabische Charakter ihres Teils der Stadt gewahrt blieb. Das war ihre historische Aufgabe und gleichzeitig eine bequeme Einstellung, die ihnen keine besonderen Anforderungen auferlegte; sie konnten ein vergleichsweise angenehmes Leben führen und dabei trotzdem ihre patriotische Pflicht erfüllen.
Andererseits befinden sich die Araber in Jerusalem in einem Dilemma. Sie wollen zwar keine israelische Herrschaft, hegen aber auch keine besondere Liebe zu König Hussein, der 1970 viele Palästinenser umbringen ließ und Jerusalem jahrelang sehr schäbig behandelt hatte. Yassir Arafat mögen sie womöglich noch weniger, weil ihnen sein Vorgänger, der Mufti von Jerusalem, noch zu lebhaft in Erinnerung ist, und weil sie wissen, was in Algerien geschah, als Boumedienne mit einer kleinen, wohlbewaffneten Streitmacht einmarschierte und Ben Bella und Farhat Abbas eliminierte, denen die Befreiung des Landes von französischer Herrschaft zu verdanken war. Es mutet wie eine Ironie des Schicksals an, aber die israelische Herrschaft über Ost-Jerusalem kommt den arabischen Einwohnern eigentlich gar nicht so ungelegen – zumindest insofern, als keine der anderen Alternativen besonders reizvoll ist und sie sie nur für zeitweilig halten.
Infolge des Krieges wurde unser vorheriger Zeitplan umgestoßen; ohne ihn hätten uns noch weitere fünf oder zehn Jahre zur Verfügung gestanden, um den friedlichen Prozeß des Zusammenlebens voranzutreiben. Dieser Zeitraum wäre von unschätzbarem Wert für uns gewesen. Ich glaube aufrichtig an die Politik der kleinen Schritte, denn die Menschen gewöhnen sich nur langsam an neue Situationen und ändern ihre Ansicht erst im Laufe der Zeit und aufgrund empirischer Schlüsse. Häufig sind es gerade Umwälzungen und unerwartete Geschehnisse, die sie bei alten und ›bequemen‹ Vorstellungen ›Schutz‹ suchen lassen und sie unflexibel machen. Wäre zum Beispiel 1969 die El-Aqsa-Moschee nicht in Brand gesteckt worden, hätten wir zwei Monate später arabische Kandidaten für die Gemeindewahlen aufstellen können. Wenn das auch manche unangenehme Begleiterscheinungen mit sich gebracht hätte – die arabischen Stadträte hätten vermutlich nie das Wort ergreifen können, ohne ihre Treue zur arabi-

schen Sache zu bekunden –, so wäre das auf lange Sicht doch der paternalistischen Politik vorzuziehen gewesen, die zu verfolgen wir gezwungen waren. So wie die Dinge stehen, müssen wir versuchen, die arabischen Bedürfnisse zu analysieren und annehmbare Lösungen für sie zu finden. Wir versuchen, ihre Interessen zu vertreten, ohne von ihnen gewählt zu sein, und das kann nicht in alle Ewigkeit so weitergehen. Und nochmals: Wäre es nicht zum Yom-Kippur-Krieg gekommen, wären die Araber vermutlich bei den Stadtratswahlen 1973 gut vertreten gewesen. Infolgedessen wären auch mehr jüdisch-arabische Geschäftspartnerschaften und gemeinsame Unternehmen entstanden, und das hätte ganz bestimmt zusätzlich als Gegengewicht gegen den Extremismus gewirkt. Nachdem wir jedoch den Yom-Kippur-Krieg erlebt haben, vor allem aber auch nach der neuen Rolle, die das Öl heute in der Welt spielt, werden wohl solche Entwicklungen sehr lange auf sich warten lassen.

Inzwischen ist eine Radikalisierung eingetreten – und nicht nur auf arabischer Seite. Das ganze Land war infolge des Krieges in Aufruhr geraten. Viele waren so sehr von ihrer Trauer um die Gefallenen befangen, daß ihnen nicht einmal aufging, daß wir einen militärischen Sieg errungen und keine Niederlage erlitten hatten. Gleichzeitig kam es zu einem ernstlichen Vertrauensschwund der Staatsführung gegenüber, weil man uns überrascht hatte – und zwar nicht nur wegen des Überraschungsangriffs selbst, sondern auch wegen der Fehleinschätzung der Fähigkeiten und des Potentials der Araber. Außerdem wurde uns gerade jetzt auch noch das Symbol entschlossener Führerschaft aus früheren Zeiten genommen: Im Alter von sechsundachtzig Jahren starb am 1. Dezember 1973 Ben-Gurion.

Ein oder zwei Wochen vor seinem Tod hatten Tamar und ich ihn im Krankenhaus besucht. Ich war mir nicht ganz sicher, ob er mich erkannte oder nicht. Sein Gedächtnis hatte im letzten Jahr nachgelassen, und um sich das nicht anmerken zu lassen, hatte er es sich angewöhnt, nur noch Allgemeines zu reden. Genau das geschah während unseres Besuchs. Ein paar Wochen zuvor hatten die Familie und ein paar Freunde seinen Geburtstag noch in seiner Wohnung in Tel Aviv gefeiert. Ben-Gurion wußte natürlich, daß Krieg war, doch sprach er weder davon noch von seinem mutmaßlichen Ausgang, so daß wir nicht wußten, wie er über die Lage dachte. Zwei Wochen darauf im Krankenhaus hatte sein Befinden sich offensichtlich verschlechtert, und es war ein sehr trauriger Besuch. Ehe ich ging, blickte er mich an, und plötzlich verzog sich sein Gesicht zu einem hilflosen Lächeln, als ob er sagen wollte: »Tja, das ist nun das Ende von allem.« Ich war sehr erschüttert, als ich hinausging.

Ein paar Tage später rief mich Chaim Yisraeli an, der jahrelang das Privatbüro des Verteidigungsministers geleitet und allen seinen Vorgesetzten, insbesondere jedoch Ben-Gurion nahegestanden hatte, um mir zu sagen, daß Ben-Gurion tot war. Ich war natürlich auf seinen Tod gefaßt gewesen. Da ich mitbekommen hatte, wie er in den letzten Monaten mehr und mehr seine unerhörte geistige Regsamkeit verlor und nur noch ein halber Mensch war, hatte ich sogar manchmal gewünscht, es wäre schon vorüber, doch daß es gerade in diesem Augenblick passierte, wirkte fast wie ein böses Omen. Ben-Gurions Tod war Salz auf die Wunden, die der Krieg geschlagen hatte. Dem Land stand eine seiner schlimmsten Krisen bevor. Die Menschen waren verunsichert und verwirrt; und jetzt war auch noch der einzige Mensch tot, zu dem so viele Vertrauen gehabt hatten und der stets den richtigen Weg gefunden hatte.

Ben-Gurion war vor der Knesset aufgebahrt worden und am Tage seiner Beerdigung ging ich früh morgens hin, um ihn ein letztes Mal zu besuchen. Am Tage zuvor und im Laufe der Nacht waren Zehntausende, Junge und Alte, an ihm vorübergezogen. Es war, als ob plötzlich alle spürten, wie sehr ihnen ein Führer wie Ben-Gurion fehlte. Sie sehnten sich nach dem, was sich in diesem Augenblick wie die gute alte Zeit ausnahm – ob sie nun wirklich so gut gewesen war oder nicht.

Das Begräbnis fand an einem kalten Wintermorgen statt, und alle, die je in irgendeiner Beziehung zu Ben-Gurion gestanden hatten, waren vollzählig erschienen. Ich erinnere mich, daß Moshe Dayan fast wie ausgestoßen allein abseits stand. Tamar, die das einfach nicht ertragen konnte, ging zu ihm hinüber, um ihn zu begrüßen. In den Jahren, als ich oft nach Tel Aviv hinübergefahren war, hatte ich häufig schöne Abende bei ihm erlebt, und Tamar und ich hatten viele Stunden bei Moshe und seiner Frau verbracht und über alles mögliche geredet – von Politik bis zu Archäologie. Trotzdem würde ich unsere Beziehung nicht gerade als eng bezeichnen. Ich glaube, daß es überhaupt nicht leicht ist, mit Dayan in engen Kontakt zu kommen. Aber wir haben uns ganz bestimmt sehr gut verstanden. Ein Zug, den wir beide gemeinsam haben, ist vielleicht der, daß wir uns nicht von Konventionen einschüchtern lassen und wenig darauf geben, was die Leute über uns reden, doch geht Dayan in dieser Beziehung noch wesentlich weiter als ich. Ja, ich glaube sogar, daß seine Mißachtung der öffentlichen Meinung ihn manchmal in die Irre geleitet und sich oft als ernsthaftes Handikap für ihn erwiesen hat. Aber noch eines war uns gemeinsam: unsere enge Beziehung zu Ben-Gurion, ein Gefühl, das viele Menschen miteinander verband.

Ich habe Dayan immer hoch geschätzt. Er versteht die Araber und ganz allgemein das Weltgeschehen besser als irgend jemand sonst in unserer politischen Arena; er ist zugleich ein großer Pragmatiker und ein großer Neuerer, und vor allem hindern ihn keine vorgefaßten Meinungen. Wenn neue Probleme auftauchen, sucht er nach neuen Lösungen, während die meisten anderen nichts weiter tun, als immer und immer wieder nach den alten Rezepten zu greifen, ob diese nun auf die neue Lage passen oder nicht. Lange vor dem Krieg 1973 war Dayan schon der Meinung – und sagte das auch bei nichtöffentlichen Sitzungen –, daß wir Sadat in eine Position drängten, aus der nur ein Krieg ihn befreien konnte.

Dennoch versäumte er es, seinen eigenen Ansichten über die Lage entsprechend zu handeln, und aus Loyalität dem Ministerpräsidenten gegenüber hängte er seine Ansicht über Ägypten nicht an die große Glocke. Außerdem sah er trotz seinem sonst so unfehlbaren Gespür kurz vor dem Krieg 1973 nicht voraus, was morgen oder übermorgen geschehen würde. Für den folgenschwersten Fehler, der auch seiner Karriere am meisten geschadet hat, halte ich die Tatsache, daß er nach Kriegsbeginn die begangenen Versehen nicht sofort eingestand und baldmöglichst eine angemessene Untersuchung verlangte. Später ließ er zu, daß sein Stabschef alle Schuld auf sich nahm, obgleich es für den, der mit den juristischen Finessen nicht vertraut ist, eigentlich keinen Unterschied zwischen parlamentarischer und direkter Verantwortung gibt.

Es ist ein Jammer, daß ein Mann mit so außergewöhnlichen Führerqualitäten sich selbst vorübergehend politisch disqualifizierte. Als mir am dritten oder vierten Kriegstag zum erstenmal aufging, daß wir die arabischen Streitkräfte nicht rasch besiegen würden, rief ich Dayan an. Da ich nicht direkt zu ihm durchkommen konnte, sprach ich zweimal – an zwei aufeinanderfolgenden Tagen – mit seinen Adjutanten. Durch sie legte ich ihm nahe, seine Fehler sofort öffentlich zu bekennen und zu erklären, daß die ganze Angelegenheit nach dem Kriege gründlich untersucht würde. Damit hatte ich meiner Ansicht nach einem damals allgemein vorherrschenden Gefühl Ausdruck verliehen, und ich hielt es für meine Pflicht, ihn darauf aufmerksam zu machen. Doch offenbar hat Dayan sich mit der Idee nicht befreunden können; so verlor ein fähiger Mann das nahezu grenzenlose Vertrauen des Volkes.

Das war jedoch nicht der einzige Unterschied zwischen ihm und mir. Dayan glaubte an unser Recht auf das historische ›Land Israel‹ und beschloß, sich über alle potentiellen Gefahren für die Demokratie hinwegzusetzen und die Million Araber vom Westufer zu absorbieren. Einmal, als wir gemeinsam das King-David-Hotel verließen, fragte ich ihn, wie es sich auf die Moral des Volkes auswirken würde, wenn wir das Westufer behielten und dann doch eines Tages gezwungen würden, es aufzugeben. Dayan, damals auf dem Höhepunkt seiner Popularität, bereitete das keine Sorge. Wir wurden zunehmend unabhängig von ausländischen Waffenlieferungen, und folglich bereitete ihm internationaler Druck weniger Sorgen. Doch selbst wenn wir Gebiete wieder aufzugeben gezwungen wären, glaubte er, würde das Volk seiner Führung treu bleiben.

In eben diese Zeit fallen auch die ersten Bemühungen von Außenminister Kissinger, zu einer Verständigung zwischen den verfeindeten Staaten zu kommen. Ich bat während der zweiten Phase seiner Pendeldiplomatie um eine Unterredung mit ihm. Ich kannte Kissinger seit Jahren. Als er Ende der sechziger Jahre zu Vorlesungen nach Jerusalem kam, lernten wir uns kennen und kamen einander immerhin so nahe, daß wir anfingen, miteinander zu korrespondieren. Er lud mich zu sich ein, doch war ich dermaßen mit den Jerusalemer Alltagsproblemen beschäftigt, daß ich mir nie die Zeit nahm, seiner Einladung Folge zu leisten. Doch nach dem Stimmungsumschwung in der Politik, den der Yom-Kippur-Krieg herbeigeführt hatte, war mir sehr daran gelegen, das Jerusalem-Problem mit Kissinger persönlich durchzusprechen.

Ich meine, das ganze Thema Kissinger ist nach dem Krieg in Israel zu einer Art Ablenkungsmanöver geworden. Da es weder unsere Regierung noch die Bevölkerung schaffte, sich zu einer klar umrissenen Politik durchzuringen, war es wohl leichter, die allgemeine Verwirrung zu vertuschen und Kissingers Politik als die Wurzel allen Übels hinzustellen. Ich glaube aufrichtig, daß er uns sehr wohlgesonnen ist, was freilich nicht bedeutet, daß unsere Vorstellungen immer identisch gewesen wären oder daß er nicht auch Fehler gemacht hätte – und zwar sehr gravierende. Doch darum geht es nicht. Ein Großteil der Kritik an Kissinger in Israel ist in dem verzerrten Bild begründet, das man sich hier von dem Menschen Kissinger und seiner Rolle gemacht hat. Viele bornierte Leute hätten es gern gesehen, wenn er in allererster Linie als Jude und erst dann als Außenminister der Vereinigten Staaten gehandelt hätte. Man könnte das als das ›Königin-Esther-Syndrom‹ bezeichnen: Sie glaubten, Kissinger sei wie die Königin Esther aus dem Alten Testament von der Vorsehung geschickt worden, um dem jüdischen Staat in einer kritischen Stunde seiner Geschichte zu helfen, und wurden am Ende bitter enttäuscht. Ein Teil der politischen Rechten ist sogar so weit gegangen, Henry Kissinger als ein Beispiel für den jüdischen Selbsthaß darzustellen. Ich könnte mir denken, daß wir uns vielleicht in der Zukunft noch nach ihm sehnen werden.

Solche und ähnliche Vorwürfe lenkten natürlich nur von den eigentlichen und äußerst verzwickten Problemen ab, um die es bei den Verhandlungen ging. Man tat, als ob Kissinger das Problem sei. Da es jedoch für viele Menschen hier so außerordentlich schwer ist, sich den grundlegenden Problemen zu stellen, die bei der Pendeldiplomatie zur Sprache kamen, wird es verständlich, warum die ›Ablenkungstaktik‹ funktionierte. Mit der Zeit werden vielleicht auch die Israelis Kissinger und sein Konzept besser verstehen. Ich persönlich glaube, daß er sich überall dort mit größtem Nachdruck für uns eingesetzt hat, wo es nur irgend zu rechtfertigen war, wenn man bedenkt, daß er der außenpolitische Repräsentant einer Supermacht mit weltweiten Verpflichtungen war.

Ich suchte Kissinger im King-David-Hotel auf. Wir traten auf die Terrasse seiner Suite hinaus, und während wir gemeinsam die Aussicht genossen, versuchte ich ihm die Probleme Jerusalems dazulegen. Ich wollte von ihm erfahren, ob er auch dafür war, das Jerusalem-Problem erst am Ende der Verhandlungen zur Sprache zu bringen und nicht zu Beginn. Wie ich es erwartet hatte, stimmte er mir in diesem Punkt absolut zu. Damit bewies er sein Verständnis für die Situation, denn das Thema Jerusalem wird nicht leicht zu bewältigen sein; wäre es gleich zu Anfang angeschnitten worden, hätte es ein Zwischenabkommen zwischen Israel und den Arabern vermutlich unmöglich gemacht.

Genau aus diesem Grund scheint jeder, der mit Nahostproblemen zu tun hat, über die Zukunft Jerusalems besorgt zu sein. Für manche stellt es ein unüberwindliches Hindernis dar, an dem ein Friede zuletzt scheitern wird. Selbst wenn man Fortschritte macht, können die grundlegenden Differenzen nicht beigelegt werden. Ich neige dazu, diese Ansicht als ein wenig zu schwarzseherisch zu betrachten. Man darf nicht vergessen, daß auch schon lange vor der Wiedervereinigung im Jahre 1967 über das Jerusalem-Problem diskutiert wurde. Die erste uns überkommene offizielle Volkszählung in der neueren Zeit wurde in Jerusalem 1870 durchgeführt, und zumindest seit jener Zeit hat es in Jerusalem immer eine jüdische Mehrheit gegeben. Bekanntlich hatten 1947 die Vereinten Nationen beschlossen, Jerusalem zu internationalisieren, doch wurde dieser Beschluß von der UNO niemals durchgeführt, und in den frühen fünfziger Jahren war es klar, daß das Thema sich praktisch von selbst erledigt hatte. Jedenfalls war die Internationalisierung eine rein theoretische Lösung, die mit der Wirklichkeit unvereinbar war. Auch in der Vergangenheit hatten internationalisierte Städte nur Probleme kreiert: Danzig war einer der Faktoren, die den Zweiten Weltkrieg ins Rollen gebracht hatten; und wegen Triest wäre es zu einem Krieg zwischen Jugoslawien und Italien gekommen, wenn man nicht den internationalen Status der Stadt rückgängig gemacht und sie zwischen den beiden Ländern aufgeteilt hätte.

1967 wurde die Internationalisierungsidee aus den UNO-Archiven wieder ausgegraben, erwies sich jedoch aus verschiedenen Gründen als ein kurzlebiger Vorschlag. Einer davon war, daß der Vatikan, der 1948 ursprünglich die Internationalisierung befürwortet hatte, plötzlich erkannte, daß die Verhältnisse in der Welt sich radikal gewandelt hatten. Jetzt würde eine Internationalisierung nicht mehr bedeuten, daß die Katholiken oder die Christen überhaupt den Ton in der Stadt angäben. Schließlich wird die UNO heute von den Ländern der Dritten Welt stark beeinflußt. Ein internationales Komitee würde sich heute vornehmlich aus Nichtchristen zusammensetzen, die keinerlei Interesse an den heiligen Stätten haben. Außerdem haben die Kirchen in Jerusalem die Erfahrung gemacht, daß sie noch nie zuvor eine solche Freiheit bei der Religionsausübung und der Erziehung genossen hatten und noch nie so wenig bevormundet worden waren wie unter israelischer Oberhoheit. Solange sie denken konnten, hatten die Kirchen nie mehr praktische Hilfe von den Behörden erhalten, insbesondere von der Stadtverwaltung, und wir leben in einer Zeit, in der christliche Minderheiten gerade im Nahen Osten von einem zunehmend aggressiven arabischen Nationalismus unter Druck gesetzt werden.
Ein weiterer Grund für die Abkehr von der Idee der Internationalisierung war, daß das staatsmännische Denken wesentlich differenzierter geworden ist. Man hatte eingesehen, daß diese Stadt eine richtige Stadtverwaltung brauchte und keine internationale Bürokratie, die unfähig wäre, irgend etwas zu entscheiden. Die Bürger wären die ersten, die zu leiden hätten, und die Stadt würde unweigerlich der Vernachlässigung anheimfallen. Wer sollte Jerusalem regieren? Ein Chinese, ein Russe, ein Nigerianer, ein Schwede und ein Argentinier? Jedes Mitglied eines solcherart zusammengesetzten Rates würde von seinem jeweiligen Außenministerium für jede Verlegung eines Kanalisationsrohres ein Plazet einholen müssen. Es würden dann ähnliche Zustände herrschen wie in der Grabeskirche, wo niemand einen Nagel einschlagen darf, ohne zuvor mit sämtlichen Glaubensrichtungen verhandelt zu haben, die einen Anteil an dieser Kirche haben. Ein noch schlimmerer, vielleicht aber auch zutreffenderer Vergleich wäre wohl der mit der UNO selbst. Der Himmel bewahre uns davor, daß

Jerusalem jemals so stiefmütterlich behandelt wird, wie die UNO die Probleme der Welt behandelt.
Obgleich die Kampagne für die Internationalisierung ziemlich zum Erliegen gekommen war, erfuhr ich im Laufe des Jahres 1975 von anderen Studien und Vorschlägen im Zusammenhang mit Jerusalem. Bei einigen handelte es sich um nichts weiter als um Neuformulierung älterer Ideen. Lord Caradon, zur Zeit des Sechstagekrieges britischer Botschafter bei den Vereinten Nationen, der die berühmte ›Resolution 242‹ vorgelegt hatte, kam ein paarmal nach Jerusalem. Ich kannte ihn schon seit der Zeit, als er zunächst in Netanya und später in Nablus britischer Distriktkommandeur gewesen war. Als er noch bei der UNO war, traten wir zusammen vor dem Rat für außenpolitische Beziehungen und ähnlichen Gremien in New York auf. Es war daher nur natürlich, daß er mich in Jerusalem besuchte, wenn er herkam.
Eines Tages rief er an und wollte zu mir kommen. Ich schlug ihm vor, ein oder zwei Stunden in der Stadt herumzufahren. In der Altstadt zeigte ich ihm die Überreste des zerstörten Jüdischen Viertels sowie die Anfänge unserer Restaurierungsarbeiten. Ich führte ihm vor, was wir bereits erreicht hatten und worauf wir stolz waren: von der Restaurierung alter Kirchen bis zu den neu angelegten Parks am Stadtrand, die neuen Wohnbauten für Araber und andere Vorhaben, von denen ich meinte, das sie ihn interessieren müßten. Doch all das vermochte nicht, ihn von seiner Meinung abzubringen, daß Jerusalem entsprechend den Grenzen von 1967 wieder geteilt werden müsse. Selbstverständlich sollte es diesmal keinen Stacheldraht und keine trennenden Mauern geben. Der arabische Sektor würde ja mutmaßlich unter der Regierung des friedfertigen Arafat stehen. Das halte ich bestenfalls für eine naive Vorstellung. In meinem Arbeitszimmer bewahre ich ein Foto auf, das die Straße in der Nähe des Rathauses in dem Augenblick zeigt, als am 29. Juni 1967 die Trennmauer fiel. Die Jerusalemer Araber sagen, sie wollten eine offene Stadt, doch geteilte Souveränität. Das ist ein außerordentlich kompliziertes, um nicht zu sagen unmögliches Konzept. Ich zweifle jedoch nicht daran, daß in diesem Fall die arabischen Nationalisten dafür sorgen würden, daß Ost-Jerusalem wieder mit Stacheldraht, Mauern und Minen abgerie-

gelt wird – und damit würde das traurigste Kapitel der Geschichte Jerusalems beginnen.
Lord Caradon veröffentlichte später eine Broschüre mit dem Titel *Jerusalem Proposals,* die er mir zuschickte. Eines der Kapitel in dieser Broschüre enthielt nur Lob für das, was die augenblickliche Stadtverwaltung und ich persönlich für Jerusalem täten. Es enthielt sogar einen Brief von mir, in dem ich erklärte, daß die Veränderungen nach 1967 nicht mehr rückgängig gemacht werden könnten. Indem er bis ins einzelne beschrieb, wie ich die Probleme der Stadt anpackte und wie ich mir die Zukunft Jerusalems vorstellte, verlieh Lord Caradon seinem Bericht den Anschein der Objektivität, während er in Wirklichkeit einseitig für die arabische Position eintrat, und zwar sowohl in bezug auf Jerusalem als auch auf Palästina. Seine Grundüberzeugung war, daß das Jerusalem-Problem jetzt sofort gelöst werden müsse. Er war fest überzeugt, daß Jerusalem ein Haupthindernis auf dem Weg zum Frieden darstellte und daß es sich nicht lohnte, auf irgendeinem anderen Gebiet Fortschritte zu machen, wenn hinterher doch alles an diesem schwierigsten Problem scheitern würde.
Seltsamerweise kam dieser erfahrene Diplomat nicht auf den Gedanken, daß die Chance, auf irgendeinem anderen Gebiet Fortschritte zu machen, einen praktischen ersten Schritt darstellen würde. Schließlich würden sich auf diese Weise beide Seiten davon überzeugen können, daß es wirklich möglich ist, sich an den Verhandlungstisch zu setzen und gemeinsam Lösungen zu finden. Israel und die arabischen Staaten besitzen auf diesem Gebiet so gut wie gar keine Erfahrungen – und die wenigen, die sie haben, gehen auf die Zeit der Waffenstillstandsverhandlungen vor dreißig Jahren zurück, was zur Folge hat, daß manche Leute auf beiden Seiten nachgerade daran zweifeln, ob es überhaupt möglich ist zu verhandeln. Im Augenblick stellt das wirklich ein Haupthindernis dar, das überwunden werden muß. Doch das schwierigste Problem gleich als ersten Punkt auf die Tagesordnung zu setzen würde die Fronten unweigerlich verhärten. Ich fürchte, Lord Caradons Vorschläge stellen eine Aufforderung an uns alle dar, mit dem Kopf gegen die Wand zu rennen; dabei bin ich der Meinung, daß beide Seiten sich schon genug die Köpfe eingerannt haben.
Wesentlich komplexer als Lord Caradons Broschüre war eine Reihe

von Studien, die von Politwissenschaftlern für Institutionen in den Vereinigten Staaten und in Europa erstellt wurden. Die Verfasser erhoben nicht etwa die Forderung, sofort über die Zukunft Jerusalems zu verhandeln, sie bereiteten nur Lösungsvorschläge für den Fall vor, daß die Zeit dafür reif werde. Da das Jerusalem-Problem in nicht allzu ferner Zukunft zur Sprache kommen wird – vorausgesetzt, es werden Fortschritte in Richtung auf eine Stabilisierung der Lage im Nahen Osten erzielt –, glaube ich, auch wir sollten uns auf diesen Tag vorbereiten. Das ist nicht notwendigerweise eine Aufgabe, die auf die Stadt als solche zukommt. Ich meinte, damit müßte sich unsere Regierung beschäftigen, oder es müßte eine private Gruppe in Israel damit beauftragt werden, ähnliche Gutachten wie die im Ausland erstellten zu erarbeiten. Wenn ich allerdings vorgeschlagen hatte, für zukünftige Verhandlungen Studien über unsere eigenen Positionen vorzubereiten, war das Kabinett bisher noch jedesmal davor zurückgescheut: »Das ist ein viel zu heißes Eisen. Im Augenblick haben wir genug Probleme mit der Sinai-Halbinsel, den Golan-Höhen und dem Westufer, ganz zu schweigen von unseren innenpolitischen Problemen. Wir können uns nicht auch noch mit Planung für Jerusalem belasten«, sagte mir einmal Itzhak Rabin.

Ich ließ jedoch nicht locker. Die Tatsache, daß das Brookings Institute, das Aspen Institute und andere Stellen sich mit der Zukunft Jerusalems zu beschäftigen begannen, überzeugte mich von der Notwendigkeit, unsererseits ein paar Grundfakten bereitzuhaben – Bausteine, mit deren Hilfe wir irgendwann einmal unseren eigenen Plan erstellen konnten. Glücklicherweise bekam ich die bescheidene finanzielle Unterstützung, die für ein solches Projekt nötig ist, von Freunden. Ich bat also einige Experten verschiedenster Fachrichtungen, Untersuchungen über eine Reihe von Jerusalemer Problemen durchzuführen, wobei es nicht auf einen definierten Plan für die Zukunft ankam, sondern darauf, die verschiedenen bisher vorgeschlagenen Lösungen zusammenzustellen und die Erfahrungen anderer Städte mit ähnlichen Problemen und dort angewandte Lösungen zu untersuchen. Damit wurden jedenfalls erst einmal Grundlagen geschaffen, über die diskutiert werden kann, wenn die Zeit gekommen sein wird, Jerusalems Zukunft im einzelnen zu planen.

Ich wehre mich gegen den Einwand, daß man nie durchblicken lassen solle, zu welchen Zugeständnissen man unter Umständen bereit wäre, weil man sich dadurch in eine schwächere Position begebe. Das Angebot werde dann als Selbstverständlichkeit betrachtet und die Verhandlungen würden von dort ihren Ausgang nehmen, argumentiert man. Mittlerweile sind immer mehr Leute gleich mir der Meinung, daß wir unmittelbar nach dem Sechstagekrieg Möglichkeiten vertan haben. Da wir unsere Faustpfänder und unsere diplomatischen Reserven verplempert haben, müssen wir das durch eine unkonventionelle offene Diplomatie ersetzen. 1968 und 1969 herrschte in Israel noch immer die Einstellung vor, daß wir den größten Teil des Westufers und den Gaza-Streifen würden zurückgeben müssen. Wenn auch manche das Recht beanspruchten, in Orten wie Hebron zu siedeln, war die überwiegende Mehrheit der Israelis grundsätzlich bereit, die politische Souveränität über praktisch alle Gebiete aufzugeben, die wir 1967 erobert hatten. Das einzig echte Problem für Israel waren sichere Grenzen. Im Laufe der letzten zehn Jahre hat sich diese Haltung jedoch geändert, und infolge der unnachgiebigen arabischen Ablehnung von Direktverhandlungen sowie der drastischen Veränderung in unserer politischen Situation im Jahre 1973 haben ein paar sehr extreme Ideen Wurzeln geschlagen; vor allem in lautstarken Gruppen junger Leute und religiöser Kreise. In Israel selbst ist die Frage der besetzten Gebiete zu einem äußerst emotionsgeladenen Thema geworden, mit dem man nur schwer fertig werden wird.

Obwohl jeder in Israel von Anfang an die Meinung vertrat, daß Jerusalem wiedervereinigt und die Hauptstadt Israels bleiben sollte, berichtete die *Jerusalem Post* durchaus zutreffend, daß ich im April 1969 vor dem Klub der Auslandspresse als persönliche Idee den Vorschlag gemacht hätte, als eine der Optionen im Friedensfall die Schaffung eines Groß-Jerusalem in Erwägung zu ziehen. Die Idee stammte aus dem Nachlaß der früheren jordanischen Verwaltung, in dem ich einen Stadtplan gefunden hatte, auf dem sich Jerusalem von Ramallah im Norden bis nach Bethlehem im Süden erstreckte. Dabei ging ich von der Annahme aus, daß der größere Teil des Westufers an Jordanien zurückgegeben werden würde – was vor dem Beginn des Terrors und vor den Umwälzungen infolge des Yom-Kippur-Krieges als sehr wahrscheinlich galt. Ich schlug vor, daß ein Teil dieses Groß-Jerusalem unter arabischer Herrschaft stehen und Jerusalem sogar eine arabische Hauptstadt sein solle (obwohl König Hussein es vorgezogen hatte, Amman und nicht Jerusalem zum Sitz seiner Regierung zu machen). Doch die Schelte, die ich für diesen, der Entwicklung vorauseilenden Plan bezog (und über dessen Komplikationen ich mir durchaus im klaren war), fiel wesentlich milder aus als die leidenschaftliche Kritik, die ich einige Jahre später durch eine harmlose Äußerung auslöste.

1975 hielt ich auf einem Kongreß internationaler politischer Korrespondenten einen Vortrag und verlieh meiner Überzeugung Ausdruck, daß jede Lösung des Jerusalem-Problems – selbst wenn sie die derzeitigen Grenzen der Stadt und ihren Status als Hauptstadt Israels beibehielte – die Juden vor schwierige und schmerzliche Entscheidungen stellen wird. Ich hatte damit gemeint, daß die legale Perpetuisierung vieler bereits gemachter Eingeständnisse an die Araber eine selbstauferlegte Einschränkung unserer absoluten Souveränität zur Folge haben würde. Wenn ich heutige Reaktionen auf derartige Vorschläge mit denen vergleiche, die sie nach 1967 auslösten, so wird deutlich, daß wir uns auf eine Radikalisierung und Polarisierung von Meinungen und Anschauungen zubewegen. Der Grund dafür ist vielleicht, daß unser Volk sich seit dem Yom-Kippur-Krieg für verwundbar hält und instinktiv an allem festhalten möchte, was es sich so teuer erkauft hat.

Man könnte es als Ironie des Schicksals bezeichnen, daß Jerusalems einzigartiger Status bis jetzt noch nicht einmal von unserer eigenen Regierung anerkannt und auch in der Gesetzgebung nicht berücksichtigt wurde. Es sollte meiner Meinung nach ein spezielles Gesetz für Jerusalem geben, das seinen besonderen Status als Hauptstadt Israels festlegt, der Stadtverwaltung ein größeres Maß an Autorität in innerstädtischen Angelegenheiten zugesteht und außerdem einen besonderen ›Hauptstadts-Etat‹ im Staatshaushalt vorsieht. Jerusalem ist keine X-beliebige Stadt und kann auch nicht so behandelt werden. In anderen Ländern haben die Hauptstädte ja auch eine Sonderstellung. Washington wird anders verwaltet und finanziert als andere Städte in den Vereinigten Staaten; das gleiche gilt für Canberra, Ottawa und Den Haag. Diese Städte besitzen eine Art ›föderalen‹ Status. Der Ausdruck ›föderal‹ mag für Jerusalem nicht ganz zutreffend sein, weil man sofort an eine Föderation zwischen Israel und Jordanien denken würde, deren gemeinsame Hauptstadt dann Jerusalem wäre. Damit ist aber nur gemeint, daß allen Minderheiten eine Chance gegeben werden soll, im Stadtrat vertreten zu sein. Die Moslems und die verschiedenen christlichen Konfessionen würden satzungsgemäß im Rat vertreten sein und nicht nur aufgrund von Wahlen (die sich durch Druck von außen beeinflussen lassen, was sogar zu einem Wahlboykott führen könnte).

In der näheren und ferneren Zukunft werden die Moslems sicher nicht bereit sein, die israelische Herrschaft über Jerusalem anzuerkennen. Aus religiös-dogmatischen Gründen werden auch die Christen das offiziell ablehnen. Es gibt innerhalb des Christentums Gläubige, die sich für die Nachfolger der Juden halten, denen die Rückkehr in das Heilige Land von Gott verheißen wurde. Ein wichtigerer Grund für die Nichtanerkennung der israelischen Oberhoheit ist jedoch ihre Sorge für ihre Brüder in den arabischen Ländern. Aber vielleicht wäre alles anders, wenn wir ein Gesetz hätten, das der Regelung im Libanon ähnelt, die sich immerhin fünfzig Jahre bewährt hat. Eine derartige Satzung würde die prozentuale Verteilung der Stadtratssitze zwischen Juden, Moslems und Christen unabhängig davon regeln, wie viele Wähler sich an den Wahlen beteiligen. (Ein solches Gesetz könnte aber selbstverständlich nur von der Knesset erlassen werden.) Das würde bedeuten, daß alle Teile der Bevölkerung angemessen im Stadtrat repräsentiert werden, was wiederum das Zusammenwachsen des Stadtgebildes zu einer Einheit fördern würde. Ich glaube, daß es den moslemischen und christlichen Führern leichter fallen würde, solche auf legaler Basis erfolgten Ernennungen in den Stadtrat zu akzeptieren, als von sich aus die Initiative zu ergreifen und bei den Stadtratswahlen direkt mit anderen zu konkurrieren.

Es ist bereits manches dafür getan worden, daß die Araber Ost-Jerusalems eine autonome Stellung erlangen. Die israelische Staatsangehörigkeit ist ihnen nicht aufgezwungen worden, und neunundneunzig Prozent haben ihr Recht, sie zu beantragen, nicht wahrgenommen. Der Unterricht an den arabischen Schulen folgt einem Lehr-

plan, der von der Arabischen Liga für alle Länder bestimmt wurde (hinzugekommen sind nur der Unterricht im Hebräischen und Grundlagen der Israelischen Staatsbürgerkunde). In Jerusalem ansässige Araber mit jordanischen Pässen können jeden Morgen über die Brücken nach Jordanien hinein, ohne jedesmal um eine Einreiseerlaubnis nachzusuchen, und ihre Verwandten können sie umgekehrt auch in Jerusalem besuchen. Sie können Geschäftspartner in Ländern haben, die sich im Krieg mit Israel befinden, und sie verwalten selbständig den Tempelberg, selbst wenn Israel die Souveränität darüber hat. Das sind nur Beispiele für Arrangements, die wir getroffen haben, um ihnen ein Leben als eigenes Gemeinwesen zu ermöglichen. Es gibt keine Barrieren zwischen den Jerusalemer Arabern und der restlichen arabischen Welt. Sie sind Teil dieser Welt, und ihre anfängliche Sorge, daß sie davon abgeschnitten würden, hat sich verflüchtigt. Freilich sollten diese administrativen Maßnahmen gesetzgeberisch verankert werden. Sie sollten nicht als vorübergehende wohlwollende Geste angeboten werden, die bei einem etwaigen Regierungswechsel widerrufen werden könnten.
Ich glaube, daß die Schaffung von Selbstverwaltungsbezirken in den in letzter Zeit entstandenen jüdischen Vororten eine Notwendigkeit ist; und ebenso könnte ein solides Stadtbezirkssystem Möglichkeiten für eine arabische Selbstregierung innerhalb der Hauptstadt Israels bieten. Ich könnte mir durchaus vorstellen, daß in ein paar Jahren hunderttausend Araber in geographisch definierten Stadtteilen leben, die ähnlich den Londoner *boroughs* weitgehend selbständig sind. (Die New Yorker Stadtviertel besitzen nur nominell und bis zu einem gewissen Grade politische Selbständigkeit, die Londoner hingegen haben jedes ein eigenes Budget und eine klare Kompetenzaufteilung zwischen den zweiunddreißig *boroughs* und dem ›Greater London Council‹, der Verwaltung von Groß-London.) Historisch gesehen gibt es sogar in Jerusalem einen Präzedenzfall. Im Ottomanischen Reich waren die verschiedenen ethnischen Gemeinwesen in *millets* organisiert, einer nicht geographisch bestimmten Verwaltungsmethode. Die Juden, die Armenier, die Maroniten und so weiter bildeten je ein *millet*. Wo immer sie wohnten, unterstanden sie dieser Gemeindeverwaltung. Ein *millet* besaß die Gerichtsbarkeit in Angele-

genheiten des Personenstandes und anderer Dinge. Da ein solches System im Nahen Osten nicht unbekannt ist, könnte man es wiederbeleben; oder es wäre eine Kombination zwischen *borough* und *millet* denkbar. Ich hatte 1969 und 1970 versucht, der Regierung die Idee des *borough*-Systems nahezubringen, war aber damit nicht durchgedrungen. Im Augenblick, glaube ich, wäre dieses System auch für die Araber nicht mehr annehmbar. Das ist ein Jammer, denn ich bin überzeugt, daß die *boroughs* die Stadt konsolidiert hätten, statt sie aufzusplittern, wie die Gegner dieses Systems behaupten.

Ich glaube, es gibt vermutlich mehr lebens- und entwicklungsfähige Lösungen für die politischen Probleme Jerusalems, als die meisten Menschen annehmen. Am wichtigsten ist es, sie zu formulieren; Phantasie und solide Analyse brauchten dabei nicht zu kurz zu kommen. Eines jedoch muß von Anfang an klar sein. Was vielleicht wie die einfachste und klarste Antwort aussieht – die Stadt wieder zu teilen –, ist für uns nicht nur politisch unannehmbar, sondern das Verheerendste, was man Jerusalem antun könnte.

Heute ist Jerusalem eine wunderschöne Stadt, und oft wünschte ich, ich könnte die Leute in die Zeit vor 1967 zurückversetzen und ihnen zeigen, wie die Stadt damals ausgesehen hat: der traurige Anblick des Niemandslandes, der Mauer, des Stacheldrahts, die verlassenen Straßen und die heruntergekommenen Stadtviertel an der Grenze. Aus was für Gründen auch immer – geblüht hat diese Stadt immer nur unter den Juden. Sonst hat sich nie jemand groß um Jerusalem gekümmert. Die Kreuzfahrer verehrten die Stadt und waren bereit, ihr Leben für sie zu lassen. Die Engländer besaßen ein Gefühl für ihre geschichtliche Bedeutung. Doch nur unter den Juden – in der Antike und in der jüngsten Vergangenheit – ist Jerusalem die Hauptstadt einer Nation gewesen. Als die Araber die Wahl hatten, verschmähten sie Jerusalem und machten statt dessen Ramle zu ihrer Hauptstadt – für die kurze Zeit, da sie in diesem Lande überhaupt eine Hauptstadt hatten. Sie trugen immer nur dann zur Entwicklung Jerusalems bei und hingen nur dann besonders an der Stadt, wenn andere sie beherrschten. Die Araber kämpften leidenschaftlich für Jerusalem, als die Kreuzfahrer es eroberten, und dann wieder, als wir die Stadt beherrschten. Zwischen diesen Epochen brachten sie nur sehr wenig

Gefühl für die Stadt auf, und sie wurde von ihnen sogar sträflich vernachlässigt.
Im Gegensatz zu Moslems und Christen besitzen die Juden eigentlich keine heiligen Stätten. Die Tradition heiligt ganz bestimmte Örtlichkeiten, und der heiligste Ort, wenn man so will, ist natürlich die Westmauer, das einzige Überbleibsel des Tempelbezirks. Doch ist es die Stadt als Ganzes, die in unseren Gebeten erwähnt wird. Jerusalem, die Verkörperung aller Herrlichkeit, die Quelle aller Freuden, der Weisheit und des Gesetzes, die den Juden heilig ist. Es ist die Stadt selbst, und zwar in ihrer weltlichen wie in ihrer geistigen Ausprägung, die uns wichtig ist – nicht irgendeine bestimmte Stätte. Jerusalem ist Herz und Seele des jüdischen Volkes. Ein Körper kann ohne Gliedmaßen leben, doch nicht ohne Kopf, Herz und Seele. Hätten die Jordanier unsere Warnungen im Juni 1967 nicht in den Wind geschlagen und darauf verzichtet, die Stadt zu beschießen, wäre Jerusalem trotz allem geteilt geblieben, und wir hätten weiterhin auf die Wiedervereinigung gehofft. Jetzt jedoch ist die Einheit von Jerusalem eine irreversible historische Tatsache. Der Schock des Yom-Kippur-Krieges, den wir immer noch nicht überwunden haben, ist nichts – verglichen mit dem Trauma, das die Juden in Israel und in der Diaspora erfahren würden, wenn Jerusalem wieder geteilt würde. Ich kann mir nicht vorstellen, wie das jüdische Volk und der Staat Israel je einen solchen Schlag verwinden könnten.
Als ich im Sommer 1976 eine Woche Gast des Aspen Institute of Humanistic Studies war, lud ein Angehöriger der dortigen jüdischen Gemeinde Tamar und mich zu einem Gottesdienst zu Beginn des Sabbat ein. Wie sich herausstellte, fand dieser nicht in einer Synagoge, sondern in einer Kirche statt. Der erste, den ich dort traf, war der Gemeindepfarrer, der sowohl einen Davidsstern als auch ein Kreuz umhängen hatte. Er hatte sämtliche Feiertags- und Sabbatgesänge eingeübt und fungierte als der Kantor der Gemeinde. Kein einziges Ritual an diesem Freitagabend-Gottesdienst wurde in der üblichen traditionellen jüdischen Form vollzogen. Nicht nur fand der Gottesdienst in einer Kirche statt, sondern Männer und Frauen wurden abwechselnd zur Thora aufgerufen, was stets ein ausschließlich männliches Vorrecht gewesen ist und am Samstagmorgen stattfindet. Die

Gemeinde hatte vor kurzem ihre erste Beschneidungszeremonie abgehalten, wobei die Beschneidung von einem jüdischen Arzt des Aspen-Krankenhauses vorgenommen wurde, der sich auf die Behandlung von Skiunfällen spezialisiert hatte. Etwa um dieselbe Zeit feierte die Gemeinde auch ihre erste Bar-Mizvah, auch dies unter höchst ungewöhnlichen Umständen. Doch trotz aller Abweichungen in den Einzelheiten waren Tamar und ich tief bewegt von der ungeheuren Sehnsucht dieser Menschen, ihre jüdische Identität zu bewahren. Sie wollen die jüdische Überlieferung kennenlernen und die Glaubensvorschriften befolgen. Trotzdem bezweifle ich sehr, ob das heute ohne Israel möglich wäre. Viele Menschen kamen zu diesem bestimmten Gottesdienst, weil er ein paar Tage nach der Rettungsaktion in Entebbe stattfand. Die Woche zuvor waren nur etwa ein Drittel so viel Menschen gekommen.
Die Gemeinde von Aspen ist vielleicht nicht in jeder Beziehung typisch für das Judentum in der heutigen Diaspora, doch hat dieses Erlebnis mich nachdenklich gestimmt: Wenn die Hoffnungen, die der Zionismus seit dem vorigen Jahrhundert erweckt und die der Staat Israel in den drei letzten Jahrzehnten genährt hat, enttäuscht werden sollten, wenn die Vision von einem vereinten Jerusalem sich in nichts auflöste, würde das dem Glauben vieler Juden den Todesstoß versetzen. Das ist der Grund, warum wir uns nicht auf eine neuerliche Teilung Jerusalems einlassen können. Keine israelische Regierung könnte sich halten, wenn sie dazu ihre Zustimmung gäbe, und jeder Versuch, die Einheit der Stadt wieder zu zerstören, würde vermutlich zum Krieg führen. Ich bin im Grunde meines Herzens fest davon überzeugt, daß wir innerhalb des vereinigten Jerusalem, der Hauptstadt Israels, Lösungen für sämtliche Probleme aller drei Religionen und beider Völker, des arabischen und des jüdischen, finden können. Und solange ich Bürgermeister dieser Stadt bin, wird dieses Ziel Vorrang vor allem anderen haben.

Epilog

Manchmal diskutiere ich mit Tamar über meine Aufgabe als Bürgermeister. Sie meint, daß ich zuviel Zeit damit verplempere, ausländische Journalisten und andere Besucher zu empfangen, im Ausland Geld aufzutreiben und in Sachen Public Relations für Jerusalem umherzureisen – da all das zu Lasten der tagtäglichen Probleme der Stadt geht. Da ist etwas dran. Tatsache ist jedoch, daß jeder am liebsten tut, was er besonders gut kann, und ich glaube nun mal daran, daß achtzig bis hundert größere und kleinere Parks (die alle durch meine Spendensammel-Kampagnen finanziert wurden) nicht weniger zum Wohlbefinden der Stadt beitragen als manche Projekte, die unsere Stadtverwaltung realisieren könnte – und für die kein Geld vorhanden ist. Trotzdem höre ich mir Tamars Kommentare genau an, denn abgesehen davon, daß sie meine Frau ist, ist Tamar auch noch ein ganz besonderer Mensch. Ich kenne niemanden, der so viel Vernunft und gesunden Menschenverstand besitzt wie sie. Tamar kann ein Problem analysieren, sämtliche damit verbundenen Aspekte berücksichtigen und zu einer wohldurchdachten Lösung kommen. Sie hat auch begriffen, wie wenig Prominenz und Reichtum letztlich wert sind. Daß ich im öffentlichen Leben stehe, hat ihr nie gefallen. Doch da sie vom Wert meiner Arbeit überzeugt war, hat sie mich immer voll und ganz unterstützt, ist aber nie selbst ins Rampenlicht getreten. Ganz gewiß hätte ich niemals im Leben so viel schaffen können, wenn Tamar nicht dafür gesorgt hätte, daß unser Heim wirklich ein Heim blieb. Sie hat nicht nur die Kinder erzogen und den Haushalt geführt – ich konnte zwei Gäste oder ein ganzes Dutzend mitbringen, ohne ihr vorher Nachricht zu geben, und wußte immer, daß sie eine anheimelnde Atmosphäre vorfinden und daß ihnen ein herzliches Willkommen zuteil werden würde. Seit ich Bürgermeister bin, ist unser Haus fast so etwas wie ein Zweig der Stadtverwaltung geworden, und Tamar bewältigt die Arbeit von einem oder sogar zwei Assistenten. Sie nimmt zahllose Telefonanrufe von erbosten Bürgern entgegen und steht ihnen ruhig Rede und Antwort – wozu ich nicht immer die Geduld habe. Aber das ist noch nicht alles. Sie unternimmt auch noch alles Erdenkliche, um für jedes Problem eine Lösung zu finden. Trotzdem findet sie, daß ich ständig überarbeitet bin. Selbst wenn ich der Erschöpfung nahe bin, wartet immer noch etwas, was für Jerusalem getan werden muß. Mir bleibt nur sehr sehr wenig Zeit für die Familie. Oft ist das Frühstück im Morgengrauen oder noch früher die einzige Zeit, die Tamar und ich zusammen verbringen.

Die Jahre als Bürgermeister haben mich zweifellos verändert. Bis dahin hatte ich immer unter einem Vorgesetzten gearbeitet, die längste Zeit unter Ben-Gurion. Jedenfalls hatte es immer jemanden gegeben, der Ziele setzte, die Verantwortung trug und die Kritik, aber auch das Lob entgegennahm. Als ich Bürgermeister wurde, war ich plötzlich ganz auf mich allein gestellt und hatte vor allem in den ersten Jahren sehr oft niemanden, an den ich mich um Unterstützung wenden konnte. Das war eine schwierige Zeit, in der ich mir der Bürde einer Führungsrolle zunehmend bewußt wurde. Das wirkt sich natürlich auch manchmal auf meine Stimmung aus. Ich bin meines aufbrausenden Wesens wegen nur allzu bekannt; das drückt sich auf vielerlei Art aus und geht vom Beschimpfen eines Kollegen im Stadtrat bis zum Anschreien von Sekretärinnen (obwohl ich überzeugt bin, daß kein Mensch mein Geschrei mehr ernst nimmt). Zwar habe ich in den vergangenen zehn Jahren keine Glasplatten auf Schreibtischen mehr zertrümmert, doch werfe ich bisweilen mit dem erstbesten, das mir in die Hand kommt.

Ein amerikanischer Freund hatte mir einen schönen, schweren Glasaschenbecher geschenkt, den ich auf meinen Büroschreibtisch stellte. Dann war er plötzlich spurlos verschwunden, bis ich ihn ein paar Tage später daheim in unserem Wohnzimmer entdeckte. »Den hat deine Sekretärin hergeschickt«, erklärte Tamar, »sie sagt, sie fühle sich sicherer, wenn er hier ist.« Die aus Amerika stammende Shulamith Eisner, die mir mit unvergleichlicher Tüchtigkeit bei meiner Korrespondenz mit Freunden aus aller Welt hilft und mir bei der Museumsarbeit eine unschätzbare Hilfe ist, verläßt einfach den Raum oder schreit mich ihrerseits an, wenn ich einen meiner Wutanfälle bekomme. Auf diese Weise reagieren wir uns beide ab, was wohl der einzige Grund dafür ist, warum wir nicht schon längst Magengeschwüre haben.

Einige von den Äußerungen, zu denen ich mich im Zorn habe hinreißen lassen, hängen mir bis heute nach. Während der ersten Demonstration der israelischen ›Black-Panther-Bewegung‹ vor dem Rathaus – zu der mehr Journalisten und Sympathisanten kamen als echte ›Panther‹ – trampelten die Demonstranten rücksichtslos über den frisch gesäten Rasen vor dem Gebäude. Mein Ruf: »Runter vom Rasen!« wird mir heute noch als antisoziale Verwünschung vorgehalten – manchmal im Scherz, manchmal jedoch auch todernst. Ich weiß, daß meine Wutausbrüche mir nicht das geringste nützen, selbst wenn es vielleicht manchmal besser ist zu explodieren als alles in sich anzustauen. Natürlich habe ich oft rationale Gründe für meine Schreierei. Zur Zeit des »Runter vom Rasen!« bemühten wir uns gerade verzweifelt, den Jerusalemern beizubringen, die ersten Parks und Grünanlagen zu schonen, die in der Stadt angelegt wurden. Heute werden sie von allen benutzt, ohne daß es zu irgendwelchen Vandalismen käme. Außerdem glaube ich, daß es ein elftes Gebot für Bürgermeister geben müßte: »Du sollst nicht geduldig sein!« Ein geduldiger Bürgermeister ist verloren. In jeder Stadt gibt es Dinge, die sofort getan werden müssen, um zukünftige Probleme zu vermeiden. Außerdem ist es wichtiger, und dazu leichter und billiger, Probleme zu verhüten, als sie zu lösen. Freilich gelingt es einem Bürgermeister nicht immer, sich die Zustimmung des Haushaltskomitees, der Kreisverwaltung oder Regierung für diese Art Prophylaxe zu sichern. Ist er jedoch überzeugt davon, daß etwas geschehen müsse, sollte er das so schnell wie möglich tun und alle ihm zur Verfügung stehenden Mittel dafür einsetzen – sonst wird er es später bitter bereuen.

Eine weitere Konsequenz, die ich in den letzten zehn Jahren zu spüren bekommen habe, ist die, daß ich seit meiner Wahl zum Bürgermeister jedes Jahr zwei Pfund zugenommen habe. Dabei handelt es sich offensichtlich um eine Berufskrankheit. Mein Gewicht ist für alle ein steter Anlaß zur Besorgnis – mit Ausnahme meiner selbst. Ich esse und trinke nun mal für mein Leben gern und sehe nichts Erstrebenswertes darin, Diät zu halten. Vor ein paar Jahren, kurz nach der Eröffnung des Museums, war ich in New York und erfuhr, daß ein guter Freund von mir einen Herzanfall gehabt hatte und ins Krankenhaus eingeliefert wurde. Ich ging ihn besuchen, und seine ersten Worte waren: »Teddy, du bist so fett, daß du einen Herzanfall kriegen und sterben wirst.« Ich sagte ihm darauf, wenn ich einen Herzanfall bekäme, dann nur aus Sorge um die prekäre Finanzlage des Museums, woraufhin er mir auf der Stelle einen Handel vorschlug: Wenn ich vierzig Pfund abnähme, würde er eine Spende fürs Museum machen – doch nicht einmal dieses verlockende Angebot half. Freilich muß zur Ehre meines Freundes gesagt werden, daß er trotzdem für das Museum spendete und es nicht bei dem einen Mal blieb.

Oft fragt man mich auch, wie ich es nur schaffe, so lange zu arbeiten; denn obgleich ich schon um halb sieben ins Büro komme, bin ich oft ununterbrochen bis weit nach Mitternacht auf den Beinen. Das ist ganz einfach: Ich mache tagsüber immer mal wieder ein Nickerchen (allerdings nicht immer in den passendsten Augenblicken). Ich besitze die ›Fähigkeit‹, bei Besprechungen, Eröffnungsansprachen, Feiern oder Konferenzen oder während ich etwa auf einer Estrade zwischen dem Ministerpräsidenten und einem ausländischen Würdenträger sitze einzuschlafen. Tamar hat viele Stunden ihres Lebens mit dem vergeblichen Bemühen verbracht, mich durch Rippenstöße oder ähnliches wachzuhalten. Doch mittlerweile ist jeder an diese Schrulle gewöhnt, und das gilt als ›mein Stil‹. Mittlerweile fangen die Leute schon an zu tuscheln, wenn ich bei einer öffentlichen Veranstaltung *nicht* einnicke.

Meine kurzen Nickerchen haben aber auch etwas mit der Tatsache zu tun, daß ich grundsätzlich, insbesondere bei feierlichen Anlässen, gegen lange Ansprachen bin. Ich glaube nicht, daß irgendwer zuhört; sie gehören einfach dazu, und man läßt sie über sich ergehen. Mit Ausnahme von vielleicht einer Hauptrede bei derlei Gelegenheiten, die von dem Präsidenten, dem Ministerpräsidenten oder dem Vorsitzenden einer Organisation gehalten wird, sollten alle Begrüßungsansprachen sehr, sehr kurz ausfallen. An diese Regel habe ich mich von dem Tag an gehalten, da ich Bürgermeister wurde. Gelegentlich habe ich es geschafft, eine Ansprache bis auf eine groteske Minute zu kondensieren, und ich glaube, daß das seine Wirkung nicht verfehlt. Eine Menge Leute haben angefangen, meinem Beispiel zu folgen, und mittlerweile fallen Feierstunden und Ansprachen – bisher Israels Lieblingsbeschäftigung – bereits merklich kürzer aus. Sollte ich in die Geschichte eingehen, dann wird es wohl wegen dieser Neuerung sein.

Seit ich Bürgermeister bin, hat man mir alle möglichen, zum Teil recht attraktive Posten angeboten – die ich alle ausgeschlagen habe. Als man mir anbot, Präsident des Weizmann-Instituts zu werden – wofür sich besonders Marcus Sieff und Dave Ginsburg einsetzten –, fand ich, daß dieses Amt eigentlich mehr etwas für einen Wissenschaftler sei, selbst wenn es auch hauptsächlich mit Public Relations und Spendensammel-Kampagnen verbunden ist. Ein weiterer ›Job‹, der mir angetragen wurde, war der Vorsitz der *Jewish Agency*. Nach Pinhas Sapirs Tod meinten ein paar Freunde, ich solle mich um dieses Amt bewerben. Doch auch diesmal lehnte ich ab, und zwar nicht zuletzt deswegen, weil ich fand, daß die *Agency* gründlich umgemodelt werden müsse und daß mit dieser Aufgabe – die acht oder zehn Jahre dauern könnte – eine wesentlich jüngere Persönlichkeit betraut werden sollte.

Ich muß jedoch zugeben, daß noch etwas anderes eine große Rolle bei dieser Entscheidung spielte. Es wäre mir sehr, sehr schwer gefallen, mein Amt als Bürgermeister von Jerusalem aufzugeben. Immer, wenn sich eine solche Möglichkeit ergab, dachte ich nicht nur an meine Verpflichtung Jerusalem gegenüber (denn schließlich ist kein Mensch unersetzlich), sondern auch daran, wieviel mir persönlich Jerusalem bedeutet, und dann senkt sich die Waagschale stets zugunsten meines Amtes. Wenn ich zurückdenke, war mein Handeln eigentlich meistens nur Reaktion auf ganz bestimmte Umstände oder ein drückendes Problem. Aber es hat auch Beispiele dafür gegeben, daß ich von mir aus die Initiative ergriffen habe und schöpferisch tätig

wurde, so zum Beispiel bei der Gründung des Israel-Museums oder der ›Jerusalem Foundation‹.
Israel und Jerusalem hätten natürlich auch ohne das Museum existieren können. Trotzdem handelt es sich um ein Vorhaben, das sich weit über unsere optimistischsten Träume hinaus entwickelt hat. Wenn ich in meinem kleinen Arbeitszimmer im Museum sitze und mich mit Museumsangelegenheiten beschäftige, fühle ich mich in eine andere Welt versetzt und vergesse die Bürden des Bürgermeisteramtes. Das Museum ist für mich eine der wenigen Quellen der Entspannung, insbesondere dann, wenn es mir gelingt, auch ein paar Minuten in den Ausstellungsräumen zuzubringen. Und genauso ist es mit der ›Jerusalem Foundation‹, obgleich Jerusalem tausend Jahre ohne eine derartige Organisation bestanden hat. Aber sie ermöglicht es Freunden auf der ganzen Welt, an der Entwicklung der Stadt teilzuhaben. Angesichts der politischen Opposition war es nicht leicht, diese Stiftung aufzubauen. Heute jedoch kann niemand ihre Verdienste um soziale Fürsorge, Bildung, Kultur und Kunst leugnen, ihr Mitwirken bei der Restaurierung historischer Stätten und der Anlage von Grünflächen und Parks übersehen, und ihren Beitrag zur Bewältigung bestimmter sozialer Aufgaben und ihren Teil an der Annäherung zwischen Juden und Arabern abstreiten. Ich könnte hier noch vieles mehr aufzählen, denn Tatsache ist, daß die ›Jerusalem Foundation‹ mit verhältnismäßig wenig Mitteln große Veränderungen und beträchtliche Fortschritte bewirkt hat. Diese beiden Institutionen haben mir mehr Befriedigung und Freude bereitet, als irgend etwas anderes, mit dem ich zu tun gehabt habe. Einige meiner Aktivitäten vor meiner Übernahme des Bürgermeisteramtes schienen mich in gewisser Weise dazu prädestiniert zu haben, diese Aufgabe in diesem ganz bestimmten Augenblick zu übernehmen. Doch wiewohl die Menschen mir immer wieder sagen, daß Jerusalem von Glück sagen könne, mich zu haben, weiß ich, daß es genau umgekehrt ist: Ich kann von Glück sagen, daß mein Lebensweg mich nach Jerusalem führte. Bürgermeister dieser Stadt zu sein ist die abwechslungsreichste, fesselndste, manchmal belastendste, aber auch befriedigendste Aufgabe in der Welt, und solange ich Bürgermeister bin, werde ich arbeiten soviel ich kann, essen soviel ich mag, und anschreien, wen ich will.

Im allgemeinen bin ich kein großer Optimist. Ich sehe überall schwarze Wolken – auf politischem, historischem und auch persönlichem Gebiet. Wenn zum Beispiel ein Familienmitglied einige Stunden ›überfällig‹ ist, fürchte ich immer gleich das Schlimmste. Ich rede zwar nicht darüber, aber die Befürchtung ist da und läßt sich nicht abschütteln. Eine solche Veranlagung hindert mich aber nicht daran, mein Leben zu genießen; es kann wohl keinen Zweifel daran geben, daß ich eine gewisse fatalistische Ader habe. Als ich all die Fehler sah, die wir gleich zu Beginn unserer staatlichen Unabhängigkeit machten, dachte ich: Wie wollen wir da bloß jemals rauskommen? Aber wir haben es geschafft. Jetzt sind unsere Probleme womöglich noch schwieriger, und wir sind noch weniger in der Lage, mit ihnen fertig zu werden. Seit Jahren fehlt im Staat die feste leitende Hand, und da die bisherigen Regierungen das Volk nicht über den wahren Zustand des Landes – sowohl auf innen- wie außenpolitischem Gebiet – aufgeklärt haben, leben wir in einer Art Wolkenkuckucksheim. Der Wunsch nach einer starken Führung war vielleicht das ausschlaggebende Motiv und, unabhängig von der politischen Überzeugung, der bedeutendste gemeinsame Nenner des Wahlverhaltens bei den Knessetwahlen 1977. Kein Zweifel, daß Menachem Begin diesem Wunsch entsprach, und als er gewählt wurde, erfaßte ein Großteil des Volkes eine Welle von Zuversicht und Hoffnung. Ich persönlich stehe einigen zentralen Zielen dieser Regierung und den Mitteln und Wegen zu ihrer Realisierung eher mit Besorgnis gegenüber. Wenn ich glauben könnte, daß die Absorbierung einer weiteren Million Araber in Israel weniger gefährlich als selbst unsichere Grenzen ist, daß glühende Rhetorik ein Ersatz ist für den drohenden Verlust der wenigen Freunde, die wir in der Welt haben, oder daß politische und demographische Tatsachen sich mit Hilfe von Mystizismus und religiöser Überzeugung bewältigen lassen – dann könnte ich ruhiger sein. Inzwischen kann ich nur hoffen, daß, was immer auch die Zukunft bringen mag, Jerusalem weiterhin eine blühende und ungeteilte Stadt bleiben und daß Israel alle Schwierigkeiten bewältigen möge, die auf uns zukommen.

Wenn die Araber laufend ihr Rüstungspotential vergrößern und ihre Muskeln spielen lassen, wenn es so aussieht, als ob Amerikaner und

Russen – jeder für sich oder gemeinsam – über uns herfallen werden, mag es belanglos erscheinen, noch einen Spielplatz oder noch ein Gemeindezentrum für die Stadt zu planen. Ich bin mir auch nicht darüber im klaren, ob das in jedem Fall richtig ist; an eines jedoch glaube ich fest: an unsere Existenzberechtigung und unser Fortbestehen. Wir können wegen all der potentiellen Gefahren und Umwälzungen nicht aufhören, an Jerusalem weiterzubauen, wie wir auch augenblicklicher Bequemlichkeit zuliebe nicht kulturelle oder ästhetische Werte opfern können.

Als ich einmal mit einem amerikanischen Journalisten eine Rundfahrt durch die Stadt machte, fragte er mich, ob ich all diese hektischen Aktivitäten nicht ein wenig vergeblich fände. »Schlimmstenfalls«, sagte ich zu ihm, »sind wir wie Ameisen, die den allerschönsten Ameisenhaufen bauen, den es je gegeben hat – in der Hoffnung, daß niemand mit einem Stock darin herumstochert und ihn zerstört. Wenn das aber doch passiert, sind wir immer noch da, wir Ameisen. Dann werden wir ihn eben erneut aufbauen, und zwar so schön, wie wir können.«

Nachwort zur deutschen Ausgabe

Mehr als zwei Jahre sind schon vergangen, seit die Originalausgabe dieses Buches veröffentlicht wurde. Leider sind inzwischen einige der darin erwähnten Persönlichkeiten, vor allem Golda Meir und Meyer Weisgal, von uns gegangen. Die Zeit brachte auch einige dramatische Veränderungen – für Israel und für den gesamten Nahen Osten – mit sich, und ich finde, ich sollte mich damit auseinandersetzen und meine Einstellung ihnen gegenüber klarmachen. Eines hat sich nicht geändert: Ich bin noch immer Bürgermeister von Jerusalem und konnte meinen Posten auch nach den letzten Stadtwahlen behaupten. Doch bevor ich über Jerusalem schreibe, möchte ich einige meiner Gedanken über verschiedene Entwicklungen, die sich in Israel seit dem Herbst 1977 zugetragen haben, darstellen.

Das aufregendste Ereignis in diesen letzten zwei Jahren war ohne Zweifel der Besuch von Präsident Sadat in Jerusalem. Es war mir eine Ehre, ihn auf seiner Fahrt durch die Stadt zum Tempelberg (auf arabisch *Haram esh-Sharif* = vornehmes Heiligtum), auf dem sich die wichtigsten Moscheen der Stadt befinden, zu begleiten. Nachher ging ich mit ihm durch die Altstadt zur Grabeskirche, wo er der koptischen Christengemeinde einen Besuch abstattete. Bei dieser Gelegenheit zeigte ich Präsident Sadat diejenigen Stadtteile, die seinerzeit, als er während unseres Befreiungskrieges bei einer ägyptischen Expeditionsgruppe diente, vermint und durch Stacheldrahtverhau abgesperrt waren. Heute ist dieses ganze Gebiet von Grünanlagen und archäologischen Gärten durchzogen, die die Sorgfalt demonstrieren, mit der wir altjüdische, römische, frühchristliche und islamische historische Bauten, die bei unseren Ausgrabungen zutage traten, gleicherweise behandeln. Ich bin sicher, daß es Präsident Sadat bewußt wurde, welchen Respekt wir den Heiligen Stätten gegenüber aufbringen und daß wir uns bemühen, uns nicht in das Leben der arabischen Bevölkerung einzumischen. Er konnte sich auch mit eigenen Augen davon überzeugen, daß all die so oft wiederholten Anschuldigungen von der Unterdrückung der arabischen Bevölkerung Jerusalems unsererseits und von der Zerstörung arabischer und christlicher Heiligtümer vollkommen aus der Luft gegriffen sind. Und seit diesem Besuch haben sowohl Präsident Sadat als auch andere ägyptische Politiker sogar begonnen, von einem wiedervereinten Jerusalem zu sprechen. Zugegeben: Sie reden von einer vereinten Stadt unter getrennter Souveränität – ein politisch und praktisch unhaltbarer Lösungsversuch, der meines Erachtens keine Lebenschance hat –, doch die Tatsache, daß Jerusalem einen so nachhaltigen und positiven Eindruck auf Präsident Sadat und all die anderen Stadtbesucher in den letzten Jahren gemacht hat, ist zweifellos ein Trumpf in unseren Händen bei den Bemühungen, innerhalb einer friedlichen Lösung des Nahostkonfliktes ein ungeteiltes Jerusalem zu bewahren.

Eine Stunde, nachdem ich Präsident Sadat im King-David-Hotel verließ, wurde ich gebeten zurückzukommen, da Sadat mit mir noch etwas besprechen wolle. Als ich ankam, ging er allerdings gerade mit Menachem Begin weg, um die Gedenkstätte Yad Vashem zu besuchen, doch sein Ratgeber, Mr. Tohami, der stellvertretende Ministerpräsident, wartete auf mich. Wir tranken zusammen auf der Hotelterrasse Kaffee, und er erwähnte, daß Präsident Sadat sich gern an gewissen Ausbesserungsarbeiten in der El-Aqsa-Moschee beteiligen möchte; außerdem wäre es ihm daran gelegen, auch etwas für die koptische Gemeinde zu tun. Aber er zöge es vor, in diesen Dingen mit der Jerusalemer Stadtverwaltung zusammenzuarbeiten, und er schlug vor, darüber ein gemeinsames Pressekommuniqué herauszugeben. Ich war etwas erstaunt, da ich angenommen hatte, er würde sehr vorsichtig sein und sich hüten, offiziell die Jerusalemer Stadtverwaltung anzuerkennen. Doch nach Beratung mit seinem Präsidenten bestand Tohami auf seiner Idee.

Das war das erste offizielle Übereinkommen zwischen Ägypten und

Israel – doch leider führte es bis heute, zwei Jahre danach, noch zu nichts.
Das historisch bedeutendste Ereignis in diesem Zeitabschnitt war das Zustandekommen eines Friedensvertrages mit Ägypten. Ich war seinerzeit zwar nicht der Meinung gewesen, daß Begin, wenn er zum Ministerpräsidenten gewählt würde, uns in einen Krieg vewickeln könnte. Doch war ich davon überzeugt, daß er eine Entfremdung zwischen uns und unseren Freunden verursachen würde – was er auch tatsächlich bis zu einem hohen Grade tat. Doch all dies wird reichlich durch den Friedensvertrag mit Ägypten aufgewogen. Es ist zwar nur der Anfang, zur Zeit ein vereinzelter Schritt von seiten Ägyptens, und noch unabsehbar, wohin dieser bei der besonderen politischen Konstellation in Nahost führen wird. Eines jedoch steht fest: So ein Übereinkommen konnte nur von Menachem Begin geschlossen werden. Vielleicht hätten Levi Eshkol (im Jahre 1968) oder Golda Meir (sofort nach ihrer Ministerpräsidentenwahl) ähnliches zu gleichen oder sogar besseren Bedingungen erreichen können, denn damals hatten wir eine günstigere Machtposition. Doch wenn heute die Arbeiterpartei an der Macht wäre und versucht hätte, ein Abkommen mit Ägypten zu denselben Bedingungen wie Begin zu treffen – mit all den schmerzhaften Preisen, die wir dafür zahlen müssen –, niemals wäre es ihr gelungen, damit durchzudringen. Die geräuschvolle Auflehnung einiger Parteigenossen Begins, die von seiner verhältnismäßig versöhnlichen Haltung enttäuscht sind, wäre ein kaum hörbares Flüstern im Vergleich zu dem lauten Protest, das der gesamte *Likud-Block* angestimmt hätte, wäre dasselbe Abkommen etwa von Rabin, Peres oder einem anderen Führer der Arbeiterpartei getroffen worden.
Darum bete ich jeden Morgen darum, daß Begin weiter an der Macht bleibe – ungeachtet dessen, daß sich seine Regierung in jedem anderen Bereich – und besonders im innenpolitischen – als absolutes Unglück für uns erwiesen hat und daß er selbst nicht der autoritative Ministerpräsident ist, den man in ihm erwartet hatte.
Ungeachtet meiner politischen Meinungsverschiedenheiten mit der *Likud*-Partei hatte ich immer angenommen, daß eine Regierung unter Begin zäh und hart für ihre Politik einträte, indem sie klare und

eindeutige Entscheidungen träfe. In meinen Augen wären dies wahrscheinlich falsche Entscheidungen, doch ich war überzeugt, daß diese neue Regierung von dem Weg, den sie zu gehen beschlossen hatte, nicht abweichen würde. – Doch nichts von alledem geschah. Die Regierung leidet unter chronischer Unentschlossenheit. Die Verlautbarung einer Haltung ist in ihren Augen gleichbedeutend mit politischer Strategie. Proklamieren allein genügt, um zu regieren. Augenscheinlich kann aber kein Staat so funktionieren, und die Ergebnisse sind beunruhigender, als man sich vorgestellt hatte.

Ein eindrucksvolles Beispiel, gerade, weil es verhältnismäßig unwichtig ist, aber das Zögern der jetzigen Regierung sowie den dadurch bedingten Stilwechsel im öffentlichen Leben Israels veranschaulicht, stammt aus dem Bereich der zu den offiziellen Feiern zum dreißigjährigen Bestehen des Staates Israels. In der Stadtverwaltung hatten wir ständig Meinungsverschiedenheiten mit der Regierung, wie man diese Feier gestalten sollte. Ziemlich früh schon schlugen einige meiner Freunde – insbesondere Isaac Stern – vor, ein Festkonzert zu veranstalten, und da wir es vom Fernsehen in die ganze Welt senden lassen wollten, wählten wir den Davidsturm und die zinnengeschmückten Altstadtmauern als angemessenen Hintergrund für das Orchester. Doch trotz monatelanger Bemühungen gelang es uns nicht, dies Konzert auf das offizielle Festprogramm zu setzen, weil die Regierung der Meinung war, im Mittelpunkt der Feierlichkeiten müsse eine Militärparade stehen. Später wurde dieses Programm dann wieder geändert: Aus der Militärparade wurde ein Umzug von Veteranen aus früheren Untergrundbewegungen, der – von Begin höchstpersönlich angeführt – von irgendwo her in der Nähe der Knesset kommen und sich genau bis zu dem Platz ziehen sollte, den wir für unser Konzert gewählt hatten. Doch jene tapferen Untergrundkämpfer aus der Zeit der *Hagana, Palmach, Etzel* und *Lechi* hatten sich auch vor dreißig Jahren nie an Parademärschen beteiligt. Welch erbärmlichen Eindruck würden sie heutzutage – in Achterreihen durch die Stadt zottelnd – gemacht haben! Außerdem würde der Festtag voraussichtlich brennend heiß werden. Daher ließ Begin nach langem Zögern die Idee glücklicherweise fallen. Statt dessen veranstaltete die Regierung eine kleine Militärparade und einen Umzug von Veteranen aus den Untergrundbewegungen im Sportfeld der Hebräischen Universität. Am Schluß strömte die Menschenmenge nach vorne, und jeder versuchte, so nahe wie möglich an den Staatspräsidenten, den Ministerpräsidenten und den Generalstabschef heranzukommen. Alles löste sich in wohlgefälliger Unordnung auf – und das war meiner Meinung nach noch der netteste und volkstümlichste Teil des Programms.

Obwohl ihr die Idee, einen Unabhängigkeitstag so zu feiern, fremd war, akzeptierte die Regierung schließlich auch noch sechs oder acht Wochen vorher unseren Konzertplan. Das ließ uns natürlich nur eine ganz kurze Zeitspanne für alle Vorbereitungen, doch gelang es uns mit Hilfe von Zubin Mehta und Isaac Stern eine bemerkenswerte Aufführung zu produzieren, die als eine der Sternstunden Jerusalems bezeichnet wurde. Es spielten Mstislav Rostropovich, Isaac Stern und Jean Pierre Rampal; Leontyne Price sang und Zubin Mehta dirigierte das Israel Philharmonic Orchestra. Fast das ganze Konzert war improvisiert. Rampal kam erst dreißig Minuten vor Beginn an, und selbstverständlich hatten keine angemessenen Proben stattgefunden. Schlimmer noch – eine Woche vor dem Festereignis fiel eine Katyusha-Rakete in die Nähe des Platzes, der für das Konzert vorgesehen war. So saßen also zwölftausend Menschen im Gras und auf den Steinen des Platzes, der ›Sultansteich‹ genannt wird, und trotz aller Freude, es schließlich doch geschafft zu haben, hatten wir Angst wegen einer möglichen Terroraktion. Ein oder zwei Minuten vor Anfang des Konzerts fragte ich Zubin, wo ich mich unauffällig hinstellen könnte, um allenfalls in der Nähe eines Mikrofons zu sein, wenn es nötig werden sollte, der Menschenmenge Verhaltungsmaßnahmen zu geben, falls etwas passieren würde. Er fand wie immer sofort die Lösung: »Sie müssen selbst der Ansager sein! Dann wird Sie niemand beachten.« Da ich aber keine blasse Ahnung hatte, was gespielt werden sollte – mit Ausnahme von Tschaikowskys Ouvertüre »1812« (die von Kanonen und Feuerwerk über der Altstadtmauer ›begleitet‹ wurde) –, kritzelte Zubin mir das Programm auf ein Stückchen Papier, und damit begann meine neue Karriere als Konzertansager.

Als alles vorüber war und das Publikum aufstand, um die *Hatikva* zu singen, in die auch unsere Gastkünstler einstimmten, und als sich die

goldene Stimme von Leontyne Price über einen ›Chor‹ von zwölftausend Menschenstimmen aufschwang, war die Erregung so groß, daß manch einer im Publikum Tränen in den Augen hatte. Nachher blieben viele noch im Gras sitzen und gingen hinterher langsam und still weg – was ganz und gar nicht charakteristisch für das israelische Publikum ist, welches in der Regel sofort nach dem letzten Akkord aufspringt und hinaushastet. An diesem Abend war etwas Elektrisierendes in der Luft. Vielleicht war es die ungezwungene Atmosphäre und der warme Kontakt zwischen Künstlern und Publikum, die die Schranken brachen; vielleicht war es die Tatsache, daß so viele Jugendliche anwesend waren – jedenfalls war dieser Abend ein seltenes emotionelles Erlebnis. Zubin strahlte förmlich vor Wonne. Das Konzert wurde vom Fernsehen in vierzehn Länder übertragen, in einigen sogar mehrmals wiederholt, und auch noch heute, nach zwei Jahren, erinnern sich viele dankbar an diesen Abend.
Um wieder auf prosaische Dinge zurückzukommen: Es ist sehr schwer, einen Entschluß aus der Regierung herauszupressen – nicht gerade Konzerte betreffend, sondern auch bezüglich Erziehungs- und Sozialfragen, Bauwesen, Geländeauswertung, Haushaltsplan, usw. Ich hatte ja, weiß Gott, in den letzten Jahren genug an der Arbeiterpartei auszusetzen, doch das war nichts im Vergleich damit, wie das heutige Regime funktioniert. Die Mißachtung städtischer Probleme von seiten der Regierung ist unglaublich – obgleich ihre Mitglieder selbst Stadtbewohner sind und sich nicht wie die früheren Regierungen damit entschuldigen können, daß sie in Kibbuzim aufgewachsen sind. Zudem hat es wenig Sinn, mit Begin zu reden, denn es ist völlig aussichtslos, in solchen Angelegenheiten mit ihm zu praktischen Ergebnissen zu gelangen, obgleich er immer ein offenes Ohr hat. Dasselbe gilt für die anderen Minister. Noch viel schlimmer ist es, daß die Regierung Rechtlosigkeiten zuläßt, wenn sie nationalistisch motiviert sind. Das hat weitgehende schlimme Resultate.
Nichtsdestoweniger gefällt unseren Besuchern die Stadt immer mehr. Viele Projekte, die wir schon frühzeitig begonnen haben – z. B. archäologische Ausgrabungen und Rekonstruktionen, Grünanlagen usw. –, werden fortgesetzt und erweitert. Zu Ehren der Vereinigten Staaten haben wir zu deren Zweihundertjahrfeier den *Liberty Bell*

Garden angelegt, für den wir von der Stadt Philadelphia eine Kopie der ›Liberty Bell‹ in Originalgröße als Geschenk erhielten. Auf der Glocke ist ein Spruch aus der Bibel eingraviert: »Und ihr sollt Freiheit ausrufen für alle, die darin wohnen« (Leviticus 25:10). Das zeigt, daß unsere besonderen Beziehungen mit den Vereinigten Staaten nicht allein auf politischen Erwägungen, sondern auf einer gemeinsamen geistigen und kulturellen Tradition aufgebaut sind. Dieser Garten wurde zum Schauplatz vieler öffentlicher Darbietungen, Konzerte, Picknicks, Büchermessen, Betätigungsfelder für Jugendliche sowie Kunstausstellungen und ist immer voll von Leben.

Viele dieser Projekte wurden durch die Zusammenarbeit von Stadtverwaltung und ›Jerusalem Foundation‹ ermöglicht. Mit verhältnismäßig kleinem Aufwand leistete diese für die Stadt unermeßlich viel, indem sie die entsprechenden Vorschläge den passenden Spendern mit beneidenswertem Geschick und Takt unterbreitete. Im vorigen Jahr eröffneten wir ein restauriertes Gebäude, das als Sitz eines 600 Mitglieder starken Schülerorchesters dient – musikalisch wichtig, doch darüber hinaus auch ein gesellschaftliches Betätigungsfeld, das Kinder verschiedener Herkunft und Klassen zusammenbringt. Der bekannte amerikanische Trompeter Herb Alpert hat das finanziell ermöglicht, und seine Trompetenklänge vibrieren am Tage der Einweihung in der Luft. Außerdem planen einige unserer Freunde in der Filmwelt ein jüdisches internationales Filmarchiv, welches zum Ziel haben soll, alle Dokumentarfilme, die je über jüdisches Leben oder das Heilige Land gedreht wurden, zu sammeln. Eine schweizer-deutsch-holländische christliche Fundamentalistengruppe, genannt *Beit Schalom* (Haus des Friedens), nahm den bedeutenden archäologischen Garten, den ich Präsident Sadat zeigen konnte, unter ihre Fittiche. Längs der Altstadtmauern stellt er die Reste alter jüdischer Gebäude zur Schau, die von Titus vernichtet wurden, ferner eine römische Straße, byzantinische Gesimse, Türme aus der Kreuzfahrerzeit, und eine sehr schöne islamische Mauer, die von den ottomanischen Türken errichtet wurde. Der Aufwand für diesen ziemlich teuren Garten wird von dieser Gruppe bestritten und aus zahlreichen Spenden, die zu beträchtlichen Summen angewachsen sind.

Gleicherweise hat sich auch das Israel-Museum in diesen Jahren vergrößert. Heute besitzen wir eine Galerie alter Meister, neue Ausstellungsräume für bedeutende Impressionisten, präkolumbianische und afrikanische Kunst sowie einen hervorragenden Pavillon für altes Glas – zu dem ich einige Schaustücke beitragen konnte. Außerdem wurde die Jugendabteilung im Rockefeller-Museum in Ost-Jerusalem durch Hinzufügen eines neuen Zweiges nach einem Entwurf von Mosche Safdi erweitert. Der Großteil der Kinder, die in diese Werkstätten kommen, stammt aus den arabischen Vierteln Ost-Jerusalems, und dies Projekt ist ein großer Erfolg.

Kurz und gut, wir haben viel, worauf wir stolz sein können, und wir bemühen uns nach besten Kräften, die Atmosphäre und den Lebensstandard in Jerusalem zu verbessern. Aber genau wie die politischen Gefahren nicht verschwunden sind, ist die Stadt auch nicht von allen ihren Problemen erlöst worden, und ich kann nicht leugnen, daß auch negative Entwicklungen stattgefunden haben. Besonders schmerzhaft und unangenehm ist beispielsweise das Anwachsen von religiösem Extremismus. Vor allem der Einfluß einer kleinen *Neturei Karta* genannten Gruppe macht sich spürbar bemerkbar. Nicht nur, daß sie sich weigern, den Staat Israel anzuerkennen, für sie ist Zionismus sogar eine Blasphemie, da wir ihrer Meinung nach mit der Rückgabe unseres Erbteils warten müssen, bis der Messias kommt. Inzwischen darf natürlich der Staat Israel nicht durch eigener Hände Arbeit, entschlossenen Willen und durch den Mut jüdischer Soldaten erhalten und gesichert werden. Weit besser sei es, unter arabischer Herrschaft zu leben und auf den Messias zu warten.

Die *Neturei Karta* besteht zwar nur aus einer kleinen Gruppe von Extremisten, doch der Lärm, den sie machen, steht in keinerlei Verhältnis zu ihrer Größe. Und wie von einem geheimnisvollen kulturellen oder politischen Gesetz geleitet lassen sich die anderen religiösen Parteien, die während der letzten vierzehn Jahre unsere Koalitionspartner in der Stadtverwaltung waren, von den Extremisten anstecken. Das Ergebnis sind Zusammenstöße in Streitfragen über die Observanz der Sabbatgesetze, über die Errichtung einer neuen Sportarena (die einen »lasterhaften Einfluß« auf unsere Jugend ausüben würde) und sogar über einige Parks in den Stadtvierteln, wo gottbehütete Knaben und Mädchen auf derselben Bank sitzen könnten – es ist immer wieder dieser ewig neue Wettstreit um das Seelenheil der orthodoxen Jerusalemer Stadtbevölkerung, der Extremismus und Gewalt erzeugt. Und keine mutige orthodoxe Führerpersönlichkeit hat es bisher gewagt, sich dem öffentlich entgegenzustellen. Ich fürchte nur, daß eines Tages der nichtreligiöse Teil der Bevölkerung, der in den letzten Jahren gelernt hatte, Religion zu respektieren, zu der aktiveren antireligiösen Einstellung zurückkehren wird, die wir bereits durch jahrelange Erziehung zu gegenseitiger Toleranz in harter Arbeit verdrängt hatten.

Das andere große Problem, vor dem wir stehen, ist die Ungeduld der jüngeren Generation der Juden aus arabischen Ländern, die das Gefühl haben, daß sie persönlich benachteiligt werden, daß sich die Entwicklung und der Ausbau ihrer Stadtviertel nicht rasch genug vollziehe. Ungeheure Arbeit wurde schon geleistet, um diese Stadtteile, die man zur Zeit der großen Einwanderung im Anfang der 50er Jahre zu rasch bauen mußte, zu verschönern, angefangen bei Straßenverbesserungen und Bürgersteigen; Bäume wurden gepflanzt, Gärten wurden angelegt; Schulen, Gemeinschaftszentren und Synagogen wurden gebaut – wobei des öfteren auch die Bewohner Eigeninitiative entwickelten. Doch die überschwengliche Wahlpropaganda der jetzigen Regierung – und besonders die Zuversicht, daß sich mit der Wahl ihres großen Helden, Menachem Begin, alle ihre Probleme sofort in Wohlgefallen auflösen würden – schaffte übergroße Erwartungen. Und nichts von all dem ging in Erfüllung. Trotz aller Regierungsversprechungen bleibt die Weiterentwicklung dieser Stadtteile wie sie war: langsam, schwierig – und hauptsächlich von der Stadtverwaltung initiiert und durchgeführt. Wie zu erwarten war, führte die Enttäuschung zu großem Ärger und zu Frustrationen, die sich manchmal in Demonstrationen äußern. Alles in allem (vom Standpunkt dieser jungen Leute aus gesehen) ist die Stadtverwaltung ja auch ein Teil der ›Obrigkeit‹, und sie wissen einfach nicht, welches Amt für ihre Bedürfnisse zuständig ist. Tatsächlich könnten wir mehr tun, wenn unsere Hände nicht durch rechtliche Beschränkungen gebunden wären. Alle unsere Versuche, die Regierung dazu zu bringen, einige ihrer Rechte aufzugeben und sie der Stadtverwaltung zu überlassen – *jeder* Stadtverwaltung, doch im besonderen der Stadtver-

waltung von Jerusalem –, blieben fruchtlos. Die Neigung zur Zentralisierung breitet sich sogar noch aus.
Auch die Stadtwahlen vom November 1978 – anderthalb Jahre, nachdem Begin ans Ruder kam – standen unter dem Zeichen dieser Enttäuschungen. Die *Likud*-Kandidaten zogen in den Wahlkampf in der Annahme, daß sie nach Begins außergewöhnlichem Erfolg bei den Parlamentswahlen und nach Präsident Sadats Besuch in Israel eine gute Chance hätten, in der Stadtregierung und im Kampf ums Bürgermeisteramt die Mehrheit zu bekommen. Doch trotz des persönlichen Prestiges von Begin, das er in den Ortswahlen und besonders in Jerusalem bis zu den Grenzen seiner Möglichkeiten einsetzte, erlitt der *Likud* hier eine böse Schlappe. Nicht allein, daß sein Wählerkreis sich nicht erweiterte – was man als sicher angenommen hatte –, er verlor de facto ein Drittel seiner früheren Stimmen. Die unabhängige Kandidatenliste, die ich für den Stadtrat aufsetzte, bestand aus Mitgliedern der Arbeiterpartei und einigen Unabhängigen. Die Liste erhielt eine knappe Mehrheit bei der Abstimmung (16 von 31 Stadtratsitzen), während ich für das Bürgermeisteramt 65 Prozent der Stimmen bekam – und das in einer Stadt, deren herkömmliche Verbundenheit mit dem *Likud* und den religiösen Parteien bekannt ist. Dessen ungeachtet waren die mir nahestehenden Kreise bei der Abstimmung viel träger als die Anhänger religiöser Parteien. Daher waren diejenigen, die bei den Wahlen ihren Einfluß vergrößern konnten, die Ultraorthodoxen und gemäßigten religiösen Parteien. Die Medien stellten meine Wahl als einen großen persönlichen Vertrauensbeweis der Bürger dar. Doch die Koalitionspolitik im Stadtrat wurde durch die Wahlresultate nicht einfacher.
Anfangs zögerte ich und war nicht so sicher, ob ich mich wieder für das Bürgermeisteramt bewerben sollte. Dreizehn Jahre schienen mehr als genug zu sein. Aber eine Stadtverwaltung unter *Likud*-Herrschaft mit einem nicht sehr fähigen Kandidaten an der Spitze schien mir ein trauriges Schicksal für Jerusalem. Doch darüber hinaus ist es möglich, daß im Laufe der nächsten Jahre irgendeine Entscheidung über das Schicksal Jerusalems gefällt wird. Und obwohl ich mir keine Illusionen mache über den Einfluß, den eine lokale Stadtverwaltung auf internationale Angelegenheiten ausüben kann, fühlte

ich dessenungeachtet, daß auch ich etwas in dieser Angelegenheit zu sagen habe und vielleicht mein bescheidenes Scherflein zur Lösung dieses Problems beisteuern kann.

Begin unterstützte die *Likud*-Kandidaten im Munizipalwahlkampf im ganzen Land und schaltete sich besonders in Jerusalem ein, wo er einige Male mit meinem Opponenten öffentlich auftrat. Das war für den *Likud*-Kandidaten natürlich sehr wichtig. – Ich hatte nie daran gezweifelt, daß ich gewählt werden würde, doch hatte ich meine Besorgnisse darüber, ob ich eine angemessene Stimmenmajorität im Stadtrat erzielen könnte. Daher mußte ich einen sehr intensiven und harten Wahlkampf durchstehen. Selbstverständlich wurden alle diesbezüglichen Propaganda-Ideen, die ›auf dem Papier‹ so verlokkend aussehen, von meinen Freunden und Ratgebern verworfen. Zum Beispiel: Ich wollte in einem offenen Jeep durch die Stadt fahren, in eine Trompete stoßen und rufen: »Bürger! Kommt abstimmen!« Jeder war gegen diese Idee. Einige Jahre vorher war Begin bei den Wahlen in einem Jeep durch die Stadt gefahren, und es hatte wie eine Faschistenparade ausgesehen. Dann schlug ich vor: Wenn schon kein Jeep, so wollte ich wenigstens auf einem Esel reiten. Wieder nichts. Schließlich erlaubte man mir, mit einem Schild, auf dem geschrieben stand: »Stimmt für Teddy!« herumzugehen. Es war ein Riesenerfolg. Ich ging durch die Ben Jehuda- und die Jaffa-Straße bis zum Stadtverwaltungsgebäude. Hunderte von Menschen kamen, schüttelten mir die Hände, lachten und zollten mir Beifall. Ich glaube, dies war der beste Wahlkampfeinfall, den ich je hatte. Das Schild mit der Aufschrift habe ich in meinem Büro zur Erinnerung aufbewahrt.

Es war ein großer persönlicher Sieg, der mir natürlich schmeichelte, doch es bedeutete nicht, daß von jetzt ab alles leichter sein würde. Wir hatten jetzt – zum erstenmal – eine Opposition und dazu noch eine sehr aktive: den *Likud.* Da sie empfindlich geschlagen wurden, konnten sie sich natürlich an keiner Koalition mit uns beteiligen. – Dies war das erstemal nach den Landeswahlen, daß der *Likud* ideologisch geschlagen wurde. Ich hatte immer die Entwicklung und Festigung Jerusalems von innen befürwortet und mich gegen den ausgeprägten Nationalismus, der sich im vermeintlichen Schutz der Stadt durch

Hinzufügen von Siedlungen ringsumher manifestiert, ausgesprochen. Dies waren Punkte, die ohne Zweifel einen kardinalen Einfluß auf die Zukunft der Stadt hatten. Nun war der von Begin aufgestellte Kandidat – de facto Begin selbst – besiegt worden, und dies in einer Stadt, die schon immer in den Knessetwahlen eine große Stimmenmehrheit für den *Likud* abgegeben hatte.
Gleichzeitig sind wir Zeugen einer islamischen Wiederbelebungsbewegung in Jerusalem. Nicht, daß es die Form oder die heftigen Ausmaße der Ereignisse in Iran angenommen hätte. Doch die Zahl der Gläubigen, die in die Moscheen kommen, steigt ständig, und es ist klar, daß dies als ein Symptom von sowohl politisch als auch geistig bedingter Selbstbestätigung der Araber anzusehen ist. Dennoch betrachten die Araber Jerusalems viele der von der Stadt geförderten Entwicklungen in ihren Vierteln als leidlich gut und fortschrittlich. Die Stadtverwaltung bemüht sich auch weiterhin, die Wasserversorgungs- und Entwässerungsprobleme der arabischen Viertel zu lösen. Wir bauen weiterhin arabische Schulen, und in den letzten Jahren hat sich die Leserschaft der kleinen arabischen Stadtbibliothek von sechshundert auf sechzehntausend vergrößert, und statt der einen gibt es jetzt vier Leihbüchereien. Auch sind sogar große Fortschritte auf dem Gebiet arabischen Wohnbaus zu verzeichnen.
Die Zuversicht von seiten der arabischen Bevölkerung, daß wir uns wirklich sehr bemühen, ihre Probleme zu lösen, führte zu einer großen arabischen Beteiligungsquote bei den Stadtwahlen. Wenngleich die Araber auch nicht wagen, sich als Kandidaten aufstellen zu lassen, ist immerhin eine ständig ansteigende Wahlbeteiligung bei ihnen zu verzeichnen. Die Wähler waren – wie immer – zum Großteil Männer, an die neuntausend, ein ziemlich großer Prozentsatz der Wahlberechtigten. Meiner Ansicht nach ist es dieses Grundrecht, frei seine politische Meinung auszusprechen, das Jerusalem vor ähnlichen Konflikten wie die, in welche Städte des Westufers in den letzten Monaten verwickelt waren, bewahrte. Die Probleme zwischen Juden und Arabern bestehen zwar weiter, aber inzwischen bleibt das empfindliche Gleichgewicht zwischen nationalistischen Aspirationen und den praktischen Vorteilen, die das Leben in Jerusalem, der Hauptstadt Israels, mit sich bringt, gewahrt, und die Verständigungskanäle

sind weiterhin offen. Und das ist auch schon sehr viel.
Auch sonst hat die Friedensinitiative in politischer Hinsicht ganz verschiedenartigen Einfluß auf Jerusalem gehabt. Trotz des Besuches von Präsident Sadat in der Stadt hat kein anderes Land inzwischen Jerusalem als die Hauptstadt Israels anerkannt. Schlimmer noch – Vertreter der Vereinigten Staaten und europäische Politiker fahren fort, das Thema Jerusalem bei jeder Gelegenheit und vor jedem Forum aufs Tapet zu bringen und zu betonen, daß das politische Los der Stadt noch unentschieden sei. Ich fürchte, daß diese Westpolitiker in dieser Frage engstirnige Kurzsichtigkeit beweisen. Das wird zu gleichen Teilen Israel und der arabischen Bevölkerung Jerusalems Schaden bringen. Denn ich bin sicher, daß Präsident Sadat ein tiefes Interesse hinsichtlich der Heiligen Stätten in Jerusalem hat und ihm das Schicksal der arabischen Bevölkerung in dieser Stadt nicht gleichgültig ist. Doch was auch immer seine Ansichten über Kompromisse bezüglich des politischen Status Jerusalems sein mögen – er wird sich selbstverständlich nicht mit weniger zufrieden geben als dem Preis, den Washington oder andere europäische Länder fordern. Und obgleich die Araber in Jerusalem ohne Zweifel über ihre heutige politische Situation unzufrieden sind, sehen sie sie als das kleinere Übel an. Weit schlimmer wäre es für sie, wenn die PLO hier die Herrschaft hätte, und mit Recht hätten sie Todesangst um ihr Geschick, wenn es dazu käme. Doch müssen sie sogar wenigstens pro forma etwas mehr verlangen – als Sadat fordern wird.
Inzwischen läßt die Regierung keinen Tag vergehen, ohne protzig auszuposaunen, daß Jerusalem die wiedervereinigte Hauptstadt des Landes sei und bis in alle Ewigkeit bleiben werde – als ob dies noch bezweifelt werden könnte –, anstatt sich gemäß der Tatsache, daß das politische Schicksal von Jerusalem schon vor dreizehn Jahren entschieden wurde, zu verhalten. Dadurch provoziert sie Gegenerklärungen, die eine Invasion von hunderttausend Arabern androhen. Bei diesem Wortgefecht können wir nichts gewinnen. Wenn dieselbe Energie in andere Kanäle gelenkt würde, wie zum Beispiel die raschere Stadtentwicklung oder die Lösung des brennenden Problems der Wohnungsfrage für junge Männer und Frauen, damit das Zahlenverhältnis zwischen Juden, Arabern und Christen sich nicht zu

unserem Nachteil verändert, wären die praktischen Ergebnisse weit bedeutungsvoller als jede Art von prunkvoller Rhetorik. Doch hält – wie schon erwähnt – der *Likud* noch immer pathetische Proklamationen für politische Taten.

Den Arabern Jerusalems droht die wirkliche Gefährdung ihrer Freiheit nicht vom Staate Israel, in dem sie als eine ethnische Minderheit mit unbeschränkter Freiheit leben, sondern von einer ihnen aufgezwungenen Terrorherrschaft ihrer sogenannten ›offiziellen Vertreter‹. Schließlich haben wir ja nicht vergessen, wie Herr Arafat und seine Jünger die ›offiziellen Vertreter‹ der Palästinenser wurden. Trotz all dem Geschwätz von ›Selbstbestimmungsrechten‹ und all der internationalen Sorge um die Menschenrechte und die demokratische Freiheit der Palästinenser ist es eine Tatsache, daß die PLO nicht von den Palästinensern, die hier leben, sondern von den arabischen Staaten und Abgeordneten in der UNO als ›offizielle Vertreter‹ der palästinensischen Araber ernannt wurde. Als einer, der sich Zeit seines Lebens als Demokrat fühlte, finde ich es unglaublich, daß anerkannte und geachtete Staatsmänner sich hinter einer Rauchwolke von Schlagworten über ›Recht‹ und ›Freiheit‹ verbergen, während sie selbst – Außenseiter – sich anmaßen zu bestimmen, wer der ›rechtmäßige Wortführer‹ anderer sei. Diese Haltung ist eine unglaubliche Farce, doch wagt es in der jetzigen Weltsituation niemand, dagegen zu protestieren.

Wenn morgen eine Abordnung der Palästinenser in ›freien und demokratischen Wahlen‹ bestimmt werden sollte – ich weiß nicht, wie die Ergebnisse wären; ob die PLO gewinnen würde oder ob andere Kandidaten überhaupt zur Aufstellung kämen. Aber ich erlaube mir, da ich diesbezüglich schon einige traurige Erfahrungen gemacht habe, zu behaupten, daß Begriffe wie ›frei‹ und ›demokratisch‹ bei solchen Wahlen voraussichtlich irrelevant sein würden, so lange Außenseiter die Legitmität selbsterwählter Führer unterstützen, die jede Person ihrer eigenen Rasse, welche nicht unbedingt mit all ihren Ideen und Taten einverstanden ist, skrupellos ermorden, um ihre Macht aufrechtzuerhalten. Wahrscheinlich habe ich noch viel zu lernen, denn es ist mir noch nicht zu Ohren gekommen, daß es demokratische Parteien gibt, in denen die Menschen, die am Ruder sind,

andere Parteimitglieder, die mit ihnen nicht übereinstimmen, einfach liquidieren. Und wenn man Wahlen, die in einer Atmosphäre von Terror und Gewalt abgehalten werden, mit ›frei‹ bezeichnet, dann lebe ich einfach hoffnungslos hinter dem Mond.
Ich möchte einige brutale Tatsachen erzählen, die mir sehr nahegegangen sind. Eines Tages, im Herbst 1977, hatte ich eine Gruppe Journalisten von einer wichtigen amerikanischen Zeitung bei mir zu Hause zu Besuch, und ich sagte ihnen, was die Araber meiner Meinung nach in Wirklichkeit von der PLO hielten. Ich sprach über ehrliche und aufrichtige arabische Patrioten, die Israel nicht besonders ins Herz geschlossen haben, dessenungeachtet aber bereit sind, die Realität zu akzeptieren und das Beste unter den gegebenen Umständen herauszuschlagen, d. h. irgendeine akzeptable Form eines Modus vivendi mit dem Staat Israel zu finden. Nachher besuchten wir einen arabischen Bekannten, Abu Halil Janhu, der einige Freunde eingeladen hatte. Wir verbrachten den Abend mit einer sehr offenherzigen Diskussion, im Verlaufe derer sich all das bestätigte, was ich vorher erwähnte – und noch mehr als das.
Abu Halil Janhu war kein ›Zionistenknecht‹ (die allerneueste Bezeichnung für einen Araber, der die ›Schicht der Verweigerer‹ nicht unbedingt billigt). Im Jahre 1948 hatte er eine Kampftruppe geleitet, die gegen die Briten und die Juden noch vor der Proklamierung des Staates Israel eingesetzt wurde, und Juden getötet. Er war ein Flüchtling aus Jaffa, und auch ihm wurde sein Scherflein an Leid und Kummer reichlich zugemessen. Aber er hatte nicht schlapp gemacht und kämpfte sich mit der Zeit zu einem wohlhabenden Kaufmann in Jerusalem und dem benachbarten Ramallah herauf. Derselbe praktische Lebenswille war es, der ihn jetzt dazu brachte, für seine Brüder und Genossen eine realistische Lösung des palästinensischen Problems zu suchen. Er befürwortete einen unabhängigen palästinensischen Staat, der in enger Zusammenarbeit mit Israel und Jordanien stehen sollte. Die Regierung würde ein Abrüstungsabkommen akzeptieren und enge ökonomische Beziehungen mit beiden Nachbarländern aufrechterhalten, das Staatswesen jedoch völlig unabhängig leiten. Diese Vorstellung ist zwar sehr weit von Herrn Begins Auffassung einer Autonomie entfernt, doch würde Janhus Vision eines unabhängigen

palästinensischen Staates nichtsdestoweniger Israels Anerkennung miteinschließen. Sicherlich würden bei den Verhandlungen Schwierigkeiten betreffs dieses oder jenes Punktes auftreten, doch seine allgemeine Einstellung zur Lösung des Konflikts war positiv. Entscheidend war, daß er sich der PLO widersetzte, daß er ihr Programm ablehnte, welches den Effekt haben würde, den Konflikt zu verewigen und sein Volk in weitere jahrzehntelange Not und Gewalttätigkeit zu stürzen, und daß er sich standhaft weigerte, von einer Gruppe, die er als Mörder ansah, regiert zu werden. All das kam bei unserer Diskussion in dieser Nacht klar zum Ausdruck.

Einige Monate später reiste Janhu in die Vereinigten Staaten und erneuerte dort seine Bekanntschaft mit meinen Presseleuten. Sie waren von ihm sehr beeindruckt und schrieben einen Artikel, in dem sie ihn namentlich anführten und seine Ansichten beschrieben. Einen Monat später wurde er in Ramallah auf der Straße ermordet. Im Juli dieses Jahres erreichte einen Mann in Gaza mit ähnlichen Ansichten das gleiche Schicksal. Soweit ich informiert bin, gab es im Laufe der Jahre drei solcher Fälle – genug, um Leute, die anders als die PLO denken, ins Bockshorn zu jagen.

Sie waren allerdings auch schon vorher verängstigt. Am Abend, an dem Sadat nach Kairo zurückkehrte, machte ich eine Reihe von Besuchen in den Araberviertеln der Stadt. Es war zufällig ein Festtag, und meine Besuche bei solchen Gelegenheiten sind schon traditionell. Doch diesmal war es mir besonders wichtig, mich mit so viel verschiedenen Gruppen wie möglich zu treffen – Doktoren, Kaufleuten, Lehrern und Bewohnern einfacher Stadtviertel. Ob jung oder alt, alle – außer einem Rechtsanwalt und einem Kaufmann – drückten sich enthusiastisch über die Initiative von Sadat aus und hatten das Gefühl, an der Schwelle von großen Ereignissen zu stehen. Doch keiner von ihnen wagte, wegen der Drohungen der arabischen Welt, und insbesondere der PLO, dies öffentlich zuzugeben. Ein Jahr später, zur Zeit der Jerusalemer Stadtwahlen, spielte ein bekannter arabischer Rechtsanwalt mit dem Gedanken, sich in meiner Wahlliste für den Stadtrat aufstellen zu lassen. Doch als wir überlegten, was für seinen Schutz getan werden könnte, stellte sich heraus, daß er in einem kugelsicheren Wagen fahren und vor seinem Haus vierundzwanzig

Stunden am Tag eine Schutzwache postiert werden müßte. Und selbstverständlich könnte mit all dem nicht dafür garantiert werden, daß die Sicherheit eines Mannes wie ihm, dessen Position ein sehr aktives öffentliches Leben erforderte, damit gewährt sei. Doch selbst wenn wir diese Abmachungen für die Zeit seines Stadtmandats auf uns nehmen wollten – was geschähe, wenn er eines Tages nicht wiedergewählt würde? Der arme Mann wäre der Rache ungehindert ausgesetzt.

Unter diesem Gesichtspunkt betrachtet scheint es mir, daß, abgesehen und jenseits von allen politischen Differenzen, die wahre Gefahr darin besteht, daß ausländische Führerpersönlichkeiten die Legimitierung einer Terrororganisation wie PLO unterstützen. Sie sind sehr im Irrtum, wenn sie meinen, daß sie damit der palästinensischen Sache dienen. Arafat benutzt Terror, um sein Ziel zu erreichen: Er will – wie immer es formuliert wird – Israel zerstören und die palästinensischen Araber zur Unterwerfung zwingen.

Wenn Demokratien Terror nicht überall scharf bekämpfen, verzichten sie auf eine der wichtigsten Grundlagen ihrer Existenz.

Besonders unverständlich ist es, daß Männer wie Kreisky und Brandt, die selbst Opfer des Nazismus waren, Arafat respektieren und für uns vor allem Kritik haben. Ich bin bestimmt der letzte, der irgendeine unangebrachte Verhaltensweise einem Araber gegenüber gutheißen würde. Auch habe ich nicht die geringste Absicht, der Tendenz unserer momentanen Regierung beizupflichten, die Pläne verfolgt, die reine Fantasiegespinste sind, – denn die Million Juden, die Begin und Arieh Sharon auf den Bergkämmen von Samaria ansiedeln wollen, sind leider nur in ihrer Fantasie vorhanden. Die Haltung der jetzigen Regierung vermindert zu meinem Bedauern außerdem die Anziehungskraft, die Israel auf Neueinwanderer ausüben kann. Mit anderen Worten: Ich bin keineswegs der Meinung, daß die Politik und das Verhalten unserer Regierung richtig sind, und ich billige durchaus nicht all ihre Proklamationen und Taten.

Wenn ich versuche, diese beiden letzten Jahre zu überschauen und eine Bilanz zu ziehen, sehe ich, daß wir in einigen Dingen sehr gute Fortschritte machten, in anderen dagegen nicht weitergekommen sind. Was Jerusalem anbetrifft, ist die Entwicklung der Stadt sehr deutlich wahrnehmbar und fällt jedem, der nicht von Vorurteilen verblendet ist, auf – während die Probleme, die uns noch bevorstehen, nicht kleiner geworden und nicht von der Hand zu weisen sind.

Kürzlich wurde ich bei einem Radio-Interview gefragt, ob ich politische Ambitionen hege, und man meinte damit natürlich, ob ich mit einem Gedanken an ein mögliches Ministeramt in der Zukunft spiele. Ich antwortete daraufhin, daß meiner Meinung nach das Wohl der Stadt Jerusalem genauso wichtig sei wie jedes Ministerium. (Manchmal, wenn sich die Regierung wieder einen ihrer peinlichen politischen Schnitzer erlaubt, bestärkt mich dies in meinem Glauben, daß unsere Arbeit in der Stadt sogar unermeßlich wichtiger sei...).

Zugegeben, ziemlich viele sehen mich nach vierzehn Jahren, in denen ich das Bürgermeisteramt ausübe, schon als eine Art von Institution an, die zum Image von Jerusalem irgendwie dazugehört. Ich bin nicht ganz sicher, ob das ein Kompliment ist – eines aber weiß ich: Meine Arbeit ist auch heute noch zu keinem Routinejob geworden. Jeder neue Tag bringt neue Aufgaben, Überraschungen, Probleme, manchmal Enttäuschungen, manchmal Freuden, doch immer das feste Bewußtsein, daß es eine gute Sache ist, für die wir arbeiten: das Wohl und die Sorge um die Stadt Jerusalem, ihrer Bürger, ihrer ruhmvollen Geschichte und ihrer unteilbaren Integrität.

Nachwort 1985

Sechs Jahre sind in einer Stadt, die 4000 Jahre alt ist, eine sehr kleine Zeitspanne. So ist es verständlich, daß die Mehrzahl der Probleme, die in diesem, 1979 veröffentlichten Buch beschrieben wurden, im wesentlichen unverändert blieben.
Und doch beeinflussen wirtschaftliche und politische Ereignisse ständig das Leben in einer Stadt. Der Libanonkrieg und die daraus resultierende wirtschaftliche Krise, das geschwollene Staatsbudget einer sich überschätzenden Regierung unter der Likudpartei, religiöse und politische Gegensätze gehen auch an Jerusalem nicht spurlos vorüber. Eine der sorgenerregendsten Entwicklungen der letzten Jahre war der Beginn eines jüdischen Terrorismus. Die Gründe hierfür sind vielfältig. Zum einen sind es Vergeltungsaktionen auf Überfälle und Sprengstoffanschläge seitens arabischer Terroristen und der dadurch entstehenden Angst und Verbitterung, zum anderen liegen sie in einer religiösen Weltanschauung begründet, die davon ausgeht, daß die Beseitigung der Moscheen auf dem Tempelberg die Ankunft des Messias beschleunigen wird. Diese Denkweise wird übrigens auch von einigen amerikanischen christlichen Gruppen unterstützt.
Die Lösung vieler Probleme scheint heute ferner zu liegen als in den hoffnungsvollen Tagen, die auf den Besuch von Präsident Sadat in Jerusalem folgten. Die große Koalition unter Ministerpräsident Peres übernahm sowohl einen in zunehmendem Maße unpopulär werdenden Krieg sowie leere Staatskassen und ein bankrottes Land. Mit viel Geschick erreichte Shimon Peres in einer schwierigen Koalitionsregierung den Rückzug der israelischen Truppen aus dem Libanon. Die hauptsächliche Aufgabe jedoch, die Sanierung der ökonomischen

Verhältnisse, liegt noch vor ihm. Hingegen änderte er mit Erfolg den schrillen Ton, der bis dahin aus dem Amt des Ministerpräsidenten zu hören war und der Israel sowohl zu Hause als auch überall in der Welt als ein isoliertes, von Feinden umgebenes Land ohne jegliche Freunde darstellte.

Trotz vieler regionaler und überregionaler Probleme gibt es auch Hoffnungsschimmer, und es lohnt sich, unsere Bemühungen um den Frieden in Jerusalem hervorzuheben. Hier herrscht kein selbstverständlicher Friede, es ist ein Friede, für den man auf allen Gebieten arbeiten und um den man unablässig ringen muß.

Wir setzten unsere Anstrengungen fort, den Lebensstandard unserer bedürftigen Bevölkerung, die in der Hauptsache aus islamischen Ländern mit wenig mehr als mit einem bloßen Hemd auf dem Leib einwanderte, zu heben. Ebenso bemühten wir uns, das soziale Netz für die arabische Bevölkerung zu verbessern. Als die Stadt 1967 wiedervereinigt wurde, existierten kaum Dienstleistungen im arabischen Sektor, und wir sahen und sehen uns immer noch großen Herausforderungen gegenübergestellt. Eines der beeindruckendsten und erfolgreichsten Projekte der »Jerusalem Foundation« war die Gründung eines arabischen Gesundheitszentrums in Sheikh Jarrach. Der arabischen Bevölkerung steht der Zugang zu jedem jüdischen Krankenhaus in der Stadt offen, und sie erhalten dort sorgfältige medizinische Betreuung. Obwohl eine große Zahl von Arabern von dieser Möglichkeit Gebrauch machte, erwies es sich als notwendig, ein arabisches Gesundheitszentrum zu schaffen, in dem auf die speziellen Bedürfnisse dieser Bevölkerungsgruppe Rücksicht genommen wird. Die Belegschaft in dem Gesundheitszentrum besteht aus arabischen Ärzten und Pflegepersonal und arbeitet nach einem Programm, das auf die medizinische und soziale Versorgung der arabischen Bevölkerung zugeschnitten ist. Dazu gehören Pfleger statt Schwestern für die Betreuung männlicher Patienten, Besuchsmöglichkeiten für große Familien, Forschung und Aufklärung genetischer Probleme, die als Folge innerfamiliärer Heiraten auftreten. Lange Zeit war das arabische Gesundheitszentrum nur ein Traum, aber durch die Hilfe zahlreicher Freunde in vielen Ländern, insbesondere in der Bundesrepublik und in England, wurde dieser Traum Wirklichkeit. Täglich wer-

den dort mehr als 600 Patienten behandelt, und das Potential des Gesundheitszentrums wird weiterhin ausgebaut. Es sind nur kleine Schritte, aber Schritte in die richtige Richtung.
Trotz anhaltender Spannungen und Differenzen mit der jüdisch-orthodoxen Bevölkerung wurden auch für diese Gruppe notwendige Einrichtungen geschaffen, wie beispielsweise die Errichtung neuer Synagogen, Ritualbäder und zusätzlicher Lehrinstrumente.
Unermüdlich setzten wir uns dafür ein, Jerusalem zu verschönern. Die Wiederherstellung der alten Stadtmauer wurde abgeschlossen, und jeder kann heute kilometerlang auf ihr spazierengehen. Der Davidsturm wurde restauriert und wird als historisches Museum der Stadt Jerusalem eingerichtet. Ausgrabungen am Ophel und in der Davidstadt veränderten das Straßenbild unter dem südlichen Ende der alten Stadtmauer. Man kann hier die Geschichte von Jahrhunderten, ja sogar von Jahrtausenden nachvollziehen. Größte Aufmerksamkeit wurde nicht nur den wenigen jüdischen Überbleibseln früherer Epochen gewidmet, sondern ebenso sorgfältig wurden die Zeugnisse römischer, byzantinischer, früharabischer Zeit sowie Hinweise auf die Kreuzzüge, Mamelukken und der ottomanischen Kultur freigelegt.
Das Freizeit- und Sportangebot in der Stadt wurde ausgebaut, indem wir viele Parks und Spielplätze in allen Wohngegenden angelegt haben. Eine moderne Sporthalle ermöglicht internationale Wettbewerbe. Die neue Turm- und Basketballhalle im größten arabischen Gemeindezentrum verbesserte die Sportmöglichkeiten der arabischen Jugendlichen, und beide Sportstätten dienen gleichzeitig als Treffpunkt jüdischer wie auch arabischer Bewohner. Bei den sportlichen Aktivitäten werden langsam freundschaftliche Kontakte geknüpft. Leider ist das Fußballstadium, von dem viele Jerusalemer träumen, bis jetzt nur ein unerfüllter Traum geblieben.
Wir erweiterten auch das kulturelle Angebot Jerusalems. Zum zwanzigjährigen Jubiläum des Israelmuseums wurden einige neue Ausstellungsräume eröffnet. Einer davon ist der eindrucksvolle Pavillon für Ethnologie. Unter anderem wurde dort ein bürgerliches Wohnzimmer einer deutsch-jüdischen Familie, wie es für die Jahrhundertwende typisch war, aufgebaut. Das Glanzstück des Raumes ist der Schreibtisch Heinrich Heines.

Die Cinemathek, das kommunale Kino Jerusalems, in dem künstlerisch wertvolle Filme vorgeführt werden, ist ein beliebter Treffpunkt vieler junger Menschen. An verschiedenen Arbeitsgruppen, die sich mit dem Medium Film auseinandersetzen, beteiligen sich sowohl arabische wie jüdische Schüler. Mit einer festlichen Veranstaltung soll im Februar 1986 eine neue Konzerthalle eingeweiht werden. Erwähnenswert ist auch die im Rhythmus von zwei Jahren stattfindende Internationale Jerusalemer Buchmesse, die Verleger aus aller Welt in unsere Stadt bringt. Bei der letzten Buchmesse wurde in einer bewegenden Feier der aus der Tschechoslowakei emigrierte Schriftsteller Milan Kundera mit dem Jerusalemer Buchpreis ausgezeichnet. In Sonderausstellungen wurden Kunstschätze aus dem Vatikan, Bücher aus Ägypten und Portraits der Träger des Friedenspreises des deutschen Buchhandels von 1950 bis 1984 gezeigt.
Zu meiner größten Überraschung teilte man mir nach der Buchmesse mit, daß ich für den Friedenspreis des deutschen Buchhandels für das Jahr 1985 vorgesehen bin. Im Namen von Jerusalem und seiner Bevölkerung nehme ich die Auszeichnung dankbar an. In dieser ausgewählten Reihe von Dichtern, Schriftstellern, Philosophen und Künstlern bin ich wahrscheinlich der einzige, zu dessen täglicher Arbeit auch Abwässer- und Müllbeseitigungsprobleme gehören.
Eine Stadt in einer wirtschaftlichen Krise erfolgreich zu verwalten, grenzt fast an ein Wunder. Gefährdet sind insbesondere kulturelle Aktivitäten, die in der Regel als erstes den Sparmaßnahmen zum Opfer fallen. Ein Konzert ist kein Operationssaal und ein Theaterstück kein Wasserturm. Aber während der schweren Zeit nach der Staatsgründung lernten wir, daß das eine so wichtig wie das andere ist und daß man nicht dem Fehler verfallen darf, die Staatskasse auf Kosten der Kultur sanieren zu wollen.
Zwischen den beiden letzten Parlamentswahlen fanden die Kommunalwahlen statt. Während bei den Parlamentswahlen die Jerusalemer Bevölkerung in der Mehrzahl dem harten Kurs der Likudregierung und ihren Koalitionspartnern ihre Stimme gab, unterstützten sie bei den Kommunalwahlen meine Liste »Ein Jerusalem«, die sich vorwiegend aus Sozialdemokraten und bekannten Persönlichkeiten ohne Parteizugehörigkeit zusammensetzte. In unserem Wahlkampf be-

tonten wir mit aller Entschiedenheit den Toleranzgedanken, Toleranz zwischen Juden, Christen und Moslems. Mit unserer klaren Linie hatten wir Erfolg. Besonders erfreulich war das Wahlergebnis der Soldaten. 80% dieser jungen Menschen sprachen uns ihr Vertrauen aus, ebenso wie die arabische Bevölkerung, deren Wahlbeteiligung deutlich zunahm.

Alles, was in Jerusalem geschieht, hat seine eigene politische Färbung. Während vieler Jahre fanden in den zwei amerikanischen Konsulatsgebäuden, wovon sich das eine in Ost- und das andere in Westjerusalem befindet, für Juden und Araber getrennte Empfänge zum amerikanischen Unabhängigkeitstag am 4. Juli statt. Obwohl dies der Politik der Vereinigten Staaten, die in Jerusalem eine vereinigte Stadt sehen, widersprach, wurden gesonderte Empfänge mit dem Argument veranstaltet, Juden und Araber würden sich zu keiner gemeinsamen Feier einfinden.

Lange Zeit versuchte ich, die Veranstalter vom Gegenteil zu überzeugen, und in diesem Jahr, zur Überraschung der anwesenden amerikanischen Diplomaten, fanden sich Hunderte von Juden und Araber verschiedenster politischer Überzeugung zu einem gemeinsamen Empfang ein. Zusammen sprachen Juden unterschiedlichster Herkunft und Araber, die teilweise pro-Hussein, pro-Ägypten, sogar pro-PLO sind, den Vereinigten Staaten ihre Glückwünsche zum 209ten Jahrestag ihres Bestehens aus.

Die größte Herausforderung Jerusalems bleibt zweifellos die Erhaltung der friedlichen Koexistenz zwischen den verschiedenen Bevölkerungsgruppen und die Pflege von gegenseitigem Respekt und Toleranz; eine Herausforderung, die durch Aggressionen um uns herum erschwert wird. Aber es gibt keinen anderen Weg. Die Menschen, die in einer Stadt leben, formen ihre Lebensbedingungen. Sie müssen sich, trotz unterschiedlicher Herkunft und einander widersprechender politischer Überzeugungen, trotz verschiedener Kulturen, Religionen und Sprache gemeinsam um den Frieden bemühen. Obwohl wir unermüdlich um gegenseitiges Verständnis und Toleranz ringen, haben unsere Bemühungen noch keine tiefen Wurzeln geschlagen. Laufend müssen wir uns mit extremen politischen und religiösen Gruppen auf allen Seiten auseinandersetzen und den aggressiven

Kräften, die mit allen Mitteln versuchen, das friedliche Zusammenleben zu stören, widerstehen.

Ich bin oft besorgt. Während wir das Beste hoffen, frage ich mich manchmal, ob wir für Rückschläge genügend gewappnet sind. Wenn sie eintreten, und das können sie jederzeit, dürfen wir nicht von ihnen überwunden werden, sondern müssen sie als unvermeidliche Rückschläge akzeptieren. Diese Haltung wird uns Zuversicht geben, unseren Weg weiterzugehen, Schwierigkeiten zu meistern und neue Leistungen zu erreichen.

Register